기독교문서선교회 (Christian Literature Center: 약칭 CLC)는 1941년 영국 콜체스터에서 켄 아담스에 의해 시작되었으며 국제 본부는 미국 필라델피아에 있습니다. 국제 CLC는 59개 나라에서 180개의 본부를 두고, 약 650여 명의 선교사들이 이동 도서차량 40대를 이용하여 문서 보급에 힘쓰고 있으며 이메일 주문을 통해 130여 국으로 책을 공급하고 있습니다. 한국 CLC는 청교도적 복음주의 신학과 신앙 서적을 출판하는 문서선교기관으로서, 한 영혼이라도 구원되길 소망하면서 주님이 오시는 그날까지 최선을 다할 것입니다.

김 형 락 박사
한국 예배학회 회장, 서울신학대학교 신학대학원 예배학 교수

우리 시대 예배의 거장이었던 로버트 웨버(Robert Webber) 박사를 추모하면서 북미의 예배학자들과 예배전문가들이 글을 모아 출판된 『21세기 예배와 사역』(The Conviction of Things Not Seen)이 우리말로 번역되게 됨을 매우 기쁘게 생각합니다. 로버트 웨버 박사는 더 이상 말할 필요도 없는 북미의 개신교 복음주의 예배학의 거장이었습니다.

저 역시도 그분이 저술하신 책들을 교과서로 배웠고 저의 강의에서도 사용하고 있습니다. 특히, 그분이 강조했었던 『예배가 보인다, 감동을 누린다』(Blended Worship)는 저의 예배학적 중심을 확립하는데 많은 영향을 준 개념입니다.

이 책은 풀러신학교의 토드 존슨(Todd Johnson) 교수님께서 웨버 박사를 추모하는 여러 명성있는 예배학자들과 목회자들 그리고 예배 전문가들의 글을 묶어 2002년에 미국에서 출간되었습니다. 그리고 토드 존슨 교수님의 지도하에 예배학을 수학하셨던 최승근 박사님이 이 책을 번역하여 출간하게 되었습니다. 이 책을 기고한 몇 분의 학자들은 여러 신학대학교에서 매우 왕성하게 예배학을 가르치시는 교수님들이십니다. 그뿐 아니라, 북미의 여러 방면의 예배와 관련된 연구소와 교회 사역지 등의 전문가들도 기고자들입니다. 그렇기에 이 책은 다양한 시각에서 예배를 이해하게 만듭니다.

이 책은 예배 이론들 뿐 아니라, 실제 현장의 예배를 이야기하고 있으며, 또한 어느 한 개신교 전통의 예배만을 이야기하고 있지 않고 다양한 예배 전통을 말하고 있습니다. 그렇기에 이 책은 예배를 배우는 신학생들뿐 아니라, 교회의 상황 안에서 영감 있는 예배를 고민하고 기획하기 위해 노력하는 목회자들에게도 매우 유용한 자료들을 제공할 것입니다.

시대는 변하지만, 예배 안에서 하나님을 경험하는 사건은 기독교가 시작되었을 때부터 지금까지 변함없이 계속해서 일어나고 있습니다. 따라서, 이 책에서 제시한 여러 가지 조언들을 확인하시면서 온전히 하나님께 드리는 예배를 여러분들의 학교와 교회 그리고 목회 현장에서 구성하시어 영과 진리로 드리는 예배가 되기를 기원합니다. 이 책을 번역하신 최승근 박사님께 다시 한 번 감사를 드립니다.

문 화 랑 박사
고려신학대학원 예배학 교수

『21세기 예배와 사역』은 복음주의 예배학 발전에 혁혁한 공헌을 했던 로버트 웨버(Robert E. Webber) 박사의 수십 년 동안의 사역을 기념하기 위해 북미의 저명한 학자들이 기고한 논문들을 모은 책입니다. 현재 미국의 예배학계를 이끌어가고 있는 듀크대학교의 레스터 루스, 풀러신학교의 토드 존슨, 칼빈신학교의 존 윗트블릿뿐 아니라 윌리엄 윌리몬, 도널드 블러쉬, 콘스탄스 체리, 로드니 클랍 등의 탁월한 집필진들이 참여하여 심도 있는 예배학적 이슈들과 관점들을 제시합니다.

저는 스승인 존 D. 윗트블릿(John D. Witvliet)의 도움으로 레스터 루스(Lester Ruth), 토드 E. 존슨(Todd E. Johnson)과 수년 동안 교제해 오면서 예배 이해의 지평이 넓어지는 경험을 하였습니다. 재미있게도 이 세 사람은 개신교 신자이면서도 노트르담대학교에서 예전학을 같은 시기에 공부하였고, 20년 이상 북미의 예배학계를 이끌어오고 있습니다.

이러한 그들의 배경은 예배 예전의 과거를 소중히 여기면서도 현재의 문화적, 교회적 상황을 고려하며, 미래의 예배 갱신을 추구하는 노력으로 이어지고 있습니다. 비록, 한 주제로 작성된 저서는 아니지만, 독자들은 예배학이 어떤 분야들을 다루고 있으며, 그 분과의 연구는 어떤 방향으로 해야 할지를 친절하게 배울 수 있을 것입니다.

기고자들

■ 캐시 블랙(Kathy Black)

캘리포니아주 남부에 소재한 클레어몬트신학교(Claremont School of Theology)의 설교학과 예배학 제럴드 케네디(Gerald Kennedy) 석좌교수이다. 블랙 박사는 *Signs of Solidarity: Ministry with Persons who are Deaf, Deafened, and Hard of Hearing, Worship Across Cultures, Culturally-Conscious Worship*의 저자이다.

■ 도널드 블러쉬(Donald Bloesch)

아이오와주의 더뷰크에 위치한 더뷰크신학교(Dubuque Theological Seminary)의 신학 명예교수이다. 블러쉬 박사는 *Christian Foundations*라고 불리는 일곱 권짜리 조직신학 책을 저술 중에 있다. 최근에 제5권이 *The Holy Spirit: Works and Gifts*라는 제목으로 출간되었다.

■ 콘스탄스 M. 체리(Constance M. Cherry)

캘리포니아주에 있는 할리우드 제일장로교회(First Presbyterian Church of Hollywood)에서 예배와 음악 담당 사역자로 사역하고 있다. 콘스탄스 박사는 로버트 웨버 예배연구소(Robert Webber's Institute for Worship Studies)에서 교수로 있으면서, 여러 신학교에서 겸임교수로서 예배학을 가르치고 있다. 그녀는 유명한 찬송가 작곡자로, 그녀의 작품들은 단일-작곡가 찬송가집인 *Proclaim New Hope*에 실려 있다.

김 세 광 박사
서울장신대학교 일반대학원장 예배설교학 교수

이 책을 대하면서 반갑고 기꺼이 추천하고 싶은 이유가 있습니다.
첫째, 로버트 웨버 박사의 신학과 삶을 현재 가장 영향력 있는 학자들을 통해 새롭게 들을 수 있다는 점입니다. 그의 예배, 역사, 신학 분야의 수많은 저서들 대부분이 한국에 번역될 정도로 한국 신학계에 영향을 주고 있는데 이 책을 통해서 총체적으로 정리할 수 있을 것으로 기대합니다.
둘째, 필자도 그의 『예배가 보인다, 감동을 누린다』를 번역하면서 그의 통찰과 제안에 감명을 받았는데, 이 책은 웨버 박사의 제자와 동료들이 가까이 접하며 느낀 학문적 혜안과 인격적 감화의 이야기들을 담고 있어서 독자들의 공감을 불러일으킬 수 있는 요소들을 지니고 있습니다.
셋째, 이 기념 논문집의 저자들의 글을 통해서 웨버 박사의 현대교회 예배 분야에 개척자적인 통찰이 어떻게 발전해가고 있는지를 확인할 수 있을 것입니다.

■ 로드니 클랍(Rodney Clapp)
브라조스(Brozos)출판사의 편집장이다. 그의 저서들에는 *Border Crossings*와 *A Peculiar People*이 포함된다. 신학과 문화에 대한 유명한 강연자인 그는 신학 저널들과 목회 저널들에 많은 글을 기고하고 있다. *Prism* 매거진의 선임 편집자이다.

■ 메리 헤스(Mary Hess)
미네소타주의 세인트폴에 소재한 루터신학교(Luther Seminary)의 교육 리더십 조교수이다. 로마 가톨릭 평신도인 헤스 박사는 '미디어, 종교, 문화 연구를 위한 국제위원회'(International Study Commission on Media, Religion, and Culture)의 위원이다. 그녀의 연구는 *Religious Education* 저널에 정기적으로 실리고 있다. 그녀는 웹사이트 <www.luthersem.edu/mhess>를 관리한다.

■ 토드 E. 존슨(Todd E. Johnson)
캘리포니아주의 파사데나에 위치한 풀러신학교(Fuller Theological Seminary)의 예배학 부교수이자 브렘센터(Brehm Center)의 신학 디렉터이다. 예전 역사와 신학에 대한 많은 글을 쓴 존슨 박사는 *Questions Liturgique*의 편집 위원이고 에블린 언더힐(Evelyn Underhill)의 상징과 성례전신학에 대한 책을 저술 중에 있다.

■ 로버트 K. 존스톤(Robert K. Johnston)
캘리포니아주의 파사데나에 있는 풀러신학교의 신학과 문화 교수이다. 존스톤 박사의 최근 저서들에는 *Reel Spirituality: Theology and Film in Dialogue*와 *Life is Not Work/Work Is Not Life: Simple Reminders for Finding Balance in a 24/7 World*가 있다.

■ 루스 마이어스(Ruth Meyers)
일리노이주의 에번스턴에 소재한 시버리웨스턴신학교(Seabury Western Theological Seminary)의 예전학 조교수이다. 마이어스 박사는 미국 복음주의 루터교(Evangelical Lutheran Church in America)의 예배 갱신 프로젝트(Renewing Worship Project)에서 언어 자문위원으로 참여하고 있다. 마이어스 박사는 *Gleanings: Essays on Expansive Language with Prayers for Various Occasions*의 공동 편집자이고, *Continuing the Reformation*의 저자이다.

■ 데니스 오크홀름(Dennis Okholm)
휘튼대학의 신학 교수이고 미국장로교에서 안수를 받은 목사이다. 그리고 베네딕트 수도회의 평신도 수사이다. 그는 여러 책을 저술하고 편집했다. *A Family of Faith: An Introduction to Evangelical Theology*의 공동 저자이다.

■ 레스터 루스(Lester Ruth)
노스캐롤라이나주의 더럼에 소재한 듀크대학교(Duke University) 신학부(Divinity School)의 기독교 예배학 연구교수이다. 루스 박사는 *A Little Heaven Below: Worship at Early Methodist Quarterly Meetings*의 저자이고, *Creative Preaching on the Sacraments*의 공동 저자이다.

■ 길슨 A. C. 월트쾨니그(Gilson A. C. Waldkoenig)
펜실베이니아주의 게티즈버그에 있는 루터신학교(Luther Theological Seminary)의 교회와 사회 조교수이자 도시와 '시골교회연구소'(Town and Country Church Institute)의 디렉터이다. 월트쾨니그 박사는 시골 목회와 교회론도 가르친다. *Symbiotic Community*의 저자이고 *Cooperating Congregations*의 공동 저자이다.

■ 윌리엄 H. 윌리몬(William H. Willimon)
노스캐롤라이나주의 더럼에 소재한 듀크대학교의 교목이자 기독교 목회학 교수이다. 윌리몬 박사는 *Worship as Pastoral Care*와 *Pastor: The Theology and Practice of Ordained Leadership*을 포함한 다수의 목회 관련 책들을 저술했다.

■ 존 D. 윗트블릿(John D. Witvliet)
미시간주의 그랜드래피즈에 위치한 칼빈대학(Calvin College)과 칼빈신학교(Calvin Theological Seminary)의 '칼빈기독교예배연구소'(Calvin Institute of Christian Worship)의 디렉터이다. 윗트블릿 박사는 연구소의 실천적이고 학문적인 프로그램들을 감독하고 릴리 재단의 후원을 받는 예배 갱신 보조금 프로그램(Worship Renewal Grants Program)의 프로젝트 디렉터로 일한다. 또한, 위트블릿 박사는 예배, 신학, 음악 과목들을 가르친다. 그는 음악과 예배 분야에 대한 많은 글을 썼고, *A Child Shall Lead: Children in Worship*의 저자이기도 하다.

하나님의 친구요, 교회의 친구인 로버트 E. 웨버 박사에게

To Robert Webber *Amicus Dei, Amicus Ecclesiae*

믿음은 바라는 것들의 실상이요 보이지 않는 것들의 증거니(히 11:1).

21세기 예배와 사역

보이지 않는 것들의 증거

The Conviction of Things Not Seen
Edited by Todd E. Johnson
Translated by Seungkeun Choi

Copyright © 2002 by Todd E. Johnson
Originally published in English under the title
The Conviction of Things Not Seen
by Brazos Press,
a division of Baker Publishing Group,
Grand Rapids MI, Michigan, 49516, U.S.A.
All rights reserved.

Translated and printed by permission of Baker Publishing Group.
Korean Edition Copyright © 2019 by Christian Literature Center, Seoul, Republic of Korea.

21세기 예배와 사역: 보이지 않는 것들의 증거

2019년 9월 27일 초판 발행

편집인	토드 E. 존슨
옮긴이	최승근

편집	구부회
디자인	한우식
펴낸곳	(사)기독교문서선교회
등록	제16-25호(1980.1.18)
주소	서울특별시 서초구 방배로 68
전화	02-586-8761~3(본사) 031-942-8761(영업부)
팩스	02-523-0131(본사) 031-942-8763(영업부)
이메일	clckor@gmail.com
홈페이지	www.clcbook.com
송금계좌	기업은행 073-000308-04-020 (사)기독교문서선교회

ISBN 978-89-341-2027-8(93230)

이 도서의 국립중앙도서관 출판예정도서목록(CIP)은
서지정보유통지원시스템 홈페이지(http://seoji.nl.go.kr)와
국가자료공동목록시스템(http://www.nl.go.kr/kolisnet)에서 이용하실 수 있습니다.
(CIP제어번호: CIP 2019031908)

이 한국어판 저작권은 Baker Publishing Group과 독점 계약한 (사)기독교문서선교회가 소유합니다.
신저작권법에 의하여 한국 내에서 보호를 받는 저작물이므로 무단 전재와 무단 복제를 금합니다.

The Conviction of Things Not Seen

로버트 E. 웨버 박사 기념 논문집

21세기 예배와 사역

보이지 않는 것들의 증거

토드 E. 존슨 편집
최 승 근 옮김

CLC

목차

추천사   1

김 형 락 박사 | 한국 예배학회 회장, 서울신학대학교 신학대학원 예배학 교수
문 화 랑 박사 | 고려신학대학원 예배학 교수
김 세 광 박사 | 서울장신대학교 일반대학원장 예배설교학 교수

기고 자들   4
서   문   14
역자 서문   24

서 론   27

제1장 교회 생활에서의 전통과 혁신의 융합   33
      콘스탄스 M. 체리(Constance M. Cherry)

제2장 이름보다 중요한 본질   62
      레스터 루스(Lester Ruth)

제3장 단절된 의례들   106
      토드 E. 존슨(Todd E. Johnson)

제4장 스타일을 넘어서   137
      존 D. 윗트블릿(John D. Witvliet)

제5장 신앙의 여정   171
      루스 A. 마이어스(Ruth A. Meyers)

제6장 의례와 목회 돌봄   202
    윌리엄 H. 윌리몬(William H. Willimon)

제7장 왕들과 그리스도인들을 세우는 것에 관하여   222
    로드니 클랍(Rodney Clapp)

제8장 질그릇에 담긴 보배   255
    메리 E. 헤스(Mary E. Hess)

제9장 다민족 교회의 약속과 과제   293
    캐시 블랙(Kathy Black)

제10장 21세기 교단들   317
    길슨 A. C. 월트쾨니그(Gilson A. C. Waldkoenig)

제11장 시각적 기독교   339
    로버트 K. 존스톤(Robert K. Johnston)

제12장 복음으로 세상을 뚫고 들어가기   380
    도널드 G. 블러쉬(Donald G. Bloesch)

제13장 로버트 웨버   411
    데니스 오크홀름(Dennis Okholm)

참고문헌   446

서 문

티모시 웨버(Timothy Weber)
노던침례신학교 학장

『웹스터 사전』(*Webster's Third New International Dictionary*)에는 기념 논문집(*festschrift*)을 이렇게 정의한다.

> 기념하기 위해 여러 사람이 쓴 다양한 글들을 모은 책, 특히 특별한 기념일에 한 학자에게 경의를 표하기 위해 제자들, 동료들, 추종자들이 기고한 학술적인 논문들을 모은 책이다.

이 책은 기념 논문집이다. 예배 연구와 예배 갱신의 리더 중 한 명인 로버트 웨버(Robert Webber)[1]에게 경의를 표하기 위해 여러 사람이 쓴 논문들을 모은 책이다.

다른 기념 논문집들처럼 이 책은 하나가 아닌 많은 의견을 담고 있다. 단 하나의 줄거리가 아니라 많은 주제를 담고 있다. 그럼에도 불구하고 모

---

[1] 로버트 웨버의 대표작 『예배학』(*Proclaming and Enacting God's Narrative*)은 2011년 CLC에서 출간했다.

든 논문은 하나의 공통된 전제를 공유하는 것처럼 보인다. 즉, 북미교회가 세상에서 교회의 사명을 효과적으로 수행하려면 새로운 세기와 새로운 문화에서 사역한다는 것이 무엇을 뜻하는지 신중하게 생각해봐야 한다는 전제이다. 각 논문은 독자들에게 새로운 관점으로 사물들을 바라볼 것을 나름대로의 방식으로 요청한다.

밥 웨버(Bob Webber, Bob은 Robert의 준말이다)는 새로운 관점들을 즐기던 사람이다. 나는 『복음주의란 무엇인가』(Common Roots)가 출간되고 얼마 지나지 않았던 1970년대 후반에 그를 처음으로 만났다. 밥이 그 책이 말하는 주제들에 대해 강의하기 위해 캠퍼스를 방문했을 때, 나는 덴버신학교(Denver Seminary)에서 비교적 신참 조교수에 속했었다. 선임 순위가 낮은 교수들에게 흔해 있는 일처럼, 나는 밥이 방문하는 동안에 그의 '운전기사'(go-for) 역할을 하게 되었다. 나는 그를 태우러 공항에 갔고, 그를 호텔로, 신학교로 태우고 다녔다. 그리고 그가 있어야 할 곳에 있는지를 확인했다.

또한, 나는 그의 첫 번째 강의가 시작되기 전에 그를 소개하는 책임도 맡았다. 나는 그의 약력을 받았기 때문에 그를 충분히 소개하는데 열심을 다했다. 나는 그의 많은 학위와 커비넌트대학(Covenant College)과 휘튼대학(Wheaton College)에서의 교수 경력을 상세히 말한 후에 맨 앞줄에 앉아 필기 자료를 준비하는데 잠시 주의를 집중했다. 갑자기 내 뒤에 있는 청중이 헉하는 소리를 냈다. 나는 밥 웨버가 책상/교탁 위에 서 있는 것을 올려다보았다.

나를 비롯한 강의실에 있는 어느 누구도 신학 교수에게서 그러한 곡예를 기대하지 않았지만, 밥은 거기에 서 있었다. 그는 책상 위 높은 곳에 서서 믿지 못하겠다는 듯이 그를 올려다보는 우리의 얼굴을 내려다보고 있었다. 모든 사람의 관심을 끌게 되자, 그는 자신이 생각하는 바를 밝혔다.

"다른 관점에서 사물을 보기 위해서는 때때로 다른 입장에 서 있을 필요가 있습니다"(10년 후에 나는 로빈 윌리엄스[Robin Williams]가 "죽은 시인의 사회"[Dead Poets Society]라는 영화에서 이 혁신적인 선생과 비슷한 묘기를 펼치는 것을 보았다).

명령하고 사람의 관심을 집중시킬 줄 아는 신학자가 여기 있었다. 그 후, 20년 동안 나는 그를 만나지 못했다. 그러나 학계에서 밥의 활동을 파악하기는 쉬웠다. 밥은 세속적이고 매우 정치화된 세계에서 살아가는 그리스도인에 대해 많은 책을 썼다. 그러나 그는 주로 『복음주의란 무엇인가』의 신학적 궤도들을 따랐다.

즉, 복음주의적 종교는 결코 획일적인 것이 아니라 매우 다양한 전통들에 의해 형성되어 왔다. 그리고 진정한 예배가 되기 위해서는 언제, 어디에서 드려지든지 상관없이 교회의 역사적인 신앙과 관습에 뿌리를 두어야 한다.

나는 밥이 그 주제에 대한 책들을 계속해서 출간하면서 새로운 길을 구축하는 것을 지켜봤다. 그 과정에서 그는 인기 있는 강사와 외래교수가 되었고 워크숍과 컨퍼런스로 바쁜 스케줄을 보냈다.

1990년대 말, 마침내 나는 밥과 다시 연결되었다. 내가 노던침례신학교(Northern Baptist Seminary)의 학장이 된 이후였다. 내가 도착했을 때, 나는 밥이 이미 노던침례신학교과 좋은 계대 관계를 갖고 있었다는 것을 알게 되었다. 밥의 아버지는 노던침례신학교를 졸업한 침례교 목사였다. 그리고 거의 20년 동안 밥은 노던침례신학교의 외래교수로 있으면서 이따금 교회사, 신학, 예배학을 가르쳤다. 그 후 1990년대 초에 그는 새롭게 시작한 예배 전공 목회학 박사 프로그램의 지도교수가 되었다.

윌리엄 R.과 제럴딘 B. 마이어스(William R. and Geraldyne B. Myers) 석좌교수 자리가 공석이 되었을 때, 노던침례신학교는 이상적인 후보를 멀리서 찾을 필요가 없었다.

우리는 휘튼대학에 그토록 오래 있었던 밥에게 노던침례신학교로 와서 새로운 예배와 영성 석사학위 과정의 디렉터가 되어달라고 설득할 수 있었을까?

대답은 "그렇다"였다.

밥의 합류는 노던침례신학교에 엄청난 유익이 되었다. 그는 귀중한 동료, 인기 많고 흥미를 유발하는 선생, 탁월한 멘토였다. 석좌교수로 임명된 밥에게 노던침례신학교는 수업량을 줄여 그가 저술 활동에 더 많은 시간을 사용할 수 있도록 했다. 밥이 우리 학교에 합류한 이래로 그의 생산성은 놀라울 정도로 엄청나졌다.

학장으로서 나는 밥이 우리의 기대를 크게 만족하게 했다는 사실을 보고할 수 있어서 기뻤다. 그는 곧 우리가 상상하는 신학 교육과 전반적인 교회의 미래에 대한 지속적인 대화에서 우리의 중요한 상대가 되었다. 밥이 믿는 것이 무엇이고, 밤늦게까지 그로 잠자지 못하게 했던 것이 무엇인지 알아내는데 그리 오래 걸리지 않았다.

밥은 기독교 예배의 갱신이 최신 유행이나 기술의 가장 화려한 속임수가 아니라 진지한 성경적, 신학적, 역사적 연구에 반드시 뿌리를 두어야 한다는 것을 믿는다. 그는 지역 교회들이 '혼합적 예배'(blended worship)로 '예배 전쟁'에서 살아날 수 있다는 것을 믿는다. 그는 포스트모던 사람들이 그들의 부모나 조부모가 했던 것과는 다르게 실재를 생각하고 경험하고, 사역과 예배는 그에 맞춰 조정되어야 한다고 확신한다.

밥은 우리가 미래의 종교 리더들을 교육하는 방식을 바꿔서 그들이 과거보다 효과적으로 세상에서 사역할 수 있도록 하는데 깊은 관심을 가졌다. 가장 근본적으로, 밥은 예배에 대한 우리의 현재와 미래의 질문들의 답을 교회의 과거에서 찾을 수 있다고 확신한다. 그는 이것을 '고대-미래 신앙'(ancient-future faith)이라고 부른다.

그는 젊은 세대가 하나님에 대한 초월적인 경험을 지향하는 예배를 갈망한다는 것을 안다. 그러한 경험은 공동체의 경험에 깊이 뿌리내리고 있다. 포스트모던 사람들은 상징과 신조와 '포스트모더니즘적으로' 상호 작용하고 예비 신자 과정(catechumenate)을 통해 이교도들을 신앙의 가정으로 데려오려는 초기 교회의 전략을 새롭게 적용할 때 그들의 질문들이 답을 얻고 그들의 열망이 충족되는 것을 알게 될 것이다.

이 기념 논문집은 역사적으로 뿌리내리고 있고 미래에 초점을 맞춘 사역을 구상하는 밥의 연구 주제를 반영한다. 그의 관심을 사로잡은 주제들은 뒤에 나오는 논문들에서 쉽게 발견된다. 예를 들어, 대부분 논문은 모든 것-이후/탈-모든 것(post-everything) 세계에서 사역하는 것의 요구를 다룬다. 우리 시대를 콘스탄틴-이후(post-Constantinian), 계몽주의-이후(post-Enlightenment), 탈-교단적(postdemoninational), 탈-기독교적, 그리고 포스트모던(postmodern)으로 특징짓는 것은 일반적이다. 기술어로서 '-이후/탈-'(post-)은 제한적이다. 우리가 어디 있었는지를 안다고 생각할 때, 우리는 접두사를 사용하곤 한다.

그러나 우리는 지금 어디 있고 어디로 가고 있는지 확실치 않다. 다시 말해, 우리는 무언가를 뭐라고 부를지 모를 때 그것-이후/탈-그것이라고 부른다. 그뿐만 아니라 만일 그 용어들을 사용하는 사람들이 옛 세상은 새로운 세상으로 완전히 바뀌었다고 생각하면, 그 용어들은 큰 오해를 불러일으킬 수 있다. 포스트모더니즘의 징후가 만연한 것은 사실이지만, 모더니즘의 많은 것들 역시 여전히 남아 있다.

표출적인 개인주의가 공동의 가치에 의해 대치되지 않았고, 모든 거대 담론이 잊힌 것은 아니다. 직관들이 과학의 주장들을 완전히 뒤덮은 것은 아니고, 모든 사람이 냉정한 논리와 직선적 사고에 대한 열심을 저버린 것도 아니다. '모던'과 '포스트모던'은 동일한 교육 기관들과 정치 기관들에 존재하거나 한 지붕 아래서 살 때가 많다. X-세대의 베이비부머 부모들은 이를 반드시 알게 된다.

이 책의 기고자들은 모두 기독교의 역사적인 뿌리와 계속 바뀌는 상황을 인식하면서 자신들의 경험을 살려 이러한 사안들을 다루었다. 토드 존슨(Todd Johnson)이 쓴 장은 윌로우크릭커뮤니티교회의 독특한 전략이 제2차 세계 대전 이후의 복음주의 운동 내에서 변화하고 있던 청소년 사역 패러다임으로부터 어떻게 생겨났는지를 보여 준다. 존슨은 지역 교회의 삶 속에서 전도와 교리교육, 예배가 연결되지 않을 때 어떤 일이 일어나는지를 보여 준다.

캐슬린 블랙(Kathleen Black)의 기고문은 서로 다른 민족 및 문화의 이야기들이 이미 존재하고 그것들을 조화시킬 필요가 있을 때 하나의 새로운 공유된 이야기를 창조하는 것이 얼마나 어려운지를 보여 주는 대단히 흥미로운 연구이다.

길슨 월트쾨니그(Gilson Waldkoenig)는 교단주의가 포스트모던 세계에서 취하고 있는 새로운 형태들을 평가한다. 옛 교단 프로그램들과 그 프로그램들을 지원하는 본부가 약해지는 가운데, 윌로우크릭 연합(Willow Creek

Association)과 같은 독립된 복음주의 교회들의 새로운 자발적인 연합들이 늘어나고 있다. 이에 더해, 많은 주류 교회들이 지방 공동체들을 활성화시키고 있는 공동의 사역들을 실행하기 위해서 교단의 꼬리표들, 역사들, 관습들을 기꺼이 묵인하고 있다. 교단주의는 죽어가고 있는 것이 아닐지 모른다. 단지 다른 무언가로 바뀌고 있다.

다른 두 개의 논문들은 새로운 문화에서 사람들이 현실을 얼마나 다르게 보고 그들에게 설교 되는 복음을 얼마나 다르게 이해하는지에 대해서 다룬다. 경험이 풍부한 신학자인 도널드 G. 블러쉬(Donald G. Bloesch)는 '복음으로 세상을 뚫고 들어가는' 보다 효과적인 방법을 제시하기 위해 지난 세기의 세 가지 신학적 모델들(폴 틸리히[Paul Tillich], 칼 바르트[Karl Barth], 프랭크 부크만[Frank Buchman])을 비교한다. 그가 주장하는 바에 따르면, 우리가 새로운 상황에서 필요로 하는 것은 과거보다 종교적 경험을 보다 진지하게 다루는 말씀과 성령의 신학이다.

경험의 중요성은 로버트 존스톤(Robert Johnson)이 쓴 장의 주요 주제이기도 하다. 존스톤은 대부분의 개신교도들에게는 시각 예술, 특히 사역을 위한 자료로 사용될 수 있는 시각 예술에 대한 감사가 부족하다고 지적한다. 가장 성공적인 많은 교회들은 예배에서의 시각 예술에 대해 거의 관심을 보이지 않는다.

그러나 전반적인 문화에서 사람들은 영화와 인터넷을 통해 강하고 꾸준한 상징적인 커뮤니케이션을 접한다. 존스톤은 상징을 '보편적으로' 이해하면 오늘날 사람들에게 복음의 능력과 진리를 보다 시각적인 방법으로 전달할 수 있다고 생각한다.

세 명의 저자들은 교회 생활에서 예배의 다양한 측면들을 직접 다룬다. 레스터 루스(Lester Ruth)는 매우 유익한 예배 유형의 분류법을 제공한다. 루스는 오늘날 일반적이고 학문적인 여러 분류 접근법들을 비평한 후에 자신이 고안한 예배 유형 분류법을 제안한다.

유사하게 존 위트블릿(John Witvliet)은 지역 교회들 안에서 '예배 전쟁'을 초래하고 영속시키는 문제들을 다룬다. 그는 그룹의 정체성을 정의하는데 음악이 굉장히 중요할 때가 많고, 예배를 위해 음악을 선별하는 책임을 맡은 사람들에게는 그들의 직무를 잘 수행하기 위해 평가 기준들과 신학적 진실성(theological integrity)이 필요하다는 것을 인정한다.

루스 마이어스(Roth Myers)는 고대의 '예비 신자 과정'(catechumenate)에 대한 새로워진 관심에 집중한다. 마이어스는 회심, 세례와 견진, 첫 번째 성찬식에서 절정을 이루는 가르침의 단계적 과정을 통해 새 신자들을 신앙의 공동체로 점진적으로 연합시키는 초기 교회의 관습을 사용해 온 미국과 캐나다의 교회들을 살펴본다.

많은 사람은 이러한 방법으로 교회들이 기독교에 대한 사전 지식이나 경험 없이 믿음을 갖게 된 새로운 성인 개종자들을 '기독교화' 시키는 효과적인 방법을 갖게 될 뿐만 아니라 그들을 찾아 받아들이는 회중들의 신앙에 활력을 불어 일으킬 것이라고 믿는다.

두 명의 다른 노련한 저자들은 예배에 참여하는 사람들의 삶에서 예배가 갖는 형성력(shaping power)을 직접 다룬다. 로드니 클랍(Rodney Clapp)은 사람들이 기독교 예배에 참여함으로써 형성되는지, 그렇다면 어떻게 형성되는지를 질문한다. 이것들은 그리스도인들이 비신자들과 크게 다르게 행동하지 않는다고 결론짓는 최근의 많은 연구를 고려할 때 중요한 질문들이다.

클랍은 특히, 그리스도인들이 기독교 신앙에 대한 개인주의적이고 사유화된 관점들에서 벗어나 좀 더 공동체적이거나 공유된 관점들을 갖게 될 때, 기독교 예배는 진정한 믿음과 행위를 형성하는 힘을 가질 수 있고 또한 가져야 한다고 주장한다.

윌리엄 윌리몬(William Willimon)은 빅터 터너(Victor Turner)와 D. W. 위니콧(D. W. Winnicott)의 의례연구에 크게 의존하면서 신자들은 주로 하나님의 위엄과 영광을 가리키는 기독교 예배의 공동체적인 의례들에 참여함으로써 하나님의 사랑과 그들을 향한 보살핌을 경험할 때가 많다는 것을 주장한다. 따라서, 의례와 목회 돌봄은 근본적으로 연결된다.

두 명의 다른 저자들은 종교 리더들을 교육하는 새로운 방법과 오늘날 사역을 이해하는 혁신적인 방법들을 살펴본다. 메리 헤스(Mary Hess)는 포스트모더니즘과 기독교 고등 교육을 점검한다. 그녀는 포스트모던 세계에서 많은 교회는 신학대학원들이 새로운 사역자들을 제공하거나 그들에게 가장 긴급한 문제들에 대한 답들을 제공할 것이라고 더 이상 기대하지 않는다는 것을 이해한다.

신학교들은 자신들을 유용하거나 적절하다고 보지 않는 교회들과 어떻게 관계를 맺을 수 있을까?

쇠퇴하고 있고 포스트모던 상황에서 효과적으로 사역하지 못할 것 같은 종교적 공동체들의 리더들에게는 어떤 종류의 교육이 필요한가?

헤스는 이러한 과제들을 해결하기 위해 자신이 속한 신학교인 트윈 시티 소재의 루터신학교(Luther Seminary)가 '선교적' 커리큘럼을 개발하던 과정을 우리에게 보여 준다.

콘스탄스 체리(Constance Cherry)는 어떻게 교회들이 방향 설정(orientation)과 방향 상실(disorientation)의 단계들을 거쳤고 지금은 그 내용이 아직 분명하지 않은 방향 재설정(reorientation)의 새로운 시기를 향해 나아가고 있는지를 보기 위해 독자들에게 20세기 사역과 예배 관행을 개괄적으로 설명한다.

그녀는 이러한 새로운 사역과 예배의 패러다임을 구축하는 작업은 사역의 포괄적인 본질에 대한 인식, 영성의 중요성, 기독교 공동체의 중심성, 더 이상 복음을 열심히 듣고자 하지 않는 문화에서 복음을 전달하는 새로운 방식들을 포함할 것이라고 말한다.

당연히 한 저자는 기념 논문집에서 필수적인 전기(biography)와 문헌목록(bibliography)을 제공하는 논문을 기고한다. 그러나 이 논문에서조차도 데니스 오크홀름(Dennis Okholm)은 밥의 출판물 연대표와 신학적 변화들 너머에 있는 그의 비전을 담는다. 오크홀름은 가르치는 것을 사명으로 여기고 자신의 연구 주제는 물론이고 학생들에게도 열정적인 한 사람을 소개한다. 이는 이 책의 많은 기고자가 직간접적으로 그의 제자들이었다는 사실에 반영된 진실이다.

포스트모던 사고와 관련되어, 밥 웨버를 판단하는 가장 좋을 수도 있는 방법은 그가 종이에 쓴 것보다는 그가 많은 학생, 독자들, 컨퍼런스 참여자들의 마음에 쓴 것을 확인하는 것이다.

이 책에 실린 논문들은 진지한 독자들이 새로운 관점으로 사물을 보도록 도울 것이고, 그렇게 함으로써 오래전에 책상 위로 올라갔던 밥 웨버에게 경의를 표한다. 노던침례신학교의 학장으로서 나는 밥의 동료 교수들과 학생들을 대표해서 말하게 되었다. 그는 우리의 선생이자 친구이다. 그와 함께 같은 길을 걷는다는 것과 우리가 다른 관점으로 세상을 바라볼 수 있도록 자신이 먼저 용기를 내어 다른 입장에 섰던 사람을 바라보는 것은 엄청난 특권이다.

역자 서문

최 승 근 박사
웨스트민스터신학대학원대학교 예배학 교수

로버트 웨버(Robert E. Webber) 박사 기념 논문집인 『21세기 예배와 사역』(*The Conviction of Things Not Seen*)은 나의 은사인 토드 E. 존슨(Todd E. Johnson) 박사가 편집한 책이다. 이 책은 웨버 박사의 연구를 인정하고 그의 비전을 공유했던, 존슨 박사를 포함한 13명의 신학자들이 그의 업적을 기리며 기고한 논문들을 담고 있다.

기고자들의 이름을 보면 알 수 있듯이, 그들은 현재 북미 신학계에서 활발하게 활동하는 신학자들이다. 특히, 존슨 박사를 비롯하여 레스터 루스(Lester Ruth) 박사, 존 D. 위트블릿(John D. Witvliet) 박사 등은 북미 개신교 예배학계에서 많은 영향력을 끼치고 있다. 모든 기고자들이 예배학을 전공한 학자들은 아니다. 그러나 자신이 전공한 분야의 관점에서 예배와 관련된 중요한 글들을 발표해왔던 학자들이다.

티모시 웨버(Timothy Weber) 박사가 이 책의 서문에서 13편의 논문들을 간략하지만 잘 소개했듯이, 각 논문은 예배학 또는 예배학 관련 분야에서 중요하게 연구되는 주제들을 이론적인 측면과 실제적인 측면에서 다뤘다. 이 책의 논문들이 다룬 예배 분류법, 구도자 예배, 예배 음악, 세례/기독교 입회, 의례와 목회 상담, 예배와 문화/공동체 형성, 다민족 교회와 예배, 시각 예술 등은 예배학에서 다뤄왔고, 다뤄야 하는 중요한 주제들이다. 비록, 북미교회를 대상으로 연구된 주제들이지만, 북미교회의 영향을 적지 않게 받아왔고, 북미교회가 처한 상황과 유사한 상황에 처해 있는 한국교회에도 귀한 통찰력을 제공할 수 있는 연구들이라고 감히 말하고 싶다.

이 책의 마지막 논문은 로버트 웨버 박사의 삶과 사상에 대해 다루고 있다. 웨버 박사는 예배에 대한 많은 책을 저술했고 한국어로도 많이 번역되었다. 이 책의 마지막 논문을 읽으면 웨버 박사의 연구와 사상을 좀 더 깊이 이해하는데 도움이 되리라 생각한다.

웨버 박사는 이 책이 출간된 후, 5년이 지난 2007년에 돌아가셨다. 돌아가시기 1년 전쯤이었던 것 같다. 웨버 박사를 직접 만나는 기회를 가졌었다. 당시 박사 과정에서 웨버 박사가 주창한 고대-미래 패러다임(Ancient-Future Paradigm)에 대한 세미나를 듣고 있었는데, 존슨 박사의 초청으로 웨버 박사가 풀러신학교에 방문하여 자신이 주창하는 패러다임에 대해 직접 설명해 주셨다. 짧은 시간이었지만 그리스도와 예배를 향한 노학자의 헌신과 열정을 엿볼 수 있었다.

이 책에 논문을 기고한 학자들처럼 웨버 박사로부터 직접적인 영향을 많이 받지는 못했다. 그러나 그의 저서들과 글들을 통해서 예배에 대해 많은 것을 배우고 많은 것을 생각해 볼 수 있었다. 부족하지만 웨버 박사의 기념 논문집을 번역하면서 그의 업적을 다시금 기리고 감사를 표한다.

내가 『21세기 예배와 사역』이 한국어로 번역되어 출간될 예정이라는 소식을 전했을 때, 존슨 박사는 매우 기뻐했다. 존슨 박사는 이 책이 단순히 기념 논문집으로 그치는 것이 아니라 한 권의 책으로서 가치를 인정받아 많은 사람에게 읽히기를 바랐다. 나는 그의 바람이 북미에서는 이미 이뤄졌다고 생각한다. 이제 그 바람이 한국에서도 이뤄지리라 기대한다.

존슨 박사의 제자로서, 그의 바람이 한국에서도 이뤄질 수 있게 『21세기 예배와 사역』의 번역본이 출간될 수 있도록 허락해 주신 CLC의 박영호 목사님을 비롯한 모든 분들에게 대신 감사를 표한다.

2019년 9월

서론

천국의 제자 된 서기관마다 마치 새것과 옛것을 그 곳간에서 내오는 집주인과 같으니라(마 13:52).

토드 E. 존슨(Todd E. Johnson)

노트르담대학교(University of Notre Dame)의 헤스버그도서관(Hesburgh Library) 8층에서 예상치 않게 열렸던 모임이었다. 어느 겨울날, 우리는 다른 많은 날처럼 벽을 따라 늘어서 있는 우리의 사실(closet) 같은 개인용 열람석들 바깥쪽에 모여 있었다. 노트르담의 박사 과정 학생들이 수업이 끝난 후에 도서관에 모이는 것이 이상한 일이 아니었지만, 우리의 배경들은 우리 모임을 구별시켰다. 휘튼(Wheaton), 노스파크(North Park), 칼빈(Calvin), 애즈베리(Asbury), 고든(Gordon)과 같은 미국에서 가장 유명한 복음주의 신학교들을 졸업한 우리는 노트르담에서 예전을 공부하고 있었다.

우리 중 많은 이들을 평범한 '저교회'(low church) 전통들로부터 끌어내어 세계에서 가장 탁월한 가톨릭 예전 프로그램 중 하나에서 예전을 연구하게 한 것은 무엇이었을까?

차례대로 우리는 각자의 이야기를 들려줬다. 필연적으로 모두에게 공통된 한 이름이 언급되었다. 로버트 웨버(Robert Webber)였다. 우리가 보편적 예배라는 보다 큰 세상을 접하도록 했던 사람이 웨버였다는데 우리는 동의했다. 반복적으로 웨버의 저서들, 워크숍, 발표, 또는 대학교 강의들이 중요했거나 영향력이 있었다고 언급되었다. 재미있게도 웨버 자신은 자신을 예전학자라고 주장하지 않는다.

그는 예배에 관심을 두고 있는 역사 신학자이다. 그는 시간을 되돌릴 수 있다면 예전을 공부할 것이라고 여러 차례 말했다. 그는 보다 폭넓은 보편적 전통에 대한 가르침과 자료들을 복음주의자들에게 보급하는 일을 해왔다. 우리는 모두 밥 웨버가 예전에서 가장 영향력 있는 비-예전학자일지도 모른다는 것에 동의했다.

예전을 공부하는 복음주의자들인 우리와 밥 웨버와의 관계는 밥이 그의 『기독교 예배 총서』(The Complete Library of Christian Worship)라는 제목이 붙은, 또는 우리가 『노트르담 예배 백과사전』(Notre Dame encyclopedia of worship)이라고 애정 어리게 칭했던 일곱 권으로 된 엄청난 분량의 시리즈를 만드는 작업을 시작하면서 더욱 깊어졌다. 왜냐하면, 우리 중 많은 사람이 다양한 방식으로 그 작업에 관여했기 때문이다. 이제 우리 중 많은 이들은 미국과 캐나다에서 밥의 '예배연구소'(Institute of Worship Studies)를 위해 그 책들을 가르치고 있다.

우리 각자는 어떻게 밥을 알게 되었는지에 대한 이야기를 갖고 있다. 나의 이야기는 밥을 멀리서부터 알게 되었던 것으로 시작한다. 나는 노스파크에서 신학생으로 있을 때, 그의 강의를 들었고 『살아있는 예배』(Worship as a Verb)와 『캔터베리 도상에 있는 복음주의자들』(Evangelicals on the Canter-

bury Trail)을 읽었다(그리고 또 읽었다). 나는 개신교 예배 상태와 관련하여 마음에 맞는 대화 상대들을 거의 찾지 못했기 때문에 난파선의 유목처럼 밥의 책들에 매달렸다. 마침내 내가 휘튼대학에 있는 밥에게 전화를 건 날이 왔다. 나는 간략하게 내 소개를 한 다음에 그의 연구에 대한 감사를 표했다. 복음주의 예배의 지뢰밭을 통과하려고 노력하고 있을 때 밥의 책들은 어둠 속의 빛, 내가 수년간 따랐던 빛이었다.

교회에서 사역하면서 밥의 많은 책을 읽은 후에, 나는 예배에 대해서 더 많이 배워야겠다고 결심하게 되었다. 그래서 박사 과정에서 예전을 전공하기로 선택했다. 나는 밥에게 다시 연락했고, 어디서 예전을 공부해야 할지에 대한 조언을 구했다. 내가 갑작스럽게 연락을 해도 그는 항상 친절했다. 그는 나의 연구를 격려했고 그 과정에서 좋은 조언을 해줬다. 나는 그 8층에서의 대화들을 통해 나의 이야기가 특별하지 않다는 것을 안다.

그다음에 우리가 우연히 만났던 때는 의심의 여지가 없는 매우 중요한 순간이었다. 나는 박사 과정 3년 차였고 학계에서는 여전히 햇병아리였다. 나는 마지막 순간에 밥이 컨퍼런스에서 발표하는 논문의 논평을 맡아달라는 부탁을 받았다. 나는 영광으로 생각하는 동시에 매우 흥분되었고 걱정스러웠다.

나의 두려움은 이 컨퍼런스 기간 동안에 밥과 방을 함께 쓰게 될 것이라는 사실로 인해 더욱 더 커졌다. 그 주말은 나에게 직업적으로 분수령이 되었다. 처음으로 학계에서 공적인 발표를 했던 날이기 때문이다. 그러나 그 주말은 나에게 개인적으로도 중요했다. 회중석에 앉아 있는 사람들이 더 많은 이해와 깊은 영적인 참여로 예배할 수 있도록 그들을 위해 예배에 관한 책을 쓰겠다는 밥의 비전을 언뜻 봤기 때문이다.

그 컨퍼런스가 있고 난 뒤 수년간, 나는 밥을 동료와 멘토, 친구로 부를 수 있는 행운을 누렸다. 그러나 나는 복음주의 신학자들과 정교회신학자들의 합동학회에서 발표할 논문을 준비하던 중에 『정통 복음주의자들: 그들은 누구이고 그들은 무엇을 말하고 있는가』(The Orthodox Evangelicals: Who They are and What They are Saying)라는 제목의 책을 발견했을 때 그가 나의 삶에 끼친 영향력이 얼마나 깊었는지를 깨달았다.

밥 웨버와 도널드 블러쉬(Donald Bloesch)가 편집한 이 책은 1977년 5월에 있었던 복음주의 학자들과 목사들의 모임을 묘사했다. 그 모임에서 복음주의 전통에는 전반적인 기독교 전통의 폭과 깊이가 크게 결여되었다는 것을 선포하는 선언문이 만들어졌다. '시카고 선언'이라는 제목이 붙은 이 성명서는 복음주의 공동체에게 많은 개신교 전통들이 종교개혁(그리고 특히 대각성 운동들) 이래로 성례전, 신조들, 에큐메니즘, 풍성한 기독교 영성의 영역에서 잃어버린 것들을 재고하라고 초청했다.

두 가지가 내 눈길을 사로잡았다.

첫 번째는 기고자 중 세 사람이 걸어가고 있는 영적인 순례의 길이었다. 그 세 명은 성공회 교도가 되었던 웨버(Webber, 『캔터베리 도상에 있는 복음주의자들』에 연대순으로 기록되어 있다), 로마 가톨릭교도가 되었던 토마스 하워드(Thomas Howard, 『복음주의자는 충분치 않다』[Evangelical is Not Enough]에 연대순으로 기록되어 있다), 정교회 신자가 된 피터 길퀴스트(Peter Gilquist, 『귀향』[Coming Home]에 연대순으로 기록되어 있다)였다.

(예수회대학교에서 편하게 가르치고 있던) 나는 우리가 이러한 요소들을 회복하면서도 복음주의자로 계속해서 남아 있을 수 있는지에 대해 궁금해졌다.

두 **번째**로 나의 관심을 끈 것은 이 성명서에 서명을 한 사람들이었다. 나는 명단을 살펴봤는데 거기엔 나의 모교인 노스파크신학교(North Park Theological Seminary)의 교수들이 여럿 있었다. 마치 오래전에 잃어버렸던 가계도를 찾은 것 같았다. 내가 가진 교회에 대한 폭넓은 보편적인 성향은 대부분 교회의 미래를 그 과거에서 찾고자 했던 교수들과 함께했던 나의 신학교 경험에서 비롯되었다. 나는 처음으로 사도적이면서 복음주의적인 기독교의 비전이 로버트 웨버가 광범위하게 끼친 영향의 결과라는 것을 깨달았다.

이제 시카고 선언의 25주년 기념일을 맞아 나는 밥이 '고대-미래 신앙'(ancient-future faith)이라고 정의했던, 뒤를 돌아보는 동시에 앞을 내다보는 밥과 같은 다수의 학자를 모았다. 이 책에서 다뤄진 사안들은 시카고 선언이 논의했던 주제 중 많은 것들에 대해 말하고 있지만, 다른 질문을 한다.

우리는 새로운 세기를 맞이하여 어떻게 사역해야 하는가?

그 범주들은 예배와 성례전, 교회 일치, 복음선포 등, 세 번째 천년에 사역자들이 직면하고 있는 사안들의 관점에서 볼 때 거의 동일하다.

모든 기고자를 대신해서 나는 이 책이 밥의 연구와 유산을 기리는 멋진 기회였다고 말해야겠다. 밥처럼 우리는 모두 천국의 서기관, 새것과 옛것을 그 곳간에서 내오는 자들이 되고자 했다.

나는 훌륭한 연구를 해 준 모든 기고자에게 감사한다. 특히 이 프로젝트가 시작되었을 때부터 엄청난 지원과 조언을 해준 레스터 루스(Lester Ruth)와 존 위트블릿(John Witvliet)에게 깊은 감사를 표한다. 로드니 클랍(Rodney Clapp)에게도 크게 감사한다. 그는 이 책의 기고자였을 뿐 아니라 이 프로젝트의 과정 내내 나를 이끌어줬다. 그리고 이 기념 논문집 *festschrift*이 한 권의 책으로서 그 가치를 인정받아 실제로 읽힐 것이라는 나의 비전을 믿어줬다. 시간과 힘을 쏟아 이 프로젝트를 지원해줬던 브라조스출판사(Brazos Press)의 모든 직원에게 진정으로 감사를 표한다. 그들은 끝까지 기다려 주고 이해해줬다.

이 책에 참여하기를 원했던 학자들이 최소한 세 명은 더 있었다. 그러나 이 책의 주제에 집중하기 위해 불행히도 그들의 참여를 배제했다. 이를 양해해 준 그들에게 감사한다. 이 책의 많은 분량을 편집할 수 있도록 연구비를 지원해 준 '워배시대학교 신학과 교수 및 학습지원센터'(Wabash Center for Teaching and Learning Theology)와 세부적인 일들을 도와줬던 대학원 조교인 닐 델리스(Neal Delies)에게 특별히 감사한다. 그리고 늘 그랬듯이, 이 프로젝트를 연구하는 나를 응원해 준 나의 아내 수잔(Susan)과 나의 자녀들, 카일(Kyle), 키어스틴(Kjerstin), 캐서린(Katherine), 캐리(Kari), 켈시(Kelsey)에게 감사한다.

제1장

교회 생활에서의 전통과 혁신의 융합

스타일에서부터 예배 안에서 하나님을 만나는 것으로 나아가기

콘스탄스 M. 체리(Constance M. Cherry)

    기독교 리더들은 오늘날 기독교 교회가 매우 불안정한 시대를 살고 있다는 사실에 동의한다. 미국에서 정착된 사역 방법론들이 있었던 적은 없었다고 주장할 수 있다. 다양한 그룹들과 교단들이 그들의 독특성을 표현하고 전통과 목적에 대한 자신들의 이해를 계속해서 진화시켜왔기 때문이다. 물론, '정착된'이라는 말은 주관적인 표현으로 어떻게 해석하느냐에 따라 크게 달라진다.

    그러나 교회의 사역은 본질상 역동적이고 따라서, 늘 움직이고 있다는 사실을 인정할 때, 교회에게 21세기 초는 특히 불안정한 시대로 특정 지어진다는 말에 많은 이들이 동의할 것이다.

교회는 혁신이라고 여겨지는 것에 심취하고 있는데, 이는 우리가 탐색의 시대에 살고 있다는 것을 보여 주는 하나의 신호이다. 우리 주위에 있는 새로운 예배, 새로운 스타일, 새로운 시간, 새로운 음악, 새로운 설교법 등을 선전하는 교회들이 이를 보여 준다. 표준 정의에 따르면, 혁신적이라는 것은 변화를 창출하고, 새로운 사상을 시행하고, 창의적인 변화를 만들기 위해 새로운 방법들을 고안하는 것이다. 역사적인 전통을 권위의 원천으로 삼아왔던 종교인 기독교 내에서 혁신은 갈수록 더 광범위해지고 있다.

근래에 사역의 여러 측면에서 전통과 혁신이 융합되었지만, 교회가 가장 관심을 기울인 부분은 아마도 기독교 예배 분야일 것이다. 이번 장에서 우리는 세 개의 일반적인 움직임, 즉 방향 설정(orientation), 방향 상실(disorientation), 방향 재설정(reorientation)의 측면에서 예배의 전망을 살펴보겠다. 또한, 어떤 사람들은 교회 예배에서 전통과 혁신의 융합이 일어나왔다고 생각했지만, 옛것과 새것의 진정한 통합은 아직 일어나지 않았다는 것을 볼 것이다.

방향 설정, 방향 상실, 방향 재설정이라는 삼중의 움직임은 다양한 사람들이 다양한 목적으로 사용해왔다. 어떤 사람들은 하나님께서 우리를 '영광에서 영광으로'(고후 3:18) 변화시키기 위해 우리의 환경 속에서 일하신다는 것을 가리키면서 '영적 형성'(spiritual formation)의 삶을 묘사하는데 이 패턴을 사용했다. 또한, 정신발달의 양식들을 확인하고, 고난의 신학을 발전시키고, 심지어는 성경에 기록된 일부 시편들의 내용을 분석하는 데도 사용했다.¹ 이 움직임의 동일한 패턴은 이러한 전환기 동안에 예배의 상태를 확인코자 하는 우리의 목적을 위해서도 사용될 수 있다. 그러나 이 패턴이 교회 예배에 어떻게 적용되는지를 보기에 앞서 이러한 움직임들의 본질을 간략하게 설명하면 도움이 될 것이다.

방향 설정은 익숙함이 정착되는 시기이다. 한 개인의 환경들은 편안하고 상대적으로 검증되지 않는다. 아는 것에는 안전성이 있고, 예측할 수 있는 것에는 확실성이 있다. 그리고 일상에는 편의성이 있다. 방향 설정은 전통 안에 있는 어떤 중요한 환경(공동체, 가족, 직업, 종교, 아니면 어떤 체계화된 구조 등)에의 몰두가 엄청난 확실성과 행복을 제공하는 시간이다. 캐롤린 그라튼(Carolyn Gratton)이 말하듯이 '익숙한 생활 패턴은 조화 아니면 적어도 예측성을 원하는 우리를 어느 정도 만족하게 하는 일종의 (상대적이고 다소간 부분적인) 통합이다.'²

방향 상실은 혼란한 현재 상황을 묘사한다. 그리고 새로운 리더십, 문화적 변화, 경제적 변화, 건강문제, 탄압 등을 포함하는 다양한 요인들의 결과일 수 있다. 따라서, 방향 상실은 불안의 시기로, 익숙했던 것이 익숙

---

1 심리학과 영적 지도(spiritual direction)에 대한 연구로 유명한 캐롤린 그라튼(Carolyn Gratton)은 이 삼중의 움직임을 영적 형성을 위한 과정으로 묘사한다. 그녀는 "통합, 붕괴, 새로운 통합"이라는 용어를 사용한다. Carolyn Gratton, *The Art of Spiritual Guidance* (NY: Crossroad, 1993)를 보라. 제임스 파울러(James Fowler)는 인간과 신앙 발달에 대한 연구에서 평형 상태에서 신뢰로 움직이는 피아제(Piaget)의 모델을 사용하여 신뢰로 이어지는 혼란기에 대해 논의한다.
James W. Fowler, *Stages of Faith: The Psychology of Human Development and the Quest for Meaning* (San Francisco: Harper and Row, 1981)을 보라. 방향 설정, 방향 상실, 방향 재설정의 순서를 일부 시편에 적용하여 분석한 연구에 관해서는 Walter Brueggemann, *The Message of the Psalms* (Minneapolis MN: Augsburg, 1984)을 보라.
2 Gratton, *Art of Spiritual Guidance*, 40-41.

하지 않게 되는 시간이다. 요컨대, 전통이 시험 된다. 거기엔 대체로 절망감이 존재하곤 한다. 이미 움직이게 된 것을 감당하거나 되돌리기 위해 할 수 있는 일이 거의 없는 것 같기 때문이다. 방향 상실에 대한 전형적인 반응에는 분노, 저항, 공격, 부정이 포함된다. 알고 있던 것이 주던 안전성이 알지 못하는 것에 의해 파괴되기 때문에 이 시기는 확실히 고통스러운 시간이다.

결국, **방향 재설정**의 시기가 올지도 모른다. 방향 재설정이 일어날지는 몇 가지 요인에 달려 있는데, 그중 새로운 관점에 대한 한 개인(또는 기관)의 개방성은 매우 중요하다. 방향 상실이 자동으로 방향 재설정으로 이어지는 것은 아니다. 방향을 재설정하고자 하는 개인의 의지에 크게 좌우된다. 많은 그룹과 개인들은 방향 상실의 시기에 머물고 있다. 그 과정과 싸우기 때문이 아니라 그 과정을 신뢰하려고 하지 않기 때문이다.

방향 재설정은 방향 상실 속에서 변화들의 완전한 주기를 만들기 위해 그 변화들을 기다릴 때 그 결과로 일어난다. 이를 위해 상황들에 대해 생각하고 사려 깊게 행동하고, 무엇보다도 삼중의 연속적인 사건(threefold sequence)을 통해 하나님께서 무엇을 성취하시고자 하는지를 늘 기도하며 생각해야 한다. 이 시가에 제기해야 할 가장 중요한 질문들은 다음과 같다.

하나님은 무엇을 하고 계신가?

우리는 주도권을 가지고 일하시는 하나님과 어떻게 협력할 수 있는가?

방향 상실의 기간에 우리 주위의 사건들과 사람들을 좌우하기 위해 우리가 할 수 있는 일은 거의 없다. 우리가 풀어야 할 과제는 현 상황(전통)이 완전한 시험을 치른 다음에 하나님께서 그 전통에 대한 그분의 목적에

비추어 우리를 변화시키도록 허용하는 것이다.[3]

그 연속적인 사건들의 각각의 기간이 얼마나 지속될지는 알 수 없다. 시간표(time table)는 필요한 변화의 정도를 포함한 많은 요인에 의해 좌우된다. 그러나 우리는 방향 상실의 기간이 길 것이라고 예상할 수 있다. 대립이 가장 많이 일어나는 기간이기 때문이다. 바로 이 단계에서 하나님은 처음 보는 일을 행하신다.

단단히 묶인 것을 풀려면 많은 시간과 기회가 필요하다. 그래야 우리는 새로운 영역으로 나아갈 수 있다. 과정을 빠르게 진척시키려는 시도는 소용없을 것이다. 우리가 상황을 조정하는 것이 아니라 상황이 우리를 조정하는 것이 중요하기 때문이다. 개인의 영적 성장에 적용되는 것은 교회에도 적용된다.

> 우리가 '뛰어들어 조정하는 데 초점을 맞추기' 원하는 이유 중 하나는 긴장을 완화하기 위해서다. 그러나 기다림의 과정은 ('~를 통해' 가기 위해) 우리를 '~로'(to) 움직이게 하는 것임을 기억하라. 간극, 텅 빈 곳은 우리가 초월을 경험하는 곳이다. … 상담자는 삶을 원래대로 돌려놓기 위해 노력한다. 영적 관리자(spiritual director)는 '~를 통해' 쉬고자 노력한다. 우리는 사막에 거하고 경험할 필요가 있기 때문이다. 이 단계를 중단하면 성장도 중단된다.[4]

---

[3] 일부 이론가들은 (종교적 전통과 같은) 전통이 방향 상실의 기간에 연속성을 제공한다고 주장한다. 그러나 예배의 경우 시험을 받으면서 방향 상실의 실제적인 원천이 되는 것은 바로 전통 자체이다. 나는 이것이 지난 20년의 예배 동향들이 교회를 크게 분열시킨 하나의 요인이라고 생각한다. 일반적으로 연속성을 제공하던 바로 그것이 위협을 받고 있다.

[4] Mary Ann Zollman, "Introduction to Spiritual Direction," (class lecture, Duquesne University, 10 June 1993).

1. 방향 설정

    20세기 상반기에 미국에서는 교단들과 운동들이 그들의 신앙을 묘사하고 구별하는 분명한 차이와 핵심 가치를 알아보게 하고 확고히 함으로써 예배의 영역에서 자신들의 위치를 확보하고자 했다. 그 결과 좀 더 독립적인 교회들(과 초교파적 단체들)이 탄생하게 되었다. 그러나 이러한 새로운 독립체들이 동일한 이유로 나타났다는 것은 매우 이상하다. 그래서 교리와 예배가 명료해지고, 구별되고, 단언 되고, 정착될 것이다.

    교단에 대한 충성은 존중되었다. 그래서 여러 세대에 걸친 예배자들은 교회 생활 속에 그들 자신의 일가들을 만들었을 당시에 시작된 전통 안에 남아 있었다. 제2차 세계 대전 이후는 교회 출석률 증가와 주일학교, 청소년 그룹, 기독교 캠프의 성장을 목격한 시기였다.

    또한, 교회 프로그램 학습과 모든 유형의 새로운 건물들이 늘어난 시기였다. 새로운 기독교 대학교들과 신학교들이 세워졌다. 전쟁 종식은 안정된 신앙과 가정과 국가로 되돌아가고자 하는 큰 열망을 불러일으켰다. 종교 집단들은 매우 다양했다. 그럼에도 불구하고, 종교 집단들은 더욱 큰 종교 공동체 안에서 자신들의 구별된 정체성과 관련된 방향 설정, 안정성, 명료성을 인식하려는 경향이 있었다.

    20세기 초에 발흥한 예전 운동은 명확한 교리적 신앙을 입증하고자 했던 신자들의 열망을 잘 보여 주는 아주 좋은 예이다. 대부분 사람이 각성 운동이나 갱신 운동으로 보기는 하지만, 예전 운동의 중심은 교회를 '되찾으려는' 경향이 있었고 그 결과 교회의 방향 설정에 기여했다. 성찬의 필수요소

로서 말씀 예전을 새로이 강조하게 된 것은 이에 대한 한 예이다.[5]

예전 운동은 종교개혁 운동의 원리를 폭넓게 적용하여 예배에서 성경을 보다 광범위하고 체계적으로 사용하고자 했다. 성경의 광범위한 사용은 초기 교회의 전통을 되살리는 것을 반영했고 예배자들은 그것을 기꺼이 받아들이게 되었다.

예전 운동을 형성한 사람들은 예배에 대한 불만에 반응하는 것이 자신들이 해야 할 일이라고 여겼다. 그러나 나는 그들이 보인 반응의 본질은 혁신이나 진정한 방향 재설정으로 박차를 가하는 대신에 중요한 전통들로의 회귀를 가리키는 것이라고 주장한다. 이것은 특히 예전 운동의 과업이 '재확인'(reaffirmation)으로 자주 지칭된다는 사실에서 분명하게 나타난다.

고든 S. 웨이크필드(Gordon S. Wakefield)에 따르면, 예전 운동에서 두 가지 주요한 재확인은 '기독교 예배의 핵심 행위와 교회의 삶의 원천으로서의 성찬에 대한 재확인'과 '집전하는 사역자만이 아니라 미사 참여자들을 의미하는 회중 전체의 참여'에 대한 재확인이다.[6] 이러한 재확인들은 모두 초기 전통으로의 회귀에 기여한다.

존 펜윅(John Fenwick)과 브라이언 스핑스(Bryan Spinks)는 성찬과 참여에 대한 강조 이외에도 공동체의 회복, 모델로서 초대교회의 재발견, 성경의 재발견, 자국어 강조, 다른 기독교 전통들의 재발견, 선포와 사회참여 강조를 예전 운동의 중심으로 더한다.[7]

---

[5] John Fenwick and Bryan Spinks, *Worship in Transition: The Liturgical Movement in the Twentieth Century* (NY: Continuum, 1995), 7-8.
[6] Gordon S. Wakefield, *An Outline of Christian Worship* (Edinburgh: T and T Clark, 1998), 153-54.
[7] Fenwick and Spinks, *Worship in Transition*, 5-10.

로마 가톨릭교회와 주류 개신교 그룹들은 예전 운동을 통해 전통에 대한 그들의 충성을 분명하게 표현하고자 했다. 그러나 보다 근본주의적인 다른 그룹들은 예전 운동을 통해 다른 교단들과의 차이를 명확하게 드러내고자 했다. 비록, 신학 관점들은 다양했지만 이러한 집단들이 공유했던 것이 있었다. 바로 자신들은 다르다는 것을 분명하게 표현하기 원하는 열망이다!

예를 들어, 20세기 전반기의 근본주의 운동은 많은 독립교회, 새 교단들, 학교들, 출판사들의 등장을 초래했다. 그러한 단체들은 자유주의 주류 신학으로 여겨지는 것에 대항하기 위해 세워졌다.[8] 20세기 후반부에 '신근본주의' 대항 운동은 자신들이 초기 근본주의와는 다르다는 것을 보이고자 했다. 그들은 19세기의 용어인 '복음주의'를 되찾았고 초기 근본주의의 기반을 뒤집었다.

복음주의자들은 친-이지적, 친-에큐메니즘적, 친-사회 활동적이었다.[9] 그러나 근본주의 운동과 복음주의는 모두 방향 설정을 유지하고 그들의 전통 내에서 안전성을 어느 정도 제공하고자 했다.

이 기간에 예배는 본질에서 매우 보수적인 접근법을 취했다. 예전적인 교회들의 경우 예배 예식들은 교회의 예배서에 의해 규정되었다. 교회력에 따라 내용이 변하기는 하지만, 매주 예배의 형식은 기본적으로 동일했다. 역설적이게도 자유교회 전통의 예배 예식들 역시 일반 순서에 있어서

---

[8] Robert Webber, "Preparing for Ministry in a Postmodern World: The Worship-Driven Church," *Creator* (May/June 2000), 5.
[9] Robert Webber, "Preparing for Ministry in a Postmodern World: The Worship-Driven Church," 5

는 비교적 크게 달라지지 않았다. 예전적인 예식들이 주로 교회력에 따라 달라졌던데 반해, 자유교회는 설교 주제에 의해 달라졌다. 베리 리츠(Barry Liesch)는 다음과 같이 지적한다.

> 주제적 예배는 대다수의 복음주의 교회에서 선호하는 형태일 것이다. 설교 주제나 일련의 메시지를 자유롭게 택하고자 하는 목사들의 열망이 예전적/비예전적인 문제의 핵심에 영향을 끼친다… 목사들은 설교를 중심으로 또는 설교가 이끄는 것을 중심으로 예배를 계획하길 원한다.[10]

예배에 대한 이러한 접근법들이 가져온 유익에 대한 모든 평가를 차치하고 20세기의 전반기는 방향 설정의 시기였다. 즉 대부분의 종교 그룹들의 참여자들이 그들의 예배에서 무엇을 기대해야 하는지를 알았던 시기였다. 혁신은 목표가 아니었다. 안정이 목표였다.

모더니즘의 영향이 이 시대의 본질적인 부분으로서 무시되어서는 안 된다. 모더니즘이 믿는 바들이 곧 위협받게 될 것이긴 하지만 말이다. 전형적인 모더니즘의 사고방식을 가지고 종교 그룹들은 학문과 논리에 기초한 이성의 방식으로 신학적 진리에 도달한다고 믿으면서 그들의 정체성을 명제적 주장들 위에 세웠다. 모더니티는 '명확성으로의 진입, 주제의 전환, 방법에 대한 관심, 동일성에 대한 믿음'으로 요약될 수 있다.

---

[10] Barry Liesch, *The New Worship* (Grand Rapids MI: Baker, 1996), 75-76.

모더니즘적인 사상가들은 독특한 역사를 만든 모더니즘의 이러한 모든 사상들을 포용했고 포용한다.'**11**

2. 방향 상실

1960년대의 10년은 전례 없는 사회변화의 시기였다. 이런 변화와 함께 사역의 혁신에 대한 집착이 생겼다. 1960년대에 시작된 미국 문화의 변화에 대한 철저한 평가를 이번 장에서 다루지는 않는다. 그러나 몇 가지 핵심적인 움직임들은 언급될 수 있다. 그 움직임들은 여전히 분류 중이기는 하지만, 교회의 사역들과 예배에 큰 영향력을 끼쳤다.

C. S. 루이스는 20세기 후반에 교회가 보였던 혁신에 대한 집착을 비유적으로 말한다. 『스크루테이프의 편지』에서 사탄은 그의 대리인 중 하나에 다음과 같이 쓴다.

> 네 환자가 어울리고 있는 일당의 진짜 문제는 순전히 기독교적이라는 데 있다. 물론, 각자의 관심사가 다르긴 하지만, 그들을 묶고 있는 끈은 여전히 순전한 기독교란 말이야. 우리의 바람은 이왕 그리스도인이 된 인간이라 하더라도 '기독교와 무엇무엇'이라는 심리 상태를 유지하게 만드는 것이다. 무슨 소린지 알겠지.

---

11   David Tracy, "Theology and the Many Faces of Postmodernity," in *Readings in Modern Theology*, ed. Robin Gill (Nashville: Abingdon, 1995), 225.

기독교와 위기, 기독교와 신심리학, 기독교와 나치 독일의 새로운 질서, 기독교와 신유의 역사, 기독교와 심령 연구, 기독교와 채식주의, 기독교와 맞춤법 개혁 같은 걸 찾게 해. 어차피 그리스도인이 될 수밖에 없는 인간이라면 적어도 무언가 다른 그리스도인으로 만들어야지. 신앙이 있어야 할 자리에 무언가 기독교적 색채를 띤 유행을 들여앉혀. 예나 지금이나 변함없는 것이라면 무조건 질색하는 감정을 파고들라 이 말이야.[12]

루이스는 "기독교와 사역 접근법"이나 "기독교와 혁신적인 예배 예식"이라고 쓸 수 있었다. 그러면 우리는 그가 의미하는 바를 바로 알아차렸을 것이다. 20세기 후반부 동안에 교회의 리더들은 '동일한 옛것들'에 대한 두려움을 잘 알고 있었다. 그들은 혁신의 압제를 자주 경험했기 때문이다. 동일성은 저주가 되었다.

아마도 혁신의 요구는 예배 예식, 특히 예배 스타일과 관련해서 가장 큰 것 같다. 예배 스타일과 관련된 쟁점들은 빠르게 나타났고 스타일-주도 예배는 20세기의 마지막 분기에 예배 분야에서 가장 눈에 띄는 점이 되었고, 지금도 여전하다.

1960년대와 1970년대에 예배 분야에서 새로이 전개된 몇 가지 사건들은 스타일의 변화를 전면으로 이끌었다. 새롭게 전개된 세 가지 중요한 사건들은 은사 갱신 운동(charismatic renewal movement), 예수 운동(Jesus Movement), 제2차 바티칸 공의회였다. 세 가지 사건들이 스타일 자체에 초점을

---

[12] C. S. Lewis, *The Screwtape Letters* (NY: Simon and Schuster, 1961), 91-92. 강조는 필자가 한 것이다.

맞춘 것은 아니었지만, 그런데도 결국엔 예배 스타일에 주목했다.

　은사 운동은 1960년대 말에 기존 교단들 내에서 갱신 운동으로서 시작되었다. '그 운동의 이름은 1956년 6월 25-29일에 미니아폴리스에서 열렸던 대회인 제4차 국제순복음사업가모임(Full Gospel Businessmen's Fellowship International)에서 받았다'라고 추측된다.[13] 사실상 에큐메니즘적인 이 '신-오순절주의'[14] 운동은 많은 교회, 즉 가톨릭교를 비롯하여 성공회, 감리교, 루터교, 장로교를 포함한 개신교 안으로 빠르게 들어갔다.

　은사적 예배(charismatic worship)의 특징에는 성령 내재의 우선, 언어 사용 외에도 신체적 몸짓(손들기, 엎드리기, 춤추기, 무릎 꿇기, 등)으로 하는 표현의 자유, 기적적인 현상과 계시적인 성령의 은사, 참여적인 예배, 성경을 토대로 새롭게 작곡한 유명한 회중 노래들, 즉흥성, 규정된 예배 형태와 순서에 대한 저항이 포함된다.

　교회의 리더들은 예배에서 은사 운동의 영향력을 포용하거나 아니면 막는 경향이 있었다. 중도적인 입장을 취하는 이들은 그리 많지 않았다. 그러나 교회들이 은사 갱신 운동의 영향력을 긍정적으로 보든지 그렇지 않게 보든지 상관없이, 은사 갱신 운동은 미국 전역과 세계 도처에서 예배의 방향 상실기가 시작되는데 기여했다.

　어떤 교단에서 전통적이라고 여겨졌던 것이 이제는 가능해진 예배의 새로운 표현들 때문에 위협을 받았다. 현재 상황이 도전을 받게 되었고, 편

---

[13] Richard M. Riss, "The Charismatic Renewal," in *The Complete Library of Christian Worship*, vol. 2 (Nashville: Star Song; Peabody, MA: Hendrickson, 1994), 121.
[14] James F. White, *Protestant Worship: Traditions in Transition* (Louisville: Westminster/John Knox, 1999), 11장을 보라.

안하게 여겨졌던 것들이 불편해졌다. 대부분의 교회가 얼마 지나지 않아 은사 갱신 운동이 초래한 결과들과 씨름했다.

예수 운동의 부상은 예배의 방향 상실기에 그 나름대로 기여했다. 1960년대 후반에 서부 해안에서 전개된 예수 운동은 1960년대의 기독교판 대항 문화 운동이었다. 당시의 대항 문화를 지지했던 회심한 청장년들이 이끈 예수 운동은 비전통적인 예배 스타일, 순서, 장소, 리더십을 강조하면서 이름을 떨쳤다.

예수 운동은 음악 주도적이었다. 기독교 밴드가 공동 예배를 인도하도록 했다. 기독교 록밴드가 곧 이어 등장했고, 대규모 기독교 록 콘서트가 열렸고, 녹음물들이 사용 가능해졌다. 예수 운동의 음악이 전통적인 교회에서 사용될 수 있는 길이 열렸다. 유명한 예배 저널에 실린 최근 기사는 이러한 사실을 잘 보여 준다.

> 나는 브루스 스프링스틴(Bruce Springsteen), 톰 페티(Tom Petty), 엘튼 존(Elton John), 후(the Who) 등의 콘서트에 많이 다니면서 20대를 보냈다. 그래서 록 콘서트에서 무엇을 기대해야 하는지를 알고 있었다고 생각했다. 환호, 흥분한 팬, 마리화나, 밴드 숭배였다. 그러나 그러한 행사들을 위해서, 내가 최근에 보러 갔던 U2 콘서트에서 경험했던 신성한 느낌을 기대했던 적은 전혀 없었다.
>
> … 나를 오해하지 않았으면 좋겠다. 우리는 파티를 했다. …그런데 파티 도중에 나는 예상치 않게 하나님을 만났다. 나중에 나는 내가 왜 이렇게 느꼈는지를 자신에게 물었다. 공연 중간에 보노가 팬들을 위해 '하나님의 이름으로' 기도했기 때문이었나?

아니면 보노가 공연이 끝날 무렵엔 목소리가 거의 나오지 않을 정도로 노래를 열정적으로 불렀기 때문이었나?

아니면 내가 밴드 숭배에 빠져서 그것을 하나님이 이끄시는 예배로 착각했던 것인가?

아니다. 나는 지구에서 가장 위대한 록 밴드에 의해 그분의 발로 인도되었기 때문에 하나님을 만났다. 감정적 카타르시스, 숭배, 즐거움, 이 모든 것이 나를 진정한 예배로 인도했다. 공연이 끝날 무렵에 나는 1년 동안 교회에 나갈 필요가 없을 것 같다고 느꼈다.[15]

복음이 사람들에게 올 수 있는 곳들은 예배를 위한 장소가 될 수 있다고 여겨졌다. 따라서, 예배가 가게 앞에 딸린 공간, 강당, 공원, 아니면 길거리에서 이루어졌다. 성직자로 준비되고 안수받는 일이 덜 강조되었다. 소명 받았고 말하는 은사가 있다고 느끼는 사람들이 그 운동을 위한 목회 리더십을 제공하곤 했다. 의심의 눈으로 전통을 봤다. 은사 갱신 운동에서처럼, 하나님을 직접으로 경험하는 것이 가장 우선시 되었다.

경배와 찬양 스타일은 예수 운동의 파생물로 1980년대 초에 발전되었다. 예수 운동처럼 경배와 찬양은 대개 음악이 주도적이다. 그러나 경배와 찬양 스타일은 은사 운동의 각색으로, 긴 시간 동안 현대적인 노래와 성경 후렴구를 부르고, 성령 안에서의 자유에 대해 감사하는 것에서 특히 그렇다. 경배와 찬양 예배는 예배의 친밀성을 강조하면서 '음악과 비형식성은

---

[15] Julie Bogart, 'What You Can Learn about Leading Worship from a Rock Star,' *Worship Leader* 10, no 5 (July/August 2001), 24.

후기-기독교 문화의 사람들과 반드시 관련되어야 한다'는 믿음 위에서 만들어진다.[16]

20세기 후반부에 가장 지대한 영향을 미칠 것이 거의 틀림없는 예배 갱신 운동은 개신교 교회들이 아니라 가톨릭교회에서 일어났다. 이 갱신의 시금석은 『제2차 바티칸 공의회의 거룩한 전례에 관한 헌장』(Constitution of the Sacred Liturgy of the Second Vatican Council)이었다.

> 헌장의 목표는 예전의 그리스도 신비 안에서 신자들에게 기독교의 삶의 근원을 제공하기 위해 기독교의 영성과 목회 생활을 회복하는 것이었다.[17]

제2차 바티칸 공의회가 실행한 핵심적인 개혁은 신자들이 예전에 완전히 참여하는 것, 전 세계적으로 자국어를 사용하여 예배를 실행하는 것, 성경을 더 많이 봉독하는 것, 예전적인 교리교육을 더욱 강조하는 것, 다양한 인종과 민족이 그들의 미사를 드리는 데 있어서 '그들의 특성과 재능'을 존중하는 것,[18] 그리고 말씀 예식과 성찬 예식에 모든 사람이 온전하게 참여하는 것을 포함한다.

개혁의 깊이와 넓이 때문에, 그리고 그러한 전면적인 변화에 대한 선례가 부족했기 때문에, 제2차 바티칸 공의회의 개혁의 실행은 아직 완료되

---

[16] Robert Webber, "The Praise and Worship Renewal," in: *The Complete Library of Christian Worship*, vol. 2 (Nashville: Star Song; Peabody, MA: Hendrickson, 1994), 131.

[17] German Martinez, "The Impact of the Constitution on the Sacred Liturgy," in: *The Complete Library of Christian Worship*, vol 2 (Nashville: Star Song; Peabody, MA: Hendrickson, 1994), 108.

[18] "German Martinez, *The Complete Library of Christian Worship*, 317-22.

지 않았다. 실행은 진행 중이지만 가톨릭주의의 전 세계적인 영역에서는 아직 끝나지 않았다. 그럼에도 불구하고 연구는 제2차 바티칸 공의회의 개혁이 대단해 강력해졌고 북미 전역에서 가톨릭 교구들을 재형성했다고 가리키고 있다.[19]

위의 세 운동이 진공 상태에서 일어났던 것은 아니다. 은사 갱신 운동과 예수 운동은 모두 범위에서는 초교파적이었다. 그리고 정도의 차이는 있지만 거의 모든 기독교 전통에 영향을 끼쳤다. 많은 사람은 제2차 바티칸 공의회가 개신교 교회들이 따라갈 수 있는 예배 개혁의 길을 마련했다고 여긴다. 이것은 제2차 바티칸 공의회 이후에 개신교 교회들이 3년 주기의 공동성서일과를 널리 받아들이고 예배서를 개정한 데에서 가장 잘 나타난다.

비록, 매우 다르기는 하지만, 각 운동은 공통된 주제들도 다룬다. 바로 예배에서 공동체를 강조해야 하는 필요성, 예배자들의 완전한 참여에 대한 필요성, 그리고 예배에 다양한 스타일의 영향력들에 대한 허용 또는 수용이다. 각 운동은 교회의 사명과 사역을 정의했던 옛 전통들에 성공적으로 도전했다. 이러한 운동들은 에큐메니즘적인 수렴과 예전 및 신학적 상호 교환을 위한 문을 열었다.

그 결과 방향이 상실되었고 전에는 분명했던 교단 간의 경계선들이 불분명해졌다. 베이비 붐 세대의 많은 사람은 청년 시절엔 전통적 교회에 참

---

[19] 제2차 바티칸 공의회의 개혁에 대한 반응을 비평한 보고서에 관심이 있으면 Lawrence Medden, ed., *The Awakening Church: Twenty-five Years of Liturgical Renewal* (Collegeville, MN: Liturgical, 1992)을 보라. 좀 더 최근에 실시된 분석을 위해서는 Regis Duffy, *An American Emmaus* (NY: Crossroad, 1995)를 참조하라.

석하지 않았지만 젊은 부모가 되었을 때 교회로 돌아갔다. 이 세대는 예수 운동의 영향을 받은 첫 번째 세대로 결국에는 현대적 예배 예식을 위한 소재를 제공했다. 현대적 예배는 지금 전국 곳곳에서 나타난다.

> 1960년대의 음악 혁명은 음악-주도적인 예배를 위한 무대를 마련했다. 웨버가 언급하듯이 그 새로운 접근법은 음악인들을 회심시켜 교회로 데려와 새로운 음악-주도적인 예배를 개발하도록 했다. 그리고 예수 운동은 기타를 치고 밴드에서 연주하는 머리를 길게 기른 많은 이들이 예수께 떼를 지어 몰려들게 만들었다. … 세계 도처에서 젊은이들이 새로운 교회들을 세웠다. 20세기 말에 '교회 성장' 이론의 추종자들은 "현대적 예배를 해라. 그렇지 않으면 생존하지 못할 것이다"라고 말했다.[20]

그러므로 은사 운동의 특징 – 손들기, 손뼉치기, 춤추기, 기름 바르기 등 – 이라고 명확하게 분류되었던 예배 표현은 이제 주류 교회들에서도 자주 보이기 시작한다. 그리고 예전 텍스트와 신조를 갱신하고 사역과 예배를 정의하는 데 있어 각 문화를 수용하는 것 같은 제2차 바티칸 공의회의 개혁들은 많은 개신교 교회들에서도 유사하게 나타났다.

대부분의 교단은 더 이상 예배 형태나 관행들을 '고정'하지 않는다. 모든 유형의 교회들은 전통들이 수정되고 예배의 스타일이 재평가되면서 방향 상실을 경험했고 계속 경험하고 있다. 많은 이들을 당황하게 할 만큼

---

[20] George Barna, "Worship in the Third Millennium," in *Experience God in Worship* (Loveland, CO: Group, 2000), 18-19.

예배는 교회의 사역에서 가장 중요한 요소가 되었다. 21세기가 시작될 때 개신교 교회들이 방향 상실을 경험하게 되었던 주된 이유는 예배 스타일에 대한 혼란과 염려 때문이었을 것이다.

조지 바나(George Barna)는 예배 음악 스타일을 (염려하게 만든) 극적인 변화의 가장 중요한 예로 들면서 말한다. '예배는 지난 몇십 년 사이에 크게 변화했다. 만약 우리가 지난 반세기 동안 경험해왔던 공동 예배를 추적해 보면, 교회의 광범위한 예배 관행에서 중추적인 변화가 많이 일어났다는 것을 알게 될 것이다.'[21]

20세기 후반부에 사역에서 방향 상실을 야기했던 또 다른 중요한 원인은 포스트모더니즘의 탄생과 발흥이다. 역사가들과 신학자들은 '포스트모던'이라는 용어가 언제 어떻게 등장했는지를 설명하는 다양한 이론을 제시한다. 그 용어는 1930년대에 어떤 예술적인 발전과 관련하여 처음으로 사용되었던 같다. 1970년대에 그 용어는 건축 디자인에 사용되었다.

그러나 최근에는 좀 더 폭넓은 문화 현상과 관련하여 학계와 일반 대중에게도 사용된다. 이윽고 '포스트모더니즘'은 20세기 중반의 다양한 사회와 문화 현상의 일반적인 대명사로 받아들여지게 되었다. 모던 문화에서 포스트모던 문화로의 움직임이 갖는 중요성은 아무리 강조해도 지나치지 않다.[22]

---

[21] 포스트모더니즘의 다양한 유형과 그 영향들에 대한 자세한 분석을 보려면 Pauline Marie Rosenau, *Post-Modernism and the Social Science: Insights, Inroads, and Intrusions* (Princeton: Princeton University Press, 1992), 특히 3-20을 참고하라.

[22] Stanley J. Grenz, *A Primer on Postmodernism* (Grand Rapids MI: Eerdmans, 1996), 14.

첫 번째 포스트모더니즘의 특징은 절대 진리의 존재를 인정하지 않는 것이다. 포스트모더니즘은 과학적 방법을 통한 이성적 발견을 거부한다는 점에서 반-모더니즘적이다. 진리에 대한 뉴턴의 접근법은 대개 물리학 법칙, 인식 가능한 법칙에 기초했다. 인간의 딜레마에 대한 (모든 수준의) 답들은 보다 나은 세상을 창조하게 될 과학적 비밀들을 밝혀내는 것으로 구성되었다.

계몽주의의 주요한 인식론적 전제들은 지식은 분명하고 객관적이고 본질적으로 선하고 획득할 수 있다는 것이다. 모더니즘 사상가는 감정에 좌우되지 않는 냉철한 지식을 믿었다. 그리고 사람들이 무제약 관찰자(unconditioned observer)가 되는 것이 가능하다고 믿었다.

포스트모더니즘의 사람들은 그러한 전제들을 갖고 있지 않다. 그들은 '보편적이고 초문화적이고 시대를 초월한 진리를 추구하는 계몽주의를 거부한다.'[23] 그리고 세상을 역사적이고 관계적이고 개인적인 것으로 여긴다. 그들은 모더니즘 선조들처럼 지식이 본질에서 선하다고 믿지 않는다. 그들이 자신들의 주장을 증명하려면 기술을 남용한 몇 가지 현대의 사례들, 예를 들어 핵무기 개발과 위협을 들면 된다.

두 번째 포스트모더니즘의 특징은 공동체의 가치를 인정하는 것이다. 모더니즘은 개인을 강조했다. 포스트모던 문화는 공동체를 분명하게 의식한다. 사회의 중심이 해체되고 있기 때문에 (물리적) 장소를 제외하고는 공

---

[23] Robert Webber, *Ancient-Future Faith: Rethinking Evangelicalism for a Postmodern World* (Grand Rapids MI: Baker, 1999), 81-82.

통점이 거의 없는 보다 작은 사회적 단위들이 생겨나고 있다. 따라서, 공통된 장소가 아니라 공동의 목표들과 목적들을 공유하는 공동체들에 참가하는 것에 관한 관심이 높아지고 있다. 로버트 웨버는 이렇게 말한다.

> 포스트모던 세계에서 가장 영향력 있는 교회들은 시장-주도적인 관점으로 교회를 바라보지 않고, 세상에서 하나님이 거하시는 공동체로서 교회를 신학적으로 다시금 이해하고 실천하는 이들에 의해 이끌릴 것이다.[24]

세 번째 포스트모더니즘의 특징은 거대담론의 상실이다. 거대담론은 한 집단의 역사와 정체성에 관한 이야기들로 구성된다. 20세기 말 이전에는 커다란 공동체들 사이에서 공유되는 세계관을 정의한 분명한 거대담론들이 있었다. 그러나 포스트모던주의자들은 거대담론이 더 이상 존재하지 않는다고 믿는다. 그들은 세계관(world view)을 갖고 있지 않다. 대신 많은 세계들(worlds)과 많은 관점(views)들을 갖고 있다.

> 포스트모더니즘적인 사고에서 거대담론들은 단순히 인간이 창작하고 꾸며낸 장치들이다. 우리는 거대담론들을 통해 역사에 질서를 만들어 그것을 우리에게 종속되게 한다.[25]

---

[24] J. Richard Middleton and Brian J. Walsh, *Truth Is Stranger than It Used to Be: Biblical Faith in a Postmodern Age* (Downers Grove, IL: InterVarsity Press, 1995), 11.
[25] Sally Morgenthaler, *Worship Evangelism: Inviting Unbelievers into the Presence of God* (Grand Rapids MI: Zondervan, 1995), 18.

방향 설정과 방향 상실에 관한 논의는 우리를 어디로 나아가게 하는가?

우리는 과도기, 즉 전통을 밀어내고 혁신을 추구하는 과정에서 예배하는 것을 이해할 수 있을까?

우리는 모더니즘과 포스트모더니즘에 대한 논의를 통해 무엇을 이해하게 되는가?

나는 다음을 주장하고자 한다. 예배 관행들은 아직 방향 재설정의 단계에 들어서지 않았다. 여전히 방향 상실의 단계에 단단히 자리 잡고 있다. 20세기 후반부의 갱신 운동들은 (비록, 본래 주된 의도는 아니었지만) 예배 스타일이 고착되는 결과를 야기했다. 한 문화 시대에서 다른 시대로의 이행은 방향 상실 기간을 늘린다.

예배 리더들이 스타일-주도적인 예배에서 멀어지고, (이제 막 시작된) 새로운 문화 시대의 도래를 인식할 때에만 우리는 방향 재설정을 향해 나아갈 것이다.

3. 방향 재설정

어떤 사람들은 전국 전역에 있는 교회들이 새로운 예배 관행을 채택했기 때문에 방향 재설정의 시기가 이미 도래했다고 주장했다. 그에 대한 증거로 그들은 소위 현대적 형식을 채택하거나, '혼합적 예배'를 하려고 시도하거나, 아니면 과거에는 알지 못했던 요소들을 포함하면서 혁신을 추구하려는 많은 교회를 가리킨다. 교회 성장 전문가들은 어떤 예배 스타일을 붙잡으면 출석률과 경쟁적인 교회 시장에서의 생존 능력이 향상할 것이라고 많은 이들을 이해시켰다. 그 결과 많은 교회는 스타일에 변화를 주고자 노력했다.

이것은 일부 사람들이 '90년대의 예배는… 시장-주도적인 행위로 진보적인 교회를 다니는 소비자들의 감지된 욕망에 의해서만 만들어지고 정의되었다…. 90년대의 예배는 무엇이든 효과가 있으면 된다. 일요일이나 수요일 밤에 효과가 있다는 말은 회중석을 채우는 것을 뜻한다.'²⁶고 정의하도록 만들었다.

유감스럽게도 수많은 변화-중심적인 교회들은 유익한 비판적 사고나 신학적 성찰, 예전적 분석을 제대로 하지 않은 채 앞으로 나아갔다. 많은 경우 그들의 시도가 원했던 결과를 가져오지는 않았다. 결과적으로 전국 전역에 있는 많은 교회는 계층 간의 갈등을 경험하고 다른 교회들의 예배와 비슷한 일반적인 예배를 하게 되었다.

그러한 변화-중심적인 교회들은 이행의 핵심 원리를 이해하지 않았다. 새로운 무언가를 시도하는 것이 방향 재설정을 의미하는 것은 아니다.

---

26 각 문화적 시대의 기간은 여러 세대를 포함한다. 예를 들어, 30년 전쟁이 끝난 1648년쯤에 시작된 계몽주의는 임마누엘 칸트(Immanuel Kant)의 『순수 이성 비판』(*Critique of Reason*)의 출간으로 특징지어지는 1800년경까지 지속하였다. 유사하게 모던(근대) 시대는 약 1750년부터 1900년까지 지속하였다(계몽주의 시대와 겹쳐진다). 포스트모더니즘의 시대는 1970년대 초에 시작되는 것으로 여겨지는데, 어떤 사람들은 미주리주, 세인트루이스의 푸르트-아이고(Pruitt-Igoe) 주택 프로젝트의 실패가 그 시작을 표시했다고 생각한다.
그 프로젝트는 근대의 사고방식으로 가능하다고 생각되었던 유토피아적인 사회를 만들고자 시도했다. 포스트모더니즘의 시작에 대해 더 알고 싶으면 Grenz, *A Primer on Postmodernism*과 Terry Eagleton, *The Illusions of Postmodernism* (Cambridge, MA: Blackwell, 1996)을 보라. 각 시대는 겹쳐지는 때가 있기 때문에, 그리고 우리는 포스트모던 시대의 시작에 가까이 있기 때문에, 우리 문화는 현재 과도기에 있다고 결론지어질 수도 있다.

혁신은 일하시는 하나님을 바라보는 새로운 방식을 만들어 내지 않는다. 예배 스타일은 교회가 혁신적이라는 것을 다른 이들에게 이해시키기 위해 사용되는 선택 방법이었다. 그러나 방향 재설정을 가져올 것이라고 우리가 바라는 것은 바로 방향 상실의 단계에 교회를 인질로 잡아두는 것이다. 다시 말해 혁신에 대한 헌신이다.

한 질문이 예배 스타일의 문제를 제기하는 것 같다.

사람들은 무엇을 선호하는가?

만약 우리가 어떤 예배의 변화에 대한 이유를 듣게 된다면, 우리는 '젊은이들이 그것을 좋아하기 때문에,' '우리는 문화에 맞출 필요가 있기 때문에,' '아무개가 이런 유형의 음악을 좋아하기 때문에'와 같은 답들을 듣기 원할 것이다. 답들이 우리의 정체를 드러낸다. 우리는 마법을 발휘하고, 환상을 불러일으키고, 모든 것을 포함한 스타일을 추구하고 있다.

예배 스타일 추구는 실제적인 면에서 실패한다. 스타일은 움직이는 목표물이기 때문이다. 스타일은 항상 변한다. 한 나라의 어떤 지역에서 '최신 유행'인 것이 다른 곳에서는 구식이다. 예배 스타일은 옷이나 자동차 같은 것들의 스타일처럼 누군가의 기분에 따라 변하는 주관적인 것이다. 한 사람이 스타일을 완전히 익혔을 때쯤이면 그 스타일은 변했다. 실용주의가 이끄는 사역도 신학적이고 실천적인 이유들에 적절하지 않다. 예배 스타일을 가장 중요하게 여기며 추구하는 것은 신학적으로 문제의 소지가 있다. 잘못된 질문을 전제하기 때문이다.

스타일에 관한 질문은 늘 '사람들이 무엇을 좋아하는가?'

나는 더 좋은 질문이 있다고 생각한다.

사람들이 하나님을 만나도록 돕는 예배는 어떤 종류의 예배인가?

이 질문은 우리를 선호하는 것들에게서 멀어지게 하고 예배의 진정한 목표를 향해 가도록 이끈다. 예배에서 가장 중요한 것은 예수 그리스도를 통해 살아계신 하나님을 만나는 일이다. 스타일은 '프로그램 예배'(참여가 아니라 구경하도록 초대하는 예배)를 존속시킨다. 사람들이 하나님을 만나도록 도우려면 예식 스타일보다는 참여 수단을 제안해야 한다.

오늘날 우리의 북미 문화에서 '참여'는 어떤 의미를 담고 있는가?

예식의 참여 정도를 다루기 전에 우리는 먼저 오늘날 문화의 극적인 변화와 관련해서 우리가 어디에 위치했는지를 살펴볼 필요가 있다. 세기가 바뀌는 시점에서 우리의 문화는 모던도 아니고 포스트모던도 아니다. 우리의 문화는 모더니티와 포스트모더니티 사이를 끊임없이 오가며 변화하고 있다. 그리고 당분간 이런 상태로 남아 있을 것이다. 모더니티에서 포스트모더니티로의 이동은 시대들(*eras*)의 변화로 세대들(*generations*)의 변화보다 훨씬 느리게 일어나는 이행이다.[27]

따라서, 우리가 예배를 위한 장을 열고 사람들을 초대할 때, 그들의 구미를 맞춰주면 그들의 배고픔을 채워줄 것이라는 전제를 더 이상 할 수 없다는 사실이 점점 더 확실해진다. 보다 중요한 것은 사람들이 정보를 얻고, 진리를 인식하고, 하나님을 만나는 방식이 바뀌고 있다는 현실을 존중하는 우리의 능력일 것이다.

사람들은 스타일-주도적인 예배에 이끌린다. 그들이 그렇게 되려고 선택했기 때문이 아니라 다음 세대들의 예배자들이 소비자가 되도록 문화화

---

[27] Richard Cimino and Don Latin, *Shopping for Faith: American Religion in the New Millennium* (San Francisco: Jossey-Bass, 1998).

되었기 때문이다. 사람들은 팔리는 것에 익숙해졌다. 그리고 교회들도 이제는 상품으로 여겨진다.[28] 이것은 우리가 종교에 관련된 정보를 주고받는 방식에 직접적인 영향을 끼쳤다.

『종교 커뮤니케이션의 새 시대』(*The New Era in Religious Communication*)의 저자인 피에르 바뱅(Pierre Babin)은 20세기 말에 일어난 커뮤니케이션 혁명 때문에 사람들이 새로운 방식으로 메시지를 받는 것에 확실히 익숙해졌다고 말한다. 그는 우리 문화의 사람들이 의미, 초월적인 것, 사랑, 신비를 깊이 경험하기를 열망한다고, 간략히 말해 하나님을 진정으로 깊이 경험하기를 원한다고 주장한다. 그러나 그는 또한 오늘날 정보가 전달되는 방식이 빠르고 크게 변했기 때문에 사람들이 이전엔 없었던 시각과 이미지 중심의 전달 시스템 방식으로 하나님을 경험한다고 말한다.[29]

문화 학자들은 다음에 동의한다. 커뮤니케이션의 주된 수단으로 상상, 시각, 상징, 이야기, 그림을 의존하는 경향이 갈수록 더 커지고 있다. 그들 중에 바뱅은 매체(medium) 자체가 메시지(message)가 된다고까지 말한다.

"매체는 단지 제한적인 기술 도구가 아니다. 매체는 표현 수단이 기능하기 위해 필요한 기반시설과 환경 전체를 뜻한다."[30]

15세기 중엽에 개발된 구텐베르크 인쇄술 이전의 문화는 주로 구두와 시각 문화였다. 정보는 종교 공동체에 의해 구두로 전달되었다. 그러면서 정보와 관련된 감정도 전달되도록 하면서 정보의 가치를 더했다. 감정은

---

[28] Pierre Babin, *The New Era in Religious Communication* (Minneapolis MN: Fortress, 1991).
[29] 예를 들어, 이 책의 11장인 Robert K. Johnston, "Visual Christianity: The Peril of Pleasure and the Value of the Experience"를 보라.
[30] Pierre Babin, *The New Era in Religious Communication*, 21.

지성과 결합하였다. 정보는 구두로만이 아니라 시각적으로도 전달되었다. 신앙을 선포하는 상연, 상징적 몸짓, 이미지와 다른 시각 양식들이 진리를 전달했다.³¹

문자 전통(written tradition)은 새로운 시대를 열었고 15세기부터 20세기 말까지 지속하였다. 신앙 학습 방식이 크게 변했다. 문자 전통은 그 후 5세기 동안 신앙을 학습하는 방식이 되었다. 그 결과 더뎠지만, 분명히 이성적 분석, 지역적 특성과 연결성을 만드는 관습, 신조와 교회법에 순종하는 의식이 자신을 교회 일부로 느끼거나 예전에 능동적으로 참여하는 것보다 더욱 중요해졌다.³²

지난 500년은 이지적 신앙, 직선적 사고, 이성, 논리적 주장, 교리를 지적으로 받아들이면서 갖게 되는 신앙을 강조했다. 20세기 말의 커뮤니케이션 혁명은 이미지, 시각 자료, 상징, 드라마를 다시 의존하면서 우리의 문화를 인쇄 시대에서 새로운 구두와 시각 시대로 빠르게 이동시키고 있다.

만일 이것이 사실이라면, 그리고 그것이 사실이라고 보여 주는 중요한 증거가 있다면, 우리는 가장 중요한 질문을 다시 해야 한다.

사람들이 하나님을 만날 수 있도록 돕는 가장 좋은 방법은 무엇인가?

우리는 시대가 변화하는 가운데 있기 때문에 그 답은 '다양한 방법을 통해서' 일 것이고 그 답은 꽤 오랫동안 지속할 것이다. 여기가 바로 우리는 혁신을 받아들이고 실행할 수 있는 곳이다. 혁신한다는 것은 새로운 것을

---

31 인쇄술이 기독교에 끼친 영향에 대해서는 Edward Muir, *Ritual in Early Modern Europe* (NY: Cambridge University Press, 1997)을 보라.
32 Pierre Babin, *The New Era in Religious Communication*, 29.

만드는 것이다. 그러나 이제 우리는 혁신에 대해 더 많은 것을 말하고 있다. 우리는 모더니즘 사람들과 포스트모더니즘 사람들, 그리고 둘 사이에 있는 모든 사람이 하나님을 만날 수 있도록 새롭고 다양한 기회들을 창출하고자 노력하고 있다.

모던 사람들은 주로 이성의 힘, 이지에 대한 호소, 논리적 주장, 인쇄된 글을 통해서 하나님을 계속해서 인식하고자 할 것이다. 최초의 포스트모더니즘 사람들(과 그다음 세대의 포스트모더니즘 사람들) 중에서 일부는 하나님의 초월과 신비를 경험하는 것을 통해서, 이야기와 침묵과 상징과 색상과 이미지를 통해서 하나님을 인식할 것이다. 모더니즘 사람들은 공동 예배에서조차도 개인적으로 종교적인 경험을 하는 것에 편안함을 계속해서 느낄 것이다. 포스트모더니즘 사람들은 공동 예배에서 진정한 공동체성을 느끼고자 열망할 것이다.

교회가 스타일-주도적인 예배에 고착되어 오래 머물면 머물수록, 교회가 포스트모더니즘의 함의를 오래 무시하면 무시할수록, 방향 상실의 기간은 더욱 길어질 것이다. 앞에서 언급했듯이 방향 재설정은 하나님의 눈을 통해 하나님의 목적을 보는 새로운 방식이다. 방향 재설정은 우리가 무엇을 하는지에 대한 것이 아니다.

우리의 마음과 비전을 바꾸기 위해 **하나님이 우리 안에서 하시는 일**에 대한 것이다. 중요한 점은 우리를 방향 상실에서 벗어나게 할 '답들'을 얻는 것이 아니다. 새로운 방식의 존재가 되도록 교회를 움직이시는 하나님을 인식할 수 있도록 바라보고 기도하는 것이다.

4. 그 사이에

우리가 엄청난 과도기에 있다는 것을 알게 될 때, 우리는 예배의 딜레마에 어떻게 접근할 수 있을까?

아마도 우리는 '이중 언어를 사용하는 예배'(bilingual worship)를 발전시킬 수 있을 것이다. 이중 언어를 사용한다는 것은 두 개의 다른 언어로 소통하기 위한 어휘, 구문, 억양을 안다는 뜻이다. 흥미롭게도 이중 언어를 하는 사람들은 하나의 대화 속에서조차도 언어들을 바꿔가며 말할 수 있다. 두 언어는 그들에게 모두 모국어이다. 그들은 말하기 전에 문법을 분석하려고 멈추지 않아도 된다. 그들은 그냥 말하고 듣는다.

세기가 바뀌는 시점에서 예배 언어는 이중 언어를 하는 능력으로부터 유익을 얻을 수 있다. 한편으로 우리는 모두 교회의 전통 언어를 유산으로 물려받았다. 20세기가 넘는 기간 동안에 공들여 만들어진 살아있는 신앙의 거룩한 어휘가 존재한다. 그것은 성경적 아름다움과 신학적 온전함에 대한 말들을 포함하고 모든 기독교 집단에 적합한 용어를 만든다. 예배를 위해 기록된 텍스트들(기도서, 예전서, 노래, 교리)은 전체 교회에 익숙하고 전체 교회가 귀중히 여기는 언어를 활용한다. 이 언어는 여러 세대의 신자들을 통해 전달되고 예배자들의 모국어가 된다.

사용되어야 하는 제2언어는 기호와 상징, 초월과 신비, 그림과 이미지, 드라마와 몸짓의 언어이다. 시각과 구두 표현을 위한 언어이고 문화적 방향 설정이라는 방식으로 우리에게 다시 소개되었다. 제1언어는 인지적 수준의 참여로 초대한다.

제2언어는 정서적 수준의 참여로 초대한다. 둘 다 영원을 경험할 필요가 있는 세상에서 하나님을 만날 진정한 기회들을 제공한다.

이러한 기회들을 제공하는 일은 스타일 선택권을 제공하는 것과는 완전히 다르다. 스타일-주도적인 예배는 다른 이들을 기쁘게 하고자 한다. 이중 언어를 사용하는 예배는 다른 사람들이 그들의 예배 언어를 찾아 그들을 창조했고 그들의 경배를 기다리시는 분을 능동적으로 섬길 수 있도록 돕는다.

21세기를 사는 사람들은 그들의 예배 스타일보다는 그들의 예배 목소리를 찾아야 할 것이다. 한쪽은 선호하는 것들을 만족하게 하도록 제안한다. 다른 한쪽은 예배자가 능동적이고 참여적인 예배를 할 수 있도록 제안한다.

나는 교회의 삶에서 전통과 혁신의 융합은 우리가 더 좋은 질문을 하려고 결정할 때, 문화적 변화가 우리를 과도기에 꽤 오랫동안 머물게 할 수도 있다는 것을 인정할 때, 그리고 하나님의 방향 재설정을 기다리고 '통과하는'(going through) 과정은 우리를 '~로,' 즉, 이번 경우엔 기독교 사역의 새 시대로 옮기는 것이라는 사실을 기억하면서 기도하는 마음으로 하나님께 귀를 기울일 때 가장 잘 일어난다고 생각한다.

제2장

이름보다 중요한 본질

북미 개신교 예배의 분류를 위한 시도

레스터 루스 (Lester Ruth)

당신은 당신 교회나 교구의 예배를 어떻게 분류할 것인가?

'현대적'인가?

아니면 '전통적'인가?

그러한 용어들이 너무 제한적인가?

그렇다면 최근 몇몇 청소년 사역 훈련 교재들에서 볼 수 있는 '직선적'(linear)이나 '유기적'(organic)이란 용어가 더 괜찮을 것 같은가?[1]

---

[1] 유스 스페셜티스(Youth Specialties) 훈련 교재에서 찾은 내용이다. 2001년 3월 14일에 캘리포니아 주 산타크루즈에 소재한 산타크루즈바이블교회(Santa Cruz Bible Church)의 댄 킴볼(Dan Kimball)에게 이메일로 허락을 받은 후 인용했다. 이러한 용어들은 예

최근에 열린 온라인 예배 토론장에서 등장한 이러한 용어들이 좀 더 정확할지도 모르겠다.

① 다감각적 예배(multi-sensory worship)
② 토착적 예배(indigenous worship)
③ 신적 예배(innovative worship)
④ 변화적 예배(transformation worship)
⑤ 혼합적 예배(blended worship)
⑥ 찬양 예배(praise services)
⑦ 활기가 넘치는 전통적 예배(spiritual traditional worship)
⑧ 창의적 예배(creative worship)
⑨ 고전적 예배(classic worship)[2]

아니면, '흑인계-미국인,' '히스패닉계,' '유럽계-미국인'이나 일부 유사한 다른 명칭처럼 민족이나 인종적 표기들이 당신 예배의 성격을 더 잘 묘사하는가?[3]

당신 교회의 예배를 적절하게 표현하는 용어가 아직도 언급되지 않았는가?

배 안에서 행위들의 논리적 전개들과 관련 있다.
[2] <http://www.easumbandy.com/forums.htm> (200년 7-8월)에 접속했던 온라인 포럼에서.
[3] Kathy Black, *Worship across Cultures: A Handbook* (Nashville: Abingdon, 1998). 이 책에서 블랙(Black)은 남부 캘리포니아에 있는 21개의 민족 집단의 예배를 분석한다.

그렇다면 '멀티미디어 예배,' '진정한 예배,' '예전적 예배,' '경배와 찬양,' '구도자 예배'는 어떠한가?[4]

다양한 '청중'을 토대로 한 용어들인 '신자-중심적 예배'(believer-oriented worship), '방문자-친화적인 신자-중심적 예배'(believer-oriented worship made visitor-friendly), '방문자-중심적 예배'(visitor-oriented worship)가 더 적절할 수도 있겠다.[5]

최근에는 예배를 세대로 구분하자고 주장하는 학자들도 있다.

그렇다면 당신의 예배는 '부머'(boomer) 예배인가?

'부스터'(buster) 예배인가?

'X-세대' 예배인가? 아니면, '밀레니얼'(millenials) 예배인가?

이처럼 예배에 대한 용어들과 분류들이 어지럽게 널려있다. 이러한 다양한 분류법은 오늘날 북미 개신교 예배의 상태를 잘 반영한다. 용어들의 불협화음은 예배의 폭넓은 범위를 보여 준다. 심지어 하나의 자료 안에서도 복잡한 분류 체계를 볼 수 있다. 예를 들어, 예배에 관한 최근의 한 논집에 실린 여러 소논문의 제목들은 양식적, 신학적, 민족적, 연령 특이적 고려사항들에 의해 파생된 명칭들을 보여 줬다.[6]

---

[4] '멀티미디어 예배'에 대해서는 Paul Franklyn, "Tech-Knowledge for Ministry: Multimedia Worship," *New Results* 18, no. 7 (July 1997)을 보라; '진정한 예배'에 대해서는 Sally Morganthaler, 'Out of the Box: Authentic Worship in a Postmodern Culture,' *Worship Leader* (May/June 1998), 24-32을 보라; '예전적 예배,' '경배와 찬양,' '구도자 예배'에 대해서는 Andy Langford, *Transition in Worship: Moving from Traditional to Contemporary* (Nashville: Abingdon, 1999), 18을 보라.

[5] Timothy Wright, *A Community of Joy: How to Create Contemporary Worship* (Nashville: Abingdon, 1994), 18.

[6] George Barna, et al., *Experience God in Worship* (Loveland, CO: Group, 2000), 사용된 범주에는 '융합(convergence),' '예전적,' '현대적.' '복음주의적,' '흑인계-미국인,' '은사

예배에 관한 이러한 천차만별의 분류법들 속에서 질서 비슷한 것들도 찾을 수 있는가?

이를 위해 우리는 먼저 최근의 네 가지 분류법들을 살펴보면서 각 분류법의 강점과 한계를 알아보겠다. 그다음에 이러한 분류법 중 일부를 기반으로 하고, 로버트 웨버로부터 나온 몇몇 범주들을 통해 사용 가능한 데이터를 여과하면서, 북미 개신교들의 예배에 대한 접근법들을 적절하게 분류하는 몇 가지 방법들을 제시하고자 한다.

내가 소개할 새로운 분류법들이 가능할 수 있는 모든 분류를 망라하지는 않지만, 그 방법들이 유익한 몇몇 명칭들을 제공하길 기대한다. 내가 제시할 분류법은 예전적 기념(liturgical commemoration)의 본질(예배를 드릴 때마다 무엇이 기억되는가?), 회중 예배에서 지배적인 성례전적 요소(예배에서 예배자들은 주로 어떤 방식으로 하나님의 임재로 들어가는가?), 예전적 형태(각 교회는 어떤 방법으로 예배를 계획하는가?)를 토대로 분류한다.

이러한 분류학적인 범주가 제시되는 이유는, 북미 개신교의 모든 예배에 적용될 수 있을 정도로 충분히 폭넓으면서, 오늘날 개신교 예배 사이의 진정한 차이들을 준여 줄 만큼 충분히 중요하다고 여겨지기 때문이다.

중심적(Charismatic),' 'X-세대'가 포함되어 있다.

1. 대중적인 분류법: 전통적/현대적/혼합적 예배 분류법

오늘날 가장 대중적인 분류 체계는 전통적(traditional), 현대적(contemporary), 혼합적(blended) 예배라는 용어를 사용하는 분류법이다. 미국 개신교도들 사이에서 이 용어들은 대화들과 대중적 문헌들, 그리고 유감스럽게도 '예배 전쟁'(worship wars) 안에 퍼져있다. 상당수의 개신교 교회들이 이러한 명칭들로 예배 예식들을 구분하면서 매주 여러가지의 예배 예식을 제공하기 위해 조치를 취해왔다.

세 용어들은 널리 사용되고 있고 그것들이 갖는 일반적인 의미에 대한 일종의 전제가 있음에도 불구하고, 그 용어들이 구체적으로 무엇을 의미하는지는 분명치 않다. 대부분 경우 그것들은 음어들(code words)이다.

전통적은 '우리가 해오고 있는 것'을 가리킨다. 대개 20세기 중반의 관습을 반영하고 빅토리아 시대에 뿌리를 두고 있는 주류 개신교 예배의 형태를 의미한다.

현대적은 일반적으로 '우리가 할 수 있거나 해야 하는 것'을 가리킨다. 이 용어는 '현대적' 특징을 따르는 것들을 일부 배합한 예배, 대중 문화, 특히 엔터테인먼트 형태에 맞춘 예배, 매우 반복적이고, 당김음(syncopation)을 사용하고, 대중음악을 반영한 음악의 사용, 전자기술에 대한 의존, 빠르고 리듬감 있는 예배, 최소한의 예식, 격식을 차리지 않는 리더십, 예배의 신체 및 감정적 측면들을 보여 주는 예배 인도자들을 암시한다.[7]

---

[7] Daniel T. Benedict and Craig Kennet Miller, *Contemporary Worship for the Twenty-first Century: Worship or Evangelism?* (Nashville: Discipleship Resources, 1994), 10-16, 120에 서술된 현대적 예배의 특성을 비교하라.

대중적인 어법에서 **혼합적 예배**는 일반적으로 전통적인 찬송가와 현대적인 합창곡을 모두 사용하는 예배를 의미하는 경향이 있다.[8] 이 용어를 매우 정교하게, 미묘한 차이를 두면서 사용하는 사람들도 있다. 가장 유명한 신학자가 로버트 웨버이다.[9] 그러나 대부분은 음악과 스킷 드라마를 위한 할당제 정도를 뜻할 때가 많다.

전통적, 현대적, 혼합적 예배라는 용어들은 모두 분명한 한계성을 가지고 있고, 진지한 예배 분류법에서는 사용되지 말아야 한다. 간단히 말해서, 이 용어들은 매우 제한적인 현상을 너무 일반적으로 말한다.

현대적 예배에 대한 가장 좋은 접근법을 탐구하고자 하는 많은 연구가 일반적으로 '전통적'이라고 명명될 수도 있는 것들을 간혹 '현대적'에 포함한다는 것은 이 분류법의 매우 제한적인 유용성을 보여 준다. 예를 들어, 최근에 한 학자는 그가 '예전적 예배'라고 칭한 것을 현대적 예배의 한 유형으로 포함한다.[10] 그러나 다른 사람들은 그가 예전적 예배라고 묘사한 것을 전통적이라고 칭할 것이다.

---

[8] 예를 들어, Eva Stimson, "Praise God with Guitars and Organ?" *Presbyterians Today* (September 1998), 12.

[9] 다음의 책들을 보라. Robert Webber, *Signs of Wonder: The Phenomenon of Convergence in Modern Liturgical and Charismatic Churches* (Nashville: Abbott Martyn, 1992); *The Worship Phenomenon: A Dynamic New Awakening in Worship Is Reviving the Body of Christ* (Nashville: Star Song, 1994)로 재출간; *Blended Worship: Achieving Substance and Relevance in Worship* (Peabody, MA: Hendrickson, 1996)로 재출간. 다음의 책들도 보라.
Robert Webber, *Renew Your Worship: A Study in the Blending of Traditional and Contemporary Worship* (Peabody, MA: Hendrickson, 1997); Robert Webber, *Planning Blended Worship: The Creative Mixture of Old and New* (Nashville: Abingdon, 1998); Robert Webber et al., *Renew! Songs and Hymns for Blended Worship* (Carol Stream, IL: Hope, 1995).

[10] Langford, *Transitions in Worship*, 18. 그리고 Benedict and Miller, *Contemporary Worship for the Twenty-first Century*도 보라.

만일 그 용어들이 그렇게 유동적이라면 그것들이 갖는 진짜 의미는 무엇인가?

이 대중적인 분류법은 다른 심각한 한계를 묵인한다. 예배에 내재하는 보수성을 고려할 때(새롭게 만들어진 교회들도 시간이 흐르면 형태를 고정하고 유지하는 경향이 있다), 현대적이라는 용어는 결국 사용되지 말아야 한다. 그렇지 않으면 교회들은 몇 세대 안에 '전통적인 현대적' 예배라는 모순어법을 사용하게 될 것이다.

게다가 전통적/현대적 언어를 사용하는 이들의 역사적인 시야는 너무나도 제한적일 때가 많다. 한 관점에서 '현대적 예배'는 실제로 현대적이지 않다. 예를 들어, 내가 온라인 포럼에서 소위 현대적 예배로 불리는 예배의 순서들을 살펴봤을 때, 그 순서들은 모두 선포를 절정의 행위로 생각하는 매우 전통적인 예배 순서를 반영하고 있었다. 그러한 예배 순서는 2세기 동안 많은 미국 개신교 예배의 주축이었다.

스타일상의 변화를 제외하면, 그것에 대해 진짜로 현대적인 것은 무엇인가?

유사하게 더욱 넓은 역사적인 관점에서 볼 때, '전통적' 예배는 사실 전통적이지 않다. 전통적이라는 용어를 사용할 때, 대부분 사람은 초대교회의 전통들이든, 루터나 웨슬리 같은 다양한 개신교운동 창시자들의 전통들이든, 뿌리 깊은 예배 전통들을 염두에 두지 않는다.

따라서, 전통적/현대적 분류법은, 교단적이든 회중적이든, 예배를 묘사하는 접근법으로 충분치 않다.

예를 들어, 우리는 떠나라는 성령의 감동을 받기 전까지 완전한 침묵 가운데서 예배하는 퀘이커교도들의 활기에 찬 회중을 어떻게 분류해야 하는가?

17세기까지 거슬러 올라가는 오랜 역사를 가진 고전적인 퀘이커 방식을 따르기 때문에 '전통적'인가?

아니면, 예배자들이 편한 옷을 입을 수도 있기 때문에 '현대적'인가?

음악이 전혀 없기 때문에 음악 스타일은 그 예배를 분류하는 열쇠가 될 수 없다.

그리고 고전적으로 구성된 성찬 예식에서 복음성가를 사용하는 흑인계-미국인 교회는 어떠한가?

음악이 최근에 만들어졌고 강렬하기 때문에 '현대적'인가?

아니면 기본적인 예배 순서처럼 많은 가사가 교부 시대로부터 온 것이기 때문에 '전통적'인가?

마찬가지로 우리 집 근처에 있는 두 곳의 성공회교회는 어떠한가?

두 교회는 모두 『공동기도서』(Book of Common Prayer)의 성찬 예식을 사용하지만, 교인들이 파워포인트 영상을 보며 따라가는 동안 음악을 인도하는 찬양팀을 갖고 있다.

이것이 '전통적'인가 아니면 '현대적'인가?

한 가지 스타일의 음악과 리더십만 있을 뿐인데 '혼합적'이라고 할 수 있는가?

이러한 분류법의 용어들이 가진 한계들을 인정하는 일부 학자들은 전통적/현대적 분류법에서 벗어나고 있는 조짐을 보여 준다. 예를 들어, 다른 곳의 예배를 단순히 모방하기보다는 예배하는 사람들로부터 발생하는 예배에 대해 말하는 용어를 찾고 있는 레오나드 스위트(Leonard Sweet)는 '현대적'보다는 '토착적'이라는 말을 선호한다.[11] 다른 이들은 각각이 모든 예배에 있었으면 하는 특성들에 대해 말하고 있다고 언급하면서, 너무나도 자주 적대적인 위치를 잡는 (전통적과 현대적이라는) 용어들을 모두 거부한다.

전통적 또는 현대적 모델에만 의존하는 예배를 개혁하려는 시도들은 보다 신실한 예배에 대한 우리의 갈망을 충분히 충족시키지 못한다. 이것은 사실 잘못된 이분법이다. 진정한 기독교 예배는 현대적이면서 전통적일 필요가 있기 때문이다. 예배는 전통적이다. 왜냐하면, 역사 속의 예수 그리스도의 이야기를 세상에서 계속해야하기 때문이다. 그리고 예배는 현대적이다. 왜냐하면, 특정한 문화들 속에서 사는 실제 사람들과 함께 현재를 다뤄야하기 때문이다.[12]

심지어 '혼합적 예배'라는 용어도 진지하게 사용하기엔 너무 제한적이다. 단순히 예배를 위한 일종의 할당제를 묘사할 때가 너무 많기 때문이다. 최근에 한 학자가 이렇게 풍자했다. '많은 교회에서… 우리는 전통적

---

[11] Leonard Sweet, *Soul Tsunami: Sink or Swim in New Millennium Culture* (Grand Rapids MI: Zondervan, 1999), 390-91.
[12] L. Edward Phillips and Sara Webb Phillips, *In Spirit and Truth: United Methodist Worship for the Emerging Church* (Nashville: Discipleship Resources, 2000), 30. 그리고 Thomas G. Long, *Beyond the Worship Wars: Building Vital and Faithful Worship* (Alban Institute, 2001), 3; Marianne Sawicki, "How Can Christian Worship Be Contemporary?" in *What is 'Contemporary' Worship?* ed. Gordon Lathrop (Mineapolis: Augsburg Fortress, 1995), 27도 보라.

인 찬송가를 부를 것이다.

그다음에 찬양 노래를 부를 것이다. 우리는 고전적인 예배 구조를 가질 것이다. 그러나 스킷 드라마를 곁들일 것이다. 이것을 조금 더하고 저것을 조금 더하면 모든 사람이 만족할 것이다.[13] 혼합적 예배에 대한 그러한 접근법은 예배의 구조와 내용, 목적 같은 보다 본질적인 사안들은 다루지 않은 채 예배의 피상적인 사안들만 다루는 경향이 있다.[14]

이 대중적인 분류법에서 사용되는 전통적, 현대적, 혼합적이라는 용어들이 너무 불분명하게 정의되어 쓰이지 않을 것 같다는 점을 고려할 때, 북미 예배를 위한 포괄적인 분류법을 다른 곳에서 찾아봐야 한다.

2. 논쟁적, 변증적 분류법: 윌리엄 이어섬과 토마스 밴디의 분류법

유명한 교회 컨설턴트들인 윌리엄 이어섬(William Easum)과 토마스 밴디(Thomas Bandy)는 어떤 복음주의적인 의제를 촉진하려던 논쟁에 의해 형성된 예전 분류법의 예를 제공한다. 이어섬과 밴디는 교회들을 위한 교육과 자문 서비스를 제공하는 기관인 '이어섬밴디연구소'(Easum, Bandy, and Associates)에서 함께 일한다. 그 기관의 웹사이트에 있는 '사역에 대한 접근법'에 따르면, 그들은 '오늘날 영적으로 갈망하고 제도적으로 소외된 구도자들을 다루는 데 있어 리더들이 우선순위를 정리하고, 목표를 확실히

---

[13] Long, *Beyond the Worship Wars*, 12.
[14] Constance Cherry, "Blended Worship: What It Is, What It Isn't," *Reformed Worship* 55 (March 2000), 6-8.

하고, 새로운 전략들을 개발하고, 회중들에게 동기를 부여하도록 돕는다.'
그들은 1988년부터 지금까지 미국과 캐나다에 있는 75,000명의 교회 리더들을 준비시켰다고 주장한다.[15]

이어섬과 밴디의 단일 분류법에 대해 말한다는 것은 약간 부정확하다. 그들의 저서들은 예배를 분류하기 위해 관련은 되지만 전혀 다른 용어들을 반영한다. 1997년에 이어섬은 짧은 글에서 '전통적'과 '현대적'이라는 두 용어를 사용하는 초기 분류법을 제시한다.[16] 이어섬에 따르면 전통적 예배는 인쇄물, 16세기 스타일의 음악, '인쇄된 예전의 직선적이고, 엄숙하고, 느린 형식들'을 사용한다. 신조들과 침묵 시간 역시 중요하다. 반대로 현대적 예배에는 조용한 시간이 거의 없다. 현대적 예배는 시각적 경험을 일으키고 '전원에 연결하고 소리를 크게 한' '토착적인' 음악을 사용한다.

이어섬과 밴디가 공저하여 1997년에 출판된 『성장하는 영적 삼나무』 (*Growing Spiritual Redwoods*)에서 그들은 예배 분류를 위한 몇 가지 분류법을 제시한다. 가장 기본적인 것은 변형된 전통적/현대적 분류법이다. 그들은 예배 계획을 돕는 기초적인 범주를 정의하고자 하면서 '전통적,' '찬양,' '감각적' 예배라는 세 개의 가능성을 묘사한다.[17] 전통적 예배에서 '참여자

---

[15] "About Us. Easum, Bandy, and Associates Organizational Assumptions," <http://www.easum-bandy.com/about.htm#Mission> (12 July 2001).

[16] William M. Easum, "Worship in a Changing Culture," in *Contemporary Worship: A Sourcebook for Spirited-Traditional, Praise and Seeker Services*, ed. Tim Wright and Jan Wright (Nashville: Abingdon, 1997), 17-18.

[17] William M. Easum and Thomas G. Bandy, *Growing Spiritual Redwoods* (Nashville: Abingdon, 1997), 73. 비교 도표는 73-74에 있다.

들은 형식을 갖추고, 역사에 근거하고, 합리적 방법들로 감사를 드린다.'

이러한 '방식'은 '예복, 찬송, 신앙고백, 침묵 시간, 엘리자베스 시대 유형의 음악'을 선호한다. 찬양 예배는 특정한 종류의 음악에 중점을 두는 '축전'(celebration)이다. 이 예배는 '침묵 시간이 거의 없고 죄를 강조하지 않는 관객, 또는 엔터테인먼트 유형의 예배'이다.

감각적 예배는 청각 외에 다른 감각적 경험들을 많이 사용하는 특징을 가진 예배이다. '말보다는 예배 경험을 둘러싼 볼거리와 소리, 이미지와 음악에서 더 많은 것들이' 일어나는 예배이다. 그 예배는 활자나 말보다는 많은 볼거리와 소리, 즉 비디오와 시각 자료로 구성되고 '매우 시끄럽고, 전원에 연결하여 소리를 크게 한 음악'을 사용한다.[18] 이어섬과 밴디는 이 분류법을 세대 간의 호소와 연결한다. 전통적 예배는 '신체적 나이나 정신적 성향에 의해서' '크리스텐덤(Christendom) 예배의 일부 형태에서 의미를' 찾는 사람들에게 호소한다. 찬양 예배는 베이비부버들에게, 감각적 예배는 1965년 이후에 출생한 대다수에게 호소한다.[19]

이어섬과 밴디는 『성장하는 영적 삼나무』에서 전통적/찬양/감각적 분류법만을 제시하지 않는다. 다른 곳에서 그들은 (격차를 넘어 복음을 전하는) '교류적'(transactive) 예배, (상호 간의 감사나 서로 공유하는 감사에 참여자들을 포함하는) '상호적'(interactive) 예배, 그리고 (가능한 한 믿음을 현실적이고 포괄적으로 만드는) '실현된'(actualized) 예배에 대해서 말한다.[20] 그 책의 후반부에

---

[18] William M. Easum and Thomas G. Bandy, *Growing Spiritual Redwoods*, 74-75.

[19] William M. Easum and Thomas G. Bandy, *Growing Spiritual Redwoods*, 72.

[20] William M. Easum and Thomas G. Bandy, *Growing Spiritual Redwoods*, 76-77. 이러한 범주들은 명확하게 정의되지 않았다. 그것들은 복음 메시지와 상호 작용하는 각각의 유형을 다루는 것처럼 보인다.

서 두 사람은 인간의 필요를 다룰 수 있는 예배의 상이한 방식들에 근거한 분류법을 제공한다.

이 분류법은 '치유하는'(healing), '코칭하는'(coaching), '사랑하는'(cherishing), '즐거워하는'(rejoicing) 예배라는 네 가지 선택을 제시한다.[21] 또한, 그들은 '토착적' 예배의 특징들을 묘사할 때 또 다른 비슷한 유형의 분류법을 제공한다. 그러한 예배는 내용보다 경험을 더 중요시하고, 일상 생활과 관련되고, 토착적인 음악을 사용하고, 비디오와 음향장치를 중요한 요소로 사용하고, 성가대 연습을 기술 장비 리허설로 대체하고, '일관되고 중단되지 않는 흐름'을 갖는다.[22]

그 후의 저서들에서 이어섬과 밴디는 자신들의 분류법들을 발전시켰다. (서로 다른 그룹들의 영적인 필요에 맞춰 다수의 예배 기회들을 제공하는) 교회의 '다중-트래킹'(multi-tracking) 예배에 대해 2000년에 쓴 글에서, 밴디는 '치유하는,' '코칭하는,' '사랑하는,' '축전,' '전통적' 예배들 사이의 차이들에 유의하면서 이전에 제시했던 분류법을 확장한다.[23] 유사하게 이어섬은 이전의 전통적/현대적 또는 전통적/찬양/감각적 범주들에 몇몇 질적 형용사들을 더한다.

이제 이어섬은 '활기가 없는 전통적(spiritless traditional),' '활기가 넘치는 전통적(spirited traditional),' '찬양,' 그리고 '포스트모던' 예배라는 네 종류의 예배를 발견한다.[24] 이어섬에 따르면, '활기가 없는 전통적' 유형이 가

---

[21] William M. Easum and Thomas G. Bandy, *Growing Spiritual Redwoods*, 80-83.
[22] William M. Easum and Thomas G. Bandy, *Growing Spiritual Redwoods*, 94-95.
[23] Thomas G. Bandy, "How Do We Multi-Track Our Worship?" *Net Results* 21, no. 7 (July 2000), 17.
[24] William M. Easum, "What I Now See in Worship," *New Results* 21, no. 6 (June 2000),

장 일반적이고 전체 교회의 80%에 해당한다. 그 유형은 예배 시간에 사람들을 졸게 만드는 '느리고, 직선적이고, 예측이 가능한' 예배이다. 음악은 느리고 오르간으로 연주된다. 예배는 케케묵은 순서들로 가득 차 있다. 외부인들에게 이러한 예배는 활기 없고 지루하고 따분하다.

이어섬에 따르면, 활기가 넘치는 전통적 예배 형태는 전체 교회의 10% 미만에서 발견된다. 이 유형은 열정이 넘치는 강단과 활력이 넘치는 신도석이 특징이다. 예배는 꼼꼼하게 진행되고 좋은 음악들로 가득하다. 그러나 현재의 활력에도 불구하고 '이미 지난 지 오래된 문화'를 반영한다. 이어섬에 따르면, 찬양 예배는 성장 중인 교회들 가운데 90%가 사용하는 유형이다.

이 예배에서 가장 눈에 띄는 요소는 음악이다. 다른 일반적인 특징들로는 알찬 설교, 드라마, 형식에 얽매이지 않는 분위기를 들 수 있다. '케케묵은 순서들'도 없다. 포스트모던 예배는 예배의 변화무쌍한 풍조 속에서 다양한 스타일의 음악을 사용한다. 모든 형태의 기술을 사용하고, 분명하고 비타협적인 메시지를 제시한다. 그리고 진정성, 친밀감, 공동체를 함양한다.

비록, 출판물마다 정확한 용어들이 각기 다르긴 하지만, 이어섬과 밴디의 분류법에는 변하지 않은 것들이 몇 가지 있다. 그들의 어조는 달라지지 않는다. 분류법들은 처음부터 끝까지 논쟁적이고 변증적이다. 그들은 인습타파적인 태도로 묘사한다. 복음주의적인 성공을 성취할 방법들을 옹호하기 위해, 두 컨설턴트는 그들이 옹호하는 것들을 가장 매력적이게 보이

20-22.

고 그들이 문제가 있다고 여기는 것들이 가장 덜 매력적으로 보이도록 그들의 범주를 묘사한다. 그들은 공정하고 객관적인 묘사에는 관심을 보이지 않는다.

실제로 이어섬과 밴디가 예배와 관련해서 쓴 글들에서는 어떤 이분법 같은 게 보이는 경향이 있다. 그들은 어떤 형태들의 예배는 나쁘고 다른 형태들은 좋다고 생각한다.

일반적으로 그들이 20세기 후반의 주류 개신교와 연관 짓는 예배의 형태들은 나쁜 것으로 판명된다. 왜냐하면, 그러한 형태들의 예배는 이어섬과 밴디의 복음주의적 목표를 성취할 가능성이 작기 때문이다. 이어섬의 분류법에서 이러한 예배들은 활기가 없는 전통적 예배들이다. 그리고 두 사람은 이러한 예배들에 대해 매우 가혹하게 말한다. 대조적으로 다른 유형들의 예배에 대해서는 크게 찬사를 보낸다.

이러한 이분법의 이면에 이어섬과 밴디의 기본적인 관심사가 놓여있다. 바로 예배에서의 개인의 긍정적인 경험이다. 그들의 분류 체계는 실제로 그들이 예배에서 오늘날의 다양성에 반응하고 있는 사람들을 어떻게 인지하고 생각하는지에 대한 분류법들이다. 그들의 분류법은 개인의 긍정적인 예배 경험에 관한 관심에서 시작되었다.

이어섬이 예배를 요약하면서 개인적인 경험을 기본적인 범주로 강조하는 것을 잘 생각해 보라.

> 교회가 어떤 유형의 예배를 사용하든지 중요한 것은 한 가지다. 사람들은 하나님의 변화시키는 임재를 반드시 경험해야 한다는 것이다. 그렇지 않

다면, 어떤 스타일이든 예배가 아니다.²⁵

두 컨설턴트들은 일반적으로 보다 새로운 형태들의 주류 개신교 예배가 긍정적인 경험을 만들어 낸다고 본다.

이러한 경험에 관한 관심은 그들의 사고 속에서 두 가지 측면을 가진다. 하나는 서로 다른 유형의 예배에 대한 사람들의 즉각적인 반응을 진단한다는 것이다. 다른 하나는 문화적으로 이해하기 쉬운 소통을 예배의 가장 주된 목적으로 강조하는 것이다. 따라서, 밴디는 그의 독자들의 예배에 사람들이 참석하지 않는 두 가지 이유를 제시할 수 있다.

첫째, 당신의 현재 예배가 그들의 영적 필요를 다루지 못하고 있는 경우.
둘째, 당신의 현재 예배가 그들의 문화적 형태로 소통하지 않는 경우.²⁶

이러한 관심사들이 이어섬과 밴디의 분류법 곳곳에 영향을 끼치고 있다. 그들은 사람들에게 그리스도에 대한 긍정적인 경험을 준다고 여겨지는 예배의 범주를 높이 평가한다.²⁷ 마찬가지로 예배의 주된 목적은 커뮤니케이션이기 때문에, 새로운 커뮤니케이션 방식들을 사용하는 예배들은 보다 열렬한 지지를 받는다.

이어섬과 밴디의 분류법에는 몇 가지 한계들이 있다.

---

[25] William M. Easum, *New Results,* 21-22.
[26] Bandy, "How Do We Multi-Track Our Worship?" 15.
[27] 이어섬과 밴디의 글 중에서는 몇 안 되는 진술들만이 예배의 신학적 내용에 대한 관심을 나타낸다. Easum and Bandy, *Growing Spiritual Redwoods,* 51-52을 보라.

첫 번째는 그들이 쓴 저서들의 논쟁적인 성격에 기인한다. 그들은 특정한 접근법을 너무 옹호해서 그들의 묘사들은 너무도 자주 풍자적이 된다. 심지어는 그들이 옹호하는 예배 유형들에 대해서도 그렇다. 그들의 글들은 주류 개신교에서의 투쟁에 대한 그들 자신의 경험과 인식을 보편화한다.[28] 그들의 글들 속에 스며들어 있는 편견은 예배의 진정한 폭넓음에 대한 고찰을 방해하고 있다.

예를 들어, 전통적 예배에 대한 두 가지 묘사를 생각해 보라.

전통적 예배는 '예복, 찬송, 신앙고백, 침묵 시간, 엘리자베스 시대 유형의 음악'과 '인쇄된 예전의 직선적이고, 엄숙하고, 느린 형식들'을 포함한다.[29]

매주 드리는 성찬 예식을 위해 복음성가곡을 사용하는 흑인계-미국인 교회나 소위 현대 음악을 사용하는 성공회 성찬 예식에 이러한 묘사를 어떻게 적용할 것인가?

또 다른 풍자적인 묘사를 숙고해보자.

그들은 젊은이들에게 호소하는 감각적 예배가 '매우 시끄럽고, 전원에 연결하여 소리를 크게 한 음악'을 사용할 것이라고 생각한다.[30]

이 풍자적인 묘사와 프랑스의 에큐메니즘적 공동체인 떼제(Taizé)의 조용하고 명상적인 음악을 사용하는 예배에 갈수록 더욱 많은 젊은이들이

---

[28] 이어섬에 대한 비슷한 비평에 대해서는 Frank Burch Brown, *Good Taste, Bad Taste, and Christian Taste: Aesthetics in Religious Life* (NY: Oxford University Press, 2000), 238-42을 보라.
[29] Easum and Bandy, *Growing Spiritual Redwoods,* 74; Easum, "Worship in a Changing Culture," 17.
[30] Easum and Bandy, *Growing Spiritual Redwoods,* 75.

매력을 느끼는 대중적인 현상을 어떻게 일치시킬 것인가?[31]

유감스럽게도, 좀 더 신중하게 읽지 않는다면 예배에 대한 이어섬과 밴디의 처방들은 예배에 대한 절대적인, 그러나 정확하지 않은, 묘사인 것 같을 때가 너무 많다.

이어섬과 밴디의 글들에서 발견된 또 다른 한계는 예배의 신학적 내용에 대한 강조가 결여되었다는 점이다. 그들의 (예배자의 긍정적인 반응들과 수적 증가가 예배를 입증한다는 가정을 전제로 한 질적 범주들을 사용하는) 예배 분류법을 고려하면, 그들의 범주들은 그리스도인들에게 용인되면 안 되는 예배의 형태들을 적법화하기 위해 오용될 가능성이 있다.

예를 들어, '고무적인'(inspirational)과 '활기가 넘치는'을 '변혁적인'(transformative)과 연결하는 범주의 얄팍함은 19세기의 고전적인 셰이커 예배를 이단적인 반-삼위일체 신학에도 불구하고 긍정하는데 사용될 수 있다.

셰이커교도들은 사람들을 (문자적으로) 움직이게 하고 삶을 변화시키는 새로운 형태들의 예배를 가지고 효과적으로 전도했었다.

셰이커교도들의 예배가 분명하게 비정통적이었음에도 불구하고, 그 예배를 긍정하는데 이어섬과 밴디의 범주들이 사용될 수 있지 않을까?

당연히 두 사람은 비정통적인 예배를 공공연하게 옹호하지 않는다. 그러나 그들의 분류법에 신학적인 관심이 결여되어 있기 때문에, 그들의 '좋은' 범주에 왜 셰이커 예배가 들어가지 않는지 궁금해하는 사람들이 있을 수 있다. 이처럼 범주들 이면에 깊은 사려가 없다는 것이 바로 두 사람의

---

[31] Brown, *Good Taste, Bad Taste, and Christian Taste*, 243을 보라.

것처럼 의도적으로 이분법적이고 논쟁적인 분류법들이 갖는 문제이다.

이에 더해 이어섬과 밴디의 분류 체계는 예배 그 자체보다는 예배자들(또는 분류자들)에 대해 더 많은 것을 이야기하는, 예배자들의 개인적인 반응들에 근거한 분류법이라는 점에서 제한적이다. 경험이나 반응에 근거한 범주를 사용하는 것은 매우 주관적이다. 서로 다른 사람들은 동일한 예배에 대해 완전히 다르게 반응할 수 있기 때문이다. 예배자들 간의 상이한 신학들, 문화적 배경들, 의례 행위에 대한 능력들, 영적 성향들은 동일한 예배에 대한 매우 다양한 해석들을 낳을 수 있다.

그런 경우에 '활기가 넘치는'이나 '고무적인'은 무엇을 의미하는가? 이어섬과 밴디가 쓴 글들에서 그러한 용어들은 언제나 그들이 좋아하는 종류의 예배를 의미한다고 의구심을 품는 사람도 있다.

3. 복음주의적, 목회적 분류법: 폴 바스덴의 분류법

폴 바스덴(Paul Basden)은 북미 예배를 위한 또 하나의 새로운 분류법을 제공한다.[32] 침례교 목사인 바스덴은 다른 목적과 청중을 위해 분류법을 만들었다. 복음주의 교회들이 그들이 따라야 할지도 모르는 예배에 대한 다양한 접근법들을 이해하는 데 도움을 주기 위해 자료들을 편집해서 만든 바스덴의 분류법은 현재 미국의 복음주의 진영이 북미 예배의 다양성

---

[32] Paul Basden, *The Worship Maze: Finding a Style to Fit Your Church* (Downers Grove, IL: InterVarsity Press, 1999).

을 어떻게 볼 수 있는지를 보여 준다는 점에서 유익하다. 그러나 북미 예배의 포괄적인 분류법으로서는 부족하다.

바스덴은 대중적이고 비전문적인 명칭들을 사용하면서 일차원적이고 수평적인 스펙트럼으로서 그의 분류법을 구성한다. 각각의 범주들은 상이한 종류의 예배 '스타일'을 평가하는데, 바스덴은 스타일을 예배의 형태들에 대한 전반적인 용어로 사용하는 것 같다. 서로 다른 스타일의 예배를 결정하기 위해 그가 평가하는 요소들에는 태도, 분위기, 예배 순서, '목표 청중'(target audience), 회중 노래, 헌금, 설교 방식, '초대' 방식, 의식들과 성례전에 대한 접근법이 포함된다.[33]

그는 오늘날 사용되는 전통적/비전통적 또는 전통적/현대적/혼합적이라는 단순한 범주들을 넘어서기 위해 다섯 가지 항목의 스펙트럼을 만든다.[34]

바스덴은 예배의 서로 다른 스타일들을 파악하기 위한 목적으로 다섯 가지 주요 스타일을 확인하고 하나의 스펙트럼에 배치한다. 스펙트럼에서 왼쪽이 가장 전통적이고, 오른쪽은 가장 덜 전통적이다.[35]

바스덴의 스펙트럼을 도표형식으로 보면 다음과 같다.

예전적	전통적	부흥 운동	찬양과 경배	구도자

바스덴의 주된 관심사는 각 스타일의 특징을 묘사하는 것이다. 각 범주

---

[33] Paul Basden, *The Worship Maze: Finding a Style to Fit Your Church*, 101-3.
[34] Paul Basden, *The Worship Maze: Finding a Style to Fit Your Church*, 36.
[35] Paul Basden, *The Worship Maze: Finding a Style to Fit Your Church*, 36.

를 특정한 교단이나 민족 그룹, 역사적 인물과 동일시하지만, 그것은 부차적인 관심사다. 그러한 세부사항이 구체적으로 확인될 때, 바스덴의 스펙트럼은 다음과 같이 보일 것 같다.

예전적	전통적	부흥 운동	찬양과 경배	구도자
루터교	개혁주의	츠빙글리	흑인예배	윌로우크릭
성공회	분파주의	퀘이커	오순절	새들백
	청교도	웨슬리		
		프런티어		

바스덴은 각 항목별로 그가 의미하는 바를 상술한다. 일반적으로 '예전적' 예배는 가장 강력한 역사적 뿌리를 갖고 있다. 그 예배의 목표는 '하나님의 거룩 앞에서 구조화된 경건의 방식으로 복종하는 것이다.'[36] 예전적 예배는 대부분의 주류 개신교 교회들과 로마 가톨릭교회들이 사용하는 예배의 형태이다. '전통적' 예배는 두 이웃인 '예전적' 유형과 '부흥 운동' 유형이 혼합된 형태이다.[37]

전통적 유형의 예전적 뿌리로부터 위엄성과 경외감이 나오고, 부흥 운동과의 관계로부터 예배자를 감동시키는 것에 대한 관심이 나온다. '부흥 운동' 예배는 미국 프런티어(frontier)라는 뿌리에서 유래한다. 부흥 운동 예배는 '약식(informality), 충만, 열정과 공격적인 설교'로 특징지어지는데 모두 죄인들을 회심시키는 것을 목표로 삼는다.[38]

---

[36] Paul Basden, *The Worship Maze: Finding a Style to Fit Your Church*, 54.
[37] Paul Basden, *The Worship Maze: Finding a Style to Fit Your Church*, 55.
[38] Paul Basden, *The Worship Maze: Finding a Style to Fit Your Church*, 66.

바스덴은 '찬양과 경배'를 주로 오순절 예배와 동일시한다. 찬양과 경배는 음악을 통해 신자들이 하나님의 임재를 친밀하게 경험할 수 있도록 하는 것을 목표로 삼는 예배이다.[39] '구도자' 접근법은 비록, 형식은 완화되었지만 부흥 운동의 목표를 거의 그대로 다시 세운다. 구도자 예배는 비신자들에게 복음을 소개하고자 노력한다.[40]

바스덴의 분류법은 몇 가지 강점들을 가진다. 바스덴은 자신의 분류법이 회중의 현상들에 초점을 맞추고, 그렇게 함으로써 북미 개신교 예배에서 일어나고 있는 일들을 평가하기 위한 것이라고 자평한다. 바스덴의 분류법은 교단들 내의 다양성을 인정한다.

그리고 예배에서의 하나님의 임재에 관심을 갖는다. 앞으로 논의하겠지만 이것은 예배에 대한 접근법들을 구별하는 매우 중요한 방법이다. 또 다른 중요한 점은 바스덴이 최대한 열린 마음으로 각 예배 스타일을 공정하고 매력적이게 묘사하고자 노력했다는 것이다.

그러나 바스덴의 분류법은 약점들도 갖고 있다. 그는 현재의 예배 표현들에 자신을 국한하지 않기 때문에 때때로 역사적으로 과장해서 말한다. 예를 들어, 16세기 종교개혁가인 울리히 츠빙글리(Ulrich Zwingli)와 17세기 퀘이커교의 창시자 조지 폭스(George Fox), 18세기 성공회의 사제이자 감리교 운동의 시조인 존 웨슬리가 부흥 운동 범주의 예로 함께 묶여있다는 사실은 매우 놀랍다.[41] 역사에 근거한 분류법을 선호하는 사람들에게는 내가 나중에 다룰 제임스 화이트(James White)의 역사적으로 더 정확한 분류법이

---

[39] Paul Basden, *The Worship Maze: Finding a Style to Fit Your Church*, 77.
[40] Paul Basden, *The Worship Maze: Finding a Style to Fit Your Church*, 89.
[41] Paul Basden, *The Worship Maze: Finding a Style to Fit Your Church*, 67.

더 좋을 것이다.

심각한 결점이 '예전적'을 분류상의 한 범주로 사용하고 있는 데서 발견된다. 그러한 용법은 신학적인 이유로 반드시 논의되어야 한다. 일반적인 복음주의적 용법을 따르는 바스덴은 높은 수준의 예식을 포함하고, 역사적인 근거가 있는 문서들을 사용하고, 어느 정도의 경건한 분위기를 조성하면서 예배하는 특정한 방식을 가리키기 위해 이 용어를 사용하는 것 같다.

비록, 복음주의자들에게는 이 용법이 일반적일지 몰라도, 기독교 예배의 한 '스타일'을 '예전적'으로 제한하는 것은 서투른 신학이다. 왜냐하면, 나머지 기독교 예배는 예전적이지 않다는 것을 암시하기 때문이다.

신학적 관점에서 '예전적'은 어떤 특정한 스타일의 예배, 예를 들어, 많은 의식으로 격식을 차린 예배가 아니라 성부 하나님 앞에서 예수 그리스도의 계속 진행 중인 사역에 참여하는 교회의 예배를 가리킨다(히 8:1-2). '예전적'은 사람들의 일, 공공 봉사로서의 예배를 가리킨다. '예전적'은 인류를 위해 그리스도가 일하시는 것과 그리스도의 계속 진행 중인 사역에 교회가 그리스도의 몸으로서 참여하는 것 모두를 의미할 수 있다.

이러한 신학적인 관점으로 모든 기독교 예배는 진정으로 기독교적이 되기 위해 반드시 '예전적'이어야 한다. 따라서, 신학적인 질문은 어떤 유형의 예배가 예전적인지 예전적이 아닌지가 아니라 **어떻게 예전적인지**이다. '예전적'은 예배 스타일을 구별하기 위한 분류용어로 사용되어서는 안 된다.

바스덴의 스펙트럼은 어느 시점에서 허물어진다. 각기 다른 예배 스타일들이 주로 그리스도인들을 대상으로 하는지 아니면 비-그리스도인들을 대상으로 하는지를 살펴볼 때, 한 스타일의 스펙트럼 상의 위치는 이 문제에 대한 답을 보여 주지 않는다. 따라서, (스펙트럼의 중앙에 있는) '부흥 운동'과 (가장 오른쪽에 있는) '구도자'는 비-그리스도인들을 목표로 하지만, 이 둘 사이에 있는 '찬양과 경배'는 ('예전적'과 '전통적'처럼) 그리스도인들을 예배로 이끄는 데 관심이 있다.

바스덴의 분류법은 또한 충분히 포괄적이지 않다는 점에서 제한적이다. 바스텐은 침례교도이고, 침례교적인 관점은 당연하게도 그가 갖는 진정한 평가 기준인 것 같다. 그가 제시하는 각 유형의 예배에 대한 많은 예가 침례교의 예들이다.

바스덴이 대상으로 삼은 청중은 예배 '미로' 속에서 자신들의 방식을 찾고자 노력하는 복음주의 교회들인 것 같다. 그래서 그는 주류 복음주의자들에게 실행 가능한 선택사항들이 아닌 예배에 대한 접근법들을 별로 강조하지 않는 경향을 보인다.

바스덴의 분류법은 여러 지점에서 풍자적이 되는 경향이 있다. 예를 들어, 바스덴의 분류법은 예배자들의 반응들에 근거하여 예배를 분류한다. 그래서 그는 예배에 대한 모든 기독교적 접근법들의 주된 목적은 모든 예배자로부터 반응을 끌어내려는 열망이라고 간주하는 그림을 그릴 수 있다. 아마도 바스덴 자신의 경험을 투영한 것일지 모른다.

마찬가지로, 예배에서 하나님의 임재의 방식을 평가하는 것 같은 일부 강점들에서조차도, 그의 분류법은 풍자적인 묘사로 이어질 수 있다. 바스덴은 그가 하나님의 임재의 서로 다른 차원들로 보는 것들을 서로 다른 예배의 유형들과 연결하는데 상당한 시간을 보낸다. 따라서, '예전적' 예배는 하나님의 내재성이 아니라 초월성을 함양한다.[42] 이에 반해 '전통적' 예배는 하나님의 초월성과 내재성을 모두 가져오지만, '찬양과 예배'는 하나님의 내재성에 초점을 맞춘다.[43]

서로 다른 예배의 형태들에서 하나님의 임재가 경험되는 방식을 살펴보는 것은 신뢰할 수 있는 분류법을 만들 수 있는 가능성을 제공하는데, 이에 대해서는 아래에서 다시 다루겠다. 그러나 바스덴은 예배의 이 측면을 지나치게 주관적으로 사용하기 때문에 정확하지 않은 풍자적인 묘사로 이어질 수 있다.

그리스도의 평화를 교환하거나 성찬을 받는 동안에 하나님의 놀라운 내재성이 경험되는 능동적이고 깊은 교제를 하는 '예전적' 교회들을 찾는 것은 그리 어렵지 않을 것이다.

마찬가지로 우리는 찬양 속에 담겨 있는 특별히 감동적인 예언의 말씀을 듣고 난 후에 하나님의 초월성 앞에 엎드린 오순절교회를 상상할 수 있다. 바스덴의 분류법은 주관적이고 질적인 하나님의 임재성이 아니라 예배 공동체가 하나님의 임재를 느끼는 일반적인 방식을 살펴볼 때 유익을 줄 것이다. 다르게 표현하면, 하나님의 임재가 초월적으로 경험되는지 아니면 내재적으로 경험되는지가 아니라, 사람들이 그들의 음악이나 설교, 성례전에서 하나님의 임재를 발견하기를 기대하는지 그렇지 않은지를 살펴볼 때 유익을 줄 것이다.

마지막으로, 바스덴의 분류법은 과장된 표현으로 인해 문제가 된다. 예

---

[42] Paul Basden, *The Worship Maze: Finding a Style to Fit Your Church*, 42.
[43] Paul Basden, *The Worship Maze: Finding a Style to Fit Your Church*, 60, 85-86.

를 들어, 그는 찬양과 경배 예배의 목적을 예배자들이 '기뻐 경배하는 마음으로… 찬양의 제사를 드리도록' 인도하는 것이라고 묘사한다. 이것은 의심의 여지 없이 너무나도 광범위하고 기본적인 진술이다. 바스덴의 분류법에서 누가 그것을 주장하기를 원치 않을지 궁금하다.

4. 철저한 역사적 분류법: 제임스 화이트의 분류법

예전사학자로 유명한 제임스 화이트(James White)는 아마도 가장 철두철미하다고 할 수 있는 개신교 예배 분류법을 만들었다. 이 철저한 분류법은 화이트의 폭넓은 지식을 반영한다. 개신교 예배 분류에 대한 모든 진지한 연구는 화이트의 분류법을 기초로 삼는다. 화이트의 편협하지 않은 학식은 현재의 완성된 형태를 갖기까지 15년 이상 끊임없이 발전되어온 그의 분류법에서 잘 드러난다.

화이트는 1975년에 개신교 예배를 위한 포괄적인 분류법을 의도적으로 출판하기 시작했다. 그가 1989년에 최종 형태의 분류법을 출판하기 전까지 여러 번의 개정이 뒤따랐다.[44] 화이트의 목표는 그 기원들부터 현재의

---

[44] 제임스 화이트의 가장 이른 시도는 1970년대 중반에 행해졌다: "Traditions of Protestant Worship," *Worship* 49, no. 5 (May 1975), 272-81. 이 논문은 *Christian Worship in Transition* (Nashville: Abingdon, 1976), 61-75에서 상당부분 복제되었다. 1980년대에도 계속 개선되었다: *Introduction to Christian Worship*, 1st ed. (Nashville: Abingdon, 1980), 41-43; "Creativity: The Free Church Tradition, in *Liturgy: A Creative Tradition*, vol. 162 of *Concilium*, ed. Mary Collins and David Power (NY: Seabury, 1983), 47-52; "The Classification of Protestant Traditions of Worship," *Studia Liturgica* 17 (1987), 264-72. 1989년에 충분히 발전된 형태의 분류법이 책 전체의 기초가 되었다: *Protestant Worship: Traditions*

모습들까지 개신교 예배의 다양한 전통들을 구분하는 포괄적인 분류법을 제시하는 것이다.

화이트의 분류법의 핵심은 그가 개신교 예배 전통들을 아홉 가지로 밝힌 데 있다. 아홉 개의 전통들은 루터교, 성공회, 개혁파, 감리교, 청교도, 재세례파, 퀘이커교, 프런티어, 오순절파이다. 화이트는 각 전통이 오래도록 지닌 가장 중요한 특징들을 기초로 하여 아홉 개의 전통들을 확인한다.

예배학의 오래된 접근법이 각 전통의 예전 텍스트들 강조했던 것과는 달리, 화이트는 각 전통의 접근법들이 갖고 있는 기풍(ethos)을 강조한다. 화이트는 각 전통의 예전 텍스트 대신에 각 전통의 기풍을 강조하는 것을 선택하는데, 그 이유는 화이트 스스로가 밝혔듯이 일부 개신교도들은 예전 텍스트를 갖고 있지 않고, 예배에서 예전 텍스트를 사용하지 않는 것을 그들 전통의 기풍 중 일부로 여기기 때문이다.

최초로 출간된 분류법에서부터 『개신교 예배』(*Protestant Worship: Traditions in Transition*)에 실린 완성된 형태의 분류법에 이르기까지, 화이트는 여러 개신교 예전 전통들의 독특한 특성들을 밝히기 위해 사용한 요소들의 목록에서 상당한 일관성을 가진다.

한 개신교 예전 전통을 다른 전통과 구별하는 이러한 '중심 요소들'에는 예식서의 유무, 성례전의 중요성 정도, 성문화에 근거한 획일적 성향의 유무, 회중의 자율성 또는 연결주의, 음악 및 기타 예술의 다양한 역할들, 의식의 유무, 다양성과 예측성, 그리고 여러 사회학적 요소들이 포함

---

in Transition (Louisville: Westminster/John Knox, 1989), 21-24.

된다.⁴⁵

화이트는 이러한 요소들을 기초로 하여 분류법을 만든다. 먼저 독특한 기풍을 이루는 여러 특징들을 식별한다. 그리고 그 기풍을 하나의 개신교 전통으로 명명한다. 그리고 마지막으로 그러한 특징들이 그 개신교 전통을 어떻게 정의하는지 묘사한다. 예를 들면, 루터교 전통은 기본적인 보수주의, 음악에 대한 사랑, 설교에 대한 관심, 그리고 행위의 의를 제안하지 않는 한 중요치 않은 사안(예를 들어, 예복)에 대해서는 관용을 보여 준다.

감리교 전통은 일부 성공회 뿌리들과 자유교회의 사고방식이 혼합된 전통이다. 이 혼합에 실용주의라는 좋은 약과, 적어도 처음에는 초대교회의 예들에 대한 관심이 더해졌다. 그에 비해 퀘이커 전통은 성령께 직접적으로 접근하는 것과 예배에서 성령이 감동하게 하시기 전까지 어떤 행동을 취하지 않고 기다리는 것을 강조한다. 고전적인 퀘이커 접근법이 예배의 외형적인 형태들이라고 추정된 모든 것을 없앴듯이 퀘이커 예배 전통은 공동 신비주의의 형태를 취한다. 화이트의 초기 저서들은 각 전통을 축약된 형태로 묘사한다. 1989년에 출간된 『개신교 예배』는 각 전통에 대해 한 장 분량으로 자세하게 살펴본다.

화이트는 본질적인 특징 또는 기풍의 차이들로 여러 개신교 전통들을 구분한다. 각 전통의 분명한 정체성을 확립한 후에, 화이트는 아홉 개의 전통들을 크게 셋, 즉 진보, 중도, 보수로 분류한다. 화이트는 이 용어들을 정치계에서 가져왔다고 인정하지만, 문자 그대로의 정치적인 의미로는 사

---

⁴⁵ White, *Protestant Worship*, 22. 그가 이전에 만든 것에 대해서는 White, "Traditions of Protestant Worship," 272을 보라.

용하지 않는다.[46] 대신 화이트는 이러한 폭넓은 정치적 용어들로 한 전통의 중세후기 서방교회의 예전적 뿌리들에 대한 상대적인 위치를 보여 주고자 한다. 그가 개신교 예배 전통들을 구분하는데 사용한 주요 기준 중 하나이다.

화이트는 두 개신교 전통들(루터교와 성공회)에 우파라는 표를 붙인다. 중세-후기 예전 형태들과 관련해서 그 전통들의 예배 관행이 보다 절제된 개정을 반영하기 때문이다. 이에 반해 중도 그룹(개혁파와 감리교)은 후기 중세 시대의 예배 방식에 대한 보다 덜한 애착을 반영한다. 진보 그룹(재세례파, 퀘이커교, 청교도, 프런티어, 오순절파)은 중세 뿌리와의 최소한의 연결성을 보여 준다.[47]

구분을 위한 이 두 가지 근거들 - 한 전통에서 오래 지속하는 기풍의 특징들과 중세 시대에 대한 그 전통의 상대적인 위치 - 에 더하여 화이트는 그의 분류법을 완전하게 발전시키기 위해 각 전통의 기원 날짜에 대해서도 언급한다. 그 결과가 각 전통의 다른 전통들과 중세 뿌리에 대한 상대적인 위치를 시각적으로 보여 주는 이차원 스펙트럼이다. 이 스펙트럼에서 가로 방향은 중세 뿌리에 대한 상대적인 연관성을 보여 준다.

추측할 수 있듯이 보수 전통들은 스펙트럼의 오른쪽에 위치하고, 진보

---

[46] White, *Protestant Worship*, 22.
[47] 화이트의 후기 분류법에서 가장 크게 바뀐 것 중의 하나는 특정한 개신교 전통들을 정의하기 위해 '자유교회'라는 용어를 삭제한 것이다. 분류법의 초기 형태들은 예배에 대한 자유교회 접근법의 세 가지 상이한 역사적 표현들에 대해 말했다. 분류법의 후기 형태들은 서로 다른 용어들을 대신 사용한다. 바로 재세례파, 청교도/분리파, 프런티어이다. '프런티어'라는 용어에 대해 더 살펴보기를 원하면, Lester Ruth, "Reconsidering the Emergence of the Second Great Awakening and Camp Meetings among Early Methodists," *Worship* 75, no. 4 (July 2001), 354:55을 보라.

전통들은 왼쪽에 위치한다. 세로축은 각 전통의 역사상 기원 시점을 보여 준다. 오래된 전통들은 수평축의 위쪽에 있고 새로운 전통일수록 아래쪽에 위치한다

화이트의 개신교 예배 전통 도표[48]

기 원	진 보	중 도	보 수
16세기	재세례파	개혁파	성공회 루터교
17세기	퀘이커	청교도	
18세기		감리교	
19세기	프런티어		
20세기	오순절		

그다음에 개정된 도표는 변화들과 발전들을 보여 주는 선들을 포함했다. 또한, 화이트는 필요한 경우에 서로 다른 전통들을 유럽 지역들과 연결하는 분류법도 만들었다.[49]

화이트의 분류법은 강점들과 한계들을 모두 갖고 있다. 그의 분류법은 역사적으로 독특한 접근법들의 기원들을 묘사하기 위해 사용될 때 가장 강력하다. 화이트의 예전 역사에 대한 이해가 탁월하다는 것은 분명하다. 따라서, 당연히 그의 분류법은 개신교 예배에 대한 다양한 접근법들이 그들의 원래 형태들에서 갖는 특징을 보여 주는 좋은 도구이다. 게다가 각 전통의 기풍을 평가하기 위해 그가 확인한 특징들은 매우 통찰력이 있고 여전히 유용하다.

---

[48] White, *Protestant Worship*, 23.
[49] James White, *Documents of Christian Worship: Descriptive and Interpretive Sources* (Louisville: Westminster/John Knox, 1992), 7, 9.

이 분류법은 오늘날 사용되는 개신교 예배의 실제 유형들을 보여 주기에는 덜 유용하다.[50] 화이트는 한 전통의 주변부보다는 중심부를 정의하기가 더 쉽다고 언급하면서 자신의 분류법이 안고 있는 이러한 한계를 넌지시 비친다.[51] 이에 더해, 화이트는 문화 및 민족적 차이들은 어느 상황에서도 한 전통의 표현에 큰 영향을 끼칠 수 있다는 것을 인정한다.

게다가 화이트는 어떤 문화적 변화들(예를 들어, 계몽주의)이 전통들 사이에서 유사한 결과들을 초래할 수 있기 때문에 나타나는 전통들 사이의 모호성도 인식한다.[52] 화이트는 또한 에큐메니즘적인 공유가 전통들 사이의 경계를 모호하게 만들 수 있다는 것도 인식한다.[53]

이러한 한계들을 인식하는 데 실패하면 북미 개신교 예배의 현 상태에 대한 잘못된 그림을 갖게 될 수 있다. 만일 한 독자가 시간이 지남에 따라 모호하게 만드는 요소들을 제대로 보지 못했다면, 전통들 사이의 차이, 예를 들어 감리교 예배와 개혁파 예배의 차이를 지나치게 강조할 가능성이 있다. 실제로 다양한 요인들 때문에, 화이트에 의해 명명된 전통 중 다수는 지금보다 넓은 예배 관행의 스펙트럼을 나타낼 수 있다.

---

[50] Keith Watkins, "Protestant Worship: Many Traditions or One?" *Worship* 64, no. 4 (July 1990), 309에서 유사한 비평을 보라. Frank C. Senn도 "Protestant Worship: Does It Exist?" *Worship* 64, no. 4 (July 1990), 322-30에서 화이트의 분류법을 비평한다. 내 생각에 두 학자는 정확히 정의된 개신교는 하나의 예배 전통을 갖고 있다고 설득력 있게 주장하고 있다.

[51] White, *Protestant Worship*, 22; White, "The Classification of Protestant Traditions," 266. 화이트 역시 특정한 그룹들(모라비아교회, 퀘이커교, 형제단)이 그의 전통 표지들 내에서 잘 들어맞지 않는다는 점에서 그의 분류법이 어색하다고 언급한다.

[52] White, *Protestant Worship*, 267.

[53] White, *Protestant Worship*, 272, 282. 화이트는 주로 예전 운동 내에서 공유되는 것에 대해 생각하고 있다. 그러나 윌로우크릭커뮤니티교회와 새들백커뮤니티교회와 같은 보다 대중적인 영향력을 끼치는 대형 교회들에 대해서도 동일하게 주장될 수 있다.

간략히 말해서, 오늘날 북미에서 감리교 전통 또는 개혁파 전통에 따른 예배가 진짜로 무엇을 의미하는지 말할 수 있는 사람이 있을까?

화이트에 의해 식별된 한 전통에 속해 있는 교회들과 심지어는 그 전통 내에 있는 동일한 교단에 속해 있는 교회들은, 같은 도시의 같은 도로에 위치할지라도, 오늘날 예배의 실제에서는 상당히 다를 수 있다. 분류법에 대해 처음으로 썼던 책에서 말했던 화이트 자신의 예언은 실현된 것처럼 보인다.

> 과거에는 독특한 전통들로 여겨졌을 그룹들 내에서 가장 큰 차이점들이 식별될 때가 곧 올 것 같다.[54]

그 말은 역사적으로 기반을 둔 경향이 있는 화이트의 분류법과는 다른 분류법이 현재 북미 개신교 예배의 다양성을 묘사하는 데 도움이 될 것이라는 점을 암시하는 것 같다.

5. 새로운 분류법을 위한 제안들

이러한 분류법들에 대한 평가가 우리에게 남겨주는 것은 무엇인가?

만일 우리가 개신교 교회 간의 기본적인 차이들을 구분할 수 있을 정도로 단순하면서 현재 북미 예배들의 모든 범위를 다룰 정도로 폭넓은 분류

---

[54] White, *Protestant Worship*, 282.

법을 원한다면, 누구의 분류법이 가장 많은 지침을 제공하는가?

대중적인 전통적/현대적/혼합적 분류법은 지나치게 단순하다. 이어섬과 밴디의 분류법들은 너무 논쟁적이다. 그들의 분류법들은 기독교 예배 관행의 진정한 범위에 대한 정보보다는 두 사람의 의제에 대한 정보를 더 많이 제공한다. 바스덴의 분류법은 일부 도움이 되긴 하지만, 너무 편협하고 때로는 부정확하다.

제임스 화이트의 분류법은 가장 철두철미하고, 충분히 발전되었고, 역사적으로 옳다. 그러나 개신교 예배를 위한 역사적인 분류법으로 가장 강력하다. 그 분류법의 범주들은 기독교 예배에 대한 오늘날의 다양한 접근법들을 구분하기에는 그다지 도움이 되지 않는다.

이 분류법들에 대한 희망이 전혀 없는 것은 아니다. 나는 오늘날 북미의 기독교 예배를 위한 단순하고 정확하지만, 폭넓은 분류 용어들의 목표를 성취하기 위해, 화이트의 분류법의 배후에 있는 핵심 정보, 즉 각 전통의 기풍이라는 그의 개념에 대한 정보를 취하고, 그렇게 취한 정보를 로버트 웨버의 일부 통찰력과 결합하는 것이 가능하다고 생각한다.[55]

로버트 웨버는 예배 계획에 대해 말하면서 예배에서 내용, 구조, 스타일을 구별하곤 한다.[56] 웨버의 틀은 그 자체로도 유익한 수단이다. 왜냐하면, 일부 대중적인 분류법들은 스타일 문제를 살펴보는 것에서 멈추지만 그 틀은 우리를 그 너머로 데려가기 때문이다. 사실 나는 예배를 분류하기

---

[55] 다양한 예전적 접근법들의 내적 특성에 대한 바스덴의 분석도 어느 정도 유익하다.
[56] Robert Webber, Planning Blended Worship, 20. 그리고 Robert Webber, *Worship Old and New*, rev. ed. (Grand Rapids MI: Zondervan, 1994), 149-51; Webber, *Renew Your Worship*, 32도 보라.

위한 범주들을 개발하는데 두 개의 다른 요소들(내용과 구조)이 가장 유익하다고 생각한다. 이것은 웨버의 용어들을 웨버 자신이 사용한 것 이상으로 사용한다.

예배에 대한 특정한 접근법을 옹호하는 경향을 자신의 저서들에서 보여 주고 있는 웨버는 예배의 내용과 구조가 매우 안정된 상태를 유지해야 한다고 믿는다. 그가 말하는 내용과 구조는 성경에서 나오고 오랜 역사적 규범들에 근거한다.[57] 나는 웨버가 예배에서 어떤 고전적인 내용과 구조를 옹호해야 한다는 사실은 정확히 기독교 예배에 다양성이 풍부하다는 이러한 중요한 문제들을 강조하고 있다고 믿는다.

따라서, 나는 각기 다른 예전적 접근법들이 기풍의 차이와 내용과 구조의 차이에 의해 정의될 수 있다는 웨버의 개념을 받아들이면서 오늘날 예배를 분류하기 위한 두 가지 기본적인 방식을 제안한다.

첫째, 내용에 대한 문제를 다룬다.

구체적으로 말하면, 누구의 이야기가 전해지고 있느냐는 관점에서 볼 때, 교회의 예배 내용은 무엇인가?

신자의 개인적인 이야기인가?

아니면, 하나님의 우주적인 이야기인가?

한 번의 예배나 일요일만으로 한 교회를 어떻게 분류해야 하는지 충분히 알 수는 없을 것이다. 긴 시간에 걸쳐 그 회중의 예배를 때때로 살펴보면서 평가되어야 한다. 나는 내용을 분류하는 두 개의 범주, 즉 개인적-이

---

[57] 예를 들어, Webber, *Worship Old and New*, 149-50을 보라.

야기 교회들과 우주적-이야기 교회들을 제안한다.

어떤 교회들의 예배는 지속해서 예배자들의 개인적인 이야기들과 하나님이 그들의 이야기들에 어떻게 상호 작용하시는지에 거의 모든 초점을 맞춘다. 이와 대조적으로 다른 교회들의 예배는 시간이 갈수록 하나님의 구원을 위한 위대한 행적을 보다 우주적으로 기억한다.

여기에서의 목표는 예배자들이 구원의 역사에 어떻게 관여하는지를 보여 주는 것이다. 이 두 범주는 절대적인 차이보다는 연속을 보여 준다. 오로지 한 가지 방식 또는 다른 방식으로만 존재하는 교회는 거의 없기 때문이다.

개인적-이야기 교회들과 우주적-이야기 교회들은 다음의 질문에 그들의 예배가 어떻게 대답하는지에 의해 분간될 수 있다.

예배에서 함께 기억될 필요가 있는 것이 무엇인가?

각기 다른 대답들은 한 예배의 한 요소에서 쉽게 식별되지 않을 수도 있다. 그래서 우리는 한 교회가 읽을 성경 구절, 설교의 통상적인 목적, 기도와 음악의 일반적인 내용, 극적인 연출의 본질, 지켜야 할 특별한 공휴일을 어떻게 선택하고 있는지 지속으로 살펴봐야 한다.

예를 들어, 교회의 예배 음악의 내용을 평가해 보라.

주된 은유들과 내용이 우리와 놀라우신 하나님과의 관계를 강조하는 관계적인 것들인가?

역사적인 인간이신 예수나 인간의 역사 속에서 일하시는 하나님에 대한 성경적인 이야기에 대한 언급이 거의 없지는 않은가?

이에 반해, 구원의 하나님에 대해 진술하는 기억을 사용하고 있다면, 그 내용이 대체로 역사적이라고 할 수 있는가?

우리는 또한 교회가 세례와 주의 만찬의 의미를 어떻게 설명하는지 살펴볼 수 있을 것이다.

세례와 성찬은 우리에게 풍성한 생명을 주신 은혜의 하나님에 대한 각자의 개인적인 경험에 관한 것인가?

아니면, 최근의 연합감리교의 세례 예식에서의 표현처럼, 우리가 '하나님의 전능하신 구원의 행위에 연합' 되었다는 것을 보여 주는 표징인가?[58]

몇 가지 예들이 개인적-이야기 교회들과 우주적-이야기 교회들의 차이를 분명하게 말해줄 수 있을 것 같다.

첫 번째 예는, 예배자들에게 흥미 있을 주제를 토대로 예배를 계획하는 교회이다. 특히, 그 교회가 참여자들의 '느낀 필요'(felt needs)를 찾는 데 목적이 있다면, 이러한 접근법은 대개 개인적-이야기를 바탕으로 한 예배를 만든다. 오하이오 주에 소재한 깅햄스버그연합감리교회(Ginghamsburg United Methodist Church)는 이러한 접근법을 대표한다.

예배 계획은 교회의 목표 청중(target audience)의 느낀 필요를 확인하는 것을 시작한다. 그다음에 예배 계획자는 이 필요를 토대로 예배에 대한 근본적인 시각적 이미지의 역할을 할 주제와 은유를 만든다. 그 외의 모든 것들은 그것을 기초로 선택된다.[59]

이와 반대로 개정공동성서정과(Revised Common Lectionary)를 정확히 따르는 한 감리교회의 예배는 매우 다른 기준으로 실행된다. 만일 음악 가사, 기도문, 성경 낭독, 설교의 내용이 성서정과 내용과 잘 연결된다면, 그

---

[58] *The United Methodist Book of Worship* (Nashville: United Methodist Publishing House, 1992), 87.

[59] Kim Miller et al., *Handbook for Multi-Sensory Worship* (Nashville: Abingdon, 1999), 9.

결과는 깅햄스버그교회의 이야기와는 전혀 다른 이야기를 들려줄 것이다.

둘째, 예배 분류를 위해 내가 제안하는 두 번째 접근법은 예배의 여러 구조를 다룬다. 웨버가 구조에 대해 논할 때, 그는 보통 초대교회의 예식에 근원을 둔 사중 순서를 옹호한다.[60] 나는 여기서 각기 다른 유형들의 예배를 분류하는 열쇠로 다른 구조들을 사용하면서 초점을 그와 같이 좁게 맞출 의도는 없다. 나는 한 교회의 예배 구성 원리(organizing principle)를 명시하기 위해 폭넓은 의미로 구조를 사용한다.

좀 더 구체적으로 말하면, 예배에서 가장 많은 시간과 에너지가 사용되는 순서는 어디인가?

가장 눈에 띄는 공간과 가장 비싼 비품과 장비를 차지하고 있는 것은 무엇인가?

이러한 질문의 답변이 이루어질 때, 나는 대부분의 북미 예배가 세 개의 범주, 즉 음악, 말씀/설교, 성찬 중 하나를 중심으로 구성된다고 생각한다. 다시 말하면, 셋 중 하나가 대체로 예배의 지배적인 측면으로서 기능하고 나머지 것들은 그 주위를 돈다.

나는 또한 이 세 가지 범주들이 단순히 예배 순서에서 가장 많은 시간과 에너지, 지배적인 위치를 갖는다는 의미에 한해서 주요한 구성 원리인 것은 아니라고 말하고 싶다. 나는 그 범주들이 오늘날 북미 예배에 대한 서로 다른 접근법들에서 주요한 성례 원리들(sacramental principles)의 역할도 하고 있다고 생각한다.

---

[60] 예를 들어, Webber, *Signs of Wonder*, 37을 보라.

다시 말해서, 세 범주 중 하나는 대개 회중이 예배 안에서 하나님의 임재를 평가하거나 하나님이 예배 안에 계시다고 믿게 하는 일반적인 수단이다. 이러한 평가와 믿음이 공식적인 신학의 수준일 필요는 없다. 일반적인 신앙의 수준이 될 수 있다. 요점은 동일하다. 교회는 사람들이 하나님의 임재를 찾는 예배 활동에 시간과 에너지와 관심과 돈을 바칠 것이다.

각각 다른 성례 원리들에 대한 이 삼중 접근법을 내가 처음으로 제안한 것은 아니다. 개혁주의 예배학자인 존 위트블릿(John Witvliet)은 이와 유사한 것을 제안했었다.

> 거의 모든 기독교 전통에서 예배자들은 예배에서 일어나는 일 중 일부를 하나님과 만남으로서 경험한다. 기독교 예배의 차이들은 하나님이 임재하신 것으로 이해되는지 그렇지 않은지보다는 어떤 식으로 이해되는지에 의해 유발된다. 주의 만찬에서의 성례전적 실재론(sacramental realism)에 대해 지나치게 단순화시킨 이론들을 무시하는 이들은 아마도 설교나 음악을 위해 성례전적 언어들을 남겨놓게 된다.
>
> 아주 간단하게 말하면 이렇다. 로마 가톨릭교도들은 그들의 성례전적 언어를 성찬을 위해 남겨놓는다. 장로교도들은 설교를 위해 남겨놓고, 오순절파교도들은 음악을 위해 남겨둔다. 최근에 열린 한 목회자 컨퍼런스에서 한 복음주의 목사가 '음악을 통해 하나님이 임재하시도록' 할 수 있는 사람은 음악 감독/예배 리더십 자리에 지원하라고 권유했다. 중세의 성례 신학자들도 이보다 더 강력하게 말하지는 못했을 것이다.[61]

---

[61] John D. Witvliet, "At Play in the House of the Lord: Why Worship Matters," *Books and*

나는 새로운 유형의 예배 분류법을 위한 기초를 형성할 수 있을 만큼 위트블릿이 성례전성(sacramentality)에 대한 접근법들을 정확하게 묘사했다고 생각한다. 위트블릿 자신은 그렇게 까지 생각하지는 않았지만 말이다. 모든 사람은 예배에서 하나님의 임재를 경험하는 것에 대해 말한다. 예배 분류를 위한 범주들을 제공할 수 있는 그 차이는 바로 사람들이 예배에서 그 만남을 어떻게 그리고 어디서 갖기를 기대하는가이다.[62]

어떤 사람들은 하나님의 말씀이나 성찬으로 하나님의 임재를 경험한다고 이해하지만, 하나님의 임재의 경험을 음악 자체에 두는 생각에는 놀랄지도 모른다. 그러나 그러한 음악과의 연결은 예배에 대한 최근의 일부 접근법들에서 꽤 일반적이다.

예를 들어, 구약성경의 성전에 대한 모형론에 기초한 모든 찬양과 경배 예배에서는 가장 기초적인 전제이다. 그 경우에 음악은 예배자들을 하나님이 임재하시는 거룩한 지성소로 이동시키는 수단이다.[63] 이러한 접근법에 근거한 한 권의 책은 『음악을 통한 하나님의 임재』(God's Presence through Music)라는 제목을 통해 그 문제를 직설적으로 표현한다.[64]

Culture 4, no. 6 (November/December 1998), 23. 로버트 웨버가 부정적으로 반응했던, 음악의 성례전성에 대한 잘 알려진 설명을 보려면 Robert Webber, "Reducing God to Music? We Experience God in More than Songs and Segues," Leadership 20 (spring, 1999), 35를 참고하라.

[62] 많은 교회가 음악 스타일을 놓고 하는 내부적인 싸움들이 스타일 자체에 대한 것이 아니라 예전적 성례전성에 대한 접근법들에 관한 논쟁이 될 수 있을까?

[63] John D. Witvliet, "The Blessing and Bane of the North American Mega-Church," Jahrbuch für Liturgik und Hymnologie (1998), 201-2. Witvliet는 동일한 논문의 각주 15번에서 광범위한 관련 서적 목록을 제공한다.

[64] Ruth Ann Ashton, God's Presence through Music (South Bend, IN: Lesea, 1993).

하트포드종교연구소(Hartford Institute for Religion Research)에서 최근에 실시한 사회학적 연구조차도 '성령의 직접성'에 대한 보다 강력한 느낌과 최신의 음악 스타일과 전자악기들을 사용하는 교회들 사이의 연관성을 암시한다.[65] 그 교회들은 예배에서 음악을 확장되는 데 중요한 역할을 하는 교회들일 때가 많다.

이 분류법의 범주들은 화이트의 접근법을 갱신하기 위해 그의 도표에 덧붙여질 수 있다. 우리는 화이트의 도표 맨 위쪽에 음악-중심, 말씀/설교-중심, 성찬-중심 범주들을 위치시킬 수 있다. 그러면 오늘날 북미 예배의 성향들을 준여 줄 것이다.

도표의 오른쪽에 있는 전통들은 성찬을 중심으로 구성된 예배를 갖는 경향이 있다. 중앙에 있는 전통들의 예배는 말씀과 설교를 중심으로 구성되는 경향이 있다. 왼쪽 전통들은 음악-중심으로 구성된 예배를 찾고 음악을 성례전으로서 강조하는 경향을 가진 교회들이다.

그러나 이러한 분류 체계는 두 가지 측면에서 너무 단순하다. 보다 정확한 그림을 위해서, 이러한 종류의 분류법은 우리가 교단들이나 화이트의 전통들에 대해 말하고 있든 그렇지 않든 간에 다양성을 고려해야 한다. 그럼에도 불구하고, 이 분류 체계는 유익할 수 있다. 우선 화이트의 확대된 도표의 양 끝에 있는 교회들은 성례전-원리 스펙트럼 끝의 경향과 부합될 가능성이 좀 더 많다. 따라서, 오순절파 교회들은 최근에 음악-중심 예배

---

[65] Carl S. Dudley and David A. Roozen, *Faith Communities Today: A Report on Religion in the Unites States Today* (Hartford, CT: Hartford Institutes for Religion Research at Hartford Seminary, March 2001), <http://fact.hartsem.edu/Finalpercent20FAC-Trpt.pdf>, (12 July, 2001), 40.

들을 가질 가능성이 더 크지만, 전부 다 그런 것은 아니다. 반면에 루터교 교회들과 성공회교회들은 성찬-중심 예배를 가질 가능성이 더 크지만, 모두가 그런 것은 아니다.

이 성례전-원리 스펙트럼은 교회에서 두 번째로 가능성이 큰 종류의 예배는 무엇일지에 대해서도 제시할 수 있다. 다시 말해, 오순절파 교회는 성찬-중심 예배보다는 말씀/설교-중심 예배를 가질 확률이 더 높다. 마찬가지로 루터교 교회나 성공회교회에서는 음악-중심 예배보다 말씀/설교-중심 예배를 찾을 가능성이 더 크다. 내가 언젠가 참석했던 성공회교회를 예로 들 수 있다. 그 교회의 예배에는 음악이 전혀 없었다.

화이트의 중도 전통들, 특히 감리교와 개혁파에게 이 성례전-원리 스펙트럼은 지금 이러한 전통들 내에서 일어나는 진정한 다양성, 그리고 싸움들에 대해 말한다. 이러한 중도 전통들 내에는 교회들을 음악-성례전성 쪽으로 향하도록 끌어당기는 힘이 있는 반면에, 하나님의 임재가 주의 만찬에서 가장 강렬하게 경험되는 성례전성 쪽으로 끌어당기는 힘들도 있다. 따라서, 이제는 성례전성 스펙트럼의 어느 곳에나 속하는 예배들을 이러한 중도 전통들 안에서 찾을 수 있다.

이에 더해, 예배에 대한 오늘날 접근법들의 다양성을 보여 주기 위해서 이 분류법은 성례전 원리들과의 가능한 결합을 고려해야 한다.[66] 다른 말로,

---

[66] 정확히 말하자면, 성례전성의 다른 유형들에 대한 두 가지 다른 가능성, 즉 교제-체계적(fellowship-organized)과 심미-체계적(aesthetics-organized)은 이 분류법에 반드시 포함되어야 한다. 전자에서는 공동체 자체가 하나님의 임재의 장소로서 강조된다. 심미-체계적 성례전성에서 예배자들은 예배 환경 자체를 통해 하나님의 임재를 느낀다. 심미-체계적 접근법은 미주리 주의 카시리에 소재한 프레셔스모멘트예배당(Precious Moments Chapel)에서부터 워싱턴 D.C.에 있는 국립대성당(Natonal Cathedral)에 이르

음악-중심의 성례전성과 말씀-중심의 성례전성이 균형을 이루는 예배를 갖고 있는 교회들이 있고, 말씀-중심의 성례전성과 성찬-중심의 성례전성이 균형을 이루는 예배를 갖고 있는 교회들도 있다. 음악-중심의 성례전성과 성찬-중심의 성례전성을 결합시키는 교회들은 거의 없는 것 같다. 세 가지를 결합하는 교회들 역시 거의 없다.

이러한 결합들은 '혼합적 예배'라는 용어와 관련된 다른 의미들을 제시한다. 음악이나 예배 스타일의 혼합을 가리키기 보다는 다양한 수단들을 통해 예배 안에서 하나님의 임재를 경험하는 회중들을 묘사하는데 사용되는 것이 더 좋을 것 같다.

마지막으로 나는 오늘날 북미 예배를 위해서 화이트의 기풍에 대한 평가에 뿌리박고 있지만, 웨버의 것과는 연결되지 않은 또 다른 분류표를 제시하고자 한다. 나는 화이트가 한 전통의 기풍을 구별하기 위해 사용한 측면 중 하나가 오늘날 예배를 분류하는 데 있어서 여전히 분명하고 중요한 역할을 한다고 생각한다.

그 측면은 교회가 예배를 계획하는 데 있어서 독립된 회중으로서 하는지 아니면 그 교회의 전통이나 교단에 공통되는 자료들을 사용할 것이라는 전제로 시작하는지의 여부이다.[67]

첫 번째 접근법을 나는 '회중적'(congregational)이라고 부른다.

두 번째 접근법을 '연결적'(connectional)이라고 부른다.

는 모든 것들에 적용될 수 있다.
[67] White, *Traditions in Tradition*, 22.

(참고. 비감리교도 독자들은 두 번째 접근법을 위해 나의 감리교 유산에 뿌리를 두고 있는 용어를 선택한 것을 양해해 주기 바란다).

세 번째 선택도 있다. 공식적으로는 연결적이지만, 실제적으로는 자율적인 회중으로서 운용되는 교회들이다(내가 속한 감리교회가 그렇다고 할 수 있다).

이러한 표지들은 각 교회들이 예배에 관련된 결정들을 어떻게 내리는지를 이해하는 데 유용하다. 예를 들어, 나는 예배의 문화화에 대한 문헌들이 이러한 회중적/연결적 경계선을 따라 나누어질 수 있다고 생각한다. 연결적 방법을 전제하여 우리가 다른 문화들에 맞게 예배를 어떻게 각색해야 하는지에 대해 쓴 책들이 있다.

이러한 관점에서는, 교단에 의해 만들어진 것이든 역사로부터 유래된 것이든 상관없이 공통된 자료를 얻은 후에 그것을 다른 문화적 집단들에 적응시키는 것이 목표이다. 성공회와 루터교에서 나온 대부분 문헌은 이러한 접근법에 부합한다. 반면에 이어섬과 밴디를 포함한 교회성장 전문가들이 문화적으로 각색된 예배에 대해 저술한 문헌은 새로운 예배 형태들을 창안하는데 지역 교회들의 절대적인 자율성을 강조한다.

전체적으로 이 분류 체계 역시 화이트의 도표와 함께 일렬로 세울 수 있다. 화이트의 도표의 왼쪽에 있는 교회들은 회중적 예배 방법을 사용할 가능성이 클 것이다. 그러나 오른쪽에 있는 교회들은 연결적인 방법을 사용할 경향이 있다. 앞의 경우처럼 중도에 속하는 전통들은 나뉠 것이다. 거기에 있는 각 교단은 공식적으로는 연결적이지만 회중적으로 행동할 수 있다.

6. 결론

그래서 우리의 원래의 질문으로 돌아가 보자. 당신은 당신 교회의 예배를 어떻게 분류할 것인가?

내가 제안했던 새로운 분류용어들을 사용하면, 당신 교회의 예배는 주로 개인적 이야기를 들려주는가, 아니면 우주적 이야기를 들려주는가?

사람들은 예배를 어떻게 구성하고 하나님의 임재를 평가하는가?

당신의 예배는 음악 중심으로 구성되는가, 말씀 중심으로 구성되는가, 아니면 성찬 중심으로 구성되는가?

사람들은 예배에서 하나님을 어떻게 만날 것이라고 기대하는가?

음악에서인가, 설교에서인가, 아니면 성찬에서인가?

그리고 마지막으로, 당신 교회의 예배는 접근법에서 회중적 방법을 사용하여 계획되었는가 아니면 연결적 방법으로 계획되었는가?

현대 사용되고 있는 다양한 예전적 분류법들을 고려할 때, 또 다른 체계를 제안하는 것은 힘든 일이다. 나는 이 새로운 분류법에서 주어진 범주들이 오늘날 북미 예배의 본질과 다양성에 대해 실질적인 통찰력을 조금이라도 제공할 수 있기를 소망한다.

제3장

단절된 의례들

구도자 예배 운동의 기원들

토드 E. 존슨(Todd E. Johnson)

기독교 진영 내에서 윌로우크릭커뮤니티교회(Willow Creek Community Church)처럼 대화를 양극화시킬 수 있는 주제는 거의 없다. 25년의 역사를 가진 윌로우크릭은 그동안 가장 많이 모방된 목회와 전도에 대한 접근법을 만들어왔다. 많은 사람은 윌로우크릭과 윌로우크릭의 시장-주도적, 구도자-중심적 접근법은 갈수록 더 세속화되고 다원화되어 가는 세상의 병폐를 치유하는 데 교회가 필요로 하는 강장제라고 생각한다.

다른 사람은 윌로우크릭이 말씀과 성례전이라는 사도적인 사역을 엔터테인먼트와 '영혼을 위한 닭고기 수프'의 영성으로 대체하면서 그 사역을 망치는 독이라고 생각한다.

월로우크릭을 얼마나 호의적으로 보는지 상관없이 대부분 사람은 그 교회가 기독교 교회의 역사에서 독특한 현상이라고 생각한다. 그 교회의 비신자들을 향한 관심은 전례가 없는 것은 아니지만 다른 교회들이 해 왔던 것들을 능가한다. 예전적으로 월로우크릭은 달력을 뒤집었다.

전통적으로 신자들을 위한 예배 시간인 일요일 오전과 토요일 저녁이 '구도자 예배'(seeker services)를 위한 시간이 되었다. 그 의례의 주된 목적은 하나님을 경배하는 것이 아니라 열린 마음을 갖고 있는 비신자들에게 하나님에 관해서 말하는 것이다. 월로우크릭에서 신자들을 위한 예배는 수요일과 목요일 저녁에 드려지는데, 이는 기독교 시간에 대한 가장 기본적인 이해에서 완전히 벗어난 것이다.

그러나 월로우크릭과 월로우크릭의 사역 접근법은 전혀 새롭지 않다고 주장하는 이들도 있다. 북미에서 비전통적인 건물을 갖고 있는 교회들, 매주 예배에 참석하는 수천 명의 사람, 화려한 행사와 같은 예배들, 교회의 의례적인 중추를 무색하게 만드는 다양한 사역들은 부흥 운동만큼 오래된 것들이다.

필라델피아의 침례교회(Philadelphia's Baptist Temple)에서부터 시카고의 가스펠교회(Chicago's Gospel Tabernacle)를 거쳐, 로스앤젤레스의 안겔루스교회(Los Angeles's Angelus Temple)에 이르기까지, 북미 지역에서 대형 교회들은 1920년대까지 전국 곳곳에 있었다.[1] 마찬가지로 많은 이가 월로우크릭의 2-단계 구도자 중심 의례 프로그램은 새로운 것이 아니라 '프런티어 예배'

---

[1] Michael Hamilton, "Willow Creek's Place in History," *Christianity Today* 44, no. 13 (13 November 2000), 62-68.

의 최신 형태이고, 그런 점에서 전혀 새롭지 않다고 주장할 것이다. 예를 들어, 루터교 예전학자인 고든 라스롭(Gordon Lathrop)은 '대형 교회 예배'의 구조나 순서*(ordo)*는 미국 부흥 운동의 야외 집회(camp meeting)에서 발전한 예배 형태를 단순히 따르는 것이라고 주장한다.[2]

부흥 운동 의례의 기원은 영국에서 찾을 수 있다. 미국으로 이주하던 스코틀랜드 장로교도들은 '성례 절기'(sacramental seasons)라고 알려진 관습을 함께 가져왔다.[3] 성례 절기는 씨족들이 일정한 기간 동안 만나면서 자기성찰과 회개로 이어지는 많은 설교를 듣는 지역 모임이었다. 그 모임은 성찬 예식으로 마쳐지곤 했다.

이러한 관습이 북미로 건너왔을 때 새로운 전환점을 맞게 되었다. 즉, 이러한 의례들에 참여하기 위해 모이는 사람들이 반드시 세례를 받은 신자들일 필요가 없어졌다. 이것은 회개한 사람들과 세례를 받지 않은 사람들이 성찬을 받게 되기 전에 세례를 받으라고 앞으로 불러내는 것을 요구했다. 그 결과가 오늘날 우리가 '제단 초청'(altar call – 결단의 시간)이라고 부르는 것으로, 준비, 설교, 응답으로 가장 잘 묘사될 수 있는 의례를 절정으

---

[2] Gordon Lathrop, "New Pentecost or Joseph's Britches" Reflections on the History and Meaning of the Worship Ordo in the Megachurches,' *Worship* 72. no. 6 (Nov. 1998), 527. 트레이시 하트맨(Tracy Hartman)은 라스롭과 다른 루터교 예배학자인 프랭크 센(Frank Senn)을 따라 윌로우크릭의 예전적 역사를 평가한다. 그러나 센이나 라스롭보다는 보다 호의적인 관점으로 그 역사를 해석한다. Tracy Hartman, "Problems and Possibilities: Willow Creek Community Church and Implications for Preaching in the Twenty-first Century," *The Academy of Homiletics* 35(2000), 87-96을 참고하라. 또한 Frank Senn, "Worship Alive: An Analysis and Critique of 'Alternative Worship Services'," *Worship* 69, no. 3(May 1995), 194-224을 보라.

[3] Leigh E. Schmidt, *Holy Fairs: Scottish Communions and American Revivals in the Early Modern Period* (Princeton: Princeton University Press, 1989)를 참고하라.

로 끌고 갔다.

이러한 새로이 세례를 받은 개종자들이 그들이 거주 지역에 교회들을 세울 때, 성직자들이 없었기 때문에 주의 만찬은 제외한 이러한 삼중 형태의 예배를 사용했다. 이 형태는 '프런티어 예배'로 알려져 있는데, 금세기 미국의 모든 개신교 교단들에게 영향을 끼쳤다.[4] 프런티어 예배는 오래된 예전적 원리의 전형적인 예가 된다. 사람들이 전도와 교리교육을 통해 받은 신앙의 언어는 그들이 신앙 생활을 하면서 하나님에 대해 사용하는 언어를 결정한다.[5]

그러나 이러한 통찰력은 새로운 것이 아니다. 이미 초기 시대의 교회들은 세례 전 교육과 세례 후 신비 교리교육(또는 새로이 세례를 받은 사람들에게 성례전의 의미들에 대해 가르치는 것)을 세례를 베푼 교회의 예전과 사회생활에 의도적으로 연결했었다.[6]

이 모델은 로마 카톨릭 전통에서 '어른 입교 예식'(Rite of Christian Initiation of Adults)과 어린이들을 위한 '선한목자 교리교육'(Catechesis of Good Shepherd)을 통해 예비 신자 과정(catechumenate)이 회복되면서 부활하였다. 개신교 교회들을 위해 이러한 두 모델을 모방한 것들은 지역 교회들까지

---

[4] White, *Protestant Worship*, 171-191.
[5] 이 개념을 구체화하기 위해서 종종 사용된 표현이 *lex Orandi, lex credendi*이다. 기도의 법이 믿음의 법을 형성한다는 뜻으로, 신학은 기도됨으로써 주로 귀납적으로 알게 된다는 것을 암시한다. Aidan Kavanaugh, *On Liturgical Theology* (NY: Pueblo, 1984)를 참고하라. 또한 Avery Dulles, "Theology and Worship: The Reciprocity of Belief and Prayer" *Ex Auditu* 8 (1993), 85-94을 참고하라.
[6] 이에 대해 자세히 살펴보려면 William Harmless, *Augustine and the Catechumenate* (Collegeville, Minn.: Liturgical Press, 1995)를 참고하라.

는 아니더라도 책장들에서 많이 보인다.[7]

바로 이러한 전도와 교육, 예배의 관계가 이번 장의 주제를 이끌어 낸다. 기독교 예배에서 '구도자 예배'라고 알려진 새로운 현상은 교회의 예배와 분명하게 연결되지 않은 전도와 교리교육의 관습에서 비롯되었다. 이것은 1950년대부터 청소년 사역을 통해 많은 미국인이 전도와 신앙 발달에서 사용하게 된 언어에 부합하는 예배 형태를 창조하는 결과를 낳았다.

이번 장은 구도자 예배가 전통적인 복음주의 예배 형태들과 비교해서 얼마나 독특하게 포스트모더니즘적인지를 준여 줄 것이다. 마지막으로 윌로우크릭과 윌로우크릭 구도자 예배의 유산이 예전적으로 새롭고 혁신적인 형태의 기독교 의례라는 것이 논의될 것이다.

1. 제2차 세계 대전 이후의 개신교 교회에 대한 이해

제2차 세계 대전 이후의 시기는 아메리칸 드림(American dream)을 조정하기 위한 시간이었다. 미국이 개신교 국가로 남아 있기는 했지만, 인구통계는 변화하고 있었다. 도시나 도심 지역에서 전형적인 미국 가정을 찾는 것이 점점 더 어려워졌다. 고등학교나 심지어는 대학 교육을 받는 미국 부

---

[7] 예를 들어, Robert Webber, *Liturgical Evangelism* (Harrisburg, PA: Morehouse, 1992), Sonja Stewart and Jerome Berryman, *Young Children and Worship* (Louisville: Westminster, 1989), 그리고 Tina Lillig, *The Catechesis of the Good Shepherd in a Parish Setting* (Chicago: Catechesis of the Good Shepherd, 1998)을 보라.

모들이 갈수록 더욱 많아졌다. 그들의 자녀들은 자동차와 텔레비전을 점점 더 많이 이용하게 되었다. 이때는 교회가 더 이상 시골 동네에서 많은 대가족을 보살피는 것이 아니라 교외에 새로이 정착하는 가족 단위들에 관심을 보였던 시기이다. 기술의 변화와 공산주의에 대한 두려움으로 인한 사회적인 도전들 때문에 교회는 민주주의와 자본주의의 가치를 옹호할 뿐 아니라 사회화의 과업도 맡게 되었다.[8]

로버트 우스나우(Robert Wuthonow)가 보여줬듯이 역사와 전통은 제2차 세계 대전 이후에 모든 개신교 교단들 안에서 평가 절하되었다. 한편으로, 성직자들이 크게 줄어들었다. 그래서 신학적 훈련을 거의 받지 못했거나 아예 받지 못한 목사들(즉, 전통에 무지한 사람들)이 목회하는 교회들이 많아졌다. 다른 한편으로, 전통을 알았던 이들은 과거를 잊고자 했다. 가까운 과거가 전쟁과 가난을 기억하도록 만들었기 때문이다. 다시 고칠 수 없는 과거가 아니라 아직 창조되지 않은 미래를 강조했다. 해럴드 애머슨 포스딕(Harold Emerson Fosdick)을 비롯한 몇몇 사람들에 따르면 전통들은 반드시 지속적으로 수정되어야 할 필요가 있다. 개신교들이 주장했던 유일한 전통은 다양한 해석들을 허용하는 성경적 전통이다.[9]

교회가 과도기에 있는 사회를 위한 사회화의 주체로서 역할을 더욱 더 감당하게 되면서, 교회는 새로운 개념의 공동체를 창조하고 '전통적인' 가치들을 강화하는 프로그램들을 제공하는 일을 목표로 삼게 되었다. 교회들은 교인 가정들을 위한 가장 중요한 사회 및 문화적 자원이 되어가면

---

[8] Robert Wuthnow, *The Reconstructing of American Religion* (Princeton: Princeton University Press, 1988), 37-63.

[9] Robert Wuthnow, *The Reconstructing of American Religion,* 30-31.

서 여러 사역자들을 고용하기 시작했다. 그 결과 교회는 늘어나는 행정적인 요구들을 충족시키기 위해 비서 업무 지원도 하는 직원들을 더 많이 두게 되었다. 동시에 성장하는 교회 연합 또는 선교 단체 운동도 종교적 프로그램들을 제공했다. 청소년 사역은 이러한 확대된 프로그램들 중 하나였다.[10]

1950년대는 개신교 교회들의 성장이 절정을 이루던 시기였다. 「타임」(Times)지에서부터 아이젠하워 대통령에 이르기까지, 개신교의 부활은 미국과 세계를 위한 유익으로 인식되었고 주장되었다.[11] 그러나 1960년대와 1970년대에 개신교 교회들의 등록 교인수와 출석 인원수가 크게 감소했다. 그 손실의 대부분은 30세 이하의 젊은 사람들이 없어졌기 때문인 것으로 확인되었다. 이러한 손실은 주로 제도적 교회에 대한 헌신이 부족했기 때문이었다.[12]

우스나우는 또한 제2차 세계 대전 이후에 교단에 대한 충성도가 줄어들었다고 지적한다. 1950년대에 인구의 약 10%가 원래의 교단을 떠났다. 1970년대에는 그 수치가 33%에 달했다. 이러한 현상은 교단들 사이에서 계층 간의 구분이 줄어든 것에 일부 기인했다고 할 수 있지만, 더 큰 요인

---

[10] Robert Wuthnow, *The Reconstructing of American Religion*, 64.
[11] Dean Hoge, Benton Johnson, and Donald Luidens, *Vanishing Boundaries: The Religion of Mainline Protestant Baby Boomers* (Louisville: Westminster/John Knox, 1994), 1.
[12] Dean Hoge, Benton Johnson, and Donald Luidens, *Vanishing Boundaries: The Religion of Mainline Protestant Baby Boomers*, 7-9. 이 현상에 영향을 끼치는 요소들은 점점 높아지는 평신도들의 교육 수준, 다원주의의 발흥, 점점 더 강해지는 사유주의와 개인주의와 그와 관련된 공동체의 쇠퇴라고 여겼던 연구가 있다. 교회 안에서는 메시지와 프로그램들의 관련성이 많이 부족하다. Dean Hoge, Benton Johnson, and Donald Luidens, *Vanishing Boundaries: The Religion of Mainline Protestant Baby Boomers*, 13-17을 보라.

은 제2차 세계 대전 이후에 사람들이 자신의 인종과 교단을 넘어 결혼하는 경향이 늘어났다는 것에 있다. 이것은 '교회 쇼핑'(church shopping)이라는 현상을 초래했다. 부부들, 특히 자녀들을 둔 부부들에게 교회의 프로그램들은 교회를 선택하는 데 있어 매우 중요했다. 1950년대에 있었던 개신교 교회의 성장이라는 관점에서 판단할 때, 프로그램에 따른 개신교 교회들은 처음 시도들에서 꽤 큰 성공을 거두었다.[13]

사회학자인 피터 버거(Peter Berger)는 1960년대에 미국 기독교에서 일어났던 변화를 잘 묘사했다. 버거는 1960년대에 글을 쓰면서 시대의 종교적 환경과 앞으로 일어날 것이라고 예견되는 많은 것을 통찰력 있게 묘사했다. 버거는 개신교가 많은 부분에서 신앙의 '신비' 또는 초자연적인 요소들을 거부하고 있다고 묘사한다. 교회 역시 그가 '신뢰성의 위기'라고 칭한, 세상에서 점점 강해지는 다원주의에 개인의 내적 생활에 초점을 두면서 대응했다.

이러한 상황 속에서 개인의 내적인 실재들과 믿음은 신뢰 되었지만, 교리들과 그들의 제도들 같은 외적인 실재들은 의심을 받았다. 더 나아가 버거는 그가 시장 종교라고 부른 것의 첫 번째 단계를 묘사하고, 생존을 위해 소비자들의 문화에 교회의 종교적 상품들을 팔러 다니면서 소비중심 문화에 순응하고 있는 개신교 교회를 본다.[14]

---

[13] Wuthnow, *Reconstructing of American Religion*, 71.

[14] Peter Berger, *The Sacred Canopy* (NY: Doubleday, 1967), 특히 6장인 "Secularization and the Problem of Plausibility"를 보라. 이러한 내부화의 현상은 로버트 벨라(Robert Bella)의 *Habit of the Heart* (NY: Macmillan, 1975), 219-20에 나오는 "Shelia-ism"의 개념에 뒷받침된다.

2. 청소년 문화의 기원과 청소년 사역의 진화

아동기와 성인기 사이의 연장된 과도기라는 개념은 현대적인 개념이다. 1875년에 대법원은 세금이 고등학교 교육을 위해 사용될 수 있다는 판결을 내렸다. 이 일이 있기 전에는 50명 중에서 1명만이 고등학교에 다녔다. 지금은 점점 더 많은 청소년이 노동시장에 들어가는 대신에 집과 학교에 머물기 시작했다.

사실 '청소년'(adolescent)이라는 용어는 1905년에 스탠리 홀(Stanley Hall)이 저술한 두 권짜리 작품에 등장하기 전까지는 두드러지지 않았었다.[15] '십대'(teenager)는 1938년 전까지는 미국 어휘에 들어있지도 않았던 용어였다.[16] 1950년대에 청소년은 사회 현실일 뿐만이 아니라 사회 운동이었다. 청소년 문화 전체가 처음으로 형성되고 있었다.

많은 이에게 청소년은 고등학교 연령을 넘어 대학생 연령으로까지 확대되었다. 제2차 세계 대전 이후에 제대군인 원호법(GI Bill)은 이전에는 상상조차도 할 수 없었던 많은 사람이 고등 교육을 받을 수 있도록 했다. 제대군인 원호법은 그렇게 함으로써 앞으로 수년 동안 늘어나게 될 중산층을 위한 교육 기준을 세웠다.[17]

청소년 사역의 기원은 영국과 미국의 성장하는 산업화와 세속화에 대한 19세기 초반의 대응에서 찾을 수 있다. 청소년 사역의 선구자들은 주일학

---

[15] David Bakan, "Adolescence in America: From Idea to Social Fact," *Studies in Adolescence*, ed. Robert Grinder (NY: Macmillan, 1975), 3-14.

[16] David Barnhart and Allan Metcalf, *America in So Many Words* (NY: Houghton Mifflin, 1999).

[17] Mark Senter, *The Coming Revolution in Youth Ministry* (Wheaton: Victor, 1992), 69.

교 운동과 YMCA였다. 청소년 사역이 처음에 초점을 맞췄던 것은 종교에 대한 문화적 저항이 커져 가는 상황에서 가치들을 한 세대에서 다음 세대로 전달하는 일을 강화시키는 것이었다. '청소년'이 가족과 떨어져 더 많은 시간을 보내는 것을 의미하게 되었기 때문에, 나중에 청소년 사역은 가치들을 전달하는 중요한 주체가 되었다.[18]

제2차 세계 대전이 끝난 직후에 청소년 사역이 사용했던 방법들은 주로 매주 열리는 청소년 대형집회들에 중점을 두었다. 집회들은 토요일 밤에 많이 열렸다. 10년 동안의 불황과 6년간의 전쟁의 뒤를 잇는 시대에서, 청소년 사역은 공적 모임들을 위한 기회를 제공했고 개인의 신앙을 통해 더욱 밝아질 수 있는 미래의 청사진을 제시했다.

이러한 집회들이 1960년대까지 존속하기는 했지만, 시대가 급격히 바뀌면서 그 효과들은 곧 사라지게 되었다.[19] 이러한 집회들은 또한 미국의 증가하는 도시화와 동시에 일어났다. 빌리 그레이엄(Billy Graham)과 같은 젊은 설교자들의 설교를 듣기 위해 수천의 십대들이 도시들로 모였다.[20] 이러한 모임들의 모델은 프런티어 예배의 전형적인 패턴, 즉 준비, 설교, 응답의 패턴을 따랐다.

이러한 집회들의 효과는 청중과 그들의 영적 권위에 대한 지배적인 견해에 따라 달라졌다. 이러한 집회들에서 전도자들은 성경의 권위를 전제했다. 성경에 나와 있는 내용을 말한다는 것은 가장 높은 권위에 호소하는 것이었다.

---

[18] Mark Senter, *The Coming Revolution in Youth Ministry*, 53.
[19] Mark Senter, *The Coming Revolution in Youth Ministry*, 42.
[20] Mark Senter, *The Coming Revolution in Youth Ministry*, 56.

그러나 이 권위에 대해 진지하게 의심을 품는 사람들이 점점 더 많아졌다.

청소년 사역의 분수령은 진화에 대한 전국적인 논쟁 속에서 발생했는데, 그 시금석은 '스콥스 원숭이 재판'(Scopes Monkey Trial)으로 알려진 재판이었다. 여기서 성경의 권위는 공개적으로 도전을 받았고 많은 미국인이 볼 때 패배했다. 1920년대에 이르러 고등학교 교육은 십대들에게 표준이 되었고, 시간이 갈수록 '세속적인' 가치들이 강조되었다. 개신교 기독교의 가치들은 인문학 교육과는 더 이상 양립할 수 없는 것들로 여겨졌다. 이것은 성경의 권위적인 표현들을 침식하기 시작했다.[21]

성경적 권위에 대한 확실성이 약해지면서, 1940년대에 청소년 사역의 새로운 모델들이 발아했고 1950년대에 꽃피웠다. 우리는 이러한 상황 속에서 유스 포 크라이스트(Youth for Christ)와 특히 영 라이프(Young Life), 그들의 관계적인 사역 접근법이 발전했다는 것을 이해해야 한다. 영 라이프는 텍사스 사람인 짐 레이번(Jim Rayburn)의 1940 비전에서 시작되었다.

그는 청소년 사역의 집회 모델을 그룹 모임 모델로 전환했다. 이러한 그룹 모임들에서 리더들은 성경이 학생들을 위한 어떤 권위를 갖고 있다고 간주하지 않았다. 대신 그들과의 관계를 발전시키고 그들의 '들을 권리'를 확립하면서 고등학생들의 신뢰를 얻고자 노력했다.

레이번의 대중 연설에 대한 대화적 접근법은 영 라이프의 사역을 특색 있게 만들었다. 그는 당시의 다른 설교자들과는 달랐다. 소리치지도 않았

---

[21] 이 재판과 이 재판이 미국 사회에 끼친 문화적 및 종교적 영향력에 대한 방대한 연구를 보려면 Edward Larson, *Summer for the Gods: the Scopes Trial and America's Continuing Debate over Science and Religion* (NY: Basic, 1997)을 참고하라.

고 설교단을 내려치지도 않았다. 대신에 그는 그냥 말했다.[22]

영 라이프의 주례 모임 모델은 1941년판 리더 매뉴얼과 1970년판 매뉴얼 사이에서 조금 바뀌었다. 1950년부터, 이렇게 매주 열리던 클럽 모임들은 미국 청소년 사역의 중심인 토요일 저녁 집회들로 대체되었다. 주례 모임은 빠른 노래로 시작한 다음에 스킷과 게임이 뒤따랐고 느린 노래로 이어졌다. 분위기의 전환이 이뤄지면, 메시지가 주어졌다. 메시지는 성경에 기반을 두었지만, 성경적 강해라기보다는 주제적이고 실제적인 것이었다. 이 모임은 음악과 기도로 끝났다. 모임의 목표는 '장벽을 제거하고' '들을 권리'를 얻을 수 있도록 학생들을 가능한 한 편안하게 해 주는 것이었다.[23]

영 라이프 모델에는 주례 모임 외에 다른 것도 있었다. 아주 멋진 장소에서 최상의 레크리에이션 기회들을 제공하는 캠프로 떠나는 여행이 매해 있었다. 또한, 회심을 목표로 하는 특별 집회와 대규모 모임이 있었다. 이러한 활동들은 캠페이너스(Campaigners) 프로그램에 의해 보충되었다. 영 라이프의 리더 매뉴얼은 캠페이너스를 다음과 같이 정의한다.

> 클럽 모임이 젊은이들에게 예수 그리스도라는 인물을 소개하는 활동에 주로 집중한다면, 캠페이너스 사역은 그리스도인의 삶에서 중요한 성장 과정이 계속될 수 있게 고안되었다.[24]

---

[22] Senter, *Coming Revolution*, 127.

[23] Mark Senter, "The Youth for Christ Movement as an Educational Agency and Its Impact upon Protestant Churches, 1931-1979" (Ph.D. diss., Loyola University Chicago, 1989), 269.

[24] Mark Senter, "The Youth for Christ Movement as an Educational Agency and Its Impact upon Protestant Churches, 1931-1979," 273.

영 라이프의 목적이 캠페이너스 프로그램을 지역 교회에 접목시키는 것이었지만, '새로운 신자들을 지역 교회들로 끌어들이는 효과는 영 라이프의 사역자들(과 지역 교회 성직자들)에게 모두 불만족스러웠다.'[25]

영 라이프 모델과 그와 관련된 '성육신적/관계적 신학'이 청소년 사역에 관한 전문 저널들과 책들, 기관들을 통해 전파되었고, 1970년대에는 교회와 선교 단체의 청소년 사역들을 위한 표준이 되었다.[26] 영 라이프 모델과 신학은 청소년 집회의 권위적인 성경적 설교와는 대조적으로 이야기를 전달하는 관계적이고 대화적인 방법을 표준화시켰다.

1950년대에 급성장한 청소년 문화와 비교하면 우리는 청소년 사역의 방법에 대한 더 깊은 통찰력을 얻게 된다. 제2차 세계 대전 이후의 베이비붐을 통해서 시간과 돈에 여유를 가진 사람들이 늘어났다. 그리고 처음으로 청소년이 표적 시장(target market)이 되었다.

음악, 영화, 잡지, 책을 비롯한 모든 종류의 상품들이 청소년들만을 위해 만들어졌다. 우리가 상상할 수 있듯이, 십대들은 엄청난 양의 광고 에너지가 목표로 삼는 대상이 되었다. 청소년 사역들은 록큰롤 세대에게 의미를 제공하는 그들의 '상품'을 홍보하는 데 있어서 미국 광고 업계와 경쟁해야 했다.

광고와 미국 문화의 관계에 대한 흥미로운 역사를 다룬 제임스 트윗첼

---

[25] Mark Senter, "The Youth for Christ Movement as an Educational Agency and Its Impact upon Protestant Churches, 1931-1979," 274.

[26] Mark Senter, "The Youth for Christ Movement as an Educational Agency and Its Impact upon Protestant Churches, 1931-1979," 329-32. 캘리포니아주의 엘카혼(El Cajon)에 있는 유스 스페셜티스(Youth Specialties)는 이 청소년 사역의 모델이 시행될 수 있도록 자료들을 보급했던 단체들 중 하나였다.

(James Twitchell)은 19세기 후반에 나온 광고의 종교적인 뿌리가 오늘날 광고가 종교적인 특성을 갖도록 한 자극제였다고 말한다. "당신은 죄인입니다. 하나님은 구원을 제안하십니다.

하나님의 제안을 받아들이면 당신은 구원받을 것입니다"라는 메시지를 가지고 "당신의 칼라에 목 때 얼룩이 있습니다(you have a ring around the collar). 위스크(Wisk)가 그것을 제거할 수 있습니다. 위스트를 사용하면 당신의 문제가 해결될 것입니다"(use Wisk and be saved from your dilemma)로 바꾼 사람들은 개신교 성직자의 자녀들이었다.

크리스텐덤(Christendom)의 성유물처럼, 이러한 강력한 상품들을 이용하면 당신을 위협하는 힘들로부터 어떤 방법으로든 피할 수 있다.[27] 1950년대 경에 광고는 다시 원점으로 돌아왔다. 그리고 교회는 자신의 창조물, 즉 광고의 종교와 경쟁하고 있었다.

이처럼 새롭게 형성된 소비주의 문화에 대한 교회의 반응은 철저하고 의미심장했다. 1880년대부터 오늘까지의 기독교 역사와 신학에 대한 미국적 해석들을 연구한 자료는 성경의 예수를 중산층 백인 남성으로 재이미지화한 예들을 보여 준다.

예수는 마케팅 전문가, 정치인, 최고경영자, 하늘의 아버지를 위해 시장점유율을 높이고자 애쓰는 광고 책임자로 간주되었다. 예수는 곧 비즈니스맨이 되었고, 오늘날 많은 광고가 영원한 성취의 길을 우리에게 가리키는 비유들이 된 것과 같은 방식으로 그분의 비유는 광고가 되었다.[28]

---

[27] James Twitchell, *Adcult USA: The Triumph of Advertising in American Culture* (NY: Columbia University Press, 1996), 31-33.
[28] James Twitchell, *Adcult USA: The Triumph of Advertising in American Culture,* 36-37.

성장하는 소비문화에서, 청소년 사역은 확장되는 시장에서 다른 많은 '상품'과 경쟁하고 있었다. 펩시 세대를 겨냥하여 광고 업계가 사용하는 동일한 기술들을 가지고 청소년들에게 접근하려는 경향이 점점 더 커지고 있었다. 소비문화에서 기독교는 평가되고, 시도되고, 그 문화에서 가능한 다른 모든 선택과 비교되는 상품이 되었다.

시장-주도적 전도와 교리교육 의례들은 모든 세대에게 예배에서는 사용되지 않는 하나님에 대한 새로운 언어를 제공했다. 바로 그렇기 때문에 십대들을 청소년 사역으로부터 교회로 데려오는 것이 어렵다. 청소년 사역은 청소년들에게 예수를 판매했다. 적절했고 재미있었고 '무언가를 얻게 되었기' 때문이다.

이제 그들은 어디에서 예배할 것인가?

3. 청소년 사역에서 '구도자 예배' 개발에 이르기까지

청소년 사역 역사가인 마크 센터(Mark Senter)에 따르면, 1979년은 영 라이프와 같은 청소년 사역 아웃리치가 선교 단체들로부터 교구로 이동된 해였다. 많은 사역은 1972년, 일리노이주의 파크리지(Park Ridge)에서 청소년 사역자들인 데이브 홈보(Dave Holmbo)와 빌 하이벨스(Bill Hybels)에 의해 개발된 모델을 따랐다. 당시 하이벨스는 20세였다. 파크리지교회의 목사였던 홈보는 하이벨스에게 청소년 그룹을 위한 성경 공부를 인도해 달라고 부탁했다.

하이벨스는 매주 1시간 30분 동안 진행되는 모임을 통해서 20여 명의 고등학생들을 인도했다. 노래와 스킷이 포함되기는 했지만, 그 모임에서는 주로 성경을 공부했다. 모임의 1시간은 성경 공부만을 위한 시간이었다. 하이벨스가 십대들에게 비-그리스도인 친구들을 데려올 수 있냐고 물었을 때 그들은 회의적으로 대답했다.

"우리는 선생님을 좋아하고, 선생님의 말씀을 들을 거예요. 그런데 우리 친구들은 선생님이 누구인지도 몰라요. 아마 와도 오래 버티지 못할 거예요."[29]

하이벨스는 그들의 우려를 마음에 새겼다. 그리고 그들의 믿지 않는 친구들을 위한 새로운 청소년 예배를 만들었다. '선 시티'(Sun City)로 불린 이러한 주례 모임들은 경쟁적인 게임들, 그룹 활동, 세련된 음악과 드라마 공연, '전도 또는 전도-이전 메시지'로 구성되었다. 1974년에 그 모임은 한 주에 천 명의 학생들이 참석하는 규모로 성장했고, 두 개의 모임으로 나누어졌다.

1974년 5월에 선 시티는 아웃리치 행사를 개최했다. 그 행사에서 300명의 십대들이 그들의 삶을 그리스도께 바치겠다고 했다. 그 시점에서 하이벨스는 전통적인 교회에서는 더 이상 사역할 수 없겠다는 것을 깨달았다. 얼마 되지 않아 하이벨스는 선 시티에서 사임했다. 그리고 파크리지 청소년 그룹의 핵심 구성원들과 함께 떠나 청소년들의 부모들을 전도하는 교회를 시작했다. 이 사역이 윌로우크릭커뮤니티교회의 시작이었고, '아마도 1980년대에 미국에서 가장 유명하고 널리 모방되었던 교회 청소년 그

---

[29] James Mellando, *Willow Creek Community Church* (Havard Business School Brief #9-691-102, 1991), 5.

룹'이 되었다.³⁰

하이벨스는 23세가 되었을 때, 150명의 고등학생을 위한 청소년 사역으로서 윌로우크릭을 시작했다. 당시에 영화관에서 모임을 가졌다. 하이벨스는 이 청소년 사역을 중심으로 어떤 유형의 교회를 세울 수 있을 것인가에 대한 구상을 시작하면서, 교회를 다니지 않는 25세에서 50세 사이의 백인 남성들을 목표로 삼아 주변 지역을 조사했다. 하이벨스는 무엇이 그들을 교회로부터 멀어지게 했고 무엇이 그들을 다시 돌아오게 할 것인지를 알아내고자 노력하면서 지역을 연구했다.

그다음에 하이벨스는 그 사람들이 원했던 것, 하이벨스가 '성경적 예배'라고 칭한 것을 계속해서 제공했다. 그 예배는 지루함을 피하기 위해 다양한 엔터테인먼트를 사용한다.³¹ 1년 안에 윌로우크릭은 1,000명이 출석하는 교회가 되었고, 3년 만에 3,000명의 교회가 되었다. 지금은 매주 17,000명이 출석하고 있다. 윌로우크릭은 시설을 확장하고 위성 교회들로 사역을 확장하는 계획을 세우고 있다.³²

찰스 피니(Charles Finney)와 그가 1835년에 저술한 『종교의 부흥에 관한 강연들』(Lectures on Revivals of Religion)은 전도와 예배와 관련된 문제들에 있어서 개신교들 사이에서 커져가던 실용주의의 개념을 구체화했다. 이 책에서 피니는 부흥을 기획하는 법을 단계적으로 약술했다. 예전 역사가인 제임스 F. 화이트(James F. White)는 피니의 실용주의적인 사고방식을 다음

---

30 Senter, *Coming Revolution*, 23-24.
31 Michael Maudlin and Edward Gilbreath, "Selling Out the House of God?" *Christianity Today* 33, no. 8(18 July 1994), 20-25.
32 Verla Gillmor, "Community Is Their Middle Name," *Christianity Today* 44, no. 13 (13 November 2000), 50.

과 같이 간략하게 묘사한다.

> 만약 어떤 것이 회심과 같은 결과를 가져오면, 그것을 계속해라. 그러나 아무런 결과를 가져오지 않으면 폐기하라. 이것은 많은 실험을 해보도록 허용한다. 그러나 성공하지 못한 것들은 빨리 없애버린다. 이처럼 실용주의가 예배에서 가장 중요한 기준이 되었다.[33]

화이트는 또한 구도자 예배 운동(그는 대형 교회 운동이나 하이-테크 예배라고도 부른다)의 기원들로 교회 성장 운동의 활동과 그 운동의 최고참자인 도널드 맥가브란(Donald McGavran)을 가리킨다.

"예전에 대해 관심을 가진 사람들은 교회 성장이 그들의 관심사에 대해 거의 아무런 말도 해주지 않는다는 것을 알게 된다"라고 말한 사람이 바로 맥가브란이다.[34]

하이벨스가 교회 성장을 위해 사용한 방법은 피니의 실용주의적인 정신과 맥가브란의 예전에 대한 무관심을 모두 입증한다. 이 말은 하이벨스의 방법이 중요한 예전적 결과를 가져오지 않는다는 뜻은 아니다. 하이벨스는 사람들을 윌로우크릭의 삶으로 받아들이는 7단계 방법을 만들었다.[35]

---

[33] James White, "The Americanization of Christian Worship or New Lebanon to Nashville" (unpublished paper, 1995), 6.

[34] Donald McGavran, *Understanding Church Growth*, 3d. ed. (Grand Rapids MI: Eerdmans, 1990), 8. 이러한 관찰은 교회 성장이 예배와 많은 관련이 있다고 주장한 레스터 루스에 의해서 도전을 받았다. "Lex Agendi, Lex Orandi: Toward an Understanding of Seeker Services as a New Kind of Liturgy," *Worship* 70 (1996), 386-405.

[35] Mallado, *Willow Creek Community Church*, 7-13.

7단계 방법은 윌로우크릭 교인과 교회에. 다니지 않는 친구의 관계에서 시작했다. 그 교인은 구도자들이 참석할 것 같은 가능성이 제일 높은 시간인 일요일 오전이나 토요일 저녁에 있는 구도자 예배에 교회에 다니지 않는 친구를 초대했다.

그다음에 그 사람은 소그룹 성경 공부로 초대되는데, 거기서 그들은 덜 자율적인 환경으로 들어가게 될 것이다. 그 개인은 소그룹으로 들어가기 전이나 들어간 후에 그리스도를 인격적으로 믿게 되는 것이 전제되었다. 일단 신자가 되면, 그 사람은 세례를 받고, 교회에 등록하고, 수요일이나 목요일 밤에 열리는 예배에 참석하기 시작할 것이다.[36]

전도와 교회 성장에 대한 이러한 공식을 비교할 때, 특히 하이벨스의 선 시티 경험에 비추어보면, 그가 윌로우크릭을 세웠을 때 영 라이프의 두 트랙 모델을 따랐다는 것은 분명하다. 한편으로, 하이벨스는 그 자체로는 예배가 아니라 영 라이프 그룹 모임에 유사한 아웃리치 모임인 구도자 예배를 제공했다. 윌로우크릭 자료에 따르면, '구도자들은 그리스도를 위해 결단하거나 기독교를 살펴보고 있는 과정에 있는 사람들이다.'[37]

선 시티의 시작부터 하이벨스가 가졌던 기본적인 사역의 전제는 신자들과의 커뮤니케이션 방식과 구도자들과의 커뮤니케이션 방식이 달라야 한

---

[36] 이러한 패턴은 흥미롭게 조정되어갔다. 현재 많은 사람은 개인적인 초청을 받지 않고서도 윌로우크릭의 구도자 예배에 찾아오고 있다. 이 말은 교회가 방문한 사람들을 관리할 방법이 없고, 구도자 예배가 의도했던 익명성의 분위기를 여전히 유지하고 있다는 것을 뜻한다. 소그룹을 통해 윌로우크릭으로 찾아가는 사람들도 꽤 된다. 이것은 윌로우크릭으로 하여금 교회 생활로 들어오는 새로운 방식에 맞추어 7단계 패턴을 조정하도록 했다(Gillmor, "Community Is Their Middle Name," 50-51).

[37] Lester Ruth, "The Use of Seeker Services: Models and Questions," *Reformed Liturgy and Music* 30, no. 2 (1996), 48-53.

다는 것이다.³⁸ 목표는 이러한 사람들이 그리스도를 위한 결정을 내려 교회 신자가 되고, 소그룹 성경공부에 들어가고, 수요일이나 목요일 밤에 열리는 윌로우크릭의 예배에 참석하도록 감동시키는 것이다. 이 목표는 영 라이프 모델의 캠페이너스 요소와 유사하다.

윌로우크릭의 구도자 예배는 영 라이프 모델의 의례와도 매우 유사하다. 윌로우크릭의 구도자 예배와 영 라이프의 의례는 모두 빠르고 현대적인 음악으로 시작한다. 그리고 드라마와 멀티미디어 공연을 위해 가능한 한 가장 좋은 장비들을 사용한다. 조금 느린 음악은 이야기(talk)로 전환하기 위해 사용된다. 여기서 이야기는 영 라이프 모델에서처럼 성경적인 주제를 가지곤 있지만 궁극적인 방향은 실천적이다.

구도자 예배가 제시하는 것은 성경적인 주제를 문제를 안고 있는 중산층의 자기-계발을 위한 실제적인 조언과 혼합하는 적절성 있는 설교이다. 설교는 복음을 설교하는 것과 단순히 대중 심리학을 제시하는 것 사이에서 줄타기를 한다.³⁹

그레고리 프리차드(Gregory Pritchard)는 윌로우크릭을 깊이 연구하면서 하이벨스와 다른 사역자들이 설교하는 메시지를 분석했다. 비록, 그들은 믿음의 복들과 제자도의 핵심 사이의 균형을 맞추고 있다고 주장하지만, 영적 증진이라는 측면에서는 결정적인 불균형을 분명하게 보여 준다.⁴⁰ 이

---

38 윌로우크릭의 네 가지 지도 원리들 중 하나는 '구도자가 필요로 하는 것은 신자들이 필요로 하는 것과 다르다' 이다(Mellado, *Willow Creek Community Church*, 7).
39 Gustav Niebuhr, "Where Religion Gets a Big Does of Shopping Mall Culture" *NY Times*, Sunday Late Edition, 16 April 1995, Section 1, 1, 14.
40 Gregory Pritchard, "The Strategy of Willow Creek Community Church: A Study in the Sociology of Religion" (Ph.D. diss., Northwestern University, 1994), 755.

러한 위협적이지 않은 메시지 때문에 구도자들은 윌로우크릭에 계속해서 매력을 느낀다.

윌로우크릭의 생명의 원천은 그대로 남아 있다. 윌로우크릭은 지금도 젊은이들에게 초점을 맞추기 때문이다. 고등부 모임들과 주일학교는 하이테크와 멀티미디어를 사용한다.

전국적으로 대형 교회들은 대중 문화에서 가장 매력적인 요소 중 일부를 모방하면서 젊은이들에게 접근하고 있다. 젊은이들에게 초점을 맞추는 이유는 어른들이 그들의 자녀들의 필요를 충족시켜주는 교회들을 찾는 경우가 많다는 현실 때문이다. 그들이 일단 교회에 들어오게 되면 교회는 기독교 메시지를 소개할 기회를 얻는다.

윌로우크릭의 십대 교인 중 60% 이상은 그들과 가족과는 관계없이 교회에 출석했다.[41] 윌로우크릭은 '액시스'(Axis)를 만들어 X세대와 Y세대의 필요에 더욱 맞췄다. 액시스에서 젊은이들은 테이블에 둘러 앉아 여러 가지 해석들이 가능할 수 있게 메시지에 대해 토론한다. 이것은 포스트모더니티의 권위에 대한 새로운 이해에 기꺼이 순응하고자 하는 윌로우크릭의 태도를 좀 더 분명하게 보여 준다.[42]

윌로우크릭이 단순히 성공만 한 것이 아니다. 윌로우크릭은 일종의 작은 산업이다. 많은 교회가 윌로우크릭의 자료들을 신청하고 그 성공을 복제하고자 노력하고 있다. 이러한 교회들 가운데 일부 교단 교회들과 독립 교회들은 '구도자 예배'와 예배를 주의 깊게 구별하지 않는다. 이러한 구

---

[41] Trip Gabriel, "MTV-Inspired Images, but the Message for Children is a Moral One" *NY Times*, Sunday Late Edition, 16 April 1995, Section 1, 14.

[42] Hartman, "Problems and Possibilities," 94.

별을 하지 않는 대형 교회들은 가까운 쇼핑몰 안에 있는 영화관에서 제공하는 것처럼 전통적 예배에서부터 구도자 예배에 이르기까지 다양한 형태의 예배를 제공하는 경우가 많다.[43]

쇼핑몰처럼 대형 교회들은 구도자들을 끌어들이기 위해 다양한 소비 품목들을 제공한다. 대형 교회들은 참여할 수 있는 기회들을 많이 제공하는데, 대부분은 즐거움을 위한 것들이다. 윌로우크릭은 소그룹 성경 공부와 상담과 함께 에어로빅 강좌, 헬스클럽, 데이케어(day care)와 유치원, 볼링장, 다양한 관련 서적들과 음반을 판매하는 서점도 제공한다.[44]

4. 단절된 의례들: 전도와 교리교육, 예전

미국 개신교에 대한 최근 분석에서 한 사례 연구는 주류교회들의 적절성이 부족하다는 것을 설명하면서 한 사람을 묘사한다. 그 사람은 자신의 교회와 그녀가 영 라이프에서, 특히 의례적으로, 경험했던 매력적이고 접근하기 쉬운 사역을 명쾌하게 대조시킨다.[45]

모든 사람이 그들이 경험한 청소년 사역을 청소년 사역과 양립할 수 없는 기독교 예전과 분명하게 대조시키지는 않는다. 그러나 통계는 이것이 일반적인 경험이라고 제시한다. 50세 미만의 개신교도 중 75% 이상이 청소년 사역과 우리가 확인했던 마케팅 언어들을 통해 처음으로 종교적 경

---

[43] 보다 자세한 분석을 위해서는 Ruth, "Lex Agendi, Lex Orandi"를 보라.
[44] Neibuhr, "Shopping Mall Culture," 14.
[45] Hoge et al., *Vanishing Boundaries*, 23.

험을 했다고 추정된다.⁴⁶

E. 바이런 앤더슨(E. Byron Anderson)은 신학과 종교 교육, 인류학으로부터 얻은 많은 양의 자료를 요약하면서 의례는 사람이 신앙을 배우는 가장 중요한 방식이라고 주장한다. 사람은 의례에서 종교적 메시지를 가장 풍성하게 접하기 때문이다. 앤더슨은 '예전적 실천은 본질적으로 형성적이고 변혁적이다. 우리는 예전적 실천을 통해 신앙의 사람들로서 우리 자신을 알게 되고 우리가 예배하는 하나님을 알게 된다'라고 주장한다.⁴⁷

앤더슨은 존 웨스터호프(John Westerhoff)의 주장을 지지하면서 의례가 신앙과 성격, 의식을 형성하는데 중요한 영향력을 끼친다고 단언한다.⁴⁸ 간단하게 말해서 우리는 의례를 통해 그리스도인이 되는 법을 배운다.

키이스 로버츠(Keith Roberts)는 민족지학 연구를 통해서 앤더슨의 결론을 강화한다. 신화들은 의례에서 시작된다. 그러한 신화들은 참여자들을 위해 세계관과 신앙을 정의한다. 변화하는 세상에서 의례적 규범은 그것이 주장하는 신화적 시스템을 타당성 있게 만든다. 로버츠의 연구는 연속적으로 실행되는 의례가 신화를 정의한다고 보여 준다.

마찬가지로 의례에서 사용되는 언어는 신화에서 정의되는 하나님의 내재성과 초월성을 함축적으로 전달한다. 의례는 신앙의 교리들을 전달하고

---

[46] 75%라는 수치는 청소년 사역을 통해 중요한 신앙의 경험을 했던 모든 개신교도들의 비율과 관련하여 지난 20년 동안 사용되었던 것이다. 최근 연구들에 비춰보면, 이 수치는 적게 잡힌 것 같다. "Christian Camps, Conference and Retreat Centers: 1990 Survey Report" (Wheaton, Ill.: Christian Camping International, USA, 1990)를 참고하라.

[47] E. Byron Anderson, "Liturgical Catechesis," *Religious Education* 92, no. 3 (Summer 1997), 350.

[48] E. Byron Anderson, *Religious Education* 92, 352.

하나님과 교감하는 법을 예배자들에게 가르치는 주요한 수단이다.[49]

토마스 트뢰거(Thomas Troeger)는 최근에 쓴 글에서 이러한 이론들을 더욱 확대하여 적용했다. 트뢰거는 물고기가 물속에서 살아가듯이 인간들은 문화 속에서 존재한다고 말한다. 문화는 단순히 존재를 위한 가정된 환경이다. 우리는 다른 문화와 비교할 때만 우리 문화의 독특한 특성들을 충분히 이해할 수 있다.

문화는 교리를 가르치는 직접적인 방식이 아니라 주로 모방을 통한 간접적인 방식으로 전수된다. 문화는 우리가 움직이는 방식, 우리가 지닌 가치, 그리고 우리가 세상, 특히 믿음의 세상을 상상하는 법을 형성한다.[50] 신앙의 언어는 암암리에 전도의 의례들과 특정한 신앙에 대한 교리교육을 통해 새로운 신자를 문화화시킨다. 자신의 신앙의 문화가 관계적인 청소년 사역의 문화인 사람들에게, 이러한 영적인 문화는 규범적, 즉 그들이 헤엄을 치고 있는 물이 된다.

구도자 예배에 대한 이러한 결론들이 함축하는 바는 분명하다. 50년대 이래로 많은 사람은 전통적인 기독교 예배의 의례들과 수반하는 신화적 시스템과는 양립할 수 없는 신화적 시스템을 나타내는 의례들을 통해 전도되고 교리교육을 받아왔다. 구도자 예배의 발전은 불가피했다.

청소년 사역을 통해 제시된 기독교의 해석을 받아들이게 되었던 사람들에게는 청소년 사역의 의례를 표현하는 수단이 필요했다. (캘리포니아주의

---

[49] Keith Roberts, "Ritual and the Transmission of a Cultural Tradition: An Ethnographic Perspective," in *Beyond Establishment: Protestant Identity in a Post-Christian Age*, ed. Jackson Carroll and Wade Clark Roof (Louisville: Westminster/John Knox, 1993), 74-78.

[50] Thomas Troeger, 'How Culture Shapes the Religious Imagination,' *The Academy of Homiletics* 35 (2000), 107-16.

가든 그로브에 소재한 크리스털 교회의 로버트 슐러[Robert Schuller]와 같은) 구도자 예배의 선구자들이 분명히 있기는 하지만, 베이비부머들을 위해 전도와 교리교육, 예배를 연결했던 이는 바로 빌 하이벨스였다.

만일 청소년 사역의 언어와 전반적인 교회의 예배 언어가 다르다면, 신앙의 한 문화에서 다른 문화로의 이행은 어떻게 결정되는가?

이 문제는 단순히 신앙의 다른 문화들에 맞춤으로써 해결되는 때가 많은 것 같다. 이 경우에는 '젊은이 예배'나 '현대적 예배'를 전통적 예배에 선택사항으로 추가함으로써 해결된다. 청소년 사역을 한 번도 접해보지 못한 이들조차도 구도자 예배가 접근하기 쉽다는 것을 알게 된다. 구도자 예배가 우리 사회의 '종교적인' 언어, 즉 광고를 사용하기 때문이다.

소비주의에 물들어 있는 문화에서 '구도자 예배'의 신화적 언어를 통역할 필요는 없다. 구도자 예배는 복음을 자기-계발과 엔터테인먼트의 범주들로 이미 번역했고 중산층 교외 거주자들의 비즈니스와 소비 세계를 반영하는 의례적 환경을 명시적으로 창조했다.[51]

윌로우크릭의 십자가 상징에 관한 최근의 연구는 이에 대한 예를 잘 보여 준다. 전통적인 기독교 상징들을 피하려는 분명한 시도가 있기 때문에 윌로우크릭에서 십자가의 사용은 제한된다. 윌로우크릭의 안내서는 이를 잘 보여 준다.

---

[51] Paul Goldberger, "The Gospel of Church Architecture, Revised" *NY Times*, 20 April 1995, Section C, 1-6; Gustav Niebuhr, 'Protestantism Shifts toward a New Model of How "Church' is Done" *NY Times*, 29 April 1995, Section 1, 12.

사실상 여러분은 이곳에서 기독교의 상징들을 전혀 보지 못할 것입니다. 여기서 우리가 나타내고자 노력하고 있는 비유나 이미지는 전통적 교회가 아니라 기업이나 비즈니스입니다. 지금 우리는 십자가를 가지고 있습니다. 우리는 세례와 같은 특별한 경우에 십자가를 눈에 띄게 만듭니다. 내가 여기서 세례를 받았을 때, 우리는 모두 종이들 위에 우리의 죄들을 적으라고 요구받았습니다. 그리고 우리는 앞으로 나와서 그 십자가에 그 종이들을 붙였습니다. 나는 세례당에서 종이들로 뒤덮여 있는 십자가를 쳐다보고 있던 순간을 절대로 잊지 않을 것입니다. 나는 그 순간이 되기 전까지는 속죄에 대해 정말로 이해하지 못했었습니다. 그래서 우리는 십자가를 하나의 **소품**으로 생각합니다.[52]

중심 종교 상징(focal religious symbol)을 소품으로 여기는 것이 그 상징의 가치를 폄하하는 것처럼 보이지만, 스튜어트 후버(Stewart Hoover)의 연구는 오늘날 미국 문화에서 이것은 대단한 칭찬이라고 말한다. 후버는 상업 문화에서 십자가를 가끔 사용하고 개인적인 영적 관련성을 권하는 것은 그것이 종교적/문화적 교환의 통화가 되도록 한다는 것을 제안하기 위해 신학적, 문화적, 철학적 이론들을 탁월하게 통합하며 논증한다.[53] 윌로우 크릭에서 상징을 제한적으로 사용하는 것은 대부분의 경우처럼 상징이 개

---

[52] 강조는 필자가 한 것이다. Stewart Hoover, "The Cross at Willow Creek: Seeker Religion and the Contemporary Marketplace," in *Religion and Popular Culture in America*, ed. Bruce Forbes and Jeffery Mahan (Berkeley: University of California Press, 2000), 145. 이 책의 11장도 보라.
[53] Hoover, "The Cross at Willow Creek," 154-58. 필자는 후버가 상징에 대한 존 칼빈의 신학을 현대 문화에 적용시켜 해석한 것을 찾아냈다.

인의 신앙을 정의하는 권위주의적인 표시가 아니라 개인적인 신앙의 표현으로서 기능하도록 만든다.[54] 이것 역시 윌로우크릭이 포스트모더니즘을 수용하고 있다는 것을 보여 준다.

5. 다시 연결된 의례들: 전도와 교리교육, 예전

청소년 사역 전도의 언어를 기반으로 하는 의례를 만든 윌로우크릭을 따르는 교회들이 많기는 하지만, 다른 모델들도 옹호되고 있다. 교회의 예배를 위해 준비하는 것으로 그들의 사역 방향을 설정한 청소년 사역자들이 있다. 루터교 전통에 속한 일부 사역자들은 루터교 예전을 규범으로 간주한다. 교회에 있는 젊은이들에게 신학적 사안들을 담고 있는 복음과 제도를 제시하는 것은 예전에 의해 좌우된다.

더 나아가 예전의 요소들에 관해 설명하는 것은 청소년 사역 모임에서 중요한 주제로 제시된다. 청소년 전도는 관계 모델에서처럼 청소년들에게 예수 그리스도의 복음을 제시할 수 있도록 맞춰진다. 그러나 이 모델에서 복음을 받아들이는 것은 개인적인 신앙이 아니라 예전에 의해 미리 결정되는 하나님에 대한 언어를 사용하는 공동체 안에서의 삶으로 이끈다. 전도와 교리교육은 예배의 언어를 가르칠 수 있도록 명시적으로 맞춰진다.[55]

---

[54] Ellwood, *Introducing Religion*, 70-72.
[55] 루터교의 두 가지 예를 보려면, Ralph Quere, "Catechetical and Evangelistic Theology," *Currents in Theology and Mission* 22 (August 1995), 280-83과 Ralph Smith, "Youth and

부흥 운동과 청소년 사역의 관계적 모델들은 모두 독특하게 미국적이라는 것을 언급하는 것도 중요하다. 비록, 휫필드와 웨슬리 시대 이래로 전도의 방법들이 미국에서 공유되기는 했지만, 청소년 사역의 영 라이프 모델은 유럽에서 빨리 유행되지 않았다. 비록, 적절성을 유지하기 위해 음악 스타일과 교수법을 새롭게 하는데 상당한 시간과 에너지를 사용하기는 했지만, 1980년대까지 유럽의 많은 청소년 사역은 교회들의 예전적인 전통들에 적합하도록 분명하게 맞춰졌다.

이를 잘 보여 주는 예는 피트 워드(Pete Ward)의 영국 청소년 사역에 관한 연구이다. 캔터베리 대주교의 청소년 사역 자문 위원인 워드는 최근에 나타난 청소년 사역과 교회 생활을 위한 준비 사이의 단절을 묘사한다. 이것은 관계적 청소년 사역의 영향들이 유럽에서 막 주목되기 시작하고 있다는 것을 보여 준다.[56]

윌로우크릭과 '현대적 예배'라는 범주에 들어가는 예배 스타일에 대한 많은 비판이 있었다. 청소년 사역의 현대적 모델들에 대한 비판은 많지 않다. 유스 스페셜티즈(Youth Specialties)의 디렉터, 마이크 야코넬리(Mike Yaconelli)의 아들인 마크 야코넬리(Mark Yaconelli)가 최근에 쓴 글은 청소년 사역의 현 상태에 대한 중요한 질문을 제기한다.

우리는 우리의 신앙을 전수하는 법을 잊었는가, 아니면 전수해야 하는 신앙을 찾지 못하고 있는 것인가?

Worship," *Currents in Theology and Mission* 22 (August 1995), 275-79를 참고하라.
56 Pete Ward, *Growing Up Evangelical: Youthwork and the Making of a Subculture* (London: SPCK, 1996).

야코넬리의 청소년 사역의 역사에 대한 간략한 개요는 청소년 사역을 상위 중산층 백인 교외 문화를 반영한 것으로 간주한다. 그다음에 그는 세 가지 유형의 '성공적인' 청소년 사역에 대해 말한다. 엔터테인먼트/프로그램 유형에서 성공은 청소년 그룹의 구성원이 얼마나 많은 행사에 참여했는지에 의해 측정된다.

카리스마적인 리더 유형에서 청소년 사역자들은 구세주의 역할을 맡는다. 그리고 정보-중심적인 유형에서 청소년 사역은 종종 구성원들을 양육하지 않으면서 주입만 시키는 교리문답 학교이다.

야코넬리 자신의 카리스마적인 프로그래머로서의 여정은 그를 탈진시키고 좌절시켰다. 자신의 청소년 그룹에서 그가 기대했던 영적인 성장을 보지 못했기 때문이다. 그 후 그는 전통적인 형태의 영적 형성, 특히 관상 기도를 발견했다. 그는 청소년 그룹에게, 그리고 청소년 그룹을 통해 교회 전체에게 영성 훈련을 소개하는 절박하고 급진적인 단계를 밟기 시작했다. 그의 모델은 '사람들에게 그들이 원하는 것을 주는 것'이 아니라 그들이 필요로 했던 것들을 그들에게 제공할 수 있도록 기독교의 풍부한 전통들을 사용하는 것이었다.[57]

마찬가지로 20대의 많은 젊은이가 예전적인 전통들을 갖고 있는 교회들에서 영적인 고향을 찾고 있다는 사실은 반드시 언급되어야 한다. 그러한 교회들은 적절해지고자 하는 시도를 포기했기 때문이다.[58]

---

[57] Mark Yaconelli, "Youth Ministry: A Contemplative Approach," *Christian Century* 116 (21-28 April 1999), 450-54.

[58] 예를 들어, Webber, *Ancient-Future Faith*를 보라. 예전적 예배에서 기호와 상징을 사용하는 것은 영적 진리를 명제적인 것으로 여기면서 멀리하는 포스트모던 젊은이들과 관련이 있다.

윌로우크릭과 다른 구도자-중심 예배 스타일에 대한 평가에 상관없이, 우리는 윌로우크릭 모델이 포스트모던 세계에서 전도의 문제를 해결하는 하나뿐인 답이 아니라는 것을 분명히 해야 한다. 비록, 규모는 작더라도 효과적으로 영향을 끼치는 다른 모델들도 있다. 그 모델들이 공통으로 갖고 있는 특징은 전도와 교리교육, 그리고 개인적인 기도(영성)와 공동체적인 기도(예전)에서 사용되는 언어가 일치한다는 것이다.

이번 장은 어떻게 빌 하이벨스가 권위의 포스트모더니즘적인 위기 상황과 복음주의 전통의 청소년 전도 역사 속에서 복음주의 전통의 독특한 필요들을 충족시키기 위해 예배와 전도를 거의 혼자서 재구성했는지를 분명하게 밝혔다.

이 경우에 있어서 우리는 목적이 수단을 정당화시키는지 질문해야 한다. 윌로우크릭의 전도와 예배 방법은 다른 방법들만큼 좋은가?

그레고리 프리차드(Gretory Prichard)의 연구는 그렇지 않다고 말한다. 프리차드의 철저한 연구는 예리하고 비평적인 여러 결론들을 도출한다. 특히, 우리의 논의와 관련이 있는 결론은 윌로우크릭에서 고취되는 기독교는 자기-계발의 프로그램에 불과하고,[59] 교회는 예배의 대상인 하나님보다 전도되어야 하는 청중의 욕구에 더욱 맞추고,[60] 적절해지려는 노력 속에서 복음은 심리학으로 대체되는 경우가 많다는 것이다.[61] 프리차드의 연구는 윌로우크릭의 전도와 예배 프로그램이 제자도의 대가를 어느 정도 절충해야 했던 광고 모델에 의해 주도되었다고 주장한다.

---

[59] Pritchard, "The Strategy of Willow Creek," 806.
[60] Pritchard, "The Strategy of Willow Creek," 809.
[61] Pritchard, "The Strategy of Willow Creek," 810.

이번 장은 구도자 예배의 기원을 살펴보았다. 그 과정에서 이번 장은 이렇게 가장 현대적인 예전 형태가 아주 오래된 교회의 이해 중 하나를 입증했다는 것을 보여 줬다. **렉스 오란디**(lex orandi), **렉스 크레덴디**(lex credendi). 하나님에 대해 당신이 사용하는 언어가 하나님에 대해 당신이 갖고 있는 신앙을 결정할 것이다. 이번 경우에 있어서 전도와 교리교육에서 사용되는 언어가 결국에는 예배에서 사용될 언어를 결정할 것이다. 남아 있는 질문은 우선순위에 관한 것이다.

사람들은 가능한 한 가장 효과적인 전도 수단을 쓰고 그다음에 그 과정과 일치하는 예배를 창조하는가?

아니면, 예전적인 규범을 가지고 그 목적으로 이끄는 언어를 사용하여 전도하고 교리교육을 하는가?

이것은 새천년에 모든 기독교 공동체들이 직면하고 있는 질문이다.

우리는 어떻게 우리의 의례들을 다시 연결할 수 있을까?

제4장

스타일을 넘어서

예배에서의 음악의 역할에 대한 재고

존 D. 윗트블릿(John D. Witvliet)

단언컨대, 기독교처럼 엄청나게 다양한 예전 음악을 갖고 있는 종교는 역사상 없었다. 20세기 동안 그리스도인들은 명상적인 비잔틴 성가에서부터 열광적인 감리교 프론티어 노래들에 이르기까지, 테제(Taize) 반복구의 몽환적인 음악에서부터 왓츠(Watts)와 웨슬리(Wesley)의 정확한 가사에 이르기까지, 흑인 복음성가의 격정적인 환희가 함께하는 노래들로부터 장로교 음운 시편의 고전미를 갖춘 조용한 노래들에 이르기까지, 팔레스트리나 모네트(Palestrina motet)의 고요한 아름다움에서부터 세련되지 못하고 거친 애팔래치아 민속 음악에 이르기까지, 그리고 퀘이커 공동체의 신비주의적이고 강제적인 침묵에서부터 흑인계-미국인의 링-샤우트(ring-shout)

설교에 이르기까지, 예배에서 모든 것을 노래해 왔다.

이러한 음악 형태들은 기독교 경험에서 단순한 장식품이 아니다. 음악은 신앙의 맥박이고 그리스도인들이 2000년이 넘는 시간 동안에 예배와 하나님의 임재를 경험해왔던 다양한 방법들에서 필수적인 요소이다. 많은 그리스도인에게 음악이 없는 예배는 상상하기 어렵다. 일부 교회들에서는 공동체가 모일 때 음악이 시작되어 예배가 끝날 때까지 멈추지 않는다.

음악이 설교나 예배의 다른 행위들보다 덜 중요하게 여겨지는 교회들에서조차도 음악이 일주일 내내 사람들 곁에 꾸준히 머물러 있을 때가 많다. 잠이 오지 않는 밤에 우리의 마음속에서 울리고 우리가 출근할 때 흥얼거리는 것은 바로 예배의 음악이다.

이에 상응하여, 음악은 기독교 정체성의 원천이다. 당신이 어떤 종류의 그리스도인인지, 즉 당신은 그리스도인 '속'(genus)의 어떤 '종'(species)에 속해 있는지를 말해주는 한 가지 방법은 당신의 영혼을 형성해 온 예전 음악의 종류에 대해 생각해 보는 것이다. 음악은 우리가 특정한 교단이나 전통, 민족 그룹, 세대에 속해 있다는 것을 확인해준다.

수 세기 전의 공동체이든 수 킬로미터 떨어져 있는 공동체이든 간에, 한 공동체의 내면의 맥을 이해하는 가장 믿을 만한 방법의 하나는 그 공동체의 음악을 이해하는 것이다.

이러한 사실은 오늘날 북미 교회의 풍조에 매우 분명하게 나타난다. 오늘날 사람들은 교리를 가르치는 교회보다 음악을 노래하는 교회에 자연스럽게 끌린다. 교회는 소속된 교단보다는 음악을 언급하면서 자신의 정체성을 광고하는 경향을 보인다. 사실 '전통적,' '현대적,' '혼합적'과 같은 보편적인 스타일 용어들은 (오직이 아니라면) 대개 음악을 가리키는 것으로 이해된다. 그러나 예전적 '스타일'은 설교와 예전적 리더십, 기도를 포함하는 예배의 다른 차원들에서도 가변적이다.[1]

그리스도인들이 음악을 놓고 싸우면서 많은 시간을 보내는 부분적인 이유는 음악이 기독교의 경험과 교회의 정체성 모두에서 중요하기 때문이다. 지난 수십 년 동안 지속하였던 예배 전쟁에서(그러나 솔직히 말해, 예배 전쟁이 없었던 적이 있었는가?) 백 번 중 아흔 아홉 번은 음악에 대한 것이었다.

어떤 음악이 노래가 될 것이고, 어떤 스타일의 음악을 선택할 것이고, 누가 인도할 것이고, 어떤 악기들이 사용될 것이고, 음악은 얼마나 시끄러울 것인가?

이러한 최근의 모든 언쟁은 기독교 예전 음악이 지난 몇십 년 사이에 얼마나 크게 변해 왔는지에 의해서도 설명된다.[2] 어떤 교회들은 20세기 후반의 찬송가 르네상스에 의해 만들어진 찬송가들을 노래하고 있다(찰스 웨슬리의 살아생전을 제외하면, 지난 30년은 그 어떤 시대보다 전통적인 형태의 찬송가

---

[1] '혼합적 예배'라는 용어를 사용하게 된 것은 로버트 웨버가 기여한 덕분이라고 여겨질 때가 많다. 중요한 것은 웨버는 이 용어를 사용할 때 음악 스타일 뿐 아니라 예배의 모든 양면을 포함한다는 사실이다.
웨버는 교인들이 예배의 역사적 패턴을 통해 그리스도를 찬양하도록 도울 텍스트, 노래, 몸짓, 예식을 위해 광범위한 자원들을 살펴보라고 예배 리더들에게 요청한다. 안타깝게도 많은 사람은 '기독교 예배의 역사적 패턴'보다는 '광범위한 자원들'에 큰 관심을 보이는 것 같다. 결과적으로 근거 있는(well-grounded) 예배가 아니라 절충적인(eclectic) 예배를 낳는다.

[2] 다음의 최근 자료들은 이러한 변화들에 관해 설명한다. Michael S. Hamilton, "A Generation Changes North American Hymnody," *The Hymn: A Journal of Congregational Song* 52, no. 3 (July 2001), 11-20; Karen B. Westerfield Tucker, "Liturgical Perspectives on Changes in North American Hymnody in the Past Twenty-five Years," *The Hymn: A Journal of Congregational Song* 52, no. 3 (July 2001), 22-27.

들이 많이 만들어졌을 것이다).³ 다른 교회들은 최근에 작곡된 찬양곡들(praise songs)로만 그들의 찬송가집들을 꾸리고 있고 그 노래들만 부른다. 교회력과 성서정과, 전통적인 형식의 성찬기도문을 포함하는 고대의 예배 양식들을 사용하고 있는 교회들도 있다.

실제로 이러한 예전 운동은 감리교도들과 장로교도들이 그들의 성찬기도문을 노래하고, 복음주의자들이 대림절 양초에 불을 붙이고, 로마 가톨릭 교도들과 성공회 교도들이 시편 찬송에서 회중의 참여를 촉진하고, 일부 메노나이트 교도들과 형제단 신자들, 나사렛파 신자들이 성서일과 연구 모임을 만드는 원인이 되었다. 동시에 다른 교회들은 보다 시장 주도적으로 되어가는 중이다.

주류 교단들과 복음주의 계열의 교회 성장 이론가들은 우리에게 「네트 리절츠」(Net Results)를 구독하고 『엔터테인먼트 복음주의』(Entertainment Evangelism)와 같은 제목의 책들을 구입할 것을 권한다. 교회의 틈새시장과 음악이 다양한 사람들의 관심을 끄는 도구로서 기능할 방법에 관한 관심이 크다. 이렇게 경쟁을 자극하는 분위기는 교회 음악가들에게 경쟁적인 요구와 기대를 충족시키라는 압력을 가해왔다. 또한, 격렬한 논쟁과 심지

---

³ 1970년대 중반 이래로, 거의 모든 교단이 새로운 찬송가집을 출간했다. 1990년대 후반과 2000년대 초반에 많은 교단이 찬송가집 증보판을 출간했다. 여느 때보다도 이러한 찬송가집들과 증보판들은 다양한 예배 전통들의 찬송가집 편집자들의 협력 속에서 만들어졌다. 이러한 소란은 이와 관련된 작은 사업 활동으로 이어졌다. 예를 들어, 수많은 단일-작곡자 찬송가 모음집들이 출간되었고, 정기적인 찬송가 창작 경연 대회가 열렸다. 그리고 찬송가 작사와 찬송가 반주에 대한 컨퍼런스가 개최되었다. 오늘날만큼 단일-작곡가 찬송가 모음집들이 많이 출판되었던 적은 없었을 것이다. The Hymn 저널에서 찬송가협회(Hymn Society)가 제공하는 도서 서비스는 저널 각호(issue)의 네 페이지에 모든 새로운 출판물들을 담으려고 점점 더 작은 활자 크기로 인쇄되고 있다.

어는 교회들 안에서 셀 수 없는 분열을 초래해왔다.

1. 쉽지 않은 논의들

우리 안에서 솟구치는 절실한 감정들은 우리로 이러한 문제들에 대해 제대로 생각하지 못하게 할 때가 많다. '현대 음악'의 비평가들은 순환형식과 반복적인 가사가 유대-기독교 예배에서 잘 알려졌고 오랜 역사를 갖고 있다는 사실은 무시한 채, 많은 찬양곡의 단순한 반복적인 가사에 대해 한탄한다. (얼마 전에 어떤 교회의 음악위원회는 반복적인 가사를 맹비난하는데 대부분의 시간을 보냈다. 그 모임은 다가오는 부활절 예배를 위해 헨델의 '할렐루야 합창'[Hallelujah Chorus]을 선택함으로써 겨우 끝났다).

한편 '현대' 음악의 주창자들은 많은 찬양곡이 성경에서 직접 가져온 것이라고 주장한다. 그러나 찬양곡 중 대다수는 성경의 특정한 일부 본문들에만 곡을 붙인 것이라고 제대로 말하지는 않는다.

이러한 문제들에 대한 우리의 일부 주장들은 매우 모호하다. 우리는 '더 높은 수준의 음악'을 구현하는 '더 좋은 찬송가'를 필요로 한다는 것이 무슨 뜻인지 명확히 말하지 않으면서 그러한 추상적이고 애매모호한 주장을 용인한다.

어떤 음악이 그러한 음악인지를 누가 결정하는가?

어떤 기준을 근거로 하는가?

그러한 표현들은 클래식이나 팝 형식의 콘서트 음악과 같은 음악적 표현 형태들에 맞춰진 심미적 감수성에 대한 우리의 무의식적인 신뢰를 감추고 있을 때가 많다. 그러한 감수성은 예전 음악을 평가하는 데 별로 유익하지 않을지도 모른다.

가장 과격한 주장 중에는 역사의 경험을 포함하는 것들이 있다. 팝 형식에 기초한 현대 음악의 지지자들은 루터와 웨슬리가 술집 음악을 사용했기 때문에 우리도 그렇게 해야 한다고 주장한다.[4] 다른 이들은 바흐나 북스테후데(Buxtehude)의 세심한 작품들을 들며 응수하는데, 자신들이 회중 노래에 대해 관심을 갖고 있다는 것을 모르는 것 같다.

거의 모든 사람들은 그러한 역사적 선례들을 근거로 하여 오늘날 상황에서 그들이 주장하고자 하는 바를 논한다. 그러나 역사적 사실을 놀라울 정도로 무시한다.

역사는 유일한 선전 방식이 아니다. 현대의 문화적 판단도 동일하게 기능한다. 그래서 어떤 사람들은 그들이 좋아하지 않는 갤럽조사를 절대로 보지 않는다. 그들은 만일 미국인들 중 대다수가 좋아하는 특정한 음악 스타일이 있다면 그것이 바로 교회에서 사용해야 되는 것이라고 주장한다. 이런 식으로 생각하면, 예배 음악이 우리의 삶에서 다른 기능을 하든 말든 상관없이, 한 교회의 음악은 많은 예배자가 자신들의 자동차 스테레오에 미리 맞춰놓은 음악처럼 들려야 한다.

---

[4] Paul Westermeyer, *The Church Musician*, rev. ed. (Minneapolis MN: Augsburg Fortress), 130-35을 보라. 여기서 웨스터마이어는 교회 음악에 관한 대표적인 전문가들과의 대화 속에서 마틴 루터가 "왜 좋은 음악은 다 악마가 가져야 하는가?"를 실제로 말했다고 하는 신화를 떨쳐버렸다. (그들 자신도 매우 다른 상황들 속에서 살았던) 루터와 웨슬리를 우리 시대와 공정하게 비교한다는 것은 매우 어렵다(아마도 불가능할 것이다). 그러한 비교는 자국어화가 함의하는 것을 억제되지 않은 대중화와 혼동하지 않으면서 공평하게 다루는 것을 필요로 한다.

다른 한편으로, 주변 문화의 음악적 특성들을 알려고 하거나 거기서 어떤 가치를 찾으려고 하지 않는 사람들도 있다. 이런 식으로 생각하면 모든 음악적 혁신들은 우리의 '개인주의적, 물질주의적, 쾌락주의적' 문화의 일부로서 바로 묵살된다. 대부분의 문화들은 좋은 것과 나쁜 것의 애매한 혼합물이라는 것을 감지하여 당혹스러워진 관찰자가 각 입장에 대해 만족하지 못하는 것은 당연하다.

2. 싸움을 넘어서

음악에 대한 싸움, 특히 그러한 뒤죽박죽인 논쟁들은 우리의 문제를 해결하는 그리스도-의-몸이 취하는 방식이 아니다. 이러한 논쟁들은 복잡한 쟁점들을 단순화시키고, 분별력 있는 커뮤니케이션을 막고, 감사를 표하는 그리스도인의 삶의 일부분인 덕을 구현하지 못한다.

다른 비전을 생각해 보라. 빌립보서의 시작 부분에서 바울은 빌립보의 그리스도인들을 위한 기도를 기록한다.

> 내가 기도하노라 너희 사랑을 지식과 모든 총명으로 점점 더 풍성하게 하사 너희로 지극히 선한 것을 **분별하며** 또 진실하여 허물없이 그리스도의 날까지 이르고 예수 그리스도로 말미암아 의의 열매가 가득하여 하나님의 영광과 찬송이 되기를 원하노라(빌 1:9-11. 강조 표시는 필자가 한 것이다).

이 기도의 핵심은 바울의 바람이다. 그는 자기 독자들이 분별의 덕을 행사하기를 원한다. 바울은 그들이 '지극히 선한 것을 분별하여' 선택을 잘 할 수 있게 되기를 바란다.

분별한다는 것은 어떤 의미인가?

분별은 솔로몬이 '선악을 분별… 이해하는 마음'을 청할 때 구했던 것이다. 어거스틴은 분별을 "우리가 하나님께로 나아가도록 돕는 것과 우리를 막을 수도 있는 것을 올바르게 구분하는 사랑"이라고 정의했다.[5] 분별은 어떤 것에는 '예'라고 하고 다른 것에는 '아니오'라고 하는 선택을 요구한다.

바울은 분별할 수 있는 간단한 비결을 우리에게 알려 준다. 지식과 통찰력은 두 개의 핵심 요소들이다. 지식과 통찰력은 어떤 혁신이나 관습을 판단할 수 있는 가늠자를 제공한다. 잘 선택하기 위해서 우리는 면밀히 질문하고 진리를 꿰뚫어 보는 통찰력을 추구해야 할 필요가 있다.

또 다른 요소는 사랑이다. 모든 일시적인 유행에 세례를 베푸는 감성적인 사랑이 아니라 장기적인 영적 건강을 키우는 깊고 목회적인 사랑이다. 그러한 목회적인 사랑은 공동체가 필요하다.

시편 19:12은 "자기 허물을 능히 깨달을 자 누구리요?"

이렇게 질문하면서 전체 그림을 볼 수 있는 관점을 혼자만의 힘으로 가질 수 있는 사람은 아무도 없다는 사실을 우리에게 상기시킨다. 그것이 바로 바울이 '너희'(2인칭 복수 대명사)로 지극히 선한 것을 분별하도록 기도한 이유이다.

마지막으로 분별은 모든 덕과 같이 성취하는 공적이라기보다는 받는 선

---

[5] Augustine, *Against the Manichaens*, Book 15, para. 25.

물이다. 공동체가 분별하는 과정에서 주요한 동맹자와 동인(agent)은 그 누구도 아닌 하나님의 성령이시다. 분별은 오순절의 덕이고 성령의 선물이다. 그렇기 때문에 우리가 기도로 구해야만 하는 것이다.

3. 기독교 예배 음악을 위한 기준에 대해서

로버트 웨버는 기독교 예배 음악의 기준에 대해서 알고 있다. 로버트 웨버는 음악의 능력을 인정했다. 그는 또한 현대 논쟁들의 가운데서 신학적 고찰의 중요성을 입증하면서 예배 전쟁의 한복판으로 뛰어들었다. 그는 북미 전역을 여행하며 가르치고 강의하면서 음악의 실천에 대한 수많은 질문을 다뤘다. 그 과정에서 그는 문제를 단순히 그대로 계속해서 남겨놓지 않았다. 실제적인 해결로 이끌 수 있는 기준들을 어렵지 않게 이해할 수 있는 언어로 설명했다. 이번 장에서 나는 웨버의 연구를 확장하면서 그의 연구를 최근의 몇몇 저자들과의 대화 속에 넣겠다.

이번 장의 목표는 기독교 예배라는 상황 속에서 음악을 정당하고 건강하게 사용하는 것에 관해 생각할 때 유익한 범주들, 즉 대부분의 북미교회들의 다음 예배위원회들에서 제대로 기능하도록 아주 쉽게 이해될 수 있는 범주들을 제시하는 것이다. 나는 이러한 기준들을 모든 교회와 교회 음악사들이 검토하며 유익을 얻을 수 있는 여섯 가지의 매우 중요한 질문들을 사용하면서 소개하겠다. 이러한 질문들은 교회들의 '지극히 선한 것을 분별하는' 것을 돕기 위해 고안되었다.

1) 신학적 질문: 우리는 하나님을 경험하는 통로로 음악의 역할을 찬양할 뿐만 아니라 제한하면서 음악을 말하고 만들려는 상상력과 의지를 갖고 있는가?

언젠가 한 컨퍼런스에서, 한 목사가 일어서더니 자기 교회에서 음악 사역자를 찾는다고 광고했다. 어떤 유형의 사람이 필요한 것이냐고 묻자 그 목사는 더듬거리고 중얼거리는 투로, 즉 같은 말을 수정하고, 정치적으로 공정한 투로 하고 있다기보다는 그 사람이 정말로 생각하는 것을 말하고 있다는 느낌을 주는 방식으로 대답했다. 그의 답은 이랬다. '우리 회중 안에 하나님이 임재하시도록 만들 수 있는 사람을 찾습니다.' 조심스레 말하자면, 이것은 상당히 많은 것을 바라는 기대이다!⁶

그러나 이 같은 언어는 음악 사역자들을 구하는 구인광고에서 점점 더 많이 나타난다. 교회들은 순간을 거룩한 순간으로 바꿀 수 있는 창의성과 은사를 가진 사람들을 찾고 있다. 이러한 경향은 은사주의파(charismatics)에만 제한되지 않는다.

해피밸리커뮤니티교회(Community Church of Happy Valley) 같은 이름뿐 아니라 톨스티플장로교회(Tall Steeple Presbyterian Church) 같은 이름을 가진 교회들도 거룩한 순간을 만들고자 열망하는 음악 사역자들을 고용하기 원한다. 어떤 사람은 소리가 큰 트럼펫 휴지를 사용하는 파이프 오르간으로 거룩한 순간을 만들고자 시도하고, 어떤 사람은 마이크와 드럼으로 거룩한 순간을 만들고자 시도한다. 그러나 두 교회는 모두 어느 정도 진정한 의미

---

6   이 책의 2장을 보라.

에서 하나님이 임재하시도록 만들기 위해 분투하고 있다.

오늘날 교회들에서 가장 강력한 성례전적 언어는 설교단과 세례반, 성찬대에서 일어나는 것에 대해서가 아니라 콩가 드럼과 신디사이저, 중음 상자(swell box)로부터 나오는 것에 대해 말할 때 사용되는 경우가 많다. (정말로 가장 중요한 것이 무엇인지에 대해 거의 거짓을 말하지 않는) 많은 예배 공간의 건축술조차도 음악의 '성례전화'(sacramentalization)를 전달한다. 예전에는 설교단과 세례반, 성찬대나 제단이 차지했던 가장 중요한 공간을 이제는 예배 밴드나 거대한 파이프 오르간을 위해 사용한다.

거룩한 순간에 집중하는 것에 대해 관심을 두는 것은 분명히 중요하다. 거의 틀림없이, 대부분의 기독교 음악가들은 (모든 스타일의) 음악에 끌린다. 음악을 통해 변화를 경험하기 때문이다. 그러나 아무리 카리스마가 있다고 하더라도, 자기의 창의성이나 독창성, 노력만으로 거룩한 순간을 만들 수 있는 사람은 아무도 없다.

성경은 이를 시도했던 많은 사람을 기록한다. 그러한 사람 중에는 갈멜에 있던 바알 선지자들(왕상 18장), 소가 끄는 수레로 운반되고 있던 언약궤가 흔들리자 그것을 붙잡으면서 하나님을 돕기 원했던 늙은 종 웃사(삼하 6장, 역상 13장), 하나님의 치유 능력이 자신의 손에 임하기를 원했던 마술사 시몬(행 8장)이 있다.

비슷한 유혹을 피하고자 성가대 지휘자인 웨스틴 노블(Westin Noble)은 몇 년 전에 있었던 한 예배당 헌당식에서 "하나님은 인간의 손으로 지은 전에 계시지 않는다"라는 바울의 말을 토대로 한 성가를 선택했다. 그날에 성가대는 사도행전 17:24-25절에 있는 바울의 설교를 선택했다.

²⁴우주와 그 가운데 있는 만물을 지으신 하나님께서는 천지의 주재시니 손으로 지은 전에 계시지 아니하시고 ²⁵또 무엇이 부족한 것처럼 사람의 손으로 섬김을 받으시는 것이 아니니 이는 만민에게 생명과 호흡과 만물을 친히 주시는 이심이라(행 17:24-25).

이 구절을 반복하는 음악을 통해서 주의 말씀을 선포했다.

이 말씀은 특정한 유형의 건물은 하나님의 임재를 간직하거나 초래할 수 있다는 억측이 생기는 것을 경계했다. 그 성가는 하나님의 임재는 선물로서 받는 것이지 조작되거나, 만들어지거나, 자동으로 구현될 수 있는 것이 아니라는 사실을 강력하게 상기시킨다(그러나 건축위원회가 그 진술에 대해 어떻게 생각했을지는 궁금하다).

웨스틴 노블의 선택은 예배 예술에 대한 기독교의 잘 정립된 특성을 반영한다. 어거스틴은 우리에게 목소리를 주신 하나님께 집중하지 못하도록 만드는 알렐루야 찬양을 염려했다. 그리고 "음악이 전달하는 진리보다 음악 자체가 더욱 감동을 줄 때"를 걱정했다.⁷

존 웨슬리(John Wesley)는 이렇게 충고했다.

무엇보다도 영으로 노래하십시오. 당신이 노래하는 모든 가사에서 하나님을 계속 주시하십시오. 당신 자신이나 다른 창조물보다 하나님을 기쁘시게 하는 것을 목표로 하십시오. 이것을 위해서 당신이 **노래하는 내용의**

---

7   Augustine, *Confessions*, trans. R. S. Pine-Coffin (Harmondsworth: Penguin Classics, 1961), 239.

의미에 절대적으로 집중하고, 당신의 마음이 음악과 함께 휩쓸려 가버리지 않도록 살피면서 하나님께 지속적으로 드리십시오. 그러면 주님께서 당신의 노래를 지금 이곳에서 승인하실 것이고, 그분이 하늘의 구름에서 오실 때 당신은 상을 받을 것입니다.[8]

최근에 토마스 롱(Thomas Long)은 다음과 같이 경고했다.

만일 모든 예배에서 거룩한 존재와의 친밀한 만남을 원한다면, 바알의 신전으로 가라. 참되고 살아계신 하나님이신 야훼는 현재의 경험으로부터 물러나실 때가 많다. 요약하면, 하나님은 우리를 항상 감동하게 하지 않으신다. 그리고 우리를 감동하게 하는 모든 것이 하나님은 아니다.[9]

음악이 예배에서 하나님-인간의 만남에 매우 중요하다는 것은 의심의 여지가 없는 사실이다. 말로 하는 기도에서 말은 하나님-인간 사이에서 일어나는 만남을 중재한다. 노래로 하는 기도에서 음악은 이 일을 다면적으로 행한다.

어거스틴의 "노래하는 것은 두 번 기도하는 것이다"라는 말은 옳다. 파이프 오르간 음악, 아프리카 드럼, 반주 없이 하는 제창을 비롯한 많은 음악

---

[8] John Wesley, Select Hymns, 1761. *United Methodist Hymnal* (Nashville: United Methodist Publishing House, 1989)의 서문, vii에서 인용.
[9] Thomas G. Long, *Beyond the Worship Wars* (Alban Institute, 2001), 32. 롱은 신학자 헨트리쿠스 벌코프(Hendrikus Berkhof)가 쓴 글을 숙고하고 있다.

형식은 찬양을 고무하고, 경이감을 자아내고, 새로운 통찰력을 드러내 보이고, 질적으로 다른 종교적 경험을 하게 만드는 기능을 한다.

그러나 우리는 안전하게 다음 단계를 밟으면서 음악이 **하나님의 경험을 창출한다**고 믿을 수 있을까?

절대로 그렇지 않다. 그것은 음악에 너무 많은 능력을 실어주는 것이다. 음악은 하나님이 아니다. 음악은 하나님의 임재를 자동으로 창출하는 도구가 아니다. 오히려 음악은, 로버트 웨버의 표현처럼, "하나님의 초월성을 입증한다…. 음악은 하나님과 만남에 수반하는 경외심과 신비감을 끌어낸다."¹⁰

음악은 우리가 하나님께로 다가갈 수 있도록 성령께서 사용하시는 수단이고, 우리가 하나님과의 관계를 규정하기 위해 사용하는 도구이다. 음악은 하나님의 임재를 일으키는 마법이 아니다.

어떤 음악 사역자가 음악 없이도 예배를 인도할 수 있다고 규정하면서 교회에서 새로운 직분을 맡기로 동의했다고 상상해보라. 대부분 교인은 음악이 없는 예배를 생각하면서 당혹스러워할 것이다. 그러나 이것은 음악이 매우 중요하기는 하지만, 음악이 절대적으로 필수적이지는 않다는 것을 선지자적으로 입증할지도 모른다. 과장되게 말하면, 음악가들은 파이프 오르간 음악의 힘과 아름다움과 보편적 의의를 활성화할 뿐 아니라 제한하고자 할 때 신뢰를 얻는다.

우리가 하나님-인간의 만남은 우리의 음악적인 성취에 전적으로 달려 있는 것이 아니라 성령이 주시는 선물이라는 사실을 기릴 때, 우리는 영적

---

10 Webber, *Worship Old and New*, 195. 강조는 필자가 한 것이다.

으로 그리스도 안에서 엄청난 자유를 얻는다.

2) 예전적 질문: 우리는 기독교 예배의 주요 행위들을 가능하게 하고 규정하는 음악을 발전시키고 연주하려는 상상력과 끈기를 갖고 있는가?

언젠가 나는 한 교회의 '살아있는 신학'에 대한 가장 좋은 지표 중 하나인 초등학생 그룹에게 예배의 의미에 관해 대화하자고 요청했다. 나는 주보를 꺼냈고, 예배의 각 순서에서 어떤 일이 일어나는지 말해달라고 학생들에게 요청했다.

내가 "회중의 기도"를 가리켰을 때, 그들은 "거기서 우리는 하나님께 말을 해요"라고 말했다. 내가 "성경 봉독"을 가리켰을 때, 그들은 "거기서는 하나님이 우리에게 말씀하세요"라고 말했다. 여기까지는 좋았다. 그러나 내가 개회 찬송을 가리켰을 때 그들은 나에게 "거기서 우리는 노래해요"라고 대답했다. 첫 번째 찬송은 기도였음에도 불구하고 그들은 나에게 이렇게 말했다.

다시 말해서, 음악에 관한 한 그들은 어떤 일이 일어나고 있는지에 대해 신학적으로 설명하지 않았다. 그들은 우리가 표면적으로 무엇을 하고 있었는지에 대해 거론했다. 이 응답은 매우 유익하다. 우리는 예배에서 음악을 기도하거나 기독교 복음을 선포하는 수단으로서가 아니라 음악 그 자체로 끝낼 때가 아주 많다. 이것은 예배에서 아이들뿐 아니라 어른들에 대한 문제이기도 하다. 그리고 그들을 예배에서 인도하는 음악 사역자들에 대한 문제이기도 하다.

이것은 바로 철학자인 니콜라스 월터스토프(Nicholas Wolterstorff)가 우려한 것이기도 하다. 웰터스토프는 다음과 같이 서술한다.

> 순수예술기관에서 훈련받은 음악가들은 흔히 예전 음악은 좋은 음악이 되어야 한다고 주장하면서 예전 음악에 접근한다. 그리고 하나님은 우리가 가장 좋은 것을 당신께 드리기를 원하신다고 말하면서 그러한 주장을 정당화한다. 그동안에 좋은 음악은 예전의 목적과 관련해서가 아니라 심미적 고찰과 관련해서 판단된다.[11]

이러한 우려는 감정적 또는 엔터테인먼트적인 가치를 위해 선택된 대중문화로부터 파생된 교회 음악 형식들에도 동일하게 적용된다. 그에 반해서, 웰터스토프는 "산만하지 않고, 어색하지 않고, 어렵지 않으면서…. 예전의 행위들에 효과적으로 기여하는" 예전적인 예술품을 필요로 한다.[12]

---

[11] Nicholas Wolterstorf, *Art in Action* (Grand Rapids MI: Eerdmans, 1981), 184.
[12] Nicholas Wolterstorf, *Art in Action*, 185.
다음은 월터스토프의 포괄적인 예술 이론에 대한 하나의 적용이다. 나는 예술품들이 행위의 대상들이자 도구들이라는 것을… 주장하고자 한다. "그것들은 모두 인간이 의도한 구조 속에 불가분하게 포함되어 있다. 예술품들은 우리가 세상과 우리의 동료들과 우리 자신들과 우리의 신들을 존중하면서 우리의 의도를 수행하는 행위의 대상들이자 도구들이다. 예술을 이해하려면 인간의 삶 속에서 예술을 이해해야 한다"(3). 월터스토프는 예술에 대한 이러한 이해가 다른 설명적 이론들보다 폭넓고 포괄적이라고 생각한다. 우리는 이와 같은 것들이 "예술의 본질적인 기능이다"라는 취지의 주장을 반복해서 접하게 된다. "예술은 모방이다." "예술은 자기-표현이다." "예술은 의미 있는 형태이다." 그러한 모든 표현들은 동일한 딜레마에 빠지게 된다. 예술의 특성이라고 말해지는 것이 예술 외의 것들에도 적용되거나, 아니면, 만일 예술에만 적용된다면, 모든 예술에 적용되지 않는다. 예술의 보편성은 어떤 만연하고 독특한 목적이 아니라 다양하고 유동적인 목적들에만 부합한다…. 우리는 예술의 목적들이 가진 광범위한 범위를 마음속으로 좀처럼 그려보지 않는다(18, 20).

예배의 주요 요소들은 하나님과 우리의 관계를 표현하고 규정하는 것들이다. 하나님은 성경을 통해 우리에게 말씀하신다, 하나님은 성찬대에서 우리를 먹이신다. 우리는 하나님께 감사를 드린다. 우리는 하나님께 우리의 죄를 고백한다, 그리고 우리는 하나님의 면전에서 서로에게 우리의 신앙을 선포한다.

음악은 항상 이러한 행위들 중 하나를 해내도록 돕는다. 어떤 음악을 우리가 죄를 고백하도록 돕는다. 어떤 음악은 감사를 표현하도록 돕는다. 어떤 음악은 우리가 하나님의 말씀을 선포하는 수단이다. 음악은 언제나 보다 위대한 영적인 목적을 위한 수단, 하나님과 우리의 관계를 규정하기 위한 수단이다.

그래서 로버트 웨버는 음악을 "말씀과 성찬의 수단, 그리스도를 만나게 하는 수단"이 되는 예술이라고 말한다.[13] 음악은 음악 자체를 위해 일하기보다는 독특하고 매우 유용한 방식들로 예배의 행위들을 지원해야 한다. 웨버가 결론지어 말했다.

> 예배는 결코 예술-주도적(arts-driven)이 아니라 예술-향상적(arts-enhanced)이다. 강조되어야 하는 것은 예수 그리스도 안에서 하나님의 위대한 구원의 행위를 찬양하는 것이다. 예술이 그 메시지에 섬길 때, 예술은 우리의 예배를 섬기고 돕는다.[14]

---

[13] Robert Webber, *Worship Old and New*, 195; *Signs of Wonders*, 83.
[14] Webber, *Signs of Wonder*, 97.

예배에 대한 이런 기능적인 관점은 회중의 실천에 대한 직접적인 함축성을 갖는다. 확립된 형식이나 예전을 갖고 있는 교회들의 경우, 이 말은 음악 사역자들이 교인들에게 예전이 요구하는 것을 진심으로 할 수 있게 해 주는 음악을 선택해야 한다는 것을 의미한다.

참회 기도에 수반되는 곡은 회중이 실제로 그들의 죄를 고백할 수 있도록 해야 한다. 정통적인 가사를 기억하기 쉬운 멜로디에 맞추는 것만으로는 충분하지 않다. 음악은 또한 행동이 수반될 수 있도록 해야 한다. 확립된 형식이 없는 교회들의 경우, 풀어야 할 과제는 더욱 어렵다.

이 경우에 예배 인도자는 어떤 노래나 찬송의 깊은 목적이 명확하게 드러나도록 회중을 인도해야 한다. 단순히 "우리가 배워야 하는 또 다른 좋은 노래"라고 소개되는 애가(lament) 가사는 내용이 명확할지라도 대부분 예배자에게 애가로서 경험되지 않을 것이다.

음악은 어떤 스타일이든 간에 우리가 예배의 주요 사명을 완수하는 데 있어 유익하지 않은 것이 경험할 때, 우리가 어떤 음악에 대해 "그 음악은 내가 정직하게 기도하는 데 정말 도움을 줬어"라고 반응하기보다는 "와, 그 음악은 정말 감동적이었어"라고 반응할 때 문제가 된다.

3) 교회적 질문: 우리는 음악을 활성화시키는 음악가, 작곡가, 마케팅 회사보다 모인 회중에게 진정으로 도움이 되는 음악을 만들려는 상상력과 끈기를 가지고 있는가?

거의 모든 전통은 기독교 예배가 하나님의 백성의 직무이자 공동체적인 행위라는 사실에 동의한다. 그 안에서는 부분들보다 전부가 크고, 예전의 행위자들로서 함께 있는 우리의 존재가 굉장히 중요하다. 음악은 예배의 공동체적인 측면을 감지할 수 있도록 만드는 데 중요한 역할을 한다. 바비 맥퍼린(Bobby McFerrin)이나 U2, 비비 킹(B. B. King)의 콘서트, 콜럼바인 추도식이나 노트르담(Norte Dame) 미식축구 시합에서의 음악이든 그렇지 않든 간에, 음악은 1-인칭-복수의 경험을 만든다.

서구 문화에서 회중 노래는 공동체적인 노래로서 순수예술 장르나 제도와는 다르다. 콘서트 음악에서 우리는 단독 예술가(solo artist)의 능숙한 실력을 높이 평가한다. 예배에서 가장 중요한 음악적인 덕은 회중이 노래를 잘 하는 것, 즉 솔직하고, 음악적이고, 상상력을 발휘하고, 신앙심이 깊고, 아름답게 노래하는 것을 발견하는 것이다. 고든 라스롭(Gordon Lathrop)은 그의 책 『거룩한 것들』(Holy Things)에서 이 점을 다음과 같이 말한다.

> 현재 유럽계 미국 문화에서 특정한 예술 유형들은 모임에 적절하지 않을 것이다. 즉, 소외된 예술가나 공연자의 자기표현에 주로 초점을 맞춘 예술, 자족적인 공연인 예술, 말을 듣고 음식을 먹는 사람들 주위에서 노래할 수 있도록 자신을 개방할 수 없는 예술, 종교적인 주제를 다루거나 사적이고 개인적인 묵상을 가능하게 하지만, 공동체적이지는 않은 예술. 상징적이기보다는 사실주의적인 예술, 다시 말해, 우리의 오늘날 문화의 가치들을 직접적이고 무비판적으로 표현하는 예술은 부적절할 것이다.[15]

---

[15] Gordon Lathrop, *Holy Things: A Liturgical Theology* (Minneapolis MN: Fortress, 1993), 223.

예전적인 예술에서 가장 눈에 잘 띄는 장소는 자주적이고 단독적이고 예술적인 천재에게 주어지지 않는다. 대신에 예전적인 예술가는 종의 역할을 맡도록 요구받으면서, 예배자들이 하나님을 찬양하고 하나님께 기도할 수 있도록 돕는다.

따라서, 목회적인 음악-예전가로서의 섬김은 신학적이고 예술적인 확신 뿐 아니라 환대도 요구한다. 4세기의 『거룩한 사도들의 교전』(Constitutions of the Holy Apostles)은 주교들에게 권고했다.

> 당신이 교회의 집회를 소집할 때, 당신은 마치 거대한 배의 선장인거나 마찬가지다. 가능한 모든 기술을 동원해서 모험적인 사업을 완수할 수 있도록 준비한다. 그리고 선원들인 부제에게 승객들인 교인들을 위한 장소를 신중하고 예의 있게 준비하라고 명령한다.[16]

교회 음악 사역자의 직무에서 기술과 협력과 '실행'은 하나님의 백성이 심오하고 공동체적인 예전 참여의 능력과 기쁨을 기꺼이 경험하도록 하는 데서 궁극적인 목표와 목적을 찾는다. 앨리스 파커(Alice Parker)가 우리에게 상기시키듯이 "이 나라의 모든 교단에는 교인들이 노래를 잘 부르는 교회들이 속해 있는데, 그 이유는 그것을 적극적으로 늘 기대하는 사람이 적어도 한명은 있기 때문이다."[17]

이것은 몇 가지 중요한 질문들을 제기한다.

---

[16] "Constitutions of the Holy Apostles," in *Ante-Nicene Fathers*, vol. 7, ed. Alexander Roberts and James Donaldson (Grand Rapids MI: Eerdmans, 1951), 421.

[17] Alice Parker, *Melodious Accord* (Chicago: GIA, 1991), 6.

우리는 누가 우리의 음악 축제에 온 것을 환영하는가? 우리는 실제로 공동체를 환영하는가?

우리의 가사들은 폭넓은 관점을 반영하고 있는가?

우리는 다른 음악 언어로 말하는 이들을 환영하는가?

그러나 만일 우리가 이러한 일을 한다면, 정말로 좋은 음악을 들을 시간은 없을 것이다. 그러나 좋은 음악이라는 것은 부분적으로 우리가 말하는 좋은 음악이 무엇이고, 좋은 음악을 판단할 때 우리가 사용하는 기준은 무엇이고, 우리가 열망하는 덕은 무엇인지에 대한 문제이다. 어떤 면에서 모든 작곡(과 음악 작업)은 일련의 제약들을 받으면서 온전하고 창의적인 작품을 만들어 내는 능력이다. 오르간 스톱 표(organ stop list)는 일련의 제약들이다.

당신의 공동체가 사용하는 예전 형식도 마찬가지다. 당신 교회의 음악적 기량도 마찬가지다. 현대적 예배 밴드가 인도하는 예배 음악에서 성취의 절정을 궁극적으로 평가하는 한 가지 방법은 20만 달러짜리 음악 장비로 얼마나 부드럽고 강력한 소리가 만들어질 수 있는지, 또는 12명의 악기 연주가들이 음악 차트를 얼마나 매끄럽게 즉흥적으로 연주할 수 있는지, 또는 밴드가 만들 수 있는 새로운 기타와 타악기 리프의 조합이 얼마나 강렬한지를 보는 것일 수 있다.

오르간 연주자가 인도하는 예배 음악에서 성취의 절정을 궁극적으로 평가하는 한 가지 방법은 오르간 연주자와 건축가가 새로운 기계를 설치하기 위한 2백만 달러의 예산으로 무엇을 할 수 있는지를 보는 것일 수 있다.

또 다른 방법은 오르간 연주자가 미국 오르간연주자협회(American Guild of Organists) 대회에서 특별연주를 얼마나 잘 할 수 있는가를 보는 것일 수 있다. 그러나 더 중요한 평가 방법은 예배 밴드나 오르간 연주자가 얼마나 효율적으로, 성실하게, 빈틈없이 신자들로 노래를 함께 잘 부를 수 있도록 하는지를 보는 것이다. 이 방법은 인지되고, 칭찬받고, 주장되고, 인정받아야 할 필요가 있다. 예배에서 음악은 근본적으로 개인의 선택이나 참여, 선호에 대한 것이 아니라 회중 전체에 대한 것이다.

그리고 많은 사람은 이 추론에서 한 걸음 더 나아가 예배에서 음악은 각 교회에 대한 것일 뿐 아니라 그리스도의 몸 전체, 보편적 교회 전체에 대한 것이라고 주장할 것이다. 디트리히 본회퍼는 이러한 보편적인 충동(catholic impulse)을 분석한다.

> 함께 노래할 때 들리는 것은 교회의 목소리이다. 당신이 노래하는 것이 아니다. 교회가 노래하고 있다. 그리고 당신은 교회의 한 구성원으로서 그 노래를 공유할 수도 있다. 따라서, 모두가 함께 부르는 노래는…. 우리의 영적인 지평을 넓히고, 우리의 적은 무리를 이 땅에 있는 위대한 기독교 교회의 구성원으로 볼 수 있도록 돕는다. 그리고 미약하든 좋든 간에 우리의 노래를 교회의 노래에 기꺼이 결합하도록 돕는다.[18]

개인의 선택과 선호를 찬양하는 문화에서 이러한 비전은 음악을 새로운 방식으로 경험하도록 우리를 초대한다.

이 비전은 "나는 그 음악을 좋아했나?"가 아니라, "그 음악은 다른 시간과 장소에 있는 그리스도인들과 함께 하고 있다는 강력한 느낌을 나에

---

[18] Dietrich Bonnöffer, *Life Together* (London: SCM Press, 1949), 51.

게 주었는가?"라는 질문을 하도록 우리를 초대한다.

4) 심미적 태도에 대한 질문: 우리는 '심미적인 덕'에 대한 풍성한 이해를 발전시키고 실천하려는 상상력과 끈기를 가지고 있는가?

교회에서 음악에 대한 대부분의 대화는 음악 자체에 초점을 맞춘다. 즉 음악이 적절한지, 믿을만 한지, 잘 만들어졌는지, 잘 선택되었는지, 흥미로운지에 대해 이야기한다. 이러한 관심들은 중요하지만, 불완전하다. 우리가 기독교 공동체 안에서 함양하고 용인하는 예술에 대한 태도들도 동일하게 중요하다. 프랭크 버치 브라운(Frank Burch Brown)은 『종교적 미학』(*Religious Aesthetics*)에서 덕들(virtues)처럼 교회 안에서 존속하는 예술에 대한 네 가지의 독특한 태도상의 문제들을 식별한다. 그것들을 '심미적인 죄'라고 부르자.

첫째, 탐미주의자들이 있다.
'그들의 최고의 목표는 하나님을 영화롭게 하고 즐거워하는 것이 아니라 창조물의 심미적인 기쁨을 영화롭게 하는 것이다.'
탐미주의자는 교회에서 바흐를 제대로 듣는 것은 좋아하지만, 그 음악이 예전적인 행위를 가능하게 하는지에 대해선 전혀 개의치 않을 수 있다. 아니면 하나님께 대한 감사보다 사운드 시스템에 대한 전문가에 가까운 현대 음악의 팬일 수 있다.

둘째, 실리주의자(Philistine)가 있다.

실리주의자는 '실제적이거나 도덕적, 특히 종교적인 용어들로 번역될 수 없는 예술적이고 심미적인 것들을 높이 평가하거나 개인적으로 인정하지 않는다.'

버치 브라운이 말하듯이 이것은 앨리스 워커(Alice Waker)의 『컬러 퍼플』(The Color Purple)에서 셔그(Shug)가 셀리(Celie)에게 말하는 장면에서 드러나는 죄이다.

"나는 네가 들판 어딘가에서 보라색(컬러 퍼플)을 지나치면서 그것을 알아차리지 못하는 것은 하나님을 열 받게 하는 일이라고 생각해."

실리주의자는 하나님이 주신 창조할 수 있는 능력을 드러내는데 에너지 쏟기를 거부하거나 다른 사람들의 창의적인 작품들을 인정하지 않는 사람이다. 실리주의자는 음악을 상품처럼, 단지 사람들을 끌어들이거나 이익을 증대시키는 도구로써 사용하는 사람이다(심지어는 음악가일 수도 있다).

셋째, 편협한(Intolerant) 사람이 있다.

편협한 사람은 "심미적인 평가 기준을 분명하게 알고 있지만, 자기 자신의 기준을 절대적인 수준으로 올린다. 버치 브라운이 말하듯이 이것은 교만과 동등한 심미적인 죄로… 인간 관계들을 단절시키고 다른 사람들의 자유와 진실성, 개성을 침해한다." 이것은 교회에서 다른 음악적 스타일에 대한 비평이 자신이 선호하는 음악적 스타일에도 동일하게 적용된다는 사실을 깨닫지 못한 사람들의 죄이다. 이것은 좋아하지 않는 음악을 희화화하는 사람들의 죄이다.

넷째, 분별없는(*Indiscriminate*) 사람이 있다.

분별없는 사람은 '모든 심미적인 현상을 분별력 없이 [받아들이는]…. 극단적인 심미적 상대주의'를 포용한다. 분별없는 사람들은 '그들 자신의 경험에서 상대적으로 지속적인 가치가 있는 것과 단순히 피상적으로 매력적인 것을 구별하지 못하는' 이들이다.[19] 분별없는 사람은 우리 교회에 있는 자신이 좋아하지 않는 찬양곡이나 합창곡을 절대로 듣지 않는 자거나 단순히 모든 사람의 기분을 맞춰주길 원하거나 어떤 음악은 실제로 열등하다는 사실을 절대로 인정하지 않는 음악 사역자다.

버치 브라운의 사고방식은 놀라운데, 부분적으로는 (기독교 전통에서 오랜 역사를 지니고 있는 도덕적 및 심미적 범주들의 결합을 환기해 주는) **도덕적 범주**들 안에서 심미적인 경험들에 대해 말하고 있기 때문이다. 그러한 범주들은 우리가 알아차리지 못하곤 하는 복잡한 것들에 이름들을 붙이기 때문에 유익하다. 교회 안에서 많은 에너지는 네 가지 전부가 아니라 한 가지 형태의 심미적인 죄에 대항하는 데 사용된다.

따라서, 어떤 음악가들은 실리주의와만 싸우길 원하면서, 그들 인생의 사명은 형편없는 심미적인 감수성을 계속해서 공격하는 것으로 생각한다. 마찬가지로 일부 목사들은 편협성에 대항하는 일에, 특히 교회 안에 있는 두 개의 경쟁 그룹들이 이러한 악을 똑같이 구현하는 것처럼 보일 때 많은 에너지를 사용한다. 탐미주의로 심미주의와 싸우고, 부분별로 편협성과

---

[19] Frank Burch Brown, Religious Aesthetics: *A Theological Study of Making and Meaning* (Princeton: Princeton University Press, 1989), 152-54.

싸우라는 유혹은 대부분의 공동체 안에 계속해서 남아 있다.

버치 브라운의 비전은 편협성, 탐미주의, 무분별, 실리주의를 교회들에서 뿐 아니라 우리 자신들 안에서 동시에 낮추도록 노력하라고 우리를 도전한다. 우리가 드려야 하는 고백 기도들은 서로 다르다. 어떤 사람들은 무분별의 죄를 극복하고자 노력해야 하고, 다른 이들은 편협성의 죄를 놓고 노력해야 한다. 이러한 악들은 우리 개개인의 영혼과 교회들 안에 거한다. 우리는 네 가지 모두를 동시적으로 인식하고 극복해야 한다.

긍정적인 면은 그러한 악들은 상응하는 덕들을 암시하고 있다는 점이다. 예전의 심미적 덕이 일어나는 순간들이 있다. 아마도 어떤 음악 사역자는 자신이 좋아하지 않는 스타일의 음악을 기꺼이 받아들이겠지만 동시에 그 음악을 열렬히 지지하는 사람들이 분별력을 갖도록 도울 수 있을 것이다. 아마도 어떤 사람은 자기 자신이 하는 것보다 자신의 기도를 더욱 잘 전달하는 성가나 시편, 찬송을 발견했다는 기쁨을 표현할 수 있다.

또 다른 경우, 당신 교회에 있는 어떤 사람이 기침 감기에 걸렸을 수 있다. 그 사람은 노래를 부를 수 없기 때문에 자기 주위에 있는 사람들이 함께 노래하는 소리를 처음으로 듣게 될 것이다. 그리고 이러한 평범한 표현에 의해 감동받을 것이다.

그러나 어떤 사람은 가사를 노래하면서 표현되는 생각의 능력에 의해 감동받을 것이다. 그래서 그 가사를 자신의 이메일 서명의 일부로서 인용할 것이다. 또 다른 경우, 당신 교회의 신자들은 상상도 할 수 없는 일을 해낼지도 모른다. 그들은 깊은 묵상의 기도문을 부드럽지만 힘 있게 노래할 것이다. 많은 음악적 스타일에서, 이러한 경우들은 찬양해야 하는 고결한 순간들이다.

5) 문화적 질문: 우리는 예배가 어떻게 동시에 초문화적이고, 상황적이고, 반문화적이고, 다문화적인지를 설명할 수 있는 예배와 음악, 문화에 대한 충분히 복잡한 이해를 갖고 있는가

제2차 바티칸 공의회가 20세기의 기독교 예배에 끼친 공헌 중 하나는 예전적 표현이 지역 교회의 특정한 문화적 상황을 반영해야 한다는 주장이었다. 이 주장은 예배적 상황이 "교회를 세우기 위해 각 나라와 시대의 관습에 다양한 방식으로 맞춰져야" 한다는 존 칼빈의 충고를 상기시킨다. 우리에게는 구원에 있어서 필요하지 않은 명시적인 성경의 가르침이 부족하기 때문이다.[20]

제2차 바티칸 공의회 이후에 일부 핵심적인 예전학자들은 상황화, 토착화, 문화화로 다양하게 칭해지는 이 순응이 어떻게 가장 잘 일어날 수 있는지를 알아내고자 노력했다. 많은 교회 전통은 문화의 다원성에 대한 포스트모더니즘의 관심에 부분적으로 자극을 받은 이 프로젝트에 열정적으로 착수했다.

로마 가톨릭교회는 자이르(Zaire)를 위한 많이-논의된 '토착 예식'을 만들었다. 개신교들은 아프리카, 남아메리카, 동남아에서 토착화된 노래들이 만들어지도록 열심히 장려했다. 그리고 많은 전통은 세계 교회의 예전들에 크게 기여한 문화적 표현들의 수많은 다양성에 대해 연구하고 있다.[21]

---

[20] John Calvin, *Institutes of the Christian Religion*, ed. John T. McNeill (Philadelphia: Westminster, 1960), 4.10.30.
[21] 예를 들어, Anscar J. Chupungco, *Liturgies of the Future: The Process and Methos of Incul-*

의미 있게도, 문화화를 향한 최근의 동향은 토착화된 표현 형태를 촉진할 뿐 아니라 제한했다. 그 동향은 기독교 예배의 역사적인 구조를 보완하는 한에 있어서 토착화된 형태들을 장려했다. 일반적으로 말해, 이 동향은 기독교 예배가 문화적 환경으로부터 자연스럽게 나와야 하지만, 기독교 신앙의 핵심 교리에 반하는 문화의 양면들은 비평해야 한다고 주장한다. 그 동향은 예배가 '문화에 무조건적으로 항복'하는 것과 '문화에 관심을 보이지 않은 것' 모두를 피해야 한다고 주장해왔다.[22]

이러한 동향을 심사숙고해서 나온 성명서 중 하나가 바로 "예배와 문화에 대한 나이로비 선언(Nairobi Statement on Worship and Culture)이다. 나이로비 선언은 세계루터교연맹(Lutheran World Federation)에 의해 만들어졌다. 이 선언은 건강한 교회들은 자의식적으로 초문화적, 상황적, 반문화적, 다문화적인 예배를 드려야 한다고 주장한다.[23]

첫째, 모든 기독교 예배는 기독교 복음과 기독교 예전의 보편적인 차원들을 받아들이는 **초문화적인 것**이 되어야 한다.

따라서, 모든 예배는 말씀의 중심적인 역할, 예수의 이름으로 드려지는 솔직한 기도들, 그리스도의 완전한 복음의 선포, 세례와 주의 만찬의 다채로운 거행을 특징으로 삼아야 한다. 우리는 이에 부응하여 기독교 예전의 타협할 수 없고 보편적인 요소들을 구현하지 않는 예배 형태들을

---

turation (NY: Paulist, 1989)과 *So We Believe, So We Pray: Toward Koinonia in Worship*, ed. Thomas F. Best and Dagmar Heller (Geneva: WCC, 1995)를 보라.

[22] Kenneth Smith, "Liturgical Reform in a Cultural Perspective," *Worship* 50, no. 2 (March, 1976), 98.

[23] 이 선언문의 요약은 Gordon Lathrop, *Holy People: A Liturgical Ecclesiology* (Minneapolis MN: Fortress, 1999), 233-36에 실려 있다.

애통해해야 한다.

둘째, 모든 기독교 예배는 주변 문화의 독특한 특징을 반영하고, 그 문화에 직접적으로 말하고, 그 문화의 사람들로부터 자연스럽게 발생되는 **상황적인 것**이 되어야 한다.

예배의 초문화적인 요소들이 실행될 때, 그 요소들은 지역 교회들이 깊고 풍성한 방식들로 예배할 수 있게 하는 수사, 의상, 몸짓, 태도, 상징의 형태들과 함께 자국어로 실행될 것이다. 우리는 이에 부응하여 실체 없게 느껴지는 예배, 즉 한 공동체 안에서 호흡하며 살고 일하는 사람들의 실제 생활로부터 단절된 것처럼 보이는 예배를 애통해해야 한다.

셋째, 모든 기독교 예배는 복음-중심적인 깊은 찬양을 훼손시키는 문화의 양면들에 저항하는 **반문화적인 것**이 되어야 한다.

기술이나 물질적인 풍요, 끊임없는 소음이나 개인주의가 공동체의 진정한 신앙을 약화시키려고 위협할 때, 예배 형태들은 이러한 문화적 특성들을 구현하기보다는 반대해야 한다. 우리는 이에 부응하여 문화와 함께 오는 모든 것들에 무턱대고 세례를 베푸는 예배를 애통해해야 한다.

넷째, 모든 기독교 예배는 한 공동체가 다른 시대와 장소의 그리스도인들에게서 선물로 받은 요소들과 기도들, 음악을 통합하는 **다문화적인 것**이 되어야 한다.

민족적으로 동질적인 교회들조차도 음악적으로 **다중 언어적**이고 다양한 문화들의 노래와 찬송가를 부르고자 노력할 때, 음악은 다문화적이 된다.

우리는 이에 부응하여 어떤 교회는 그리스도의 몸의 다른 지체를 필요로 하지 않는다는 인상을 주는 배타적인 예배를 애통해해야 한다.

심미적인 죄와 덕에 관한 버치 브라운의 연구와 마찬가지로 '예배와 문화에 대한 나이로비 선언'은 동시에 함양되어야 하는 네 가지 덕들을 주장한다. 여기에 암시적인 이런저런 미사여구의 지배를 받지 않는 문화화의 이론이 있다. 상당히 효율적으로 이 문서는 음악과 문화의 올바른 관계에 대한 우리의 사고를 적당히 복잡하게 만든다.

여기서 다시 각각의 기독교 리더와 공동체는 각기 다른 고백 기도가 필요하다. 우리 중 일부는 우리의 제국주의를, 일부는 우리의 문화적 삭제(cultural retrenchment)를, 일부는 우리의 문화적 요소들의 무분별한 사용을 고백할 필요가 있다.

많은 교회의 논의들에서 예배와 문화에 대한 논의는 놀라울 정도로 지나치게 단순하다. 대부분의 교회와 그들의 리더들은 다른 무엇보다 위의 네 개의 형용사 중 하나에 대해서 더욱 흥분한다. 어떤 교회에서 한 그룹은 파이프 오르간이 시대에 뒤져있기 때문에 잠가 두어야 한다고 주장하고, 다른 그룹은 파이프 오르간은 반문화적이기 때문에 필요하다고 주장한다. 또 다른 교회에서는 예배는 지역 문화를 반드시 반영해야 한다는 생각에, 예배로의 부름을 뮤직비디오로 제작한다고 매해 20만 달러의 예산을 더한다.

음악 사역자들이 이러한 문제들에 대해 계속해서 균형을 맞추려고 노력하는 교회들의 음악을 상상해 보라!

상황성(contextuality)을 매우 중요하게 여겨 활력이 넘치는 새로운 발라드에 공을 들이고 있던 예배 밴드는 시끄럽고 기계화된 음악에 대한 반문화적인 항의로서 테제 반복구에도 공을 들일 수 있다.

6) 경제적 질문: 우리는 사회 경제적 계층에 따른 기독교 교회의 심각한 분열을 극복하려는 상상력과 끈기를 가지고 있는가

마지막으로 우리는 쉬운 답들을 받아들이지 않고 거의 모든 공동체들에 공동체적인 실천을 재고하도록 도전하는 아주 곤란한 질문에 도달한다. 지난 세대에 교회는 피부색, 인종, 민족, 성이라는 장벽들을 없애기 위해 노력해왔다. 그러나 사회 경제적 계층에 대해선 잘 해내지 못했다. 사회 경제적 계층은 가장 심각한 분열이 될 수 있다.

우리가 직면한 질문은 간단히 말해 다음과 같다.

돈을 벌고 쓰는데 매우 집착하는 문화에서, 우리는 어떻게 하나님을 잘 예배하기 위해서 수십만 달러가 필요하다는 생각을 조장하지 않으면서 탁월한 예배 음악을 장려할 수 있을까?

우리는 어떻게 대성당이나 (자유교회 개신교의 대성당인) 대형 교회의 예배가 대성당에서 여덟 구역 떨어져 있거나 대형 교회에서 멀지 않은 작은 교회에서 드려지는 예배보다 더 좋다는 것을 암시하지 않으면서 대성당이나 대형 교회에서 가능한 음악의 선물을 그들이 가진 모든 자원과 함께 기뻐할 수 있을까?

1853년에 『프레스비테리언 매거진』(*Presbyterian Magazine*)은 "풍성함과 아름다움에서 비견할 수가 없는 종탑, 독창적인 디자인과 고상한 기술로 만들어진 최상의 샹들리에로 밝혀지는 내부, 비슷한 것 중에서 가장 많이 비싸고 창의적인 회랑"을 가진 신시내티의 새로운 제칠장로교회의 장점을 극찬했다. 이러한 고급스러운 표현은 모두 사실일지도 모른다.

그러나 그 표현이 주는 느낌은 매우 걱정스럽다. 우리는 다음 세기의 그리스도인들이 인터넷에 보관된 오늘날의 대형 교회들이나 대성당들이나 높은-첨탑 캠퍼스들에 대한 신문의 표제들을 어떻게 읽을 것인지 궁금해야 한다.

물론, 이러한 귀찮은 경제적 질문들은 완전히 실리주의적인 방식으로 잘못 사용될 수 있다. 하나님을 섬기는 일에 큰 비용을 들여 자원들을 사용하는 것이 나쁜 것은 아니다. 나쁜 것은 하나님을 진정으로 예배하기 위해서는 큰 비용이 든다는 끊임없는 암시다.

우리 예배의 경제적인 함의에 대한 사려 깊은 고찰은 교회들을 매우 다른 전략들을 취하도록 할 수 있다.

만일 우리의 대성당과 대형 교회들이 기독교의 단순성을 입증하는 시간을 위해 오케스트라와 사운드 시스템, 오르간을 한쪽으로 치워놓고 축제를 주관한다면 어떻게 되겠는가?

음악적 자원을 위해 많은 자금이 분배되는 것과 함께 매우 적은 자원을 가지고 있는 공동체들에도 동일하게 많은 자금이 분배된다면 어떻게 되겠는가?

만일 우리가 도심의 큰 교회들과 교회와 관련된 대학교들의 직원들이 시골에 있는 작은 교회들에서 열리는 예배 컨퍼런스에 참석해 거대함과 복잡함보다는 작음과 단순함의 덕들에 관해 배우길 간절히 원하는 교회 문화를 만든다면 어떻게 되겠는가?

4. 다양한 주제들과 교회의 실천들

언뜻 보기에 위의 여섯 가지 질문들과 그 질문들이 제안하는 기준들이 아주 터무니없게 들릴 수도 있다.

지역 교회에 있는 어떤 음악 사역자가 음악적, 심미적, 예전적, 신학적, 경제적, 목회적 진실성(integrity)을 동시에 조성할 수 있는 시간이 있는가?

우리가 위의 것들과 같은 기준들에 대해 너무 낙관적이지 말아야 한다는 것은 사실이다. 촉진하기 위해 만들어진 그 기준들에 대한 사려 깊은 담론의 작은 배는 예배 음악의 세계를 지배하는 공격적인 마케팅과 개인적인 취향의 해일에 의해 쉽게 삼켜진다. 많은 교회에서 음악에 영향을 끼치는 가장 중요한 힘은 전통적인 관습을 고수하려는 집요한 노력, 아니면 정반대로 새로운 음악 양식의 최첨단에 머물고자 하는 강력한 욕망이다. 음악의 기능에 대해 좀 더 깊이 생각하는 것에는 거의 관심을 기울이지 않는 것 같다.

동시에 이러한 질문들은 여전히 유용하다고 증명될지도 모른다. 우선 그 질문들은 우리가 음악에 대해 더 좋은 대화를 할 수 있도록 돕는다. 그 질문들은 지나치게 단순화한 주장들을 감지하거나 피하도록 돕는다. 만일 우리가 새로운 유명한 음악이 어떻게 다음 주에 우리 교인들에게 더 솔직하게 기도할 수 있게 해줄지 알지 못한다면, 우리가 그 음악에 사로잡힐 가능성은 줄어든다.

만일 우리가 교회와 문화의 관계가 얼마나 복잡한지를 알게 되면, 우리가 지나치게 단순화된 문화적 주장을 받아들일 가능성은 줄어든다. 음악적 진실성을 위한 우리의 노력은 우리가 목표로 하는 심미적 및 예전적인 덕들에 대해 보다 분명하게 이해할 때 더욱 풍성한 열매를 맺을 것이다.

이러한 질문들을 묻는 것은 또한 당신 교회의 음악에 분명한 차이를 가져올 수 있다. 하나님의 임재를 중재하는 음악의 역할에 대해 신학적인 질문을 하는 것은 예배 인도자가 노래를 소개하는 방법에 변화를 가져올 수 있다.

예배의 예전적인 기능에 대해 질문을 하는 것은 음악 사역자들이 단순히 모든 사람을 기쁘게 하려고 노력하기보다는 예배를 위해 매우 다른 음악을 선택하도록 이끌 수 있다. 문화에 대해 질문하는 것은 음악 사역자들이 다음 주 일요일을 위해 상황적인 측면과 반문화적인 측면의 균형이 잘 잡힌 음악을 선택하도록 이끌 수 있다.

그러나 사운드, 실제적인 변화들을 피할 수는 없다. 그러한 식별 가능한 변화들은 한 가지를 더 요구하는데, 그것은 여섯 질문 각각에 나타나는 하나의 단어로 표시된다. 바로 상상력이라는 단어이다. 교회들에서 우리의 음악 생활을 궁극적으로 제약하는 것은 돈의 부족, 그 주제에 관한 책이나 논문의 부족, 우리를 도와줄 컨설턴트들의 부족이 아니다. 우리를 궁극적으로 제약하는 것은 상상력의 부족이다.

우리에게는 음악과 관련한 우리의 전쟁 같은 대화의 표현 아래에서 실제로 진행되고 있는 일이 무엇인지를 볼 수 있는 상상력이 필요하다. 우리는 매주 실행되는 예배 음악이 다양한 심미적, 문화적 덕들과 악들을 어떻게 구현하고 있는지 볼 수 있는 상상력이 필요하다.

동시에 우리에게는 어떻게 우리의 음악이 보다 이해하기 쉬우면서 확실하고, 보다 적절하면서 심오하게 실행될 수 있는지를 인식할 수 있는 상상력이 필요하다. 지식과 사랑으로 만들어지는 이러한 유형의 상상력은 우리 모두가 '지극히 선한 것을 분별'할 수 있도록 할 것이다.

제5장

신앙의 여정

오늘날 기독교 입회의 실제

루스 A. 마이어스(Ruth A. Meyers)

잭은 부활 성야(Easter vigil) 때 세례를 받았다. 회중은 어두컴컴한 부활절 이른 아침에 모였다. 불을 켜고 양초에 불을 붙였다. 깜박거리는 촛불 속에서 성가대의 선창자가 **엑술테트**(*Exultet*)를 불렀다. 엑술테트는 '바로 이 밤이다' – 이 밤에 이스라엘 자손은 이집트의 속박에서 풀려났고, 이 밤에 그리스도께서 죽음과 지옥의 굴레를 깨뜨리셨다. – 를 외치며 하나님의 승리를 기뻐하고 찬양하는 고대의 찬송가다. 회중은 천지창조, 홍해에서 구원받은 이스라엘, 새 마음과 새 영에 대한 하나님의 약속, 마른 뼈의 계곡, 하나님 백성의 모임에 대한 익숙한 이야기들을 들었다. 그 후 잭의 부모와 대부모가 잭을 소개했다.

그들은 잭을 그리스도인으로 키우겠다고 약속했고, 잭을 대신해서 사탄과 의절하고 그리스도를 따르겠다고 약속했다. 회중이 사도신경으로 신앙을 고백하면서 자신들이 세례를 받을 때 했던 약속을 재확인했다. 집전자가 물을 위해 기도했다. 드디어 잭의 옷이 벗겨졌고 물을 담은 통으로 완전히 잠기어졌다. 새 생명의 물로 깨끗이 씻기어졌다. 그의 머리에 향유가 발리고 십자가 성호가 그어졌다.

한 사역자가 양초에 불을 붙여 잭과 그의 가족에게 주면서 매해 잭의 세례 기념일에 동일한 양초에 불을 붙이고 그 부활절 아침의 이야기를 잭에게 들려주라고 했다. 마지막으로 빵과 포도주가 준비된 식탁 주위로 회중이 모였다. 대 감사기도를 드린 후에 잭은 회중과 함께 거룩한 음식과 음료를 받았다.

최근에 성공회교회에서 열렸던 세례식이다. 그러나 이러한 세례식은 캐나다성공회(Anglican Church in Canada), 미국 복음주의 루터교회(Evangelical Lutheran Church in America), 캐나다 복음주의 루터교회(Evangelical Lutheran Church in Canada), 미국 장로교회(Presbyterian Church USA), 캐나다연합교회(United Church of Canada), 그리스도연합교회(United Church of Christ), 연합감리교회(United Methodist Church)와 같은 북미 교단들에 소속된 교회들에서도 열릴 수 있다.[1]

---

[1] *The Book of Alternative Services* of the Anglican Church of Canada (Toronto: Anglican Book Centre, 1985), 150-64, 321-32; *Lutheran Book of Worship* (Minneapolis MN: Augsburg, 1978), 121-25; *Lutheran Book of Worship: Ministers Desk Edition* (Minneapolis MN: Augsburg, 1978), 143-53; *Book of Common Worship,* prepared for the Presbyterian Church USA and the Cumberland Presbyterian Church (Louisville: Westminster/John Knox, 1993), 294-314, 403-29; *Book of Worship* (NY: United Church of Christ Office for Church Life

지난 25년 동안에 이러한 주류 개신교 교회들의 공식적인 예배서에 주목할 만한 에큐메니즘적인 수렴이 일어났다. 일화적 증거는 각 교단 내에서뿐 아니라 교단들 사이에서 예식들이 매우 다양해지고 있음을 제시한다. 그럼에도 불구하고, 가장 최근에 출간된 예배서들은 기독교 입회, 즉 한 개인이 그리스도의 몸의 지체, 그리스도인이 되는 과정에 대한 이해와 실천이 크게 변화되고 있다고 보여 준다.

기독교 역사에서 세례를 거행하는 것은 한 사람을 그리스도인으로 만드는 주된 의식이었다. 때로는 아버지와 아들과 성령의 이름이나 그리스도의 이름으로 단순하게 거행되었고, 때로는 잭의 경우처럼 부활 성야에 많은 공을 들여 거행했다. 그러나 그리스도인이 된다는 것은 하나의 의식보다 훨씬 더 많은 것을 포함한다. 신자들이 세례를 받을 때, 대개 회심과 형성이 세례에 선행한다.

그리고 한 사람이 신앙고백 위에서 세례를 받든지 아니면 유아로서 받든지 상관없이 지속적인 형성과 제자도의 기간이 뒤따른다(아니면 뒤따라야 한다). 다양한 예식들이 세례 전의 기간뿐 아니라 세례 후 재확인의 경우를 표시할 수도 있다.

20세기 초까지 많은 개신교 교회들은 비슷한 패턴들의 기독교 입회를 발전시켰다. 물론, 패턴들의 의례적 표현은 매우 다양했다. 출생을 표시하는 유아세례나 많은 신자 세례 전통들의 헌아식(infant dedication)은 아동기

---

and Leadership, 1986); *The United Methodist Book of Worship* (Nashville: United Methodist Publishing House, 1992), 86-114, 368-76; Hoyt L. Hickman, Don E. Saliers, Laurence Hull Stookey, and James F. White, *The New Handbook of the Christian Year* (Nashville: Abingdon, 1992), 191-201.

의 기독교 형성으로 이어졌다. 그리고 아동기의 기독교 형성은 신앙의 개인적 확인 의식인 견진 (또는 입교의식), 그리고 첫 성찬식, 아니면 신자세례로 연결된다. 부흥 운동과 이후의 오순절운동의 영향을 받은 많은 개신교도에게 이러한 의식들은 개인의 회심 경험이나 '성령세례'에 비하면 부차적인 것들이었다.[2]

20세기 말 무렵에 이러한 예식들이 크게 바뀌었다. 예전 운동과 예전 운동에 의해 자극받아 활발해진 예전학과 에큐메니즘은 현대 북미의 예전서들의 입회 예식들에서 발견되는 에큐메니즘적인 수렴에 영향을 끼쳤다. 더욱이 현대 북미에서 나타난 탈-크리스텐덤 환경은 기독교 신앙과 삶에 대한 새로운 사고방식과 기독교 신앙과 삶으로의 입회를 의례적으로 만드는 것에 대한 새로운 사고방식들을 요구했다. 이러한 에큐메니즘적인 수렴에 현저하게 영향을 끼친 것들은 성공회의 1979년판 『공동기도서』(Book of Common Prayer)와 로마 가톨릭교회의 '어른 입교 예식'이었다.

1. 1979년 판 『공동기도서』의 세례

성공회가 탈-크리스텐덤 세계를 위한 세례 예식을 앞장서서 개발했던 것은 아니다. 그렇다고 예전 학자들이 기독교 입회 예식을 개정하는 최선의 방법에 대한 에큐메니즘적인 합의에 도달했던 것도 아니다. 그러나 대

---

[2] Laurence Hull Stookey, *Baptism: Christ's Act in the Church* (Nashville: Abingdon, 1982), 129-30.

니얼 스티빅(Daniel Stevick)이 지적하듯이, 1979년 판 『공동기도서』의 개정을 위한 계획표는 개정 과정에 있던 다른 교회들을 약간 앞지르도록 했다. 그리고 그 결과로 나온 예식은 영향력이 있다는 것을 입증했다.[3]

1979년 판 성공회 세례 예식에서 가장 중요한 특징은 공공성(public nature)이다.

> 거룩한 세례는 가급적 주일이나 다른 축일에 성찬과 함께 가장 중요한 의식으로 베푸는 것이 적절하다.[4]

이 지시문에 의해 그려진 세례들은 내가 기억하는 어린 시절의 세례들과는 전혀 다르다. 1960년대 초에 내 사촌 동생이, 그 후 약 10년 뒤에 막내 남동생이 세례를 받았다. 그들의 세례를 생각할 때 기억에 가장 크게 남는 것은 일요일 오후 거의 텅 빈 예배당에 직계 가족만 모여 있었다는 것이다. 유아에게 세례를 베푸는 성공회와 여러 교회에서 이것은 오래되고 일반적인 관습이었다. 예배에서 모든 신자의 능동적인 참여를 강조했던 20세기 중반의 예전 운동과 함께 기본적으로 사적인 세례(private baptism)의 관행은 갈수록 더욱 도전을 받았다.

1979년 판 예식이 도입되었을 때쯤에는 앞에서 묘사한 책의 세례에서처럼 회중이 모인 일요일 대예배에서 세례를 공적으로 행하는 것에 대한

---

[3] Daniel B. Stevick, *Baptismal Moments, Baptismal Meanings* (NY: Church Hymnal Corporation, 1987)m, xv.
[4] *The Book of Common Prayer* (NY: Church Hymnal Corporation, 1979), 298; 이후로 *BCP 1979*로 표시한다.

반감이 거의 없었다. 그리고 지금은 그렇게 세례를 행하는 것이 성공회에서 일반화되었다.

그러나 여기에는 그리스도의 몸이 있는 곳에서 새로운 구성원들에게 세례를 베풀어 그들을 몸으로 연합시키는 그 이상이 포함된다. 회중은 그리스도 안에서 세례를 받는 사람들을 돕겠다고 약속한다. 성인 후보자들과 그들의 후원자들이 (질문형식의 사도신경과 그리스도인의 헌신에 대한 추가 질문들을 포함하는) '세례 언약'에 응답할 때 함께 한다. 그리고 공식적인 환영의 말과 평화의 인사로 새로이 세례를 받은 이들을 환영한다. 이러한 모든 행동은 세례가 직접 교회를 형성하고 후보자들은 살아있는 몸으로 연합한다는 사실을 강조한다. 이에 더해 새로운 그리스도인들의 세례에 참여할 때 참석한 모든 이들은 그들 자신의 세례 약속을 갱신하는 기회를 얻는다. 다른 사람의 세례를 목격하면서 그리스도인들은 그들 자신의 세례를 기억한다. 그리고 세례 언약의 질문에 응답하면서 예배자들은 기독교 신앙과 삶에 관한 그들 자신의 약속을 지킬 것을 단언한다.

성찬과의 관계도 중요하다. 이전의 '성공회 기도서'는 견진을 받기 전까지는 누구도 성찬에 참여할 수 없다고 명시했다.[5] 사실 이 조항은 성찬을 받기 위해서는 신앙 형성과 개인적인 신앙고백이 필요했다. 견진을 위해 요구되었기 때문이다. 1979년 '판 공동기도서'는 견진을 위한 요구 사항들을 삭제하여 유아를 포함한 세례 받은 모든 사람이 성찬을 받을 수 있는 길을 열었다.

---

[5] 아니면, 성공회에서 견진을 하도록 허용된 유일한 사역자인 주교로부터 쉽게 견진을 받을 수 없는 상황을 다루기 위해 "준비되고 갈망하는 마음이 확인되어야 한다"라는 조항이 추가되었다.

세례받은 모든 사람이 성찬을 받을 수 있게 한 현대 성공회의 관습을 초래한 몇 가지 요인이 있다.

첫째, 예전학자들은 세례를 견진과 첫 성찬으로부터 분리하는 것이 기독교의 첫 천 년 동안엔 서방교회의 관습이 아니었고, 동방교회의 관습인 적은 없었다는 점을 인정했다. 오히려 성찬 참여는 그리스도의 몸으로 들어오는 입회식의 절정이었다. 기독교 입회식에는 물세례, 물세례 이전과/또는 이후의 도유, 안수, 십자가 성호 긋기도 포함되었다.

둘째, 제2차 세계 대전 후에 번창했던 종교 교육 운동의 발달적 접근법에서 기원했다. 기독교 교육가들은 성찬의 상징적인 특징에 반응하는 아이들의 능력, 즉 발달적 능력이 추상적인 추론 능력보다 몇 년 앞선다는 사실을 인식하기 시작했다. 성찬식이 있던 어느 날이었다. 내 14살짜리 손자가 성찬기도 중에 하는 잔에 대한 대목("너희는 모두 이것을 마시라. 이것은 새 언약을 위한 나의 피다")을 듣고 나를 보며 말했다.
"저게 예수님의 피에요? 멋지네요!"
아이들이 비언어적 및 비합리적 수준에서 성찬의 의미를 이해할 수 있다면, 그들은 성찬을 받아야만 하고 그러한 경험을 깊이 생각하면 성찬에 대한 이해가 커질 수도 있다고 종교 교육가들이 주장했다.

셋째, 세례받은 모든 사람을 참여하도록 하는 성공회의 성찬 관습을 유도한 또 다른 중요한 요인은 예전 운동이었다. 예전 운동의 리더들은 성찬의 중요성을 강조했다. 일요일 대예배에서 성찬식을 행하는 것이 성공회

교회에서는 점점 더 일반화되어갔다. 성공회 교도들은 성찬이 기독교 공동체를 성장시키고 존재케 한다고 생각하기 시작했다.

그러한 상황에서 교회에 자양분을 제공하는 주요한 원천으로부터 아이들을 배제하는 것에 대해 의문을 갖게 되었다.

1979년 '판 공동기도서'는 유아가 세례를 받을 때 성찬을 받아야 한다는 것을 분명하게 지시하지 않는다. 그러나 그것을 금하지도 않고 첫 성찬을 받기 위한 다른 적절한 때나 전제 조건을 명시하지도 않는다. 성공회 총회는 1988년에 유아세례를 위해 부모와 대부모가 준비해야 하는 일에 대한 지침들을 승인했다. 이러한 지침들은 세례 시에 유아가 '(만약 젖을 떼지 않았으면 포도주 몇 방울을 주는 방식으로) 성찬을 받을 수도 있다'라고 명시한다.[6]

전체 성공회 내에서 관습들은 가지각색이다. 그러나 (세례를 받을 당시 4개월이었던) 잭과 같은 유아들이 세례를 받은 동일한 예식 속에서 성찬을 받는 것은 드문 일이 아니다. 성찬식에 유아들과 아주 어린아이들이 참여한다는 것은 그들도 그리스도의 몸, 즉 그리스도 예수 안에서 모든 사람이 하나인 공동체(갈 3:28)에서 정회원의 자격을 갖는다는 사실을 강조한다.

세례를 일요일이나 다른 주요 절기의 중요한 예식으로 성찬식을 할 때 거행하라는 요청에 더해 1979년 '판 공동기도서'는 네 절기, 즉 부활 성야, 성령강림절, 만성절(또는 만성절 후 일요일), 주현절 후 첫 일요일인 예수의 세례에 세례식을 거행하라고 제안한다.[7] 만성절을 제외한 이러한 절기

---

[6] *The Book of Occasional Services 1994* (NY: Church Hymnal Corporation, 1995), 161.

[7] BCP 1979, 312. 역시 주교가 참석할 때 세례를 거행하는 것이 권고된다.

들은 아무리 늦어도 4세기부터 여러 지역에서 세례식이 주로 거행되던 날들이었다. 그리고 20세기의 예전학은 이러한 절기들의 중요성에 주목했다. 그러나 이러한 날들을 세례 축일로 지정하는 이유는 단지 그 날들이 가진 역사적인 중요성 때문만은 아니다. 각 날은 세례가 갖는 의미의 중요한 측면 – 예수의 죽음과 부활과 세례받은 자의 예수 안에서의 죽음과 부활, 제자들과 교회와 세례받는 자를 위한 성령의 부으심, 모든 시간과 장소에서 성도와의 교제에 들어감, 공생애의 시작을 알린 예수의 세례에 참여 – 을 가리킨다. 이러한 의미들은 기독교 정체성에 매우 중요하다.

잭이 부활 성야에 세례를 받았을 때, 회중은 기독교 신앙에 대한 중요한 이야기들을 들었다. 잭이 성장하고 그의 부모가 그의 세례 이야기를 들려줄 때, 그는 자신이 누구인지를 상기하게 될 것이다. 그는 하나님의 자녀이고, 하나님의 형상으로 지어졌고, 죄의 속박에서 풀려났고, 그리스도의 죽음과 부활 안에서 그분과 연합되었고, 하나님과 함께하는 영생을 소망하며 살아가는 존재이다.

성경 내러티브와의 연결은 1979년 판 세례 예식의 기도문들과 예식 행위에서도 분명하게 나타난다. 물에 대한 감사기도는 창조 때 물 위로 운행하시는 성령(창 1:1), 홍해를 통과한 이스라엘의 여정(출 14-15장), 예수의 세례 등 구속사에서 물이 갖는 의의를 상기시킨다. 물의 사용에 관해 1979년 판 『공동기도서』는 사역자로 '후보자를 참수시키거나 후보자 위에 물을 붓도록' 지시하는데,[8] 이전의 텍스트들보다 침수방식에 우선권을 준다.

---

[8] *BCP 1979*, 307.

이전의 텍스트들은 "'후보자를' 조심스럽게 물에 살짝 담그거나… '후보자에게' 물을 부으라고" 지시했었다.[9] 성공회에서 침수 세례가 일반적이지는 않다. 그러나 많은 성직자는 오랫동안 널리 사용되던 손가락 끝에 물을 조금만 적시는 관습보다는 훨씬 더 많은 양의 물을 사용하면서 성경 내러티브에 나타나는 물의 이미지와 더욱 강하게 연결시킨다.

물세례 이후에 세례받은 사람에 손을 얹어 십자가 표시를 한다. 그리고 (선택적으로) 성유(전통적으로 발삼기름이나 다른 향유를 섞은 올리브기름)를 바른다. 성유를 축성하는 기도는 이 도유와 예수께서 성령을 기름 붓듯 받으신 것을 연결하고(행10:38) 그리스도의 왕 같은 제사장직에 참여한다는 것을 의미한다(벧전 2:9-10). 그리스도의 빛과 다른 사람들에게 우리의 빛을 비추라는 그리스도인의 소명을 나타내는(마 5:16) 양초가 세례를 받은 사람들에게 수여될 수도 있다.

이러한 텍스트들과 행위들이 사용되고 성찬과 함께 공적으로 실행된다는 기대를 하면서 1979년 판 『공동기도서』의 세례 예식은 그리스도의 죽음과 부활에 참여, 회심, 용서, 죄 씻음, 그리스도의 몸과의 연합, 성령의 선물을 받음, 새로운 탄생, 조명, 하나님의 통치 안으로 들어감, 선교와 사역을 위한 권능 부여라는 세례의 의미를 강조한다.

세례에 대한 이러한 이해들이 분명히 새롭지는 않다. 성경과 기독교 전통에 잘 정립되어 있다. 그러나 1979년 판 예식은 성공회가 오늘날 그리스도인들의 삶을 위한 이러한 중요한 의미들을 회복하고 되찾아 교회의

---

[9] Paul V. Marshall, *Prayer Book Parallels*, vol. 1, *Anglican Liturgy in America* (NY: Church Hymnal Corporation, 1989), 254-55.

세례적인 정체성을 새롭게 이해하도록 한다.

많은 북미 개신교 교회들의 세례 예식들에 대해서도 비슷하게 주장될 수 있다. 많은 교회는 일요일 대예배 때 공적 세례를 요구한다. 그리고 성찬으로 끝을 맺는 말씀과 성례 예식 속에서 세례를 거행하라고 권장한다. 그래서 일부 지역에서는 세례를 받고 나서 바로 성찬을 받는다.

이러한 예식 중에는 1979년 판 『공동기도서』의 구속사에 대한 내러티브가 포함된 기도문과 비슷한 물을 위한 기도를 포함한 것들이 많다. 물세례는 안수하기, 도유하기, 십자 표시하기, 불을 밝힌 양초 주기, 백의 입히기와 같은 다른 해석 행위들을 동반할 수도 있다. 개신교 교회들은 적어도 공식적인 문서에서는 의례 행위에 대한 종교개혁 운동 시대의 의심을 걷고 세례의 능력을 의례적으로 강하게 표현토록 허용하거나 심지어는 권장한다.

그러나 세례를 행하는 것보다 그리스도인이 되어가는 것이 더 중요하다. 개신교 교회들은 유아세례 후보자의 부모들과 대부모들을 준비시키는 일에 더 큰 관심을 기울이고 있다. 더욱이 전통적으로 유아세례를 실행해 왔던 많은 교회는 성인 세례후보자들의 증가를 목격하고 있다.

신자세례를 행하는 교회의 전통에서 성장하며 세례를 받지 않은 성인들도 있지만, 북미에서는 전에 교회를 다니지 않았거나 기독교 형성에 경험하지 못했던 성인들의 수가 늘고 있다. 그에 대한 반응으로, 몇몇 교회들은 세례를 받지 않은 성인들을 기독교 신앙으로 형성하고 연합시킬 수 있는 과정들과 예식들을 개발하고 있다. 이러한 것들은 대부분은 1970년대에 도입된 로마 가톨릭의 '어른 입교 예식'에 기초한다.

2. 어른 입교 예식

'어른 입교 예식'(Rite of Christian Initiation of Adults)은 기독교 공동체로 형성하고 연합시키는 확장된 과정을 가리키는 용어이다. 그 과정은 부활 성야에 세례, 견진, 첫 성찬으로 끝이 나는 다수의 의례들로 기념된다. 세례 이전 준비 기간인 '예비 신자 과정'(catechumenate)의 부활은 제2차 바티칸 공의회에서 1963년에 발표한 첫 번째 문서인 『거룩한 전례에 관한 헌장』(*The Constitution on the Sacred Liturgy*)에서 명령받았다. 그러나 어른 형성과 입교를 위한 과정의 필요성은 로마 가톨릭 선교사들이 극동과 아프리카, 서반구에 복음을 전하기 시작했던 적어도 16세기부터 분명해졌다.

선교사들은 중세후기 서방교회의 세례 예식이 기록된 전례서들을 갖고 갔다. 이 예식은 교회 입구에서 행하는 포기선언과 신앙고백, 입김(후보자 얼굴에 입김 불기), 구마, 십자 표시, 기도, 안수, 소금 주기로 시작했다. 어른 세례가 일반적이었던 4세기와 5세기에 이러한 의례들은 예비 신자 과정에 하나의 예식에서보다는 대개 일정 기간에 실행되었다.

유아세례가 중세 시대 동안에 일반화되면서 일련의 예식들은 점차 세례반에서 행하는 의례 바로 전에 교회 입구에서 하는 하나의 예비 예식으로 전락했다. 교회 입구의 의식들은 교회 안으로 들어가 세례반으로 행렬하는 것으로 끝난다. 세례반에서 세례 예식은 세례반에서 사도신경과 주기도문 암송, 에바다(*Ephphatha*),[10] 사탄 거부, 도유, 신앙고백, 삼위의 이름으

---

10 에바다는 문자적으로 귀와 입 또는 콧구멍에 침을 발라 그것들을 '열리게 한다'라는 뜻이다. 이 관습은 귀먹고 말 더듬는 자를 고치신 예수에 대한 성경 이야기에서 유래되었다(막 7:32-35를 보라).

로 행하는 물세례, 성유 도유, 백의 수여로 이어진다.

이 복잡한 예식은 선교지에 잘 맞지 않았다. 16세기에 멕시코시티에서 사역했던 프란시스코 수도회 수도사인 토리비오 모톨리니아(Toribio Motolinia)는 당시 그가 직면했던 도전들 중 일부를 일기장에 기록했다.

> 선교사들은 에바다와 입김불기, 바람 부는 마당에서 양초 켜기, 각각의 백의와 교회 건물이 없는 곳에서 교회 건물로의 입당을 요구하는 세례를 하루에 이천에서 삼천 번 베풀었다.[11]

의례적인 요구 사항들로 인한 어려움에 더해 선교사들이 개종자들을 교육할 때 참고할 수 있는 지침도 거의 없었다.

만만찮은 장애물에도 불구하고 상이한 환경에 있던 선교사들은 다양한 방식으로 적어도 기초교육은 제공하고 세례 예식을 각색했다. 18세기와 19세기 동안에 중국에 있는 선교사들은 여러 단계로 된 예비 신자 과정을 도입했고 그 일부로 예비 예식 중 몇 가지를 실행했다. 19세기 말부터 20세기 초 수도회들은 두 단계로 된 예비 신자 과정을 아프리카에 들여왔다. 각 단계는 2년간 지속하였다.

한 의례는 이교도 신앙과 관습이 거부되고 예수 그리스도의 하나님을 믿게 되는 첫 번째 단계에서 추가적인 지적 및 도덕적 형성을 포함하는 두 번째 단계로의 이행을 기념했다. 두 번째 단계는 후보자의 행위와 기독교

---

[11] Paul Turner, *The Hallelujah Highway: A History of the Catechumenate* (Chicago: Liturgy Training Publications, 2000), 120.

에 대한 이해를 다시금 점검하고 곧바로 이어지는 세례로 마무리되었다.[12]

아프리카에서 예비 신자 과정은 매우 효과가 있었다. 그래서 1962년에 로마 가톨릭 회중 예식(Roman Catholic Congregation of Rites)은 『단계별 예비 신자 과정으로 계획된 어른 세례 순서』(Order of Baptism of Adults Arranged as a Catechumenate in Steps)를 출간했다.

이 문서는 세례 예식의 예비 부분을 일곱 단계로만 나눴을 뿐이지 기도문이나 의례 행위들을 수정하지는 않았다. 그럼에도 불구하고 그 순서는 단계별 예비 신자 과정이 공식적으로 승인받았다는 사실을 보여줬고 몇 년 후에, 즉 제2차 바티칸 공의회 이후에 있을 그 이상의 갱신을 위한 길을 열었다.[13]

제2차 바티칸 공의회가 예비 신자 과정을 부활하도록 만든 또 다른 요인은 부활 성야제의 도입이었다. 중세 시대에 전통적인 성야는 성토요일에 아주 일찍부터 거행되었다. 16세기 무렵에는 성토요일 아침에 거행되었다. 1951년에 교황 피우스 12세(Pius XII)는 성토요일 저녁에 부활 성야를 기념하게 승인했다. 이렇게 부활된 야간 성야가 세례를 포함하지는 않았지만, 세례서약의 갱신은 도입했다. 1955년에 있었던 성 주간 예전들에 대한 추가적인 개혁들은 어른 세례의 순서가 나뉘도록 허락했다.

전반부는 성토요일 아침에 거행되었고 후반부는 성야에 거행되었다. 이러한 개혁들은 세례가 갖는 부활절의 특성을 새롭게 강조하도록 했다. 즉 세례를 그리스도의 죽음과 부활에 참여하는 것으로 이해했다. 원죄에서

---

[12] Paul Turner, *The Hallelujah Highway: A History of the Catechumenate*, 140-48.
[13] Paul Turner, *The Hallelujah Highway: A History of the Catechumenate*, 151-55.

구원받는 것으로 세례에 초점을 맞췄던 것에서 크게 바뀐 이해였다.¹⁴

예비 신자 과정을 부활시킨 세 번째 요인은 20세기 전례학이었다. 수많은 고대 문헌의 발견은 예전 역사학자들이 초기 몇 세기 동안에 교회가 했던 예전 관습에 대한 새로운 이해를 증진하도록 했다. 학자들은 4세기의 교리교육 설교들(catechetical homilies)과 의례적 관례를 규정한 고대 교전집들을 사용하면서 부활 성야에 열리곤 했던 세례식으로 이어지는 긴 예비 신자 과정을 포함한 입회과정을 재구성했다.¹⁵

고대 예비 신자 과정의 형태와 일련의 복잡한 의례들은 물론 그 용어들도 '어른 입교 예식'을 위한 기초를 제공했다. '어른 입교 예식'은 하나의 과정으로 네 개의 독립된 단계들과 한 단계에서 다음 단계로의 이행을 표시하는 의례들로 구성된다.

개정자들은 이러한 예식들을 만들 때, 선교지에서의 경험과 다양한 현대적 상황에서의 예비 신자 과정과 목회적 필요성도 고려했다. 따라서, 그들은 역사 속에서 늦게 만들어진 일부 요소들, 예를 들어, 예비 신자 과정으로 들어가는 의식 때 입회자에게 십자 표시를 여러 번 하는 것을 선택사항으로 남겨뒀다. 그리고 소금 주기와 같은 아주 오래된 다른 의식들은 없앴다.¹⁶

14　Maxwell Johnson, *The Rites of Christian Initiation: Their Evolution and Interpretation* (Collegeville, MN: Liturcial, 1999), 301-21 Turner, *Hallelujah Highway*, 151도 보라.

15　예를 들어, Edward Yarnold, S.J., *The Awe-Inspiring Rites of Initiation: The Origins of the RCIA* (Edinburgh: T and T Clark; Collegeville, MN: Liturgical, 1994)를 보라. 이 책은 4세기 세례 설교들에서 발췌한 내용들뿐만 아니라 그러한 설교들과 다른 고대 문서들로부터 발전된 예비 신자 과정에 대한 묘사를 담고 있다.

16　Turner, *Hallelujah Highway*, 157-69.

1) 복음화와 예비 신자 이전 기간(Period of Evangelization and Precatechumenate)

이 단계는 기간이 정해져 있지 않다. 개인이 예수 그리스도에 관한 관심을 표할 때 시작된다. '비그리스도인들이 성령의 힘으로 마음을 열어 주님을 믿고 주님께 자유로이 돌아설 수 있게'[17] 복음이 선포된다. 이 기간에 포함된 의례는 없다. 그러나 사제들과 교리 교사들은 구마와 축복기도 등 적절한 기도를 할 수 있다.

2) 예비 신자로 받아들이는 예식(Rite of Acceptance into the Order of Catechumens)

예비 신자로 받아들이는 예식은 예전을 위해 회중이 모인 공적인 장소에서 열린다. 후보자들과 후원자들, 다른 그리스도인들은 예배당 밖에서 모인다. 그곳에서 후보자들은 '복음을 받아들이겠다는 첫 결심'[18]을 표현하는데, 이는 구마기도, 입김 불기, 미신 끊기로 대체될 수 있다. 그 후에 후보자들의 이마(그리고 선택적으로 다른 감각 기관)에 십자 표시를 한다. 후보자들은 새로운 이름을 받기도 하고 '하나님의 말씀 식탁에 우리와 함께 참여하기 위해'[19] 교회 안으로 들어가도록 초대된다.

말씀과 설교 선포 후에 복음서와 십자가가 후보자들에게 수여되기도 한다. 예비 신자들을 위한 간구기도가 이어지고 예비 신자들은 그다음에 예

---

[17] *Rites of Christian Initiation of Adults*, study edition (Collegeville, MN: Liturgical, 1988), para. 36; 이후로 *RCIA*로 표기한다.
[18] *RCIA*, para. 52.
[19] *RCIA*, para. 60.

배당을 떠나도록 보냄을 받는다.

3) 예비 신자 과정 기간(Period of the Catechumenate)

예비 신자들의 신앙 여정 속에서 그들을 양육하는 기간은 일반적으로 1년 정도 지속하는데 수년간 지속할 때도 있다.[20] 이 기간에 예비 신자들은 말씀 전례에 참여하고, 교육을 받고, 다른 그리스도인들과 함께 섬김과 선교의 삶에 참여한다. 교육은 지적인 것 이상을 포함한다.

교육은 '가톨릭 교리의 모든 부분을 설명하면서 신앙을 조명해 주고, 하나님께 마음이 향하도록 하고, 전례에 참여하도록 촉진하고, 사도적 활동을 장려하고, 그리스도의 정신을 온전히 따라 살도록 양육한다.'[21]

말씀 전례를 거행하는 것 외에도 이 기간에는 예비 신자를 위한 구마기도와 축복기도, 성유도유가 포함되기도 한다. 예비 신자들은 정기적으로 주일 예배에 참여한다. 그리고 설교가 끝나고 중보가 시작되기 전에 의례적인 방식으로 예배당을 떠나도록 인도된다. 루터교 출신 학자인 맥스웰 존슨(Maxwell Johnson)은 다음과 같이 설명한다.

[이것이] 현대인들에게는 예전-역사적인 낭만주의 같은 인상을 줄 수도 있다. 오늘날에는 신자든 비신자든 상관없이 모든 이들이 교회의 예전에

---

[20] "National [US] Statutes for the Catechumenate," para. 6. 이러한 규정들은 *RCIA*의 부록 III에 포함되어 있다.

[21] *RCIA*, para. 78.

처음부터 끝날 때까지 참여하는 것을 환영하기 때문이다. 그러나 지속적인 교육과 준비를 위해 엄숙하게 행하는 이 보냄의 목적은 예비 신자들이 교회와 세례를 통한 성찬의 교제에 아직은 완전히 들어오지 못했다는 사실을 강조하기 위함이다.[22]

엄숙한 보냄의 의식은 세례 전까지 세 번째 단계 내내 지속된다.

4) 선발 예식 또는 이름 등록 예식(Rite of Election or Enrollment of Names)

이 단계는 대개 사순절 첫 번째 일요일에 주교나 그의 대리자가 주재한다. 예비 신자들은 대부모와 교리 교사들과 함께 부활 성야의 세례로 이어지는 마지막 집중 준비 기간을 위한 준비가 되어있는지를 결정한다. 예비 신자 과정으로 받아들이는 예식처럼, 선발 예식은 말씀과 설교의 선포 다음에 거행된다. 대부모들은 세례를 받고자 원하는 예비 신자들이 세례를 받을 준비가 되어있다고 증언한다. 예비 신자들은 등록되고 그들의 이름은 명단에 등록된다. 뽑힌 이들은 공식적인 '등록 또는 선발 행위'와 그들을 위한 간구기도를 마친 후 교육을 계속하기 위해 예배당에서 떠나도록 인도된다. 이 예식 후에 예비 신자들은 '뽑힌 이'로 여겨진다.

---

[22] Johnson, *Rites of Christian Initiation*, 309.

5) 정화와 조명의 기간(period of purification and enlightenment).

보다 집중적으로 영적인 준비를 하는 이 기간은 보통 사순절에 진행된다. 뽑힌 이들은 사순절 셋째, 넷째, 다섯째 주일에 '수련식들'(scutinies)에 참여한다. 수련식은 '뽑힌 이들의 마음을 비추어 연약하고 병들고 나쁜 것은 고치고, 올바르고 강하고 선한 것은 굳세게 하는 자성과 회개'를 목적으로 하는 기도와 구마의 예식이다.[23]

사도신경 수여식은 사순절 셋째 주간에, 이와 유사한 주기도문 수여식은 사순절 다섯째 주간에 열린다. 성토요일 밤에 열리는 세례를 위한 준비에서 뽑힌 자들은 기도하고 금식할 것이 기대된다. 그들은 또한 사도신경 암송과 에바다, 그리고/또는 세례명 선택을 포함하기도 하는 예식을 위해 모일 수도 있다.

6) 입교 성례들의 거행(Celebration of the Sacraments of Initiation)

입교 성례들은 세례뿐 아니라 견진과 첫 성찬으로 구성된다. 세례는 세례수 축복, 죄 끊기와 신앙고백, 가급적이면 침수로 하는 물세례, 그리고 후보자들에게 흰옷을 입히고 양초를 켜서 주는 것을 포함하는 '설명 예식'을 포함한다.[24] 세례 후에 견진이 바로 뒤를 잇는다. 견진은 역사적으로 주교에 의해서만 집전됐지만, 개종자들은 입회 예식들의 단일성이 매우 중

---

[23] RCIA, para. 141.
[24] 세례 후에 견진이 바로 뒤를 잇지 않을 때는 설명 예식에 성유 도유도 포함된다.

요하다고 생각했다. 그래서 주교가 없을 때는 세례를 베푼 사제가 견진을 줄 수 있도록 한다. 견진의례는 안수와 성령의 일곱 선물을 위한 기도, 성유 도유로 구성된다.[25] 부활 성야는 성찬 거행으로 마무리된다. '새 신자들'은 성찬을 처음으로 받는다.

7) 세례 후 교리교육 또는 신비 교육 기간(Period of Postbaptismal Catechesis or Mystagoty)

이 기간은 부활절의 50일 동안에 시작되는데, '공동체가 새 신자들과 함께 파스카 신비를 더욱 깨닫고, 복음 묵상, 성찬 참여, 사랑 실천을 통해 그 신비를 삶의 일부로 만드는 시간이다.'[26] 새 신자들의 성례 경험은 성경과 신앙 생활을 더욱 깊이 묵상하는 환경을 조성한다. 신비 교육 기간의 의례들은 부활절 시기의 주일미사들이다. 부활절 시기가 끝나는 무렵에 거행하는 성령강림 축일은 이러한 보다 집중적인 세례 이후 교리교육 또는 신비 교육 기간을 끝맺는다. 그 후 1년 동안 새 신자들은 그들의 첫 번째 세례 기념일이 되기 전까지 적어도 한 달에 한 번 모여 교육을 계속 받는다.[27] 그들의 첫 번째 세례 기념일(또는 가까운 날)에는 새 신자들이 마지막으로 모여서 '하나님께 감사를 드리고 영적 경험을 함께 나누고 그들의

---

[25] 기도문의 내용과 도유를 위한 식사는 *BCP 1979*, 308에 기록된 세례 후 행위와 비슷하다. 성공회가 "견진"(confirmation)이라고 부르는 것은 신앙을 재확인하는 예식으로, 로마 가톨릭교회의 견진 형태와는 현저하게 다르다.

[26] *RCIA*, para. 244.

[27] 이러한 월례 모임들은 *RCIA*에 명시되어 있지는 않지만 "예비 신자 과정을 위한 국가 법령"(National Statutes for the Catechumenates, para). 22-24의 일부이다.

약속을 갱신한다.'²⁸

    1979년 판 세례 예식에서처럼 공동체 참여는 '어른 입교 예식'에서 중요하다. '어른 입교 예식'은 교구 신자들이 성인 비그리스도인들을 기독교 신앙 안에서 회심하고 교육받도록 초청하는 능동적인 전도를 전제한다. 교리 교사들과 평신도들은 각 형성 단계에서 주임 사제들을 돕는다. 예비 신자 이전 기간에 복음을 설명하고, 예비 신자 과정과 정화와 조명 기간에 교리를 교육하고 본을 보이며 힘을 보탠다. 그리고 신비 교육 기간에 새 신자들을 환영한다. 후견인들은 예비 신자 과정으로 들어가고자 하는 후보자들과 동행하고 대부모들은 후보자 선발 이전에 선택된다. 예비 신자로 받아들이는 예식과 등록 예식에서는 후견인들과 대부모들과 함께 신자들이 같이 참여하는 것을 전제한다.

    이러한 예식들을 주일 성찬식과 함께 거행될 수 있다. 정화와 조명 기간에 하는 수련식들은 주일 예전들의 일부고, 입회 자체는 부활 성야에 공적으로 거행된다. 신비 교육 기간은 부활절 시기 내내 예배하는 회중 전체를 참여시킨다. '어른 입교 예식'의 공공성은 그리스도의 몸으로 들어가도록 한 능력을 상기시키면서 전체 회중을 갱신할 수 있게 한다.

---

28 *RCIA*, para. 250.

3. 21세기 북미에서의 예비 신자 과정

'어른 입교 예식'은 북미의 개신교 교회들에 중대한 영향력을 끼쳤다. 20세기의 마지막 25년 동안에 소개되었던 예배서들은 예비 신자 과정을 세례 일부로 포함하지 않았다. 그러나 몇몇 교회들은 나중에 예비 신자 과정을 위한 별도의 자료를 제공했다. 1979년에 성공회의『특별 예식서』(Book of Occasional Services)는 예비 신자 과정의 예식들을 그 과정에 대한 간략한 개요와 기본원리들과 함께 소개했다. 1990년대에 캐나다 복음주의 루터교회와 미국 복음주의 루터교회는 연합감리교회가 만들었던 것과 비슷한 자료를 만들었다.[29]

각 자료는 '어른 입교 예식'의 4단계 구성을 따른다. 예배 예식이 한 단계에서 다른 단계로의 이행을 표시하고, 사순절 둘째, 넷째, 다섯째 주일 예배에서 의례들이 거행된다. 단계들과 이행 의례들에 대한 용어들은 다양하다. 그리고 대부분 자료는 '구마'와 '수련식'이라는 용어를 사용하지 않는다. 그러나 전체적인 구성은 '어른 입교 예식'과 같다. 이러한 교회들의 개정된 세례 예식들처럼 예비 신자 과정을 위한 자료들은 십자 표시와 안수와 같은 의례 행위들로 풍성하다.' 어른 입교 예식'처럼 각 자료는 공동체 참여의 중요성을 강조한다.

에큐메니즘적인 협력의 시대에 미국의 루터교들과 성공회 교도들은 예

---

[29] *The Book of Ocasional Services 1994*, 114-30; *Living Witness: The Adult Catechumenate* (Winnepeg: Evangelical Lutheran Church in Canada, 1992); *Welcome to Christ: Lutheran Rites for the Catechumenate, A Lutheran Catechetical Guide, and A Lutheran Introduction to the Catechumenate* (Minneapolis MN: Augsburg Fortress, 1997); Daniel T. Benedict Jr., *Come to the Waters* (Nashville: Discipleship Resources, 1996).

비 신자 과정의 도입을 원하는 교회의 리더들을 훈련하기 위해서 1980년대 말에 함께 일하기 시작했다. 이러한 협력의 범위는 예비 신자 과정을 위한 북미협회(North American Association for the Catechumenate – NAAC)를 만들면서 넓어졌다. 협회에는 미국과 캐나다의 루터교도들, (미국 성공회를 포함한) 성공회 교도들, 감리교도들, 장로교도들이 포함되었다. 몇 년간 NAAC는 예비 신자 과정을 시작한 이들을 돕기 위해 매년 컨퍼런스를 개최했다.[30]

'어른 입교 예식'은 성인 비그리스도인들을 위해 특별히 고안된 것이다. 그러나 세례만 받고 교리교육을 받지 못한 성인들을 견진과 첫 성찬을 위해 준비시키고 세례받은 그리스도인들을 로마 가톨릭교회의 완전한 친교로 받아들이기 위해 준비시키는 비슷한 유형의 과정이 사용되었다. 이 과정 역시 4개의 단계와 단계 사이의 이행 예식들을 포함한다. 이러한 후보자들의 각기 다른 신분을 인식하기 위해 일부 예식들의 이름은 '후보자 환영 예식'과 '후보자를 지속적인 회심으로 부르는 예식' 등으로 다시 지어졌다. 마지막 예식인 '세례받은 이들을 가톨릭교회의 완전한 친교로 받아들이는 예식'은 견진과 첫 성찬을 포함한다.

'어른 입교 예식'은 세례 받은 어른을 위한 예식들은 예비 신자 과정을 위한 예식들과 같은 예전들에서 거행하면 안 된다고 권고했다. 전국가톨릭주교회의(National Conference of Catholic Bishops)는 그러한 접근법의 잠재적인 문제점들을 지적한다.

---

[30] NAAC 웹사이트인 <www.catechumenate.org>에서 정보를 얻을 수 있다.

완전한 친교로 받아들이는 예식은 부활 성야에 거행하지 않은 것이 좋다. 세례받은 이들과 세례 후보자들을 혼동하거나, 다른 교회나 교회적 공동체에서 거행된 세례를 오해하거나 심한 경우 비난할 수 있기 때문이다. 아니면 가톨릭 성찬 공동체로 받아들이는 예전에 어떤 승리주의도 감지되면 안 되기 때문이다.[31]

이러한 거리낌에도 불구하고 '어른 입교 예식'의 미국판 예식서 부록은 세례받지 않은 어른들, 견진과 첫 성찬을 준비하는 세례만 받고 교리교육을 받지 않은 어른들, 로마 가톨릭교회의 완전한 친교로 받아들여지기 위해 준비하는 세례 받는 어른들을 한데 모으는 일련의 결합한 예식들을 제공한다.[32]

제공되는 결합한 예식들은 세례를 준비하는 이들과 견진과 첫 성찬을 위해 준비하거나 완전한 친교로 받아들여지기 위해 준비하는 이들이 종종 유사한 경험을 한다는 현실을 반영한다. 뒤의 두 경우에 속하는 개인들은 그들의 회원 자격이 소멸하거나 아니면 신앙이 갱신되거나 깊어지는 경험 때문에 다른 교회 전통으로 갈 수도 있다.

그리스도인의 삶의 정황이 바뀌는 것도 비그리스도인의 회심과 매우 유사한 경험을 초래하기도 한다. 풀어야 할 과제는 그리스도의 몸으로 연합된다는 단 한 번의 경험인 세례의 성례적인 실제와 그 이후에 그리스도와의 만남을 통해 새롭게 회심하는 경험적 실제의 균형을 맞추는 것이다.

---

[31] "National Statutes for the Catechumenate," para. 33.
[32] "Additional (Combined) Rites," Appendix 1 in *RCIA*, para. 505-94.

예비 신자 과정을 약 10년간 실행한 후에 성공회는 이미 세례를 받았던 많은 성인들이, 세례를 받지 않은 사람들을 위한 예식들을 포함해서, 그 과정에 참여하고 있다는 것을 발견했다. 그래서 '세례 언약의 재확인을 위해 세례 받은 이들의 준비기간' 지침들과 예식들이 『특별 예식서』에 추가되었다. 로마 가톨릭의 자료들처럼 첫 번째 단계인 탐구기간은 환영 예식으로 끝맺는다. 이 예식은 주일 성찬식 때 열릴 수 있다.

그러나 두 번째 단계는 사순절 첫째 주일에 하는 예식이 아니라 재의 수요일에 거행되는 '사순절 준비를 위한 등록 예식'으로 마무리된다. 이 예식은 후보자들을 지속적인 회심의 전형으로서 소개한다. 후보자들이 회중에게 하는 봉사에는 교인들의 머리에 재를 얹은 집전자를 돕는 일이 포함된다. 집중적인 사순절 준비기간은 '부활절 시기 준비를 위한 세족 목요일 예식'으로 이어진다. 이 예식은 화해 예식과 세족식을 포함한다. 후보자들은 부활 성야에 세례 언약을 재확인한다. 만약 부활 성야에 주교가 참석하지 않으면, 나중에 안수를 받기 위해 주교에게 나타내 보인다. 가급적이면 같은 부활절 시기에 한다.[33]

연합감리교에서 만든 『물로 오라』(*Come to the Waters*)는 재의 수요일과 세족 목요일에 거행하는 비슷한 의례들을 포함하는데 세례를 받지 않은 성인들과 이미 세례를 받은 성인들 간의 차이를 강조한다. 이 자료는 또 하나의 범주를 더한다. 바로 '탐색하는 교인들'(searching members)로, 교회에 이미 능동적으로 참여하면서 자신들의 신앙 여정을 심화시키기 원하는 사람들이다.

---

[33] *Book of Occasional Services 1994*, 136-45.

그 문서는 각 탐색자의 필요에 적절하게 각색하라고 권장한다. 탐색자들은 예비 신자 과정의 동일한 단계들에 참여해야 한다. 그러나 단계 간의 이행 예식들에는 참석하지 않고 세례 언약을 마지막으로 재확인하고 사역을 확인하는 예식에만 참여하면 된다.[34]

루터교 문서들은 '세례받은 자들이 세례를 받지 않은 것처럼 여기지 않도록 모든 노력을 기울여야 한다'라고 명시한다. 이러한 주의 사항에도 불구하고 세례를 받은 어른들을 위한 별도의 예식들이 포함되지 않았다. 세례를 받지 않은 성인들을 위한 첫 번째 의례는 '탐구자를 예비 신자 과정으로 맞이하는 예식'이다. 이 예식은 확언자들을 소개하고 그들에게 십자 표시를 하고 축복하는 것을 포함하기도 한다.

등록 예식에 관한 유사한 조항들은 없지만, 사순절 셋째, 넷째, 다섯째 주일을 위한 예식들은 부활 성야 때 거행되는 세례를 준비하는 이들이 세례받지 않은 후보자들과 함께 참여할 수 있도록 허용한다.[35]

감리교와 성공회 자료들은 재확인을 준비하는 세례 받은 사람들을 위한 과정과 예식들을 명시했을 뿐 아니라 자녀들의 세례를 준비하는 부모들을 위한 유사한 과정과 예식들도 포함한다. 이 과정은 임신 기간 중이나 부모가 입양절차를 막 밟을 때 시작될 수 있다. 성공회『특별 예식서』에서 첫 단계는 상대적으로 짧고 임신 초기에 부모를 축복하는 것으로 끝난다. 아이가 태어난 후에 두 번째 단계는 아이의 탄생이나 입양에 감사하는 것으로 끝맺는다.[36] 이 과정은 아이가 세례를 받기 전까지 계속된다.

---

[34] Benedict, *Come to the Waters*, 138-50.
[35] *Welcome to Christ*, 14-15, 26, 30, 34.
[36] "The Preparation of Parents and Godparents for the Baptism of Infants and Young Chil-

감리교 자료들은 '부모를 통해 듣는 자를 환영하는 예식'과 '아이들을 세례로 부르는 예식'으로 단계 간의 이행을 표시한다. 이러한 자료들은 세례 뒤를 잇는 넷째 단계를 형성과 통합의 긴 기간으로 묘사한다. 이 단계는 아이가 견진을 받는 사춘기나 성인 초기까지 지속한다.[37] 이러한 과정들이 주는 유익은 임신 기간이나 입양할 아이를 찾는 가운데 어려움이 발생할 때 도움을 주는 공동체의 존재이다.

4. 결론: 21세기 북미에서의 기독교 입회와 신앙재확인

신앙재확인 예식들(또는 로마 가톨릭 전통의 견진과 첫 성찬)을 준비하는 세례 받은 사람들에 대한 다양한 접근법들과 유아나 어린 자녀의 세례를 준비하는 부모들을 위한 유사한 과정들의 도입은 북미 그리스도인들의 경험이 복잡하다는 사실을 반영한다. 유아 때 세례를 받았지만 어릴 때 기독교 교육을 받지 않은 것이 드문 일은 아니다.

소비자 가치가 좌우하는 매우 유동적인 사회에서 많은 그리스도인은 삶의 특정한 시점에 필요한 것들을 좀 더 잘 충족시켜주는 다른 교단에 거리낌 없이 가입한다. 결혼은 상이한 교단 배경을 가진 사람들을 결합한다. 그러한 결혼 중 다수는 부부 중 하나나 모두가 교단을 옮기는 결과를 초래한다. 많은 성인은 살면서 직업 변경과 같은 여러 변화를 경험하고 그러한

---

dren," in *The Book of Occasional Services* 1994, 159-62; "A Thanksgiving for the Birth or Adoption of a Child," in BCP 1979, 439-45.

[37] Benedict, *Come to the Waters*, 123-37.

변화는 새로운 신앙을 경험할 수 있게 한다.

그리스도인들은 살아가면서 한 번 이상 회심을 일신하고 복음을 다시 깨닫는 경험을 한다. 이러한 사실을 인식하는 현대의 많은 예배서들은 다양한 확인 예식과 재확인 예식을 제공한다. 분명히 세례 이후의 가장 중요한 신앙 확인은 '사도들의 가르침과 교제, 떡을 떼고 기도하는 것'에 지속해서 전념하는 것이다(행 2:42). 그러나 수 세기 동안 개신교와 성공회교회들은 유아세례를 받은 이들이 자신들의 신앙을 고백하고 성찬에 들어가도록 하는 견진 예식이나 확인 예식도 제공해왔다. 다양한 정황에 맞게 확인을 반복할 기회를 얻게 한다는 것은 20세기 후반에 얻은 새로운 통찰력이다.

한 사람의 신앙을 확인하는 의례화된 행위는 '탈-크리스텐덤'이라고 묘사되곤 하는 시대에 그리스도인의 헌신을 다시금 강조할 수 있다. 오늘날 지배적인 북미 문화(와 다른 서구 문화들)는 기독교 실천과 교리에 무관심하거나 적대적이기까지 하다. 예를 들어, 일요일 아침은 더 이상 예배만을 위한 시간이 아니다. 스포츠, 1년 내내 문을 여는 사업체들의 증가 및 다른 단체들이 그리스도인의 관심을 끌기 위해 경쟁한다. 이러한 상황 속에서 예비 신자 과정과 이미 세례를 받은 사람들을 위한 유사 과정들을 통해 그리스도인들을 교육하는 길어진 과정은 동료 그리스도인들과 함께 자신의 신앙 여정을 깊이 성찰하는 기회를 제공할 수 있다. 그리고 그리스도인이라는 정체성을 건강하게 성장시키는 데 도움을 줄 수 있다.

예비 신자 과정의 부활이 여러모로 현대 상황에 대한 반응이기는 하지만, 적절한 주의가 필요하다. 20세기 후반의 많은 예전 갱신들처럼 예비 신자 과정은 고대 예배 관습들에 대한 새로운 이해를 근거로 한다. 그렇기 때문에 예전학의 열매로 여겨질 수도 있다. 그러나 예비 신자 과정이 4세기와 5세기의 관습들을 재현하는데 그친다면 그것은 역사적 낭만주의에 지나지 않을 것이다.

그러나 위에서 언급했듯이, 로마 가톨릭교회는 선교지에서의 경험도 의지하면서 예비 신자 과정을 부활시켰다. 더욱이 의례 문서들은 지역의 상황과 후보자의 필요에 적합하게 각색하라고 권장한다. 예를 들어, 텍사스의 한 교구에서는 사순절 다섯째 주일에 하는 수련식에 사람들을 하나님으로부터 떼어놓는 세력들(고통, 중독, 애정이 없는 부모 등)의 이름을 부르는 호칭기도(litany)를 포함했다. 그에 대한 화답으로 "예수는 주이십니다"라고 영창조로 말했다. 여기서 유혹과 죄에 대한 고대의 개념들은 현대 북미 사람들이 사용하는 언어로 표현된다.[38]

각색은 다양한 성공회와 개신교 판 예비 신자 과정과 그것들과 유사한 과정들에서도 분명하게 나타난다. 상징적인 행위들을 많이 담고 있기는 하지만, 예식들의 제목들과 언어는 다를 때가 많다. '구마'나 '수련식'처럼 혼동되게 하거나 장벽이 되는 용어들은 더욱 일반적인 영어 용어들, 예를 들어 '확인'(affirmation)과 '양심 검사'(examination of conscience)로 대체된다.

성공회의 한 교회는 사순절 기간에 예비 신자들에게 사도신경과 주기도문을 수여하는 예식을 어린 자녀들의 세례를 준비하는 부모들에게 사도신경과 주기도문을 액자에 넣어 수여하는 예식으로 각색했다. 주일 예배에서 하는 공적인 수여식은 아이의 세례를 준비하는 가족들의 주위를 환기한다. 그리고 그 가족들은 그 예식을 통해 그들의 자녀들에 대한 교회의

---

[38] *This Is the Night* (Chicago: Liturgy Training Publications, 1992), 비디오테이프.

관심을 경험한다. 예전서들과 그에 관해 설명하는 자료들을 제공하면 개인과 회중은 신앙의 갱신을 강하게 경험할 기회를 얻게 된다.

그러나 예비 신자 과정이나 유사한 과정의 도입은 단지 몇 명의 선택된 리더들이 아니라 전체 회중의 상당한 헌신을 요구한다. 적극적이고 지속적인 예비 신자 과정은 세례받지 않은 어른들을 필요로 한다. 그런 사람들은 대개 다른 그리스도인들에 의해 기독교 신앙을 소개받는다.

따라서, 예비 신자 과정을 확립한다는 것은 전도에 헌신한다는 것을 의미한다. 이러한 과정들의 공공성은 회중이 후보자들을 위해 기도하고 본을 보이고 도우면서 참여하는 것도 요구한다. 후보자들이 봉사하고 선교하며 살아가는 회중의 구성원으로 입회할 것이라고 하는 기대는 회중이 이미 그렇게 활발히 살고 있다는 사실을 뜻한다.

우리가 실행하는 기독교 형성과 입회와 재확인은 앞으로 어떻게 될 것인가?

예비 신자 과정에 크게 헌신했던 신자들은 개종자들이 믿음을 갖게 되는 과정에서 일하시는 성령을 경험하면서 그들 자신도 갱신되고 변화되는 것을 발견했다. 물, 기름, 십자성호, 안수, 촛불 같은 상징들을 풍성하게 사용하는 신자들은 기독교의 신앙과 삶으로 들어가는 것에 대해 더욱 깊이 이해하게 된다.

유아를 포함한 세례 받은 자 모두를 성찬에 참여하도록 하는 회중들은 그들의 공동체에서 가장 어린 교인들이 제공하는 통찰력에 의해 풍요로워진다. 이처럼 새로워진 기독교 입회 관례들은 꽤 최근의 것들이다.

그리고 그러한 관례들을 지원하고 권장하는 공식적인 문서들을 가진 교회들에서도 보편적이지 않은 것들이다. 기독교 형성과 입회와 재확인의 미래는 신자들이 자신들의 입회 예식 경험에 대한 반응으로 입회 관례들을 갱신하고 더 나아가 의례 문서들과 보조 자료들을 개선하면서 스스로를 갱신하는데 달려 있다.

제6장

의례와 목회 돌봄

윌리엄 H. 윌리몬(William H. Willimon)

비록, 로버트 웨버만큼 능숙하지는 않았지만 나 역시 학자로서 ('저교회'로 불리기도 하는) 자유교회 복음주의 전통과 보편교회라는 보다 큰 전통 사이의 간극을 메우고자 노력하는데 많은 시간을 보냈다. 25년 전에 밥이 복음주의자들은 보편적 전통을 회복해야 한다는 분명한 메시지, 즉 '시카고 선언'(Chicago Call)을 발표했을 때 나는 예배와 예전을 가르치기 위해 교구 교회에서 연합감리교의 한 신학교로 옮기는 중이었다. 그렇게 움직일 당시에는 내가 곧 웨버의 예배 접근법에 의존하게 될 것을 알지 못했었다.

우리 웨슬리 교파는 웨버가 주장한 복음주의와 보편교회의 연관성을 체화해야 한다. 그러나 내가 신학교에서 첫 번째 과목을 가르치면서 알게 된 것이 있었다. 자유교회 복음주의 신학교들은 예전적인 모든 것들을 의심스러워하고 내가 그들을 '고교회적이고' '의례적으로' 만들지는 않을지 두려워한다는 것이었다. 그들에게 좋은 일요일이란 '함께 모여 주를 찬양할 때'였다. 내가 가르친 예전신학과 역사 과목들로부터 공명을 받았던 학생 중 소수의 (루터의 표현인) '성단소에서 날뛰는 사람들'(chancel prancers)은 예전에 대한 (내가 보기엔) 상당히 낡고 오래되고 딜레탕트식의 접근법으로 나를 짜증나게 했다.

그래서 나는 '목회 돌봄으로서의 예배'(Worship as Pastoral Care)라는 과목을 개설했다. 예전을 통해 학생들에게 닿을 수 없다면, 그들이 무의식적으로 좋아할 것 같은 유일한 주제인 목회 심리학을 사용하여 뒷문을 통해 슬쩍 들어갈 수 있을 것 같았다. 1960년대 초부터 목회 돌봄은 많은 개신교 신학교들에서 크게 유행하게 되었다.

예일대학교(Yale)에서 나에게 목회 상담을 가르쳤던 제임스 디테스(James Dittes) 교수는 심리학에 빠진 목회에 대한 현실주의자였다. 목사들은 이전에 행해왔던 치유, 교육, 공동체 리더십과 같은 많은 사회적 직무들로부터 밀려났지만, 적어도 상담가로서는 여전히 존중을 받았다.

디테스는 많은 목사가 심리학에 관심을 가졌던 이유는 목회 상담이 오늘날 우리가 사는 심리학적으로 좌우되는 사회에서 목사들에게 마지막으로 남겨진 공인된 사회적 기능이기 때문이라는 이론을 세웠다.

나는 그 당시의 목회 돌봄이라는 학문 분야가 전통적인 의례적 관습에 대해 깊은 의구심을 품고 있다는 것을 곧 알게 되었다. 그 분야는 제도들과 전통적 관습들이 자기-실현적인 개인의 자유로운 발전을 본질적으로 억압하고 제한한다는 비판을 많이 받던 1960년대에 크게 성장했다.[1]

---

[1] E. Brooks Holifield, *A History of Pastoral Care in America: From Salvation to Self-Realization* (Nashville: Abingdon, 1983).

목회 돌봄은 예배 공동체와 공동체의 예식들로부터 분리되었고 교회의 전통적인 관례들보다는 심리학이라는 학문 분야에 한층 더 연결되었다. 신학교들이 '목회 돌봄'이라고 부른 것들은 대개 교회만의 신학적 환경보다는 세속적인 심리요법으로부터 더 큰 영향을 받은 경향이 있는 심리학자들이 강의했다.² 예배학의 입장에서는 목회 돌봄을 신학적인 근거는 약하면서 심리학적으로 좌우되는 순전히 인류학적인 것으로 여기면서 못 미더워한다.

나는 밥 웨버처럼 그 학문 분야 간의 일종의 결혼, 또는 (cura animarium, 즉 '구령사업'[care of souls]이라는 전통적인 관습들을 고찰하면서) 그 둘의 재혼을 시도했었다.³ 나는 내 과목에서 신학생들이 회중을 돌보는 주된 수단으로써, 목회 돌봄의 주요 자원으로써, 신자들의 삶에 대한 깊은 통찰력을 얻는 원천으로써, 구령사업의 전통적인 방법으로써 예배를 살펴보도록 했다.

나중에 그 과목은 『예배가 목회다』(Worship as Pastoral Care)라는 책이 되었다. 내가 저술한 책 중 가장 유명한 책에 속한다.⁴ 이와 같이 목회 돌봄의 렌즈로 예전을 보고 교회가 구령사업, 즉 공동체의 예식들, 성례전들, 봉사들을 통해 제공했던 풍성한 돌봄의 시각으로 현대 목회 돌봄을 비판하

---

² 도널드 S. 브라우닝(Donald S. Browning)은 그의 *The Moral Context of Pastoral Care* (Philadelphia: Westminster, 1976)에서 이 점을 매우 설득력 있게 서술한다.
³ Robert Webber, ed., *The Renewal of Sunday Worship* (Peabody, MA: Hendrickson, 1993); Robert Webber, *Evangelicals on the Canterbury Trail: Why Evangelicals Are Attracted to the Liturgical Church* (Waco: Word, 1985).
⁴ William H. Willimon, *Worship as Pastoral Care* (Nashville: Abingdon, 1979). 한국에서는 『예배가 목회다』라는 제목으로 번역본이 출간되었다 – 역자 주.

는 것에 대한 25년간의 관심이 발동했다.[5] 나는 목회적인 관점에서 예전적이 되는 것을 추구하면서 존 H. 웨스트호프(John H. Westerhoff)와 함께 예전적 리더십의 교육적인 중요성을 보여 주고자 했고, 그 결과물이 『생애주기를 통한 예전과 학습』(Liturgy and Learning through the Life Cycle)이었다.[6]

우리의 책이 출간된 이래로 개신교 성직자들은 예배를 인간의 매우 중요한 노력으로 여기는데 익숙하게 되었다. 밥 웨버의 노력 덕분이다. 분명히 기독교 예배의 주된 목적은 (웨스트민스터 신앙고백에서 우리의 '제일 되는 목적'으로 묘사되었듯이) 하나님을 영화롭게 하고 즐거워하는 것이다.

그러나 하나님께서도 우리가 하나님을 영화롭게 하고 즐거워하느라 바쁜 동안에 우리를 보살피신다. 우리의 예배 행위를 통해서 하나님이 우리에게 계시하는 동안에, 우리의 가장 깊은 자아 역시 드러나게 된다. 아니면 제2차 바티칸 공의회가 말하듯이 기독교 예배는 하나님을 영화롭게 할 뿐 아니라 신자들을 성화시킨다.[7] 신자들이 하나님을 영화롭게 하는 동안에, 그들은 하나님의 백성으로 성화되고 만들어진다. 우리의 예배는 우리가 흠모하는 하나님에 대해 많은 것을 말하지만, 우리에 대해서도 많이 말한다.

---

[5] 이후에 그 주제를 다룬 연구 중에서 가장 흥미로운 것들은 다음과 같다. Elaine Ramshaw, *Ritual and Pastoral Care* (Philadelphia: Fortress, 1987); Elaine Ramshaw, "Ritual and Pastoral Care: The Vital Connection," in Eleanor Bernstein, C.S.J., ed., *Disciples at the Crossroads: Perspectives on Worship and Church Leadership* (Collegeville, MN: Liturgical, 1993), 92-105; Howard W. Roberts, *Pastoral Care through Worship* (Macon, GA: Smyth and Helwys, 1995); H.P.V. Renner, "The Use of Ritual in Pastoral Care," *The Journal of Pastoral Care* 33, no. 3 (September 1979), 164-74; Kenneth R. Mitchell, "Ritual in Pastoral Care," *The Journal of Pastoral Care* 63, no. 1 (spring 1989), 68-77.

[6] John H. Westerhoff III and William H. Willimon, *Liturgy and Learning through Life Cycle* (Akron: OSL, 1980, 1994).

[7] Vatican Council II, *The Conciliar and Post Conciliar Documents*, ed. Austin Flannery, O.P. (Collegeville, MN: Liturgical, 1975), 107.

1. 불가피하고 유익한 의례

일정하고 목적이 있고 예측할 수 있는 행위인 의례는 모든 기독교 예배의 요소이다.[8] 우리의 청교도 선조들은 국교의 인습적인 예배가 부적절하다고 여겼다. 그래서 예배의 모든 '쓸데없고 반복되는' 부분들을 제거하면서 예배를 정화하고자 했다. 그들이 볼 때, 예배의 의례적 측면들, 즉 일정하고 예측 가능한 측면들은 성령의 역사와 자발적인 마음이 결여된 무감각하고 형식적인 움직임으로 타락되고 말았다.

그러나 청교도의 후예들인 우리는 예배에서 단순히 '의례주의'를 제거하는 것이 우리에게 예배에서의 부적절한 의례화의 위험을 피하도록 해주지는 않는다고 배웠다. 의례는 일정하고 예측할 수 있는 행위일 뿐 아니라 목적이 있는 행위이다. 의례는 우리를 위해 다른 어떤 방법으로는 할 수 없는 일을 한다. 그렇기 때문에 의례가 일정하고 예측할 수 있을 뿐 아니라 사실상 불가피한 행위일지 모른다.

인간이 중요한 일을 하려고 모이는 곳 어디에서나, 인생에서 어떤 어려운 경계선들을 건너고, 죽음에서 생명으로, 단절에서 구원으로, 고립 상태에서 공동체로, 침묵에서 말로 옮기라고 요구받는 곳 어디에서나 우리는 의례를 발견한다. 우리는 우리로 대처하고, 더 나아가 탐구하고 새로운 존재의 방식으로 과감히 나아가고, 구원받게 할 수 있는 예측할 수 있고, 전

---

[8] 의례 이론들과 그 이론들을 예배에 적용하는 개요에 대해서는, *Studia Liturgica* 23, no. 1 (1993); and *Liturgy Digest* 1, no. 1 (spring 1993)을 보라. 의례 연구들과 그 연구들의 목회적 적용에 대한 개론을 위해서는, Gerald Pottebaum, *Rites of People*, rev. ed. (Washington, D.C.: Pastoral, 1992)를 보라.

통적이고 전통화되고, 목적이 있는 행위들 없이 살 수 없다.

지그문트 프로이트(Sigmund Freud)는 의례 행위들에 병적인 경향이 있다고 주장하면서 의례를 무시한 청교도를 칭찬했다. 정신적으로 병든 이들 중 어떤 이들의 의례적인 행동들을 관찰한 프로이트는 의례가 해결되지 않은 성격장애, 특히 강박신경증을 억제하는 도구라고 확신했다. 프로이트에게 있어서, 과도하게 의례적 행위를 하는 사람에게 가장 좋은 것은 그 사람이 자유롭게 자신의 갈등에 좀 더 정직하게 맞설 수 있게 그 의례적인 행위들을 깨뜨리도록 고안된 정신치료요법이었다.[9]

다행히도 에릭 에릭슨(Erik Erickson) 같은 심리학자들은 의례의 건강한 측면들에 대한 가치를 우리에게 소개했다. 에릭슨은 의례가 회피 수단 그 이상이라고 믿었다. 의례는 직면과 적응 수단이기도 했다. 의례는 문화 및 심리적 갈등 속에서 자아가 적응하도록 하는 창의적인 수단이다. 의례는 우리가 삶을 성찰하고 새로운 존재 방식으로 나아가도록 용기를 주는 장소가 될 예측 가능한 환경을 우리에게 제공한다.[10]

퀘이커교도들의 모임, 빌리 그레이엄(Billy Graham)의 집회, 가톨릭교회의 대미사, 대학생선교회(CCC)의 찬양 예배는 모두 매우 의례적인 의식들이다. 하나님을 만나고 만나게 되는 것은 매우 위협적이고, 우리의 타고난 성향에 너무 반하고, 혼자하기에는 너무 변혁적일 수 있기 때문이다. 문화인류학자인 빅터 터너(Victor Turner)는 한 문화 내에서 '역치성'(liminality)

---

[9] Pam Couture, "Ritual and Pastoral Care," in Rodney J. Hunter, ed., *Dictionary of Pastoral Care and Counseling* (Nashville: Abingdon, 1990), 1089을 보라.

[10] Erik Erickson, Toys and Reasons: Stages in the Ritualization of Experience (NY: Norton, 1977). Erickson의 이론을 목회 사역에 적용한 것에 대해서는 Donald Clapp, *Life Cycle Theory and Pastoral Care* (Philadelphia: Fortress, 1983)를 보라.

이라는 정해진 기간에 의례가 끼치는 긍정적인 효과에 주목했다. 그 기간에 공동체의 구성원들은 문지방을 넘어 출생, 죽음, 사춘기 같은 특정한 한계에 직면하도록 요구된다.[11] 의례는 힘든 관문들을 지나는 동안에 우리의 손을 붙잡고, 우리가 어려운 삶의 변화들을 무사히 헤쳐 나갈 수 있도록 말들과 행동들을 가르친다. 그리고 신비하고 거룩한 존재의 임재 안에서 무엇을 생각하고 어떻게 행동해야 하는지를 알려 준다.

아놀드 반 제넵(Arnold Van Gennep)은 인생의 급격한 변화의 시기에 의례가 의미와 체계, 공동체를 제공하는 데 도움을 주는 방식에 주목하면서 '통과의례'라는 용어를 널리 알린 인류학자였다.[12] 반 제넵은 우리의 많은 의례적인 행위들의 목적은 (프로이트의 의례에 대한 이해처럼) 우리를 인생의 한 위치에 보수적으로 고정하는 것이 아니라 오히려 앞으로 나아가도록 강요하는 것임을 보여 준다. 통과의례와 같은 의례는 우리가 분리, 시련, 교육, 통합의 예측 가능한 움직임들을 통해 존재의 한 방식에서 다른 방식으로 나아갈 수 있도록 한다.

히폴리투스에 따르면 3세기 로마교회는 예비 신자들이 교회로부터 3년간 교육 지도를 받을 수 있도록 그들에게 익숙한 이교도 공동체와 친구들로부터 그들을 분리했다.[13] 예비 신자들은 예배 시작부터 말씀 예식까지는 회중과 함께 참여하도록 허락되었다. 그 후 신자들이 성찬을 받고 기도를 하는 동안에 그들은 교육을 받기 위해 내보내졌다. 교회의 리더들에

---

[11] Victor W. Turner, *The Ritual Process: Structure and Anti-Structure* (Chicago: Aldine, 1969).
[12] Arnold Van Gennep, *The Rites of Passage* (Chicago: University of Chicago Press, 1960).
[13] Gregory Dix, ed. *The Treatise on the Apostolic Tradition of St. Hippolytus of Rome* (London: SPCK, 1968).

게서 3년간의 교육을 성공적으로 마쳤다는 판단을 받으면, 예비 신자들은 부활절 아침의 동틀 무렵에 세례를 받았다. 이와 같이 세례는 많은 부분에서 통과의례의 요소들을 보여 준다. 이러한 일련의 입회 의례들 이후에 우리는 한 존재에서 다른 존재로 나아갔다. 우리는 다른 존재가 되었다. 의례는 우리가 서 있을 수 있도록 세상을 안전하게 만들고 위치를 고정할 뿐 아니라 새로운 세상을 향하도록 우리를 자극하고 새로운 존재가 될 방법을 제공한다.[14]

인간의 일부 모임들에서 의례가 많이 사용되는 것이 꼭 우리의 단조롭고, 길들여진 성향들을 증명하는 것은 아니다. 오히려 모임에서 다뤄지고 있는 어려운 인생의 과도기가 얼마나 도전적인지를 증명한다. 일반적으로 목사가 접하는 많은 의례적 행위들이 모두 어리석은 행동들은 아니다. 오히려 공동체에게 매우 중요한 것일 수 있다.

나는 독립 기념일(7월 4일) 주일 예배 때 성조기 50개를 줄지어 들고 예배당으로 입장하는 '국기들의 행렬'을 더 이상 하지 않겠다고 교인들에게 공표한 어떤 목사를 알고 있다. 내가 아는 다른 목사는 12월 첫째 주일에 산타클로스의 연례 방문을 빼고 대림절 화환 위에 첫 번째 양초를 켜자고 단지 제안했을 뿐인데 해고될 뻔했다. 이렇게 사람들의 사랑을 받고 충실하게 지켜온 의례들은 어느 책에도 기록되어 있지 않다. 그럴 필요도 없었다. 이러한 의례들은 전통적인 기독교 신앙 안에서 제대로 형성되지 못한 두 교회 교인들의 모습을 상징적으로 주여 줄 뿐만 아니라 그 의례들

---

[14] 더 많은 연구를 보려면 Westerhoff and Willimon, *Liturgy and Learning through the Life Cycle*; 그리고 Paul Bradshaw and Lawrence Hoffman, eds., *Life Cycles in Jewish and Christian Worship* (Notre Dame, IN: University of Notre Dame Press, 1996)을 참고하라.

에 의해 정립된 의미들이 그들에게 얼마나 중요했는지도 상징적으로 보여 준다.

지난 50년 동안에 교회의 예배는 지난 500년 동안에 변했던 것보다 더 많이 변했다. 많은 목사들은 우리의 선배 목사들이 전혀 하지 않았던 일을 하는데 많은 사역을 할애한다. 예전을 손보고 있고, 주일 예배에 보다 활발히 참여하도록 신자들을 교육하고 준비시키고, 하나님 백성의 의례들을 갱신하고 수정하는 일을 한다. 의례를 혁신하고 변화시키는 일들은 열매를 맺었고, 교회에게 더 신실한 방식들로 하나님을 찬양할 수 있게 했다.

그러나 경험이 풍부한 목사들은 회중이 사랑하던 의례들을 경솔하게 무시하면 위험에 빠진다는 사실을 안다. 겉으로 보기엔 아무런 의미가 없는 의례를 회중이 충실히 보호하고 있다는 것은, 목사는 그 의례에 대한 이해가 부족하다 할지라도, 그들이 그 속에서 의미를 찾는다는 사실을 분명하게 보여 준다. 그러므로 우리 시대에 목회 리더십의 주요한 측면은 회중의 사랑을 받는 의례에 대한 분석이다.

이러한 분석을 하는 목사는 회중에게 보다 적절한 의례를 제공하기도 한다. 청교도의 후예들인 우리는, 예전 개혁을 통해 부적절한 의례들을 없애는 것이 때로는 더 나쁜 의례를 낳게 할 수 있다는 것을 알게 되었다. 목사는 하나님의 백성이 일정하고 예측 가능하고 의미가 있는 행위를 통해 더 적절하고 신실한 방식으로 신앙을 기념하도록 돕는, 회중을 위한 의례 전문가이다.

최근에 나는 어떤 교회에서 열린 결혼식에 참석했다. 그 교회는 자신들이 즉흥적이고 자유롭고 비의례적인 방식으로 예수를 예배한다고 자부하고 있었다. 그러나 결혼 예식을 위한 시간이 되었을 때, 그들은 마치 트럭을 예배당 쪽으로 후진시켜 그들이 생각할 수 있는 모든 몸짓과 의식절차들과 과장되고 진부한 이야기와 감상적인 음악을 내리는 것 같았다. 결혼 예식은 오래도록 진행되었다. 장미꽃이 교환되었고, '결합을 상징하는 양초'가 점화되었다. 성경이 시처럼 봉독 되었고, 조언이 있었고, 어머니들이 포옹했다. 상징들, 신호들, 몸짓들이 표현되었다. 모든 것들이 토니와 테리가 영원한 결혼 생활로 연합시키기 위해서였다.

그들의 인생에서 그런 두렵고 위험하고 신비한 순간을 의례화하는 것은 옳았다. 이때 교회는 최선을 다해 그들의 결혼식을 위한 의례를 모아 만들어야 했다. 애석하게도 그들에게 길을 알려주고 안내해야 했던 그 교회는 전통으로부터 내려오는 지침과 자원을 거의 사용하지 않았다. 회중석에 앉아 있던 나는 상당히 겸연쩍어졌다. 이런 두려운 순간에 그들을 위로했어야 할 우리 신앙의 풍부한 자원과 관례가 많이 부재했고, 결혼하는 그 남녀와 회중이 직감적으로 행동하도록 내버려 뒀기 때문이었다.

따라서, 문제는 '우리는 의례를 통해 예배해야 하는가?'가 아니다. '우리의 예배를 특징짓는 의례가 신실하고 기능적일 것인가, 그렇지 않을 것인가?'이다. 기독교 예전이 하나님의 백성을 위해 필요한 모든 것이 될 수 있기를 열망하는 목사 중에서 많은 이들은 현대 의례학의 통찰력들이 유용하다는 사실을 발견했다. 그런 통찰력 중 하나는 심리 치료학 분야에서 나온 것으로, 영국 소아과 심리 치료자인 D. W. 위니콧(Winnicott)의 대상관계 이론이다.

2. 대상 관계 이론과 의례

　D. W. 위니콧은 1896년에 영국 플리머스에 있는 감리교도 가정에서 태어났다. 그는 청소년 시절에 기숙학교에서 성공회로 개종했다. 이러한 행동은 그가 선천적으로 의례에 매혹되고 존중했다는 것을 보여 주는 것 같다. 밥 웨버의 신학 여정 초기와 유사한 것으로 여겨질 수도 있었던 행동이다. 우리는 위니콧의 동기가 무엇이었는지를 다 알지 못한다.

　그러나 위니콧이 소아과전문의가 되었다는 것은 안다. 아이들과 그들의 부모들을 대상으로 했던 그의 직업은 그로 소아과심리치료자가 되도록 했다. 위니콧은 특히 아이들이 그들의 세상 속에서 대상들과 갖는 초기 관계, 특별히 엄마와의 관계를 내면화하는 방식에 관심을 갖게 되었다.

　여러 대상과의 관계는 발달하는 아이에게 엄마와 완전하게 결합한 상태에서 엄마와 분리된 자아를 향해 나아갈 수 있게 한다. 아이는 완전하게 의존했던 엄마를 상대적으로 의존하게 되고, 내적인 실재와 외적인 실재에 대한 구분을 시작하기 위해 대상들을 사용한다고 위니콧은 말했다.

　이 주요한 과도기는 생후 6개월에서 8개월 사이에 나타나고 18개월에서 36개월 사이에서도 나타난다. 자아는 자신의 좋은 이미지와 나쁜 이미지를 통합하는 법을 배우고, 감정을 표현하는 법을 배운다. 그리고 엄마의 욕구와 필요와는 완전히 다른 욕구와 필요를 요구하기 시작한다.

　위니콧에 따르면, 이 발달에서 중요한 것은 어린아이에게 세상에서 어떤 좌절을 경험할 수 있는 자유가 너무 과하지 않게 주어지고, 아이가 세상을 향해 모험하기에 안전하다고 느끼고, 자신을 별개의 자아로 보기 시작하는 최적의 환경을 엄마가 제공하는 것이다. 이러한 모험과 자기-정의의 과정은 유아기 이후에 끝나지 않는다. 일생을 통한 자아의 끊임없는 과제로서 지속한다. 완전한 자아는 없다. 세상에서 대상을 다루는 일은 다양한 환경 속에서 재개되는데 자아에 의해 반드시 재조정되어야 한다.

위니콧은 아기들을 관찰하면서 독특하고 비-프로이트적인 정신분석법을 고안했다. 바로 **대상 관계 이론**이다. 대상 관계 이론은 위니콧이 고안하여 '압설자 게임'(spitula game)이라고 칭한 관찰법에 의해 가장 잘 설명된다.[15]

압설자 게임에서 위니콧은 테이블을 사이에 두고 아기를 무릎 위에 올려놓은 엄마의 바로 맞은편에 앉는다. 그다음에 그는 반짝거리는 압설자를 테이블 위에 놓고, 아이가 만일 압설자를 만지길 원하면 그렇게 할 수 있게 아이를 잘 잡고 있으라고 엄마에게 요청했다. 그리고 위니콧은 아이를 관찰했다.

위니콧의 관찰에 따르면, 아기는 대부분 압설자에 손을 올리면서 시작한다. 그러나 그 순간에 아기는 엄마나 의사가 자신의 행동에 대해 어떤 반응을 보일지 주의 깊게 생각해야 한다는 것을 알아챈다. 어떤 아기들은 즉시 손을 치우며 엄마의 블라우스에 얼굴을 파묻는다.

그러나 대부분의 경우 처음 얼마간의 망설임은 서서히 극복된다. 아기는 마음대로 행동할 정도로 대담해진다. 압설자를 잡고, 그 이상의 탐험과 즐거움을 위해 압설자를 입속으로 넣는다. 이 순간에 아기의 전체적인 신체적 모습이 변하곤 한다. 자신이 이렇게까지 했는데도 의사나 엄마로부터 아무런 질책을 받지 않았다는 사실에 대한 엄청난 자신감과 자부심을

---

[15] Adam Phillips, "On Being Bored," in *On Kissing, Tickling, and Being Bored: Psychoanalytic Essays on the Unexamined Life* (Cambridge: Harvard University Press, 1993), 68-74에서 논의되었다.

보인다. 위니콧은 만일 아기가 그 유혹적인 대상으로부터 손을 떼기로 결심했다면, 아기에게 그 압설자를 다시 잡도록 강요하는 게 거의 불가능하다는 것을 발견했다. 아기로 압설자를 잡게 하는 노력은 경우에 따라 비명과 울음을 일으켰다.

이 실험을 반복적으로 관찰한 위니콧은 욕망은 믿을 수 있고 안전하고 유혹적인 환경, 즉 그가 '안아주는 환경'(holding environment)에서 가장 잘 일어나고 표현된다는 이론을 세웠다. 아기는 안전하게 '안아주는 환경' 속에서 모험을 떠나도 안전할 거라고 느끼고, 그 과정에서 자신감과 자기확신을 얻는다. 그리고 유혹적인 압설자를 발견할 뿐 아니라 그것을 만들어 냈다는 환상과 기쁨을 갖는다. 압설자는 아기의 의식으로 들어가서 아기의 의식을 바꾼다. 그러나 아기 역시 압설자에 의미를 불어넣었다. 이것은 위니콧의 또 다른 중요한 관찰로 이어졌다. 우리는 실재를 발견하고 창조한다.

압설자를 그만 만지기로 한 아기에게 그 압설자를 다시 잡도록 강요하는 시도는 고통을 야기하거나 주위의 힘 있는 사람들을 만족시키는 것이 가장 중요한 순응적이고 수동적인 자아를 낳게 된다. 강하고 고압적인 외부의 힘을 직면하면서, 아기는 수동적으로 묵인하는 방식을 발전시키는 경향을 보인다. 아기는 자신의 욕망보다는 돌보는 사람의 욕망에 신경 쓴다. 그리고 자신의 행동이 그 환경 속에 있는 힘 있는 사람들에게 끼치는 영향에 대해 큰 관심을 기울이게 된다.

위니콧은 아기들에 대한 이런 관찰들을 심리요법 업무에 적용하고자 확장했다. 치료사는 환자에게 새로운 방식으로 이해하고 행동하라고 강요할 수 없다. 치료사는 환자가 생각하고 행동하는 새로운 방식들을 자유롭게 탐구하는 용기를 갖도록 안전한 공간, 즉 '안아주는 환경'을 창조한다. 치료사는 판단하지 않고, 안전한 공간을 창조하는 데 능숙하고, 환자의 상황을 새로운 방식으로 개념화하고 이해하는 즐거운 실험을 촉진해야 한다. 그리고 환자가 강요되거나 순응적이 되지 않도록 때로는 침묵하기를 마다하지 않아야 한다.

위니콧은 우리가 세상과 소통하면서 세상에 대해 배운다고 믿었다. 세상은 우리에게 수동적인 사고방식을 강요하지 않는다. 세상은 백지상태에 투영된 우리의 주관적인 의식도 아니다. 우리는 다른 사람과 세상과의 지속적인 교섭을 통한 상호 작용에 의해서 이해한다. 그렇기 때문에 위니콧은 진리는 '창조될 뿐 아니라 발견된다'라고 말할 수 있었다.[16]

교회의 예식들은 우리가 하나님을 만나고 하나님이 우리를 만나주시는 의례적인 방법들이다. 우리는 교회에서 사람들이 부활하신 그리스도의 진리를 이해하도록 돕는다. 그러나 엄마의 무릎 위에 있는 아기와 같이, 상대적으로 안전한 '안아주는 환경'에서 그렇게 한다. 사람들은 때때로 교회가 너무 편안하고 조용하다고 비난한다. 우리는 낮은 목소리로 말하고 오르간은 조용히 연주된다. 점잖은 목사는 모든 것이 괜찮다고 우리를 상냥하게 안심시킨다.

교회의 그러한 특성들은 그리스도의 복음이 요구하는 것을 부정하는 것 같지만, 한편으로는 당연하다. 사람들은 그리스도와의 더욱 부담스러운 만남 속으로 대담하게 들어가기에 앞서 안전하게 '안기고' 안심돼야 한다.

예전에서 부담스럽고 어쩌면 위협적인 하나님의 임재는 회중의 손이 닿

---

[16] Janet Liebman Jacobs and Donald Capps, eds., *Religion, Society, and Psychoanalysis: Readings in Contemporary Theory* (Boulder: Westview, 1997)를 보라. 이 책의 많은 장들은 위니콧이 정신분석과 인간 발달에 대한 우리의 이미지에 기여한 것에 대해 논의한다.

는 곳에 있지만, 익숙해진 예전의 일정하고 예측할 수 있고 안심시키는 환경에 좌우된다. 예배자들이 하나님의 임재를 경험하려면, 하나님의 임재의 부담에서 자유롭게 벗어나야 하고 메시지를 받아들이도록 강요되어서는 안 된다. 그러나 또한 자유롭게 그 임재에 들어가고, 붙잡고, 만들고, 구성해야 한다.

하나님의 임재는 하나님이 교회에 주시는 선물이고, 부활하신 그리스도의 경험이다. 그러나 그 임재는 또한 우리의 분투와 연구와 노력의 산물이기도 하다. 위니콧이 인정했듯이 진리는 '창조될 뿐 아니라 발견된다.'

위니콧은 유아들을 관찰하면서 '이행 대상'(transitional objects)을 발견하기도 했다.[17] 그는 아기들이 다양한 대상들 – 인형, 담요, 잠자리 의례 – 을 소중히 여기는 것에 주목했다. 이런 소중한 대상들은 불안해하는 아이에게 안전하고 안심시키는 임재가 된다.

부모들은 여행 갈 때 그 대상을 가져가야 하고 아이가 아프거나 위로와 안심이 필요할 때 그 대상을 찾아 가져와야 한다는 것을 배운다. 그 대상은 아이에게 허용된 환영, 즉 강력한 임재의 환영을 제공한다. 그 대상은 내적 세계와 외적 세계의 매개물, 교섭의 수단이다. 지혜로운 부모는 자녀가 그 대상에게 느끼는 감정을 동일하기 느끼지 않더라도 그 대상을 존중한다.

위니콧의 이론에 따르면 이행 대상은 아이에게 "나는 아니다"라는 매우 중요한 경험을 하도록 만든다. 아이는 어떤 때는 애정을 담아 껴안고, 다른 때는 마구 다루거나 학대하면서 대상에 힘을 행사한다. 대상은 역설적

---

[17] D. W. Winnicott, *Playing and Reality* (NY: Routledge, 1992).

이게도 따뜻함과 애정을 주는 동시에 혐오감을 유발하는 것 같다. 대상은 단지 아기의 주관에서 나오는 것이 아니고, 그렇다고 아기의 자아 밖에서 나오는 것도 아니다. 대상은 단순한 환영이 아니다. 대상의 정체성과 가치는 아기의 기준틀(frame of reference) 안에 거한다. 대상은 창조될 뿐 아니라 발견된다. 대상은 아기의 세상을 늘린다.

그러나 아기는 대상에 중요한 의미를 부여하면서 아기와의 의미 있는 소통이 없이는 존재하지 않을 무언가로 만든다. 마침내 성장하는 아이는 대상을 옆으로 치워놓게 되는 것 같다. 위니콧은 아이가 어려운 과도기를 지나는데 이행 대상을 더 이상 필요로 하지 않을 때 이런 일이 일어난다고 믿었다.

(위니콧의 잘 알려진 용어인) '충분히 좋은 엄마'는 아기의 모든 요구에 즉각적으로 반응하면서 아기를 돌보는데 할 수 있는 모든 일을 하면서 시작한다. 현명한 부모는 아기가 모험할 수 있는 더 많은 공간, 환경에 대한 좌절을 다소간 경험할 수 있는 더 많은 기회를 점진적으로 주면서 시작한다. '충분히 좋은 엄마'는 성장하는 아이의 모든 요구를 즉각적으로 들어주지 않는 것이 중요하다는 것을 이해한다.

위니콧은 '환영'에 대한 프로이트의 부정적인 시각을 보완했다. 그는 일부 환영적인 대상들과 경험들의 필요성과 발달 가치를 보여 줬다. 아이 안에서 조성된 초기의 환영들, 예를 들어 아기가 부모보다 전능하다는 환영, 아기가 세상의 위협을 견딜 수 있도록 보호하고 돕는 어떤 대상들이 세상에 존재한다는 환영이 없으면, 아기는 절대로 세상을 탐험하고자 하지 않을 것이다.

이처럼 아기는 세상을 창조하는 일에 협력하고, 그만두고, 점점 더 부담되고 위험해지는 방식들로 세상과 소통하기 위해 부모가 조성한 에덴으로부터 나온다. 프로이트는 아이를 기쁨을 추구하고 즐기지 말라는 말을 계속해서 듣는 쾌락주의자로 여겼다. 위니콧은 아이를 삶 속의 물건들과 소통하고, 신뢰할 수 있고 흥미롭고 부담되지만 감당할 수 있는 세상을 창조하는 예술가로 봤다.

우리는 예전에서 신자들의 손이 닿는 곳에 하나님의 거룩성과 타자성을 두며 그들을 돌본다. 빵, 포도주, 물과 같은 대상들은 우리 신자들의 의식 옆과 경험의 사정거리 안에 놓인다. 회중은 함께 모인 장소에서 대상들을 만지고, 맛보고, 다루고, 소통하고, 갖고 노는 것이 허용된다.

위니콧은 한 대상을 이행 대상의 지위로 승격시키는데 있어서, 아기가 그 대상에 끼쳤던 어떤 무한한 힘을 불가피하게 포기했다는 것을 알아챘다. 새롭게 꾸며진 대상은 이행 대상으로서 그 자신의 객관적인 실재를 부여받는다. 유사하게 성배의 위상을 이행 대상의 지위로 높이는 데 있어서 목사는, 대상에 내재한 완전성(integrity)을 인식하고, 대상이 자유롭게 말하도록 하면서, 대상에 끼쳤던 힘을 어느 정도 없앤다. 그래서 대상이 목사에 의해 좌우되거나 제한되지 않고, 완전하게 정의되거나 설명되지 않는 방식들로 회중이 경험하는 일부가 되도록 한다.

상대적으로 안전하고 안심시키는 예전의 범위 내에서 예배는 목회 돌봄이 된다. 사람들은 가장 위협적이고, 그래서 대부분 회피했던 삶의 경험들, 즉 하나님을 만나고 하나님이 만나주시는 경험을 감히 하고자 하는데 필요한 안전한 장소를 제공받는다. 예전에서 어떤 대상들은 일요일 의례의 안전한 범위 안에서, 세상에서 하나님을 만나는 위험을 감수할 정도로 대담해질 수 있는 방식으로, 우리를 신과 만날 수 있게 하는 이행 대상들이 된다.

주일마다 우리 교회의 예배에 참석하는 지인 중에 한 여성이 있다. 어느 날 교회의 한 위원회에서 그녀에게 가난한 사람들을 위한 교회의 무료 급식 사역에 그토록 헌신하는 이유가 무엇이냐고 물었다. 그녀는 다음과 같이 대답했다.

저는 우리가 주일에 예배할 때마다 부서진 빵에서 예수님을 만납니다. 저는 수요일 밤에 급식소에서 음식을 대접할 때마다 부서진 빵과 부서진 인생들 속에서 예수님을 만납니다.

내 생각에 그녀가 했던 말은 성숙한 그리스도인의 삶을 위한 이행 대상이 될 수 있는 예전의 힘을 생생하게 구현한 것이다. 하나님을 예배하면서 그녀 또한 그리스도인을 성숙시키는 방식으로 돌봄을 받았다. 내 생각에 위니콧의 관찰들은 예전에서 우리의 목회 리더십이 의례와 그 효과를 연구한 사회과학의 통찰력을 통해 확장되고, 지식을 제공받고, 새로운 의미를 볼 수 있게 하는 방식들에 대한 생생한 예이다.

위니콧을 렌즈로 사용하면, 우리는 예배가 갖는 보다 심오하고 분명한 목회 돌봄의 차원을 볼 수 있게 된다. 예를 들어, 결혼식과 장례식은 엄청난 스트레스를 받거나 힘든 시기에 우리를 안심시키는 기독교 상징들을 제공할 수 있다. 우리는 의례에서 하나님의 약속들을 탐구할 수 있는 안전한 장소를 제공받는다.

이러한 사실은 2001년 9월 11일에 일어난 테러의 여파와 슬픔에 잠긴 국가의 필요를 채우려고 시작된 의례들에서 매우 분명해졌다. 내가 관할하는 교회 중 한 곳에 갔을 때 교인 중 하나가 자신을 소개하면서 이렇게 말했다.

저는 성찬용 포도주를 구입하는 사람입니다.

나는 이상하게 여겼다. 비록, 항상 그랬던 것은 아니지만, 20세기 초부터 감리교는 성찬식 때 포도주스를 사용하는 경향이 있었기 때문이다. 교회에서 포도주를 구입하는 데에는 큰 비용이 들지 않는다.

그런 후에 그 사람은 나에게 설명했다.

저는 알코올중독에서 회복되는 중입니다. 제가 주류 판매점에 가서 포도주를 구입하고, 그다음에 포도주가 성찬대 위에 놓이고, 축성되고, 교회에 건네지는 것을 보는 것은, 내가 악마를 극복하는 주된 방법입니다.

심오한 목회 돌봄이 그러한 의례화를 통해 수행되고 있다.

3. 마지막 경고

모든 것을 말했기 때문에 한 가지 경고를 하면서 끝맺는 게 맞을 것 같다. 기독교 예배를 구성하는 의례들의 복합체에서 가장 중요한 것은 인간들이 끼치는 영향들이 아니다. 심지어 목회 돌봄이 끼치는 고결한 영향도 아니다. 예배의 목적은 하나님을 영화롭게 하고 즐거워한다는, 기쁘게 무목적이고, 무의미하고, 비실용적인 목적이다. 우리는 주로 평화와 보장, 용기와 확신을 받으려고 주일에 모이지 않는다.

우리는 자신을 배신하고 저버린 바로 그 사람들에게 계속 돌아오시는 부활하신 그리스도가 부르셔서 모인다. 기독교 예배의 의례에 참여하면서 우리는 때때로 평안, 보장, 용기, 확신이나 다른 유익을 얻는다. 그러나 기독교 예배로부터 오는 모든 인간적인 유익들은 하나님을 영원토록 영화롭게 하고 즐거워하는 주된 유익이 주는 부산물일 뿐이다. 예배가 인간의 어떤 유익을 위해 사용될 때는 언제든지, 그 유익이 얼마나 좋은지에 상관없이, 예배는 이용되는 것이고, 그렇기 때문에 오용되는 것이다. 우리는 우리의 유익 때문에 예배한다. 우리에게 유익이 없으면 우리는 우리를 먼저 사랑하셨기 때문에 우리가 사랑하는 하나님을 예배하지 않는다.

우리는 기독교 예전을 사회과학적으로, 심리학적으로 평가할 때 이 신학적 경고를 반드시 명심해야 한다. 이 경고는 로버트 웨버의 기독교 기도와 찬양에 관한 모든 논의의 시작이자 끝이었던 근본적인 신학적 통찰력이었다.

신학이 인류학으로 변질되는 위험을 계속해서 보일 때는 의례와 목회 돌봄의 관계에 대해서 더 이상 말하지 말자. 우리 예배의 가장 중요한 시금석은 심리치료의 효용성이 아니다. 신학적인 신실함이다.

기독교 예배의 가장 중요한 목적은 우리 신자들을 돌보는 것과 같은 고귀한 무언가도 아니다. 예배의 목적은 사람들로 하나님의 임재 속에 있게 하는 것이다. 만일 우리가 끊임없고, 부담스럽고, 매혹적이고, 위협적인 임재에 우리 자신을 복종시키는 행동 속에서 돌봄을 받았다고 느낀다면, 좋은 일이다. 그러나 그것이 우리가 모이는 주된 목적이 되어서는 절대로 안 된다.

우리는 하나님이 그리스도 예수 안에서 우리에게 먼저 오셨기 때문에 하나님께 나온다. 그 진리는 우리의 모임에 대한, 신비스럽고, 보상이 후하고, 대단히 부담스러운 집회인 하나님 백성의 예배에 대한 충분한 이유가 된다.

제7장

왕들과 그리스도인들을 세우는 것에 관하여

예배와 문화 형성

로드니 클랍(Rodney Clapp)

예배는 시간 낭비다.[1] 이것은 하늘과 땅의 하나님을 찬양하러 정기적으로 모이는 기독교 관습에 대한 세심한 논의에서 제일 먼저 주장되어야 한다. 하나님을 찬양하는 일이 예배의 전부이기 때문이다. 그 기원에 담긴 안식일의 기풍처럼, 예배는 기본적으로 생산적인 일에 대한 것이 아니다. 만일 예배가 하나님을 찬양하고 영화롭게 하는 것보다 다른 목적을 위한 수단이 된다면, 그 예배는 왜곡되고 심한 경우 오용된다.

---

1 Marva J. Dawn, *A Royal 'Waste' of Time: The Splendor of Worshiping God and Being Church for the World* (Grand Rapids MI: Eerdmans, 1999).

오늘날 우리는 정기적인 예배와 건전한 기독교적 생활이 사람들을 더 행복하고 더 건강하게 만들고, 심지어는 더 부유하게 만든다고 점점 더 크게 말하는 소리를 듣는다. 그러나 만일 사람들이 행복하고 건강해지기 위해서 예배한다면, 그들은 그들 자신의 목적을 위한 수단으로 하나님을 이용하고 있는 것이다.

그러나 만일 예배가 이스라엘과 예수 그리스도 안에서 만났던 하나님은 이용당하기 위한 신이 아니라는 것을 우리에게 보여 주지 않는다면, 예배는 우리에게 무엇을 보여 주는가?

수단적인 예배는 예배의 가치를 떨어뜨리고, 예배를 심리치료나 정치의식을 높이는 것 정도로 축소된다. (Orthodoxy의 문자적 의미인) 참되고 올바른 예배는 무엇보다도 하나님의 섬김이고 다른 명분은 필요하지 않다.

그렇다 해도, 그리스도인들이 예배에는 결과가 따른다는 것을 부인해서는 안 된다. 예배는 하나님과 그분의 백성 간의 만남이고, 인간성(personhood)은 관계에서 만들어진다. 교회가 선포하는 하나님은 삼위의 하나님으로, 성자에 대한 성부의 아버지 되심과 성부에 대한 성자의 아들 되심, 두 위격을 모두 통한 성령의 존재하심과 권능 부여에 의해 정의되고 확인되신다. 하나님조차도 관계 속에서 그분 자신을 아신다.

그렇다면 하나님의 형상으로 만들어진 의지하고 의존하는 창조물들은 얼마나 더 그러하겠는가?

정통 기독교 예배는 이러한 예속적인 사회성으로부터의 탈출이 아니라 실은 하나님의 백성이 모이고 하나님의 문화가 되는 것이다. 그렇기 때문에 우리는 예배가 모인 사람들에게 영향력을 끼칠 것이라고 기대할 수 있다. 예배는 처음부터 끝까지 하나님을 섬기는 것이다. 그렇기 때문에 예배는 예배하는 사람들이, 일요일 아침의 몇 시간 동안만이 아니라 평생토록 하나님을 섬길 수 있게 더욱 준비되고 또 섬길 수 있게 만들어야 한다.

그것은 사실 교회가 처음부터 기대하던 것이었다. 예를 들어, 3세기 교부인 키프리안(Cyprian)은 '만약 세례를 받고 성찬을 받는 것이 행위와 행동에 유익을 주지 않는다면 그것은 별개 아니다'라고 주장했다.²

위그의 성 빅터(Hugh of St. Victor)는 나중에 다음과 같이 말하곤 했다.

> 성례전은 세 가지 이유, 즉 굴욕 때문에, 가르침 때문에, 훈련 때문에 제정되었다고 알려져 있다.

다시 말해, 그리스도인들이 겸손해지고, 신앙을 배우고, 신앙에 따라 살도록 돕기 위함이다.'³ 20세기에(그리고 21세기에도 지속하는) 전개된 두 가지 운동이 교회에서 예배의 형성적인 잠재력을 다시 각성시켰다.

첫 번째로 전개된 것은 예전 갱신 운동이다.

예전 갱신 운동은 예배의 행위에 (성직자만이 아니라) 모든 예배자의 참여를 강조했고, 예배(특히, 성찬)가 교회를 만들고, 그래서 그리스도인들을 만든다고 주장했다.⁴

---

2   Cyril, *Ad Quirininum* 3, para. 26, Alan Kreider, *Worship and Evangelism in Pre-Christendom* (Cambridge: Grove, 1995), 33에서 인용.

3   Hugh of St. Victor는 Talal Asad, *Genealogies of Religion* (Baltimore: Johns Hopkins University Press, 1993), 78에서 인용된다.

4   Paul McPartlan, *Sacraments of Salvation* (Edinburgh: T and T Clark, 1995)는 예전 갱신 운동에 대해 유익하고 간결한 설명을 제공한다. 제2차 바티칸 공의회의 문헌인 *Sacrosanc-*

두 번째는 가톨릭 철학자인 알래스데어 맥킨타이어(Alasdair MacIntyre)에 의해, 그리고 신학계에서는 스탠리 하우어워스(Stanley Hauerwas)의 영향력을 가장 크게 받으며 전개된 덕 윤리, 또는 선량한 성격을 위해 필수적인 사회적 형성의 회복이다.[5]

사실 서로 연관된 두 개의 운동들은 일부 집단에서 기독교 예배와 일반적으로는 의례에 대한 극단적이고 비현실적인 기대가 아주 뿌리 깊게 박힐 정도로까지 퍼져나갔다. 의례학자인 캐서린 벨(Catherine Bell)은 의례 그 자체가 이 땅에서 전쟁을 종식하고 정의를 가져올 수 있다고 생각하는 일

---

*tum Concilium*은 그리스도인들을 형성하는데 있어 공동 예배의 중요성을 분명하게 나타내는 많은 문헌들 중에서 가장 유명하다. 예를 들어, '전례를 통하여, 특히 신자들은 그리스도의 신비와 참된 교회의 진정한 본질을 그들의 삶에서 표현하고 다른 사람들에게 드러낼 수 있게 된다. … 전례는 교회 안에 있는 이들을 날마다 주님 안에서 성전으로, 성령 안에서 하느님의 거처로 만든다'(para 2). 그리고 "전례는 교회의 활동이 지향하는 정점이고, 교회의 모든 능력이 흘러나오는 원천이다"(para. 10). Austin P. Flanney, ed., *Documents of Vatican II* (Grand Rapids MI: Eerdmands, 1984), 1, 6에서. 예전 갱신 운동의 열매들은 로마 가톨릭의 성찬 너머로 확산되었다. 예전이 모인 모든 구성원들의 행위이고 기독교 공동체와 인성을 형성한다는 견해들은 로마 가톨릭교도들 뿐만이 아니라 개신교와 동방 정교 그리스도인들에게도 공유된다.

[5] 이것과 관련한 맥킨타이어의 주목할 만한 연구는 당연히 *After Virtue*, 2nd ed. (Notre Dame, IN: University of Notre Dame Press, 1984)이다. 하우어워스의 중심적인 주장들과 신학 윤리를 위한 덕의 전용에 관한 내용은 *A Community of Character* (Notre Dame, IN: University of Notre Dame Press, 1981)과 *The Peaceable Kingdom* (Notre Dame, IN: University of Notre Dame Press, 1983)에 실려 있다. 가톨릭에서부터 재세례파에 이르기까지 덕 윤리가 몇몇 기독교 전통들에 끼친 영향력의 의미에 대해서는 Nancey Murphy, Brad J. Kallenberg, and Mark Thiessen Nation, eds., *Virtues and Practices in the Christian Tradition* (Harrisburg, PA: Trinity, 1997)을 보라. 하우어워스는 지금 한 세대의 신학자들을 훈련했다. 그가 가르쳤던 학생 중 한 명의 예배와 형성에 대한 탁월한 자서전적 및 신학적 연구를 원하면, "Sharing the House of God: Learning to Read (Scripture) with Anabaptists," *The Mennonite Quarterly Review* 74, no. 4 (October 2000), 593-621을 보라.

부 저술가들에게 당연한 불만을 토로한다.⁶ 보다 평범한 수준에서 어떤 사람들은, 특히 자유교회(소위 비예전적) 전통에 속해 있는 사람들은 예배를 강조하는 것에 대해 이의를 제기한다. 그래서 그들은 이렇게 말한다.

공동 예배는 일주일에 단지 두세 시간 동안에만 일어나는데 그 예배가 가장 신실한 예배자들의 생각과 행동과 태도도 변화시키는 데 큰 영향을 끼칠 수 있다고 정말로 믿을 수 있을까?

나는 예전이 교회와 그리스도인들을 형성한다는 사실을 제시하고, 예전이 어떤 타당해 보이고 형성적인 효과를 가졌는지 제시하고, 마지막으로 예전이 어떻게 교회를 독특한 문화로, 그 구성원들을 보다 신실한 그리스도인들로 훨씬 더 강력하게 만들 수도 있는지를 살펴보고자 한다.

1. 의례는 남자와 여자, 그리고 문화를 만든다

나는 반드시 분명한 신학적 근거에 내 주장의 논거를 두어야 한다. 그러나 좀 더 일반적인 인류학과 사회학의 용어들로 시작할 것이다. 우리는 의례가 모든 시대와 모든 장소에서 인간 문화에 중요했다는 것을 만약 자의식적이 아니라면 직관적으로라도 관찰할 수 있다. 인간들은 생존하고 번영하기 위해 다른 동물들과는 비교가 안 될 정도로 문화화에 의존한다. 다른 동물들은 그들의 행동들 대부분을 결정짓는 본능에 따른 능력을 갖추

---

6   Catherine Bell, *Ritual: Perspectives and Dimensions* (NY and Oxford: Oxford University Press, 1997), 221.

고 태어난다. 먹이를 찾는 개에서부터 짝짓는 장소로 돌아오는 연어에 이르기까지 종족의 생존과 번식을 가능케 하는 **내재한 '프로그래밍'**이 있다.

이에 반해, 인간의 유아들은 특이할 정도로 본능에서 약하다. 그래서 그들은 생존을 위해서, 그리고 인간으로 형성되기 위해서 특이할 정도로 다른 인간들에게 의존한다. 인간이라는 동물이 모닥불에서 고층건물까지 모든 것을 만드는 법은 본능이 아니라 문화로부터 배운다. 문화란 인간들에게 정체성을 주고 세상에 대한 시각과 삶의 목적을 주는 이야기들과 관습들을 모은 것이다.

따라서, **문화**(culture)라는 말의 어원이 농업학과 식물학적 단어인 **경작**(cultivation)과 관련된 데에는 이유가 있다. 문화는 인간을 경작한다. 이러한 경작이 없으면, 사람들은 그들에게 적합한 인간이 될 수 없을 것이다. 예를 들어, 미국과는 동떨어져서 발달하였거나 깊어진 정체성을 가진 조지 워싱턴(Geroge Washington)을 상상해보라.

아니면, 러시아와 마르크스의 공산주의에 전혀 의지하지 않은 이오시프 스탈린(Joseph Stalin)을 상상해보라. 우리는 지금 워싱턴과 스탈린이 인생을 바친(devoted) 사업으로, 그들이 큰 가치(worth)를 부과한 목적으로 그들이 누구인지를 확인한다.

바치기(devotion)와 가치(worth)에 대한 언급은 문화의 또 다른 어원학적 고리, 즉 문화와 밀접하게 연관된 단어인 **컬투스**(cultus)를 우리에게 가리킨다. 한 민족의 의례적 예배는 그 민족의 컬투스이고, 이 의례는 한 민족이 가장 중요하게 여기고, 그들이 모든 것을 바치며 최고의 가치로 여기는 것에 담겨 있다. 일반적으로 의례들은 반복적이고 형식을 갖췄고 상징들로 가득한 의식들이다. 의례들은 한 민족에게 그들의 창건 이야기들이나 신화들을 상기시킨다. 의례들은 학습되고 복잡한 방식들과 몸짓들, 말들로 실행된다. 그리고 의례들은 해당 문화 최고의 소망들과 이상들, 전형들을 압축하거나 가리키는 시각적 및 언어적 상징들을 비롯한 여러 상징으로 특징지어진다. 그래서 모든 문화는 사람을 문화의 일부로 만드는 의례의 중요성을 감지했다.

그것과 관련하여, 조지 워싱턴과 이오시프 스탈린의 예를 다시 생각해 볼 수 있다. 그들 각 사람은 자신의 역사를 가졌고 그를 선행했던 문화에 의해 '만들어'졌다. 워싱턴과 스탈린은 각각 미국의 문화와 소비에트 연방의 문화로 정의되는 새로운 문화들을 창조하는 데 중요한 역할을 했다.

미국에서 독립 기념일 퍼레이드와 피크닉은 워싱턴과 그의 혁명 동지들의 건국 이야기에 다시 귀를 기울인다. 불꽃놀이는 신생 국가의 전쟁들을 재현한다. 다른 의식들은 7월 4일을 강조할 뿐 아니라 그 너머로도 넘쳐흐른다. 초등학생들은 국기에 대한 맹세를 배우고 외운다. 야구와 미식축구 팬들은 시합 전에 국가를 의례적으로 부르고 예우한다. 이러한 예식들은 문화적인 응집력과 형성에 대한 의문이 제기되는 것 같을 때 특히 중요하게 여겨지는 것 같다.

역사가 에릭 홉스봄(Eric Hobsbawm)에 따르면 '미국인들은 만들어져야 한다'라는 말이 실제로 인정되었을 때는 이민자들이 엄청 유입되던 19세기 말이었다.[7] 이민자들은 이미 자리를 잡은 미국 예식들 뿐 아니라 1890년대에 시작된 국기에 대한 맹세 그 자체와 그 맹세를 매일 복창하는 것을 몸에 익히도록 강요되었다. '성조기여 영원하라'는 1814년에 작곡되었고

7　Catherine Bell, *Ritual: Perspectives and Dimensions*, 230에서 인용.

1931년에 공식적으로 국가가 되었다.[8]

소비에트 연방은 러시아인들(과 다른 이들)을 소비에트 시민들로 문화화하고 만드는 의례들을 개발하는 것에 대해 보다 자의식적이고 의도적이었던 것 같다. 예식들과 의례 시스템은 '사회적 통제와 정치적 교화라는 명백한 목적을 위해 여러 학자-관료들에 의해 관청들에서 고안되고 개정'되었다.[9] 위대한 10월 사회주의 혁명일(Great October Socialist Revolution)과 다른 기념일들이 매년 경축 된다. 의례를 위한 노래들이 작곡되고 도입되었다.

청년회들과 직장들을 위한 입회 의식들이 만들어졌다. 스탈린과 레닌을 중심으로 한 개인숭배가 생겨났다. 결혼식은 비-기독교적이 되고 가족을 '우리 국가에서 가장 중요한 세포'로 선포하도록 개정되었다.[10]

내가 그러한 예들을 언급하는 이유는, 그 예들이 익숙하고 이국적이지 않기 때문이다. 그리고 미국처럼 매우 현대적이고 소련처럼 의도된 비종교적인 나라들에서조차도 의례가 존속한다는 것을 보여 주기 때문이다. 문화들을 세우거나 지속시키길 원하는 이들은 그러한 일들을 하면서 의례들의 중요성을 직관적이거나 분명하게 인식하는 것 같다. '예식'이나 '의례'는 모던과 포스트모던 사람들의 귀에는 이상하게 들릴 수 있고, 미개한(것 같은) '원주민들'과 더 종교적이면서 덜 계몽적인(것 같은) 과거에 남겨진 것처럼 그들과는 전혀 관계없게 들릴 수 있다. 그러나 사실 의례 없이는 어떤 문화나 정치도 할 수 없는 것처럼 보인다.

---

[8] Catherine Bell, *Ritual: Perspectives and Dimensions*, 230.
[9] Catherine Bell, *Ritual: Perspectives and Dimensions*, 225.
[10] Catherine Bell, *Ritual: Perspectives and Dimensions*, 228.

물론, 이것은 한 문화를 만들거나 지속시킬 수 있는 특정한 의례의 성공률이나 효과성에 대해서는 아무것도 말하지 않는다. 성공하는 공휴일이나 예식들이 있고, 그렇지 않은 것들도 있다. 적어도 사람들의 이목을 끄는 하나 이상의 경쟁적인 컬투스가 있다. 그리고 의례들은 오해되거나 무시될 수도 있다. 그러나 나는 의례들의 편재성과 영구성이 컬투스가 없는 문화는 있을 수 없다는 사실을 가리킨다고 생각한다.

이런저런 유형의 의례적인 관습은 문화가 기능하기 위해 충분한 조건이 아닐 수도 있지만, 반드시 필요한 조건처럼 보인다.[11] 우리 시대의 다양한 문화적 운동들이, 흑인계-미국인 공동체의 크완자(Kwanza)부터 월경하는 소녀들을 위한 페미니스트의 통과의례, 숲속에 있는 한증 오두막(sweet huts and drums)으로 들어가는 남성 운동의 불안정한 남성적인 신봉자들에 이르기까지, 자신들만의 의례를 고안하고 실행하는 데에는 충분한 이유가 있다.

J. L. 오스틴(J. L. Austin)과 그의 화행 이론(speech act theory)은 이러한 역사적 및 사회학적 관찰들을 철학적으로 실증할 수 있다.[12] 오스틴과 그의

---

[11] 역사는 문화들과 그것들의 의례적 시스템 간의 대립이라는 관점에서 많이 기록된다. 정복한 세력들은 정복된 세력에게 정복자의 신들을 숭배하고, 이전에 존재했던 문화-형성적 의례들을 버리게 할 때가 많다. 기독교의 선교적인 노력은 새롭게 '발견된' 사람들이 자신들처럼 되도록 만들어지고, 기존의 많은 의례는 폐지되거나 개혁되어야 한다는 것을 인식하는 선교사들과 함께 전 세계에서 문화 및 의례적 차이들을 자각하는 것이 반드시 필요하다. 그러한 초기의 조우와 의례들의 대립에 대한 탁월한 설명에 대해서는, Tom Hiney *On the Missionary Trail: A Journey through Polynesia, Asia, and Africa with the London Missionary Society* (NY: Atlantic Monthly, 2000)을 보라.

[12] 화행 이론이 의례 연구에 끼친 영향에 관해서는 Bell, *Ritual*, 68-69를 보라. 신학 화행 이론에 대한 중요한 평가는 James Wm. McClendon Jr. and James M. Smith, *Convictions*, rev. ed. (Valley Forge, PA: Trinity, 1994), 47-79를 보라.

추종자들은 많은 언어가 수행적이고, 즉 일부 언어는 무언가를 **행하고**, 현실(realities)을 완성하고 창조한다는 것을 우리에게 상기시킨다. 그는 그러한 말하기를 발화적(illocutionary)이라고 칭했는데, 의례에서 자주 나타난다. 예를 들어, 결혼 서약은 발화적이다. 결혼 서약은 단순히 결혼에 대해서 말하거나 표현하지 않는다. 신부와 신랑의 '네'(I do)라는 상호적인 진술들과 집전자의 승인은 바로 결혼의 행동이다. 이러한 진술들은 결혼식이라는 의례의 맥락에서 결혼을 실제로 수행하면서 남녀를 아내와 남편으로 만든다.

마찬가지로 정치 의례들도 발화적이다. 왕은 대관식을 통해서 왕으로 만들어진다. 아니면 군주 정치적이지 않은 최근의 예로 미국의 2000년 대통령 선거를 생각해 보자. 현대 미국의 오래된 정치 구조에서 투표는 국민들에게 맡겨진 유일하지는 않더라도 가장 중요한 의례 행위이다. 국민들은 말하고, 투표수가 세어지고, 이러한 의례 행동을 통해서 새로운 대통령이 만들어진다. 여기서 의례의 유효성은 대개 의례가 적절하고 적법하게 수행되었는지에 의해 좌우된다. 그렇기 때문에 플로리다 주에서 의례의 적법성과 적절성에 대한 논란이 있었다.

일부 투표자들은 정말로 팻 뷰캐넌(Pat Buchanan)을 지지해서 그에게 기표했던 것인가?

아니면 앨 고어(Al Gore)에게 투표한다고 생각하고 기표했던 것인가?

적절하지 않게 의례 참여로부터 배제된 유권자들이 있었는가?

이러한 논쟁들과 다른 지저분한 주장들로 인해서 미국은 차기 대통령 없이 몇 주를 보내야 했다. 어떤 사람들에게는 만족스럽고 다른 사람들에게는 그렇지 않았겠지만, 마침내 그 문제는 국민들이 대변한 후보는 조지

W. 부시(Georgy W. Bush)였다는 것으로 의결되었다. 많은 국민이 동요했지만, 미국은 국민들에게 맡겨진 몇 남지 않은 의례 중 하나인 대통령 선거를 재확인하고자 안간힘을 쓰면서 부시의 대통령직을 급히 비준했다.

위의 예는 문화, 특히 정치를 유지하는 데 있어서 의례가 얼마나 중요한지를 보여 준다. 의례는 남편과 아내, 왕과 대통령을 인정할 뿐 아니라 남편과 아내, 왕과 대통령으로 만든다. 의례의 적법성과 적절한 수행에 대해 확신하지 못한다면, 특정한 결혼이나 대통령직의 실재에 대해서도 확신하지 못하는 것이다. 의례의 발화적인 화행은 한 문화의 정체와 가족제도의 중심에서 불가피하게 나타난다.

이런 점에서, 앞에서 내가 했던 의례적 관행이 문화가 기능하기 위한 필요조건이라는 말은 너무 약하다. 사실 의례적 관행은 한 문화를 창조하고 구성하기 위해 반드시 필요하다.

2. 사회과학과 예배의 영향들

교회는 화행 이론 없이도 의례가 문화를 구성한다는 것을 말할 수 있었다. 사실 교회는 오랫동안 예전 안에서, 그리고 예전을 통해서 자기만의 문화를 만들고 유지해왔다. 그러나 내가 현대의 '세속' 학문에서 벗어나 교회 의례의 신학적인 근저에 좀 더 직접적으로 의존하기 전에, 사회과학은 우리에게 한 가지 도움을 더 줄 수 있다. 사회학자들과 여론조사원들은 예배가 사람들의 행동과 신앙에 영향을 끼치는지 그렇지 않은지를 알아보기 위해 지난 20년 동안 많은 연구를 해왔다.

그들은 무엇을 알게 되었는가?

로빈 질(Robin Gill)은 주로 영국과 호주에서 실시된 많은 연구를 조사했다. 그는 263쪽 분량의 책에서 대부분을 그 연구들에서 골라 모은 통계들을 세세하게 설명하는데 할애한다. 그는 교회 교리에 대한 믿음과 교회 참석의 빈도 사이에 일관된 관련성이 있다는 것을 발견한다. 예를 들어, 1993년에 실시된 영국의 한 여론조사에 따르면, 매주 예배를 드리는 사람 중에 80%가 인격적인 하나님을 믿지만, 한 달에 한 번만 교회에 오는 사람 중에는 71%만 믿었다.

그리고 매주 예배를 드리는 사람 중 85%는 예수가 인간일 뿐 아니라 하나님이시라고 믿지만, 격주로 예배하는 사람 중에는 77%만 그렇게 믿었다. 매주 교회에 출석하는 이들 중 95%는 예수의 부활을 확신했고, 격주로 출석하는 일 중에는 79%가 확신했다. 매주 교회에 나가는 사람들의 70%가 성경을 '완전한 하나님의 말씀'으로 이해했던 반면에 격주로 나가는 사람 중에는 41%만이 그렇게 이해했다.

또한, 매주 예배를 드리는 사람들이 격주로 예배하는 사람들보다 매일 성경을 읽고 매일 기도를 할 가능성이 두드러질 정도로 훨씬 더 높았다(성경 읽기는 33% 대 7%, 기도는 80% 대 30%).[13]

다른 연구들은 엄격한 신앙 관습들 너머까지 미치는 행동 차이들을 보여 준다. 1980년대에 유럽 전역에서 반복 시행된 여론조사는 매주 교회를 가는 가톨릭교도들의 28%와 교회를 가지 않는 가톨릭교도들의 12%가 봉

---

[13] Robin Gill, *Churchgoing and Christian Ethics* (Cambridge: Cambridge University Press, 1999), 41-42.

사 활동에 참여하는 것을 보여 줬다. 개신교도들 중에서는 매주 교회에 나가는 사람들의 58%가 봉사 활동에 참여한 반면에, 교회에 나가지 않는 이들 중에서는 10%만이 참여했다.[14] 교회 활동의 범위 밖에서 이뤄지는 자원 봉사나 사회참여를 감안할 때도 행동 차이들은 사라지지 않는다. 예를 들어, 정기적으로 교회에 나가는 이들은 그렇지 않은 이들보다 환경보호단체에 참가할 가능성이 더 컸다.[15]

질은 종합적으로 이렇게 결론짓는다. 영국에서 '교회에 출석하는 이들은 그들의 독특한 유신론적이고 그리스도 중심적인 신앙에 더해 도덕적 질서에 대한 강한 의식과 다른 이들에 대한 관심을 둔다. 그들은… 다른 사람들보다 봉사 활동에 참여하고 해외자선단체에 기부하는 일이 중요하다고 여길 가능성이 더 크다. 그들은 다른 사람들보다 안락사와 사형에 대해 더 망설이고 가족과 사회질서에 대해 더 많은 관심을 둔다.'[16]

질은 '이러한 차이들 중 절대적인 것은 아무것도 없다'라고 빨리 덧붙인다. 오래 전에 교회에 나가는 것을 그만 둔 사람들이 예수 그리스도를 하나님의 아들로 여전히 믿고 고백할지도 모른다. 그리고 교회에 다니지 않는 사람들이 봉사 활동에 참여할 수도 있다. 그러나 분명한 차이가 있다. 교회에 다니는 사람들의 '차별성'은 '상대적'이긴 하지만, '실질적'이다.[17]

---

[14] Robin Gill, *Churchgoing and Christian Ethics*, 42.
[15] Robin Gill, *Churchgoing and Christian Ethics*, 193-94.
[16] Robin Gill, *Churchgoing and Christian Ethics*, 197.
[17] Robin Gill, *Churchgoing and Christian Ethics*, 198.

대서양 건너편에서 비슷한 결과들이 발견된다. 정치학자인 로버트 퍼트넘(Robert Putnum)이 실시했던 연구는 미국에서 교회를 다니는 사람들이 '대체적으로 세속적인 단체들에 관련되고, 투표하고 다른 방식들로도 정치적으로 참여하고, 더 깊은 비공식적인 사회적 관계를 갖게 될 가능성이 더 많다'는 결론을 내린다. 다른 결과들 중에서, 퍼트넘의 연구는 교회 신자들의 약 75~80%와 비신자들의 55~60%가 자선을 베풀고, 신자들의 50~60%와 비신자들의 30~35%가 자원 봉사를 한다고 구체적으로 명시한다.[18]

사회심리학자인 데이비드 마이어스(David Myers)는 유사한 수치를 언급하면서, 교회에 다니는 미국의 청소년들은 교회에 다니지 않는 청소년들에 비해 "비행 청소년이 되고, 문란한 성행위를 하고, 마약과 알코올을 오용할 가능성이 훨씬 적다"라고 덧붙인다. 그는 '교회 출석률이 도심의 흑인 남성들이 빈곤과 마약, 범죄에서의 탈출을 '실제적으로' 나타내는 지표'라는 것을 보여 주는 한 연구를 인용한다.

그것에 더해 또 다른 연구는 아이들을 입양한 미국인 부모들의 63%가 매주 교회에 출석하는 사람들이라는 것을 발견했다. 마이어는 고대교회의 격언인 **렉스 오란디**(lex orandi), **렉스 크레덴디**(lex credendi) ('기도의 법이 믿음의 법이다')의 지혜에 공감하면서, "우리 스스로가 행동해야 된다고 생각하는 방식으로 우리 스스로 행동할 가능성이 크다는 것은 사회심리학의 최고의 교훈 중 하나이다라고 서술한다.[19]

---

[18] Robert D. Putnam, *Bowling Alone: The Collapse of Revival of American Community* (NY: Simon and Schuster, 2000), 66-67.

[19] David G. Myers, *The American Paradox: Spiritual Hunger in an Age of Plenty* (New Haven:

물론, 이러한 연구 중에서 그 어느 것도, 그리고 모든 연구를 합쳐도, 정기적인 예배가 사람들을 항상 또는 자동으로 훌륭한 그리스도인들로 만든다는 것을 보여 주지는 않는다. 예를 들어, 미국교회의 신자 중 25%가 자선을 베풀지 않는다는 것을 축하할 이유는 거의 없다(그리고 다른 조사들에 따르면, 자선을 베푸는 사람들조차도 후하게 하지 않을 때가 많다).[20]

내가 알기로, 공동 예배의 효과들과 교회의 다른 관습들의 효과들을 분류하고자 했던 연구는 없었다. 그리고 기독교 신앙과 행위는 성찬을 통해서 뿐만이 아니라 음식을 조금씩 가져와서 먹는 식사(potluck)를 통해서도 분명히 강화된다. 여전히 공동 예배는 '교회에 다니는 사람들'이나 '출석자들'이 정기적으로 참여하는 주요한 관례이다.

만일 교회의 가르침에 충실한 그리스도인들이 이기적이고 악한 행위들과 다른 죄악 된 행위들을 거부한다면, 이러한 연구는 우리에게 정기적으로 예전에 참여하는 것이 그렇지 않은 것보다 그들을 덜 이기적이고 덜 악하게 만든다고 생각할 수 있는 근거를 우리에게 제공한다.[21] 현대 사회과학의 관점에서; 예배는 사람들이 살아가고 믿는 방식에 '상대적'이긴 하지만, '실질적인' 차이를 만드는 것 같다.

Yale University Press, 2000), 각각 269, 278, 273, 285.
[20] Robert Wuthnow, God and Mammon in America (NY: Free Press, 1994)를 보라.
[21] 필자는 기독교의 의례들이 다른 의례들처럼 잘못된 방향으로 이끌어질 수 있고 악해질 수 있다는 현실을 무시하지 않는다. 의례들은 위험할 수 있다. 확실히 의례는 효과적이고 모든 의례가 선한 것은 아니기 때문이다. 악마처럼 히틀러가 의례를 효과적으로 사용했던 것을 생각해 보라. 교회의 의례들은 이타심뿐만이 아니라 부끄럽게도 편협성을 심어주는 역할도 한다. 예를 들어, 남아프리카에서 인종에 따른 차별적인 성찬 예식은 인종 차별의 길을 열었다. 필자의 생각으로 그러한 가능성은 교회가 예배의 능력을 제대로 인식하고 올바르게 식별할 필요가 있다는 점을 강조할 뿐이다.

3. 고전 기독교 예배: 부름과 응답

우리가 지금까지 살펴본 것들은 다음과 같다. 의례적 관습들이 역사와 모든 문화 속에 만연하다. 의례는 문화를 만들고 유지하는데 필수적이다. 그리고 사회과학은 예배가 예배자들을 실질적으로 형성하는 데 영향을 끼친다고 여기는 것 같다.

그렇다면 하나님은 어디에 계시는가?

사실 위의 모든 것들은 이스라엘과 예수 그리스도 안에서 만난 고유한 하나님을 언급하지 않고도 말해질 수 있다. 인류학자들과 사회학자들은 인간의 의례들의 범위 전체를 보면서, 좋든 나쁘든, 그들의 연구에서 실질적으로 무신론을 전제하고자 한다. 그들은 어떤 신이나 신들이 의례를 통해서 또는 그 안에서 실제로 행동하는지 아닌지에 대한 질문을 기껏해야 '괄호 안에 제시한다.'

그러나 예배와 예배의 형성하는 잠재력에 대한 해석을 거기서 멈출 수는 없다. 거기서 멈추는 것은 예배를 단지 수단으로만 이용하게 될 수 있기 때문이다. 수단화된 예배는 예배가 더 좋고 더 질서 있는 시민들을 만들 수 있기 때문에 가치가 있다고 말한다.

그리고 만일 예배의 뒤에 정말로 신이 있는데, 그 신이 우리의 목적에 매우 적절하게 도움이 된다면 멋지지 않겠는가?

그러나 성경과 교회의 전통이 말하는 하나님은 인간의 기분에 휘둘리는 분이 아니시다. 그분은 현실에 안주하는 강력한 문화들을 지지하기보다는 오히려 걸핏하면 방해하신다.

예전과 예전의 효력에 대한 올바른 기독교적 해석을 할 때, 우리는 하나님을 괄호 안에 넣을 수 없다. 우리의 해석 마지막에 하나님을 위한 여지를 남겨놓을 수도 없다. 기독교적 해석에 따르면 우리는 하나님과 함께 시작해야 한다. 하나님께서 우리와 함께 시작하셨기 때문이다. 야훼는 먼저 아브라함을 찾아내셨고, '큰 민족'을 세우시기 위해 안락하고 안전한 하란에서 가나안으로 부르셨다(창 11:31-12:3). 마찬가지로 야훼는 이집트에서 도망친 범죄자였던 모세에게 이집트로 되돌아가라고 부르셨다.

노예였던 이스라엘인들은 반복되는 반항에도 불구하고 노예 상태에서 해방되어 자유를 얻었다. 아무런 소망도 없이 우리의 계획과 욕망에 따라 살던 이방인들도 다르지 않다. 예수께서 그들을 '이스라엘의 일원'으로 만드셨고 야훼의 '약속의 언약들'(엡 2:12) 안으로 들어오게 하셨다. 그리스도인들(과 이전의 유대인들)은 사람들은 본래 인간의 일부 본질적인 속성처럼 구원을 성취하는 동기와 에너지, 자원을 발견하지 못한다고 고백한다.

그와는 반대로, 성경적 전통은 자신들의 계획이나 타고난 능력에 스스로를 맡긴 사람들은 길을 잃고, 눈이 멀고, 표류하고, 결국엔 늘 혼란스러운 상태로 남아 있겠다고 증언한다. 게다가 자신들의 계획에 자신을 맡긴 사람들은 진정한 정의와 평화를 알지 못한다. 그래서 진정한 공동체나 정치조직체를 세울 수 없다.[22]

따라서, 성경적 전통에서는 하나님이 먼저 행동하신다. 그리고 하나님의 성령을 통해서 사람들이 반응한다. 그렇기 때문에 어떤 좋은 의도든 간

---

[22] 이처럼 상실감에 빠진 정치적 상태와 유일하고 진정한 정치조직체인 하나님께-반응하는 교회에 대한 고전적인 해석은 Augustine의 *City of God*, book 19이다.

에, 대학생선교회(Campus Crusade)의 전도 운동이 사용하는 '나는 그것을 찾았습니다'(I found it) 범퍼 스티커와 광고판은 고전 기독교의 고백과는 정반대의 메시지를 담고 있었다. 노예 상인이었던 존 뉴턴(John Newton)의 기쁨에 찬 고백이 더 정확했다.

> 나는 한때 길을 잃었으나 이제 발견되었다.
> I once was lost, but now am found.

우리는 야훼를 찾지 않는다. 야훼가 우리를 찾고 발견하신다.

그런 이유로, 역사가 시작되었을 때부터 포스트모더니티에 이르는 지금까지, 기독교 예전은 좋은 재즈나 가스펠음악과 같이 항상 부름과 응답으로 구성되었다. 하나님이 부르시고, 우리는 응답한다. 예배를 하도록 우리를 모으는 것은 역사 속에서 이스라엘 안에서, 그리고 그리스도를 통해서 일하신 하나님에 대한 우리의 응답이다.

따라서, 예전은 성경 봉독과 설교, 성찬을 통해서 이스라엘과 교회가 세워지도록 만든 사건들을 정성을 다해 반복적으로 되돌아본다. 로버트 웨버는 이를 분명하게 잘 설명한다. 그는 "예배에서 우리는 하나의 이야기를 다시 들려주고 실연한다"라고 서술한다.

물론, 우리가 다시 들려주고 실연하는 이야기는 그리스도의 삶과 죽음, 부활의 이야기다. 웨버가 표현하듯이 "예배는 사건의 실행이기 때문에, 예배의 구성은 [클럽이나 이익 단체나 동호회처럼] 창의적인 사람들의 기분이나 공동체의 합의에 맡겨지지 않는다. 예배의 구성은 하나님의 인간 사이에서 이미 일어났던 역사적인 만남에 뿌리를 둔다."

그리스도의 삶과 죽음, 부활의 사건을 다시 말하고 실연하면서 예배는 원래 사건의 의미를 선포한다. 그리고 예배자들에게 그들의 삶에 대한 하나님의 요구를 직면케 한다.

이 모든 것이 뜻하는 것은 다음과 같다.

> 예배에 대한 최우선적인 관심사는 단순히 그 사건에 대한 재창조가 아니라 하나님과의 개인적인 만남이다. 한편에서는 일하고 계시는 하나님을 강조하고, 다른 한편에서는 반응하는 인간을 강조한다. 이러한 방식으로 예배에서 '무언가가 일어난다.' 하나님과 그분의 백성이 만난다.[23]

우리는 특별한 예전적 실천인 성찬에 집중함으로써 이러한 신-인간의 만남에 대해 보다 깊이 탐구할 수 있다. 교회의 모든 진영에서 공유되는 성찬 제정사는 거룩한 식사를 소개하고 주재하시는 예수의 말씀을 상기시킨다.

> 받아서 먹으라. 이것은 너희를 위하여 주는 내 몸이라. 이것을 행하여 나를 기념하라(눅 22:19 참조).[24]

일부 개신교 전통들에서는, 특히 개인주의적인 주관성에 대한 현대의 강조로 말미암아, 이 '기념'(remembrance)이 흐릿하고 희석된 방식으로 읽

---

[23] 이 단락에 있는 모든 인용문의 출처는 Robert Webber, *Worship Old and New*, 98-99이다.
[24] The Episcopal Church: "Holy Eucharist Rite II," *Book of Common Prayer*, 362.

혀질 수 있다. 다시 말해, 기념은 단순히 그리스도의 최후의 만찬과 십자가에서의 죽으심에 대한 성찬 배수자의 개인적인 기억이 된다. 분명히 주관적인 기억은 이 예식에서 중요한 측면이다. 그러나 고전 기독교 전통은 성찬식 때 더 많은 일이 일어나고 있다고 주장한다. 사실 이 전통에서 그리스도는 성찬식 때, 그리고 성찬식을 통해서 실제로 임재하신다.

허버트 포그림러(Herbert Vorgrimler)가 성례전에 대해 서술했다.

> 성령은 인간의 행위를 수단과 방법으로 사용하셔서 예수 그리스도를 그분의 역사적으로 유일무이한 구원의 행동과 함께 기억으로, 진정으로, 실제로 임재하시도록 만든다… 전체 사건을 주도하고 지속시키면서 인간들 안에서 효과를 일으키는 분은 하나님의 성령이시다.[25]

영어 단어인 *remembrance*가 헬라어 기독교 용어인 **아남네시스**(*anamnesis*)에서 유래되었음에 주목함으로써 우리는 (인간의 주관적인 반응보다) 하나님의 주도적인 행동이 가장 중요하다는 것을 잊지 않을 수 있다. **아남네시스**는 과거의 사건을 심리적으로 기억하는 것 이상을 의미한다.

저명한 예전학자인 돔 그레고리 딕스(Dom Gregory Dix)가 설명했듯이 '구약성경과 신약성경 모두에서, **아남네시스**와 어원이 같은 동사는 하나님 앞에서 과거의 사건을 '다시-기억'하거나 '다시-보여'줘서 그 사건이 지금 여기에서 효력을 발휘하게 된다는 것을 의미한다.'[26]

---

[25] David McCarthy Matzko, "The Performance of the Good: Ritual Action and the Moral Life," *Pro Ecclesia* 7, no. 2 (spring 1998), 200에서 인용.

[26] Dom Gregory Dix, *The Shape of the Liturgy* (NY: Seabury, 1983), 161. Dix의 이러한 이해

딕스가 서술한 내용의 깊이를 헤아리기 위해서는 '하나님 앞에서' 다시-기억하거나 다시-보여 줬다는 것에 주목해야 한다. 즉, 예전에서 예수 그리스도의 희생과 승리를 기억하도록 일깨워진 이들은 예전에 참석하는 인간들만이 아니다. 하나님 역시, 또는 정말로, 먼저, '상기하게 되신다.' 그래서 아남네시스는 항상 이스라엘과 교회의 역사 안에 있었다. 예를 들어 출애굽기 2장에서 하나님은 노예상태에 있던 그분의 백성들의 신음하고 부르짖는 소리를 들으시고 아브라함과 이삭과 야곱과 맺으셨던 언약을 기억하신다.

그다음에 하나님은 이스라엘인들의 선조들과 맺으셨던 언약을 다시 주도하시기 위해 행동하신다. 시편 25편 7절에 기록된 예처럼, 이스라엘의 일반적인 기도 형태를 생각해 보라.

주의 인자하심을 따라 나를 기억하시되 주의 선하심으로 하옵소서!

구약성경에서 하나님의 기억하심은 (이렇게 표현해도 될지 모르겠지만) 단지 하나님의 심령 안에서만 일어나는 사건이 아니다. 대신에 하나님의 기억하심은 로버트 젠슨(Robert Jenson)이 서술하듯이 '이스라엘의 부르짖는 소리에 대한 하나님의 들으심과 기도에 대한 응답으로서 나타난다.' 젠슨은 인간이 기억할 때 그 기억하는 것 자체가 현재의 행동이라고 계속해서 말한다.

는 결코 독특한 것이 아니다. 예를 들어, 성찬 신앙(Eucharistic Devotion)에 대해서 '영국-로마 가톨릭국제합동위원회'(Anglican-Roman International Commission)는 아남네시스를 '과거의 사건을 현재에 효력이 있도록 만드는 것'이라고 분석한다. Robert W. Jenson, *Systematic Theology*, vol. 2, *The Works of God* (NY and Oxford: Oxford University Press, 1999), 258에서 인용.

기억하시는 분이 하나님이실 때, 그분의 응답은, 그분의 모든 말씀이 그랬듯이, 그 응답이 언급하는 것을 창조한다.[27]

하나님은 명령, 단순한 발언(가장 급진적인 발화의 말)으로 하늘과 땅을 창조하신다. 그리스도 역시 하나님의 말 또는 말씀, 하나님의 수행 또는 구원의 말씀으로 적절하게 칭해지신다. 신의 말씀이 가진 수행적인 능력은 병든 종을 대신해서 주님께 간청했던 백부장에 의해 정확하게 포착되었다.

다만 말씀으로만 하옵소서 그러면 내 하인이 낫겠삽나이다(마 8:8).

성찬식에서 우리는 이를 본보기로 삼아 성부의 성자를 기억하고, 성령에 의해서 과거 구원의 사건은 우리의 모임 속에서 현재의 사건으로 만들어진다. 이와 같이 하나님과 하나님의 백성이 만난다.[28]

이러한 만남을 고려해 볼 때, 우리는 보통 성찬식에서 성찬 배수자를 대신해서 주관적인 반응을 기대해야 한다. 그 반응은 중요하고, 사실상 성찬의 실제적인 전개, 형성적인 작업이다.

그러나 우리는 인간의 본성을 알고 있다. 때때로 나는 지친 채로, 집중하지 못한 채로, 지루해 하는 채로 성찬에 다가간다. (하나님께 감사하게도)

---

[27] Jenson, *Systematic Theology*, 258.
[28] 예전신학자인 Todd E. Johnson은 아남네시스, "재-구성시킨다"(re-member)의 반대말은 잊다(forget)가 아니라 "분해하다"(dis-member)라는 것을 우리에게 상기시킨다. 아남네시스는 우리를 살아계신 하나님과 다시 연결시킨다. 즉, 우리를 그리스도의 몸의 일부로 재-구성시킨다.

나의 영혼은 이따금 성찬식에서 감동하여 치유의 또 다른 단계로 나아가거나 새로운 힘을 받아 그리스도의 담지자로서 더욱더 변화되도록 결심한다. 그러나 항상 그렇게 되는 것은 아니다.

나의 영혼이 감동하지 않는 다른 경우에는 하나님이 일하시지 않았던 것인가?

아니면 적어도 나에게는 그리스도께서 임재하시지 않은 것인가?

그러나 내가 적법한 성찬식에 참여할 때, 하나님이 세우시고 만나주시기로 작정하신 공동체의 일원으로 참여한다. 따라서, 내가 성찬식에서 집중하지 못하거나 분노를 품으면서 '마음이 딴 곳에 가 있을' 때에는, 하나님이 모임에 계시지 않다고 말하는 것보다 내가 그 자리에 있지 못했다고 말하는 것이 더 낫다.

이러한 객관적이고 형성적이고 효과적인 성례전의 임재는 신약성경이 성찬에 대해 기록한 부분들에서 반복적으로 증명된다. 신약성경의 모든 글은 성례전적 실천이 제정되고 진행된 이후에 기록되었다는 것을 기억하면서 성찬의 사건들로 되돌아가 성찬의 객관적인 효력들을 관찰하면 더 많은 것을 알게 된다.

요한복음에서 예수는 최후의 만찬 때 자신이 주는 빵 조각을 받는 사람이 배신할 것이라고 선포하신다. 그다음에 그분은 빵을 적셔서 유다에게 주신다. 유다가 빵을 받을 때 사탄이 '그 속으로' 들어간다(요 13:27). 즉, 그 당시에 유다의 주관적인 상태가 어떠했든 간에 예수의 말씀과 의례적인 행위는 유다가 악에 의해 압도되는 원인이 된다.

엠마오로 가던 두 제자가 길에서 부활하신 주님을 만나지만 그분을 알아보지 못하는 이야기가 더 유명하다. 그분은 그들과 함께 길을 걸으시면서 순회 성경 공부 같은 것을 하신다. 그러나 그들은 그분의 정체에 대해 여전히 모르고 있었다. 바로 저녁 식사 때였다. 부활하신 그리스도께서 빵을 가져 축복하고 떼어 그들에게 주셨을 때, 그들의 '눈이 밝아져' 그들을 대접하고 있는 분이 그들이 사랑하는 예수시라는 것을 알게 되었다 (눅 24: 30-31).

여기서 (우리가 짐작하기에) 지치고 조심스럽던 주관적인 상태에도 불구하고, 성찬적 수행은 제자들에게 그리스도의 임재를 인식하도록 한다. 마지막으로 고린도공동체가 성급하고 배려가 없고 경솔하게 행한 성찬식이 약함과 질병과 심지어는 죽음이라는 너무나도 실증적인 상태 일부를 초래했다는 바울의 주장을 생각해 보라(고전 11:27-33). 그것은 두려운 일이다. 하나님께서는 우리가 사실은 그분의 방문을 원치 않을 때조차도 우리의 예배에 방문하실지 모른다.

그렇기 때문에 예수 그리스도의 실제적인 임재와 하나님의 실증적인 방문, 과거의 사건을 살려내시는 성령의 능력이 예배자들에게 가장 근본적으로 영향을 끼치고 형성한다(그리고 재형성한다). 예배에서 우리는 반복적으로 예수의 과거를 생명력 있고 역동적으로 다시 보여 준다. 우리는 그렇게 재현하면서 하나님의 자애와 은혜에 의해서 점점 더 성자(예수)와 같이 만들어진다.

우리는 우리 자신의 실패와 승리의 이야기들을 예수의 이야기로 가져가서, 그분의 성품과 십자가로 이어지는 줄거리에 더욱 일치하도록 우리의 이야기들을 반드시 지속적으로 개정해야 한다. 우리가 성찬식에서 예수의 뒤에 놓여있는 부활이 우리 앞에 분명히 놓여있다고 담대하게 생각하는 것처럼, 우리의 미래까지도 예수의 과거로 끌어 들여진다.

그리스도께서 죽으셨다.

그리스도께서 살아나셨다.

그리스도께서 다시 오실 것이다.

4. 세상은 정말로 변화하는가?

우리는 지금까지 신학적 측면과 현대 사회과학적 관점에서 예배가 사람들을 변화시키는 것이 분명하다는 사실을 살펴봤다. 일반적으로, 그리고 대단히, 예전은 정기적으로 참석하는 사람들의 행동과 믿음에 영향을 끼친다. 그러나 (바울의 고린도전서를 언급하지 않더라도) 신문과 종교 간행물을 훑듯이 읽어도 정기적인 예배자들이 거짓말, 횡령, 국가 우월주의와 전쟁, 옹졸함, 간음, 살인, 강도, 강간, 사기, 편협, 집단학살을 비롯해 인류에게 알려진 다른 모든 죄를 여전히 지을 수 있다는 것을 알게 된다.

우리의 많은 나쁜 행실들이 신문의 표제가 될 정도로 흥미 있지는 않더라도, 교인 중에 기독교의 이상과 현실 사이의 불일치를 아직도 모를 수 있는 사람은 없다.

그렇다면 무엇이 예배가 예배자들의 삶을 전적으로 형성하고 재형성하는 것을 방해하는가?

이 질문에 대한 나의 가장 중요한 응답은 우리가 지금 살고 있는, 그러나 유일무이한 것은 아닌, 시대나 문화적 환경을 포함한다. 우리 시대는 예수 그리스도의 부활부터 (지금도 기다리고 있는) 재림까지 걸쳐있는 전체 역사의 범위 안에 포함된다. 실제로 그리스도인들의 변화 여부나 변화 방식에 대한 질문은 예전보다 더 깊게 다뤄진다.

기독교는 그리스도의 죽음과 부활이 세상과 심지어는 우주까지 변화시켰다고 고백한다. 사도들의 증언은 그리스도의 사역이 하나님과 인간을 화해시켰고, (신약성경 저자들이 상상할 수 있는 가장 심각하고 근본적인 사회적 분열이었던) 유대인과 이방인을 화해시켰고, 모더니즘이 자연(nature)이라고 칭한 것의 회복을 시작했고, 죄와 사망의 권세를 이겼다고 말한다. 그러나 하나님으로부터의 분리, 사회적 분열, 자연의 파괴, 죄와 죽음의 지속적 존재에 대한 통탄스러운 증거가 많이 남아 있다.

그렇다면 그리스도의 죽음은 헛되고, 그분의 부활은 환상에 불과하거나 효력이 없던 것이었나?

교회의 대답은 우리가 시간들 사이에서 어색하게 살고 있다는 것이다. 즉 우리는 세상을 진정으로 변화시키는 그리스도의 부활과 그리스도께서 이 땅에 하나님 나라의 개시를 선포하시며 시작하셨던 모든 일이 완성될 그분의 재림 사이에서 살고 있다. 죽음과 죄의 세력들은 진실로 패배했다. 새로운 시대가 우리의 지긋지긋한 옛 시대로 침입했다.

그러나 그러한 세력들은 비록, 패배했을지라도 그리스도의 통치가 완성되기 전까지는 이 땅에 남아 있다. 헨드릭 벌코프(Hendrik Berkhof)가 요약했다.

> 그 세력들은 [우리가 골로새서 2장을 통해 알 수 있듯이] 이미 정체가 드러났고 무장해제 되었다. 그리고 곧 패배할 것이다. "이미"와 "아직"은 신약성경 전체의 선포를 지배하는 긴장의 극들이다. 신앙은 우리가 네덜란드에서 '굶주린 겨울'(hunger winter, 944-45) 동안에 이미 패배한 나치들

에게 여전히 핍박을 받고 있었던 모순 이상으로 모순이 아니다.²⁹

교회는 예배와 생활에서 과거의 사실(그리스도께서 죽으셨고 죽음으로 그 세력들을 이기셨다), 현재의 경험(그리스도께서 부활하셨다), 미래의 소망(그리스도께서 다시 오실 것이다)을 증언한다.³⁰

그리스도인들은 어느 정도 실제적이고 의미심장할 정도로 예배와 교회의 문화에 의해 형성된다. 그러나 교회 자체는 새 시대와 그리스도께서 다시 오시기 전까지 지속될 옛 시대 사이에 있게 된다. 그래서 교회와 교인들은 두 시대에 살고 죄에 의해 손상된 채로 있다. 게다가 교회의 신자들은 지금, 그리고 때때로 교회의 정치조직체뿐 아니라 경쟁하는 정치조직체들과 문화적 조직들에도 소속된다.

따라서, 그들은 교회뿐만이 아니라 국가주의, 경제시스템, 다양한 문화적 열의와 유행, 기술적인 기반들 등에서도 형성된다. 교회는 신자들의 전적인 충성을 얻기 위해 애쓴다. 그리고 신자들은 충성 되기 위해 노력한다. 신자들은 교회의 예전과 다른 관습들에 의해 결정적으로 형성되기를 원한다. 그러나 그리스도께서 시작하신 왕국이 완성되기 전까지는 적어도 온전한 충성은 없을 것이다. 그리고 예전은 그리스도인을 형성하는 데 있어 방해와 도전을 받게 될 것이다.

---

[29] Hendrik Berkhof, *Christ and the Powers*, trans. John H. Yoder (Scottdale, PA: Herald, 1967), 43.

[30] 이 주제를 탁월하게 다룬 Marva J. Dawn, *Powers, Weakness, and the Tabernacling of God* (Grand Rapids MI: Eerdmans, 2001), 24-29를 보라.

5. 다른 방해들: 표현주의와 (호화로운) 구경거리

이와 같이 오늘날의 교회는 기독교 형성이 모든 역사적 시대에서 직면했던 전형적인 방해들과 도전들에 직면하고 있다. 그러나 우리는 예전의 형성적인 효력에 방해가 되는 것 중에서 우리 시대만이 갖고 있는 좀 더 독특한 것들을 관찰할 수 있다.

(대략) 18세기가 되기 전까지 교회는 공공 단체 또는 우리가 이번 장에서 자주 사용했던 표현인 정치조직체로 인식됐었다.[31] 예를 들어, 중세 유럽에서 도시들은 십자가 형태로 계획되었었는데, 그 중심에는 주교좌성당이 위치하고 있었다. 교회의 종들은 예전 시간을 알리기 위해 울렸을 뿐 아니라, 종을 울림으로써 도시 주민들에게 '시간을 알려줬다.' 교회력을 매해 따랐다. 군주들조차도 최소한 권징의 가능성을 존중했고, 기독교의 예전 절차에 따라 왕위에 올랐다.

이 정도(또는 엄격한 종류)의 정치적인 권력을 갖고 있지 않았지만, 초대 교회 역시 자신을 정치조직체로 보았다. 콘스탄틴-이전 교회는 순전히 개인의 영성과 신자들의 내세 구원에만 전념하는 **컬투스 프리바투스**(cultus privatus) 또는 '사적 종교'로서의 지위를 청함으로써 로마의 핍박을 피할 수 있었다. 그러나 교회를 모으고 세우신 하나님은 우주의 하나님, 만국의 진정한 왕으로 알려진 분이셨다. 그리스도의 강림과 사역은 역사와 사회

---

[31] 이 점에 대해서는, Oliver O'Donovan의 권위 있는 연구인 *The Desire of the Nations* (Cambridge: Cambridge University Press, 1996)와 Pierre Manent, *An Intellectual History of Liberalism*, trans. Rebecca Balinski (Princeton: Princeton University Press, 1995), 특히 1장인 "Europe and the Theologico-Political Problem," 3-9를 보라.

를 변화시켰다.

그러므로 교회가 자신을 단순히 이익 단체나 동호회로 이해하고 (탈)구조화했다면, 교회는 그 자신, 즉 예수 그리스도 안에서 계시가 되었던 공공의 선을 추구하는 공공 단체, 심의 기관이 될 수 없었다. 그래서 초창기의 그리스도인들은 자신들의 모임을 매우 의도적으로 하나님의 에클레시아*(ekklesia)*라고 칭했다. 하나님의 에클레시아는 뉴잉글랜드 사람들이 칭했을지도 모르는 '하나님의 주민 회의'라는 현대적인 용어로 번역될 수 있었다.[32]

교회가 민영화되고 그래서 '탈정치화된' 것은 모더니즘의 도래 이후였다. 공동체적 및 전통적인 권위로서의 교회는 매우 경시되었다. 기독교 영성은 개인화되었고, 일반적으로 종교는 개인의 관심사가 되었다.

캐서린 벨(Catherine Bell)이 언급한다.

> 이러한 상황에서 개신교의 자유주의 신학자인 폴 틸리히는 종교를 인간의 '궁극적인 관심사'로 정의했다. 다르게 말하면, 종교는 인간의 본성을 정의하지 않는다. 인간이 종교의 본질을 정의한다.[33]

예전적인 예식들이 교회의 존재 중심에 있었고 지금도 있기 때문에, 기독교 의례는 영향을 받을 수밖에 없었다. 모더니즘은 의례를 신성한 '상징적인 활동'으로 국한해 매일의 실제적인 활동들, 우리가 지금 '세속적인' 삶

---

[32] 이러한 의견들과 이와 관련된 의견들의 전개에 관해서는, 필자의 *A Peculiar People: The Church as Culture in a Post-Christian Society* (Downers Grove, IL: InterVarsity Press, 1996), 특히 76-93을 보라.

[33] Bell, *Ritual*, 182.

이라고 부르는 것으로부터 단호히 분리했다.[34] 이러한 환경에서 예전은 교회에 다니는 사람들의 사유화된 영성을 충족시키는 도구로 활용되어야 한다는 압박을 크게 받았다. 교회의 의례들이 개인들의 감정적인 충족을 위해 사용될 수 있도록 그것들을 바꾸고 다시 만드는 일이 중요하게 여겨진다.

그리스도인들은 더 이상 그들 자신이 교회로 인도됨으로써 그리스도인들로 세워진다고 볼 수 없게 된 것 같다. 대신 그들 자신을 처음에는, 그리고 근본적으로는 (어떤 식으로든) 교회와 동떨어진 그리스도인으로서 이해한다. 그래서 교회는 그리스도인들을 세워서 그들 개개인이 이제 교회를 구성하고 그들의 신앙을 강화하고 사람들 속에서 그 신앙을 **표현**하기 위해 모이는 모임이라기보다는 이익 단체나 동호회가 될 뿐이다. 사실상 예전은 문화를 구성하고 형성하는 실천이라기보다는 표현적인 의식이다. 벨은 다음과 같이 잘 요약한다.

> 모더니즘적인 재해석에서의례는 무엇보다도 표현의 수단, 거기서 표현해야 하는 것에 적합한 특별한 유형의 언어이다. 다시 말해, 우리의 진정한 정체성과 연결되지만, 흔히 알려지지 않고 개발되지 않은 내적인 영적-감정적 자원들이다. 이러한 내적인 차원들의 의례적 표현은 자기와 다른 이들을 위한 그들의 치유 능력을 불러일으킬 것이다.
>
> 이것은 한편으로 초월성이 인간과 신 사이의 장벽을 무너뜨리고, 다른 한편으로 인간의 세계가 천상의 세계에 책임을 다하는 전통적이거나 하늘에서 정해준 예배로서의 의례가 아니다. 새로운 패러다임은 외부보다는

---

[34] Asad, *Genealogies of Religion*, 55를 보라.

내부로 향하고, 공동체적인 측면에서의 자아보다는 자아의 측면에서 공동체와 사회를 정의하는 경향이 있다.³⁵

그래서 모던(morden), 그리고 포스트모던(postmorden) 예전은 도구화되는 경향이 있고, 인간의 목적을 위해서 사용된다.

그 예전은 성례전에서 다시-표현되는 '우리의 것과는 전혀 다른 방법들'을 가지신 하나님이 예배에서 만나주시는 그리스도인들을 세우고 형성하는 예전이라기보다는, '우리의 방법들'을 단순히 표현하고 경축하는 뒤틀린 예전이다.

이것을 고려할 때, 그리스도인들을 형성하는 예전의 능력은 어떻게 방해를 받지 않을 수 있었을까?

따라서, 만일 우리가 예전을 있는 그대로, 즉 고전 기독교의 방식을 받아들이도록 자신을 재훈련시킨다면, 우리는 예전이 더욱 형성적으로 되리라 합리적으로 기대할 수 있을지 모른다. 예전 안에서, 그리고 예전을 통해서 우리는, 우리를 먼저 찾으셨고 아직도 우리와 함께하시는 살아계시고 주도하시는 하나님에게 응답할 때에만, 우리 자신을 표현할 수 있다.

특히, 우리가 사는 대중 매체의 시대에서 도구화된 예배가 빈번하게 초래하는 결과는 예배가 구경거리로 만들어진다는 것이다. 교회에 다니는 이들은 전날 밤에 특수효과로 가득 찬 영화를 보고 즐거워했던 것처럼 즐거워지기 위해 교회로 온다. 구경거리와 오락은 분명히 형성적인 효과를 낼 수 있다. 그러나 무뎌지고 희석될 것이다.

---

³⁵ Bell, *Ritual*, 241.

비-기독교적인 예로, 벨은 1989년의 일본의 히로히토 황제의 국장 때 있었던 이야기를 들려준다. 장례식은 특별히 텔레비전 방영을 위해서 기획되었다(즉, 구경거리를 제공했다). 장례 행렬에 경의를 표하기 위해 길가에 늘어섰던 군중들은 리무진 행렬이 순식간에 빨리 지나가 버렸을 때 깜짝 놀라고 실망했다. 한 목격자가 말했다.

> 거리로 나왔던 우리는 텔레비전 쇼를 위해 준비된 '생방송 스튜디오 방청객'과 다를 바 없었습니다. … 사실상 우리는 구경거리의 일부였고, 텔레비전 시청자들을 위한 살아있는 배경이었습니다.[36]

텔레비전 카메라의 유무에 상관없이 예배가 구경거리로 전락할 때, 예배자들은 참여자에서 구경꾼으로 전락한다. 그리고 사회심리학자인 데이비드 마이어스(David Myers)가 지적하듯이, 참여는 활동의 형성적인 능력을 강화시킨다. 떨어져 있는 (아니면, 단지 재미있어 하는) 관찰자로서 예배를 보는 것과 하나님이 만나주셔서 그리스도의 몸의 지체로서 다시 부름을 받아 다시 만들어지기를 기대하면서 예배에 몸과 마음과 정성을 다해 완전히 들어가는 것은 전혀 다르다.

우리가 사는 시대에서 예전적 형성을 방해하는 마지막이자 연관된 요인이 언급될 필요가 있다. 대중 사회와 매스컴은 공동체들을 억누르는 의례적인 실천들의 수를 많이 증가시켰다. 교회와 교인들이 우리의 삶에 영향을 끼치는 경쟁적인 의례들이나 의례화를 인식하지 못할 때가 너무나

---

[36] Bell, *Ritual*, 244.

도 많다.

선진 자본주의의 소비문화는 분명히 우리 시대에서, 그리고 아마도 역사상 통틀어서 가장 강력한 형성적 시스템 중 하나로서 존재한다. 강박적인 쇼핑, 끊임없이 쏟아지는 광고, 신용카드의 사용, 옷과 교통수단의 상징적인 시스템들은 소비를 삶의 방식으로 장려하는 의례화의 방식으로 반드시 인식되어야 한다.[37]

예를 들어, 신용카드 회사들은 이제 우리 아이들에게 첫 번째 신용카드를 획득하는 것이 최고의 통과의례라고 가르친다. 이것은 전능한 시장에 의해 통치되는 세상에서 성인이 되었다는 신호이다. 자신들의 의례들에 자신감 있는 교회는 인간이 소비자가 아니라 궁극적으로는 예배자로 창조되었다는 것을 여러 가지로 보여 주면서, 의례들이 가진 능력을 주장하고, 선택적이고 부적절한 여러 의례화를 인식하고 맞설 것이다.

그렇게 될 수 있게, 모든 사람이 그처럼 가장 강력한 수행적 발화(performative utterances)를 할 수 있기를 바라나이다. 아멘, 그렇게 될지어다.

---

[37] 이 주장에 대한 논거와 설명을 위해선, 필자의 "The Theology of Consumption and the Consumption of Theology: Toward a Christian Response to Consumerism," in Rodney Clapp, *Border Crossings: Christian Trespasses on Popular Culture and Public Affairs* (Grand Rapids MI: Brazos Press, 2000), 126-56을 보라. 또한, 필립 D. 케네슨(Philip D. Kenneson)의 통찰력 있는 탁월한 신학적 고찰은 선진자본주의 시대에 신실함을 촉진할 수 있는 심오하면서 실제적인 방안들을 제시한다. 그의 *Life on the Vine: Cultivating the Fruit of the Spirit in Christian Community* (Downers Grove, IL: InterVarsity Press, 1999)를 보라.

제8장

질그릇에 담긴 보배

포스트모던 상황에 있는 기독교대학원의 신학 교육

메리 E. 헤스(Mary E. Hess)

2001년 9월 10일 자 「아메리카」(*America*)는 이렇게 보고했다.

> 미국에는 300개가 넘는 전문 가톨릭 평신도 사역 형성 프로그램이 있는데 총 등록자 수는 35,000이 넘는다. 대학원 과정에 있는 신학생 수의 10배 정도이고, 부제 교육 프로그램에 있는 남성 수의 13배 되는 숫자이다.[1]

---

[1] 'News' in *America* 185, no. 10 (10 September 2001), 4.

나는 그 기사를 접했던 시기에, 미네소타 주의 세인트폴에 소재한 루터신학교(Luther Seminary)에서 열렸던 포럼에 참석하고 있었다. 그 포럼에서 한 참석자가 말했다.

> 비신학교, 비법인 경로를 통해 미국 복음주의 루터교회(Evangelical Lutheran Church of America)의 공적 리더십으로 들어오는 사람들은, 매해 미국 복음주의 루터교회의 8개 신학교로부터 들어오는 사람들을 모든 합친 것만큼 많습니다.[2]

마지막 진술은 통계적으로 확인된 사실이라기보다는 일회적인 것이지만, 그래도 여전히 가톨릭 상황에서 일어나고 있는 것과 유사한 동향을 강조한다.

이러한 동향들로 인한 결과들은 무엇인가?

그리고 우리 중에 대학원 신학 교육, 특히 신학교에 관심을 가지고 돌보는 이들은 이러한 동향들에 대해 무엇을 해야 하는가?

나는 우리의 보다 폭넓은 문화에서 나타나는 포스트모던 동향들이 이러한 변화의 중심에 있다고 믿는다. 그리고 위의 수치 중 일부는 위기를 나타내지만, 우리는 그 수치들을 변화를 이끌 기회의 징후로 여겨야 한다.

나는 포스트모더니즘을 아주 간단하게 정의하고자 한다. 포스트모더니즘은 절대적인 지식을 주장하는 것에 대한 거부감이 팽배한 시대이고, '지배적인' 언어가 우리의 사회 및 정치적 공간에 스며드는 방식들에 대한 상

---

2 필자의 기억으로 2001년 9월 29일, 루터신학교의 교수 포럼에서 있었던 대화였다.

당한 회의와 우려를 갖고 대부분 제도에 참여하는 시대이다. 그리고 보다 열린 자세로, 경축까지 하면서 '다름'을 환영하는 시대이다.[3] 이러한 주제들이 난해하게 들릴지도 모른다. 그러나 이러한 표현들로 내가 뜻하는 것이 무엇이고, 그것들이 우리가 가르치고 배우는 상황에 영향을 끼치고 있다는 것을 내가 어떻게 생각하는지를 분명하게 설명할 수 있기를 바란다.

현재 상황 속에서 대학원 신학 교육이 직면한 두 가지 중요한 도전을 고찰하기 전에, 교육 실천을 숙고하는 데 유익하다고 생각되는 '트라이어드들의 트리오'(trio of triads)를 살펴보면서 시작하겠다.

1. 트라이어드들의 트리오

매 학기 내가 강의하는 기독교 교육 입문 과목에서 우리는 내가 '트라이어드의 트리오'라고 칭하는 것으로 시작한다. 이러한 세 가지 교육적 개념들의 그룹들은 그 용어를 통해 우리를 따르고 우리로 공통적이지만 유연한 관점으로 양육되는 기독교 신앙과 관련된 모든 사안을 살펴보게 하다. 여기서 그 그룹들은 평탄치 않은 포스트모던 여행 경로들을 분류하는 데 유용하다.

내가 연구한 첫 번째 트라이어드는 매우 기초적인 것이다. 모든 학습의 사건은 항상 세 가지 요소들에 의존한다.

---

[3] 이것은 Robert Kegan, *In Over Our Heads: The Mental Demands of Modern Life* (Cambridge: Harvard University Press, 1994), 325에서 인용한 Burbules와 Rice의 포스트모더니즘에 대한 표현을 필자가 바꿔 표현한 것이다.

첫째, 학습이 일어나고 있는 상황(context),

둘째, 학습에 참여하는 사람들(people),

셋째, 그것들(환경, 사람들, 목적)이 모이게 된 목적(purpose)이다.

내가 이번 장을 시작하면서 사용한 통계는 이러한 요소 중 적어도 하나, 즉 대학원 신학 교육이 이루어지는 '상황'이 지난 몇십 년 사이에 크게 바뀌었다는 것을 보여 준다.

공적인 종교 리더십에 들어가는 사람들이 더 이상 전통적인 신학교들의 문을 거치지 않고 있다. 이러한 유형의 종교 리더십(즉 안수를 받지 않은 리더십)을 위한 준비는 전통적인 신학 교육 기관들과 연결되어 있다면 느슨하게 연결되어 있는 상황 속에서 갈수록 더 이루어지고 있다. 교회들은 (비즈니스나 비영리단체 같은) 다른 기관들을 위해 훈련받은 전문적인 교인들을 활용하거나, '세속적인' 기관들에서 사람들을 끌어오는(음악 사역과 같은) 매우 전문적인 형태의 사역을 인정하면서 그들 중에서 젊은 리더들을 '기르고 있는 중'이다.

이러한 변화의 이면에는 많은 이유가 있지만, 그중에서 가장 분명한 이유는 이 트라이어드의 두 번째 요소와 관련된다. 바로 '사람'이다. 대부분의 신학교는 대개 젊은 시절에 사명감을 느끼게 되었을 때 성직자로 준비되려는 이들의 필요를 충족시키기 위해 세워졌다.

대부분의 그러한 학생들은 그들이, 고등학교는 아니더라도, 대학을 떠날 때 성직자 사역에 들어갈 준비를 하길 원한다는 것을 알았다. 그들은 대부분 젊은 남성들이다. 그리고 캠퍼스에서 오랜 기간 상주하고 그사이에 지역 교회에서 얼마 동안 집중적으로 실습하는 것을 포함하는 목회자

교육 과정에 참여할 수 있다.

신학교 교육은 그러한 학생들의 필요를 중심으로 세워졌고, 아직도 어느 정도는 그렇게 남아 있다. 그러나 성직자 리더십의 사명에 반응하는 대다수의 학생은 이러한 묘사에 더 이상 맞지 않는다.

신학교협의회(Association of Theological School – ATS)가 발행한 『신학 교육에 대한 팩트북』(Fact Book on Theological Education)은 ATS의 모든 학교에 '등록한 전체 학생 중 50% 이상(51.95%)이 35세 이상이었다…'라고 말한다. 비록, 여성들은 일부 프로그램에 참여하지 못함에도 불구하고, 현재 모든 ATS 학교들의 전체 등록자의 34.91%가 여성들이다. 루터신학교의 현재 수업들은 성별의 면에서 거의 균등하게 나뉜다.[4]

신학 교육을 받으러 들어가는 사람들과 그 교육이 이루어지고 있는 직접적인 상황과 함께 트라이어드의 세 번째 요소인 목적이 나온다. 학생들이 대학원 신학 교육 과정에 들어가는 이유들은 더 이상 '목사가 되려는' 획일적인 목적을 위해서가 아니다. 물론, 많은 학생은 그 목적을 염두에 두고 신학교에 들어간다.

그러나 다른 종류의 사역을 준비하기 위해서 들어가는 학생들도 있다. 어떤 학생들은 아주 긴 신앙의 여정을 시작하기 위해 들어온다. 그들에게 신학교는 자신들의 영적인 자각과 종교적인 헌신을 깊게 하는 첫 번째 단계일 뿐이다.

---

[4] Louis Charles Willard, ed., *Fact book on Theological Education*, The Association of Theological Schools, for the academic year 2000-2001 (Pittsburgh: ATS, 2001). 시카고 로욜라대학교(Loyola University Chicago)의 '목회학연구소'(Institute of Pastoral Studies)와 같은 로마 가톨릭의 평신도 사역 프로그램들에서 70%의 학생들이 여성이라는 사실은 주목할 만하다.

상황, 사람, 목적. 나는 이 트라이어드를 소개하면서 상황이라는 개념을 매우 단순하게 사용했다. 그러나 다른 용어들과 마찬가지로, 그 안에는 폭넓고 깊은 요소들이 모두 있다.

상황(context)은 신학 교육에서 갈수록 많이 사용되는 말이지만, 하나 이상의 의미가 있을 때가 많다. 원래 그 말은 '무언가가 존재하거나 일어나는 서로 밀접하게 연관된 환경들'(conditions)에 관한 것이다.[5] 우리는 학생에게 졸업하기 1년 전에 교구적 환경에서 사역하도록 요구하는 신학교 과정의 일부를 가리킬 때 '상황적 교육'(contextual education)을 말할 수도 있다. 그러나 우리는 다양한 유형의 신학들, 특히 페미니스트나 해방신학적인 뿌리를 가지고 있는 신학들에서 '상황 읽기'에 대해 말할 수 있다. 나는 **상황**이라는 용어를 자주 사용되는 또 다른 용어인 **문화**와 어떤 점에서는 매우 유사한 의미로 사용한다.

문화는 어떤 사람이 특정한 위치에 의미를 주고, 그 위치에서 의미를 끌어내고, 그 위치 내에서 의미를 도출할 수 있도록 하는 모든 행위들로 정의될 수 있다. 우리는 오늘날 대학원 신학 교육에서 진행되고 있는 변화들을 고찰할 때, 우리의 기관들을 둘러싼 보다 큰 상황들이 변화하고 있는 방식들을 고려해야 한다. 여기서 문화라는 용어가 특히 유용하다. 변한 것은 단지 우리 학생들만이 아니다. 우리의 기관들을 둘러싸고 스며들고 있는 많은 문화적 상황들도 변했다.

나는 로마 가톨릭 평신도이지만 중서부 북쪽에 소재한 미국 복음주의 루터교회의 한 대형 기관에서 가르친다. 20년 전만 해도 이곳에 있는 학생

---

[5] *Merriam Webster's Dictionary*에서 정의한 '상황'(context)이다.

들과 교수들은 신학 연구에 들어가는 학생들을 준비시킬 때 신학교 주위의 문화에 의존할 수 있었다. '크리스텐덤'(Christendom)이라는 용어는 더 이상 많이 사용되는 것 같지 않지만, 20년 전만 해도 그 용어는 미국 중서부의 북부 지역에서 루터교의 특정한 유형을 묘사하고 있었던 것 같다.

우리는 신입생들이 성경에 익숙하고, 루터교도로서의 정체성을 이해하고, 기초적인 예배 예식을 편안하게 생각할 것이라고 기대할 수 있었다. 신학교로서 우리의 과제는 학생들이 이러한 이해들과 헌신들을 심화시키고 그것들에 대해 비평적으로 숙고할 수 있게 도움을 주는 것이었다. 이제 우리는 다른 출발점에 서 있다. 많은 학생은 성경이나 루터교의 신앙 고백들, 루터교 예배의 리듬에 거의 익숙하지 않다. 부분적으로 그들 중 일부는 루터교도들이 아니기 때문이다!

또한, 루터교도들인 학생들도 어릴 때 기독교 교육에 몰입되어 있지 않았고 전혀 관련이 없는 분야들(회계학, 체육학 등)의 학사학위들을 가지고 입학할 수도 있기 때문이다. 이 정도의 생소함조차도 만일 학생들이 종교적 문화에 대한 철저한 기초 지식, 인쇄 담론들 사용에 대한 용이함과 능숙함, 그리고 개인적 경험에 대한 자의식적인 성찰 능력을 동반했다면 우리가 직면하는 유형의 도전을 제기하지 않았을 것이다. 대신 우리는 디지털 기술들에 능숙하고, 텔레비전과 영화의 영향을 받은 의례적 경험과 철학적인 논쟁보다는 공감적인 동일화에 영향을 받은 학생들을 갖고 있다.[6]

---

6   토마스 부머샤인(Thomas Boomershine)은 1999년 5월에 온타리오 주의 오타와에서 했던 발표에서, 우리는 오늘날 문화적 상황들 속에서 '철학적 주장들보다는 공감적 동일화에 의해서' 판단한다고 언급했다.

이처럼 변화하고 있는 문화에서, 상황과 사람들, 목적이 어떻게 합쳐지고 교육적인 상황에서 얼마나 큰 영향력을 끼치는지는 갈수록 더욱 분명해진다. 흩어져 있던 교회들에게 보냈던 바울의 편지와 같은 초창기 기독교의 교육 리더십은 상황과 사람들이 기독교 공동체에 모이는 목적에 대해 극도의 민감성을 보여 줬다.

만일, 학습 경험들이 기본적으로 사람들과 상황, 목적에 의해 영향을 받는다면, 신학교 교육자들은 우리 가운데서 일어나는 극적인 변화들에 주목할 필요가 있다. 인쇄를 기반으로 한 철저한 학문적인 연구를 하도록 훈련받은 우리 중에는 이러한 변화들에 대해 불편해하고, 그 변화들에 의해 긍정되기보다는 도전을 더 받는 이들이 있다.

우리는 우리 주위에서 일어나는 사고의 일관성에 대해 걱정한다. 우리는 우리 자신의 학문들을 관리하고자 애쓰는 동시에 학문적인 노력에 관심이 없는 학생들에게 그 학문들을 어떻게 적절하게 만들 수 있는지를 숙고한다. 그리고 우리는 때때로 우리 자신의 경험들, 특히 예배에서의 경험들이 규범적이라고 전제하는 수렁에 빠진다.

그러면 우리는 어떻게 해야 하는가?

만일 상황과 사람들, 목적의 트라이어드에 대한 고찰이 우리에게 이러한 과제들을 안겨준다면, 그 다음 트라이어드-인지적, 정서적, 정신 운동적-는 우리가 그 과제들을 다루는 데 유용할 수 있다. 이 트라이어드는 주로 심리학 분야에서 가져온 용어들을 활용한다.

나는 때때로 학생들이 보다 쉽게 이해할 수 있도록 수정된 형태의 트라이어드-생각, 감정, 행동-를 제시하면서 시작한다. 그러나 이 트라이어드에서 열쇠는 학습은 항상 복합적인 방식들로 일어난다는 것을 인식하는

데 있다. 어떤 학습 환경에서도 우리는 의도적으로 이러한 과정 중 하나에 초점을 맞추긴 하지만, 다른 두 개의 과정들 역시 포함된다.

신학교 교육이 보다 동질적인 문화적 상황 속에서 이뤄졌던 기간 동안에, 신학교 학생들은 그들의 차이보다는 공통된 것들을 더 많이 공유했다. 그리고 선생들은 이 세 부분으로 이루어진 학습 모델에 매우 신중하게 주의를 기울일 필요가 없었다. 감정들과 행동들, 즉 정서적인 것들과 정신운동적인 것들은 유사한 용어들을 공유하고 공유된 전제 일부로 만들어진 언어였다.

성경 텍스트에 대한 역사-비평적 접근법으로 인한 우려를 분석하는 상황에서 젊은 남학생과 친밀하게 어깨동무를 하는 남자 선생은 그 학생의 몸부림을 지지하고 그 학생의 진리 추구를 격려한다고 '읽혀'질 수 있다. 우리의 현재 상황에서는 동일한 행동이 꽤 다르게 해석될 수 있다. 그리고 복합적으로 해석될 수 있다.

우리 중 많은 이들이 '신체 언어'(body language)라고 부르는 비언어적 몸짓 기호 체계들은 남성과 여성 사이에서 다르고 문화적 위치들에 따라 다르다. 이제 우리는 그것들에 대해 더 많이 알아야 하고, 우리가 그것들을 어떻게 사용하는지에 대해 더욱 의도적으로 숙고해야 하고, 그것들의 다양한 해석들에 대해 더욱 심사숙고해야 한다.[7]

그러나 이것은 또 다른 문제라기보다는 엄청난 기회이다. 우리가 사는 더욱 폭넓은 문화적 환경들, 디지털적으로 영향을 받았고, 갈수록 더 미국처럼 되어가는 세계화된 사회는 비언어적 몸짓 언어 기호 체계들을 풍성

---

[7] 이 책의 9장을 보라.

하고 다양한 방법으로 사용한다. 아단 메드라노(Adán Medrano)와 다른 사람들이 주장했듯이, 우리는 인쇄-지향적인 관행보다 의례적 관습과 흡사한 디지털 미디어에 다가간다.⁸ 이것은 우리가 대표하는 전통들의 유형들, 우리가 지키는 의미-형성 데이터베이스가 지금보다 필요했던 적은 없었다는 것을 암시한다. 그것은 또한 근본적으로 중요한 질문들을 학문적으로 추구할 수 있는 어마어마한 새로운 무대들을 연다.

나의 '트리오'에 마지막 트라이어드가 있다. 엘리엇 아이스너(Elliott Eisner)가 제일 먼저 식별한 그룹으로, '명시적, 암묵적, 무익한 커리큘럼'이다.⁹ 여기서 나는 다시 학생들을 위해 이러한 용어들 대신에 우리가 '의도적으로' 가르치고자 하는 것들, 학생들이 '우연히' 배우는 것들, 그리고 우리가 직접으로 다루지 않기 때문에 배우거나 학습되는 것들, 즉 일부 사람들이 '의식하지 못하는 학습'이라고 칭하는 것에 대해 말하면서 단순화시킬 때가 있다.

앞의 트라이어드와 결합 될 때, 이 그룹은 특히 대학원 신학 교육의 현재 상황에서 우리가 직면한 도전들 속에 나타나는 일부 기회들을 발견하는 데 유익하다. 예를 들어, 미디어 문화에서는 그들의 사회화를 통해 '공감적 동일화'(sympathetic identification)에 매우 능숙할 수 있지만, 기초적인 철학적 논증은 잘 모르는 학생들을 생각해 보라.

---

8 Adan Medrano, "Media Trends and Contemporary Ministries: Changing Our Assumptions about Media," (presented to the Catholic Biship's Conference of the Netherlands, Hilversum, The Netherlands, May 6, 1998). <http://www.jmcommunications.com/english/medrano.html>에서 자료를 얻을 수 있음.
9 Elliott Eisner, *The Educational Imagination* (NY: MacMillan, 1985).

특히, 예전은 그러한 다차원적이고 경험적인 학문이기 때문에 이 트라이어드를 위해 유익한 시험 케이스가 될 수 있다. 예를 들어, 학생들이 그들의 예전신학에 대한 이해를 소논문을 통해 보여 주길 기대하면서 강의를 시작하는 선생은 그러한 과제물이 적절하지 않다고 강의실 밖에서 불평하는 학생들을 발견하게 될지도 모른다.

이 예에서 그 선생은 학생들이 모든 목사의 실무에서 중요한 요소를 비평적으로 고찰하도록 돕는 과제를 의도적으로 고안했다. 그러나 학생들은 목사가 되길 원하는 이들부터 박사 과정에 들어가기 위해 요구되는 과목들을 단순히 수강하는 이들에 이르기까지 매우 다양하다.

첫 번째 그룹에게 그 과제물은 그들이 그 과목에서 필요로 하는 것을 암묵적이거나 지엽적인 수준에서 '잘못 읽었다'는 느낌을 준다. 그리고 만일 그들이 감정적으로 선생에게 반대한다면, 그 과제물은 그 상황에서 그들의 학습을 돕는 데 심각한 문제가 된다.

두 번째 그룹에게 간략한 소논문은 중요한 신학적 사안을 탐구하는 공간이라기보다는 시켰기 때문에 어쩔 수 없이 해야 하는 하찮은 것으로 보일 수 있다. 두 그룹 모두에게 그 과제물은 학생들에게 선생이 그들을 존중하지도 그들의 상황을 이해하지도 않는다는 이차적인 메시지를 '감정적인' 차원에서 전달한다. 학생들은 자극을 받아 노골적인 적의나 수강철회라는 가장 소극적인 방법을 포함한 많은 행동을 하게 될지도 모른다.

다른 한편으로 선생은 예배 과목의 처음 부분을 예전의 체화적인 본질에 충분히 집중하면서 구성할 수 있다. 예를 들어, 학생들에게 다양한 교회의 다양한 예배 형태를 경험해 보거나 다른 전통에 '방문'하라고 요구할 수도 있다. 그리고 그 후에는 학생들에게 그러한 경험들에 대한 묘사적인 리포트, 그다음에는 보다 비평적인 리포트, 마지막으로는 그들의 경험들을 탐구하기 위해 예전신학으로부터 가져온 개념들을 사용하여 철학적인 리포트를 쓰라고 요구할 수 있다. 이런 시나리오에서 학생들은 먼저 경험하라고 초대되고 격려된다. 그다음에 그 경험을 내러티브 형식으로 묘사할 것을 요구받고, 그 후 그 경험을 더욱 깊이 고찰하라는 요구를 받는다. 마지막으로 다양한 신학적 용어들을 사용하여 그 경험을 분석하도록 요구된다.

나는 내 동료들이 제기할지도 모를 염려들을 이미 들을 수 있다. 만일 우리가 그 모든 것을 한다면, 그 과목에서 우리가 필요로 하는 모든 것을 어떻게 충족시킬 수 있는가?

우리의 접근법들을 '지나치게 단순화'하는 것보다 학생들에게 도전하고 기대에 부응하도록 요구하는 것이 더 중요하지 않은가?

어떻게 우리는 모든 학생의 다양한 요구를 만족시키는 그러한 과제물들을 만들 수 있는가?

이러한 이의들에 대해 하나씩 다뤄보도록 하겠다.

첫째, 나의 동료들이 제기할지 모르는 첫 번째 이의는 다루는 내용의 범위에 대한 우려에 관해, 지난 10년 전부터 학생들은 적게 주어질 때 더 많이 배운다고 말하는 중요한 연구들이 있었다.[10] 그 결과들이 직관에 어긋나는

---

[10] Maryellen Weiner, *Improving Your Teaching* (Sage, 1993), "Tomorrow's Professor"에서 인

것처럼 보일 수 있다. 그러나 학문적인 연구가 진행되곤 하는 방식들을 생각해 보라. 당신에게 한 가지 질문이 생기면, 당신은 그 질문에 대해 당신이 어떻게 반응할지에 대해 자문해 보라.

만일 어떤 답도 떠오르지 않는다면, 당신의 그다음 반응은 친구나 동료에게 그들은 그 질문에 대해 어떻게 생각하는지 물어보는 것일 수 있다. 아니면 당신은 컨퍼런스의 발표장으로 가거나 일반적인 주제를 다루는 논문을 찾아볼지도 모른다. 얼마 동안 그 문제를 갖고 안달복달한 후에야 당신은 당신의 질문들을 다듬기 시작하고, 그다음에서야 당신은 더욱 집중하고 당신의 반응을 구축하는 데 유익한 철학적 자료들을 찾아볼 수 있다.

성인 학습자들은 자기-주도적인 탐구를 하도록 격려될 필요가 있다는 것은 이제 성인 교육에서 진부한 말이다. 파커 팔머(Parker Palmer)의 '위대한 것들의 은혜'에 대한 묘사를 사용하면 이것에 대해 또 다르게 생각해 볼 수 있다. 그는 우리가 폭넓지만, 표면 근처를 다룰 때보다는 좁더라도 깊게 다룰 때 더 많은 것을 가르칠 수 있다고 주장한다.[11]

우리 학생들은 정보가 풍부한 환경, 심지어는 정보가 포화한 환경에 살고 있다. 학생들에게 내용을 전달하는 것보다 그들이 정보-접근 능력, 정보-비평 능력, 정보-통합 능력을 기르도록 돕는 것이 우리에게 훨씬 더 중요하다. 그래서 내 친구 중 하나가 자주 말하듯이 우리는 '만약을 위한'(just in case) 학습보다는 '때에 맞춘'(just in time) 학습이 필요하다.

용되었다. <http://sll.stanford.edu/projects/tomprof/newtomprof/postings/73.html>에서 자료를 얻을 수 있다.

[11] Parker Palmer, *The Courage to Teach* (San Francisco: Jessey-Bass, 1998), 107-8.

둘째, 나의 동료들이 제기할지 모르는 두 번째 이의는 내용의 수준을 낮추기보다는 학생들에게 도전하는 것에 대한 우려이다. 이것은 중요한 이의이다. 왜냐하면, 교육적 학문은 학생들에게 충분히 요구하지 않는 것보다 그들에게 높이 자라도록 요구할 필요가 있다고 계속해서 지적하기 때문이다. 그러나 여기에서 생각과 감정과 행동의 트라이어드가 '명시적, 암묵적, 무익한' 것과 연결되는 것이 매우 중요하다. 우리는 얼마나 어려운지도 인식하지 않은 채 터무니없이 어려운 과제물들을 주고, 학생들이 그 과제물을 해낼 수 있게 충분히 돕지도 않는다. 예를 들어 다음과 같다.

> 우리는 학자들로서, 그리고 전통적인 종교 공동체들의 대표자들로서 복합적이고, 다양한 특성을 보이고, 의미가 풍성한 예배를 오랫동안 깊이 경험해 오곤 했다. 우리는 이러한 경험들을 가지고, 또한 학생들은 그들이 알아야 하는 것들과 학습법에 대한 우리의 지침을 받아들일 정도로 우리의 지식과 경험을 충분히 신뢰할 것이라는 전제를 가지고 예배를 가르치게 된다.
>
> 반면에 학생들은 예배에 대한 매우 빈곤한 경험을 갖고 오는 경우가 많다. 하나나 잘해야 두세 가지 유형의 예배에 대한 경험에 의지하는 것 같다. 많은 학생은 다양한 다른 종류들의 의례들-친구들과 영화 보기, 운동 경기에 참여하기, 행동주의-을 발견하고, 적어도 교회의 예배처럼 깊이, 아니면 더 깊이 참여한다.[12] 그들은 우리가 어렴풋이 가늠할 수 있거나 거

---

[12] Tom Beaudoin, *Virtual Faith: The Irreverent Spiritual Quest of Generation X* (San Francisco: Jossey-Bass, 1998).

의 존중하지 않을지도 모르는 여러 방법으로 하나님을 찬양하고 하나님과 화해한다.

이처럼 그들은 학문적인 기관에 있는 교수의 능력에 대한 노골적인 의심이 아니라면 어느 정도의 불신을 갖고 예배 강의실로 들어와 지식이나 유용성의 측면에서 그들의 의례적 경험들에 대해서 말한다. 우리가 경험해 온 것들로부터 가르치고 그러한 경험들이 공유된다고 전제할 때, 우리는 이미 암묵적인 차원에서 잘못된 메시지를 보내고 있는 것이다.

그때 만일 우리가 학생들의 질문들, 특히 (많은 학생들이 본질적으로 중요하다고 여기는 사안들인) 디지털 미디어나 다양한 형태의 음악에 대한 것들에 대해 다루길 거부한다면, 우리는 이러한 경험들을 존중하지 않고, 결국엔 학생들도 존중하지 않는 '무익한' 커리큘럼을 통해서 가르치는 것이다.

따라서, 우리가 학생들에게 매우 도전적인 과제물들-강의실로 와서 우리를 자주 만나고, 그들 자신의 경험들, 직감들, 본능들을 깊이 감추고, 그들의 경험적인 반향을 깊이 감추고, 우리의 요구들과 정의들을 구속으로 받아들이는 것-을 내주는 것이다.

그것은 매우 도전적인 과제이고, 내가 생각하기에 우리가 가르치길 원치 않는 많은 것을 가르친다. 다른 한편으로, 만일 우리가 학생들을 충분히 환대하고 존중하면서 그들의 경험들을 강의실로 가져오도록 할 수 있다면, 우리는 공유되는 언어를 개발할 수 있을지도 모른다. 그 공유되는 언어는, 예를 들어, 학생들이 예전 전통의 공유되는 부와 우리 전통의 기질에 반하는 우리의 감정적이거나 경험적인 반향을 평가해야 한다는 필요성을 깊이 인식할 수 있도록 도울 수 있다. 여기서 내가 주장하는 바는 우리가 선생으로서 우리 전통의 부를 둘러쌓을 때 사용한 '진흙'을 알아차릴 필요가 있다는 것이다.

셋째, 나의 가상의 동료들이 제기할 수도 있는 세 번째 이의는 학생들에 대한 일관성과 존중감이 있는 방식으로 가르치는 것에 대한 깊은 관심에서 비롯된다.

정말로 우리는 강의실에 있는 다양한 학생들의 필요를 모두 충족시킬 수 있는 방식으로 가르칠 수 있는가?

이것은 매우 중요한 문제다. 그리고 이 문제에 대한 간단한 해답은 없다. 우리의 학생들을 위해 일관성과 본질을 제공하고 그들의 다양성을 존중하는 것은 선생으로서 우리가 해야 하는 일이다. 이러한 두 가지 목표는 충돌될 수 있다. 둘 사이의 긴장은 누구에게도 잘 맞지는 않지만, 최소한 표준화는 되어있다는 장점이 있는 표준화된 커리큘럼으로 다시 돌아가게 만들지도 모를 정도로 매우 강력할 수 있다. 아니면 그 긴장은 우리로 최대한 많은 학생들의 필요를 충족시키는 자료들을 준비하는 '충분히 좋은' 선생이 되게 할 수 있다. 이것은 내가 가르칠 때 취하고자 노력했던 입장이었다.

그러나 궁극적으로 우리는 팔머(Palmer)가 '위대한 것들의 은혜'라고 칭한 것도 반드시 고찰해야 한다. 그는 다음과 같이 주장한다.

> 우리는 다양성을 우리 공동체에 초대한다. 정치적으로 옳기 때문이 아니라 위대한 것들의 많은 신비가 다양한 관점들을 요구하기 때문이다. 우리는 모호성을 포용한다. 우리가 헷갈리거나 우유부단하기 때문이 아니라

우리의 개념들은 위대한 것들의 광대함을 수용하기에 충분하지 않다는 것을 이해하기 때문이다. 우리는 창의적인 갈등을 환영한다. 우리가 화나고 적대적이기 때문이 아니라 갈등은 우리의 편견과 선입견을 바로잡도록 요구하기 때문이다.

우리는 **정직**을 실천한다. 서로에 대한 의무이기 때문이고, 우리가 본 것에 대해 거짓을 말하는 것은 위대한 것들의 진리를 배신하는 것이기 때문이다. 우리는 **겸손**을 경험한다. 우리가 싸워서 졌기 때문이 아니라 겸손은 위대한 것들을 볼 수 있는 유일한 렌즈이기 때문이다. 그리고 위대한 것들을 볼 때, 우리는 겸손해질 수밖에 없다. 우리는 교육을 통해 **자유로운 남성과 여성**이 된다. 우리가 기밀 정보를 갖고 있기 때문이 아니라 모든 형태의 독재는 위대한 것들을 은혜를 구할 때만 극복될 수 있기 때문이다.[13]

'위대한 것들의 은혜'와 그것에 부합하는 실천에 초점을 맞출 때의 한 가지 유익은 하나님의 임재 안에서 겸손을 경험하는 선생으로서 우리를 자유롭게 해 줄 수 있다는 것이다. 모든 학습 환경에서 주된 선생은 내가 아니다. 성령이시다.

그 목표를 향해서 나는 가능한 한 탄력적이고 선택 주도적인 학습 행사들(learning events)을 위한 틀을 만들기 위해 일한다. 예를 들어, 모든 과목을 시작할 때, 학생들에게 강의 목표와 관련하여 그들 자신의 학습 목표를 만들어보라고 요구하는 것은 선생들이 수업의 구성이 수정될 필요가 있지는 않은지, 또는 추가적인 도움이 필요한 학생들은 없는지를 인식하도록

---

[13] Palmer, *Courage To Teach*, 107-8.

하는 데 유익하다. 과제물 선택표를 포함한 강의계획서를 만드는 것은, 학생들에게 그들이 신학교에 온 다양한 목적들을 언급하지 않은 채 자신들의 이해력과 학습방식에 맞는 과제물을 선택할 수 있게 하면서 그러한 탄력성의 한 가지 요소가 될 수 있다.

매 강의가 끝난 후에 반 페이지 분량으로 강의를 통해 배운 것 한 가지와 여전히 궁금한 것 한 가지를 반드시 쓰도록 학생들에게 요구하는 것은, 강의안 중심의 강의조차도 점진적으로 상호 작용하는 과정으로 만들 수 있다. 많은 학생은 수동적인 학습자가 되도록 사회화되어 왔기 때문에 이러한 유형의 선택들은 과목을 더욱 어렵게 만들 수 있다. 그러나 학생들이 자기 자신의 학습에 스스로 책임질 수 있게 도움을 더 일찍 받으면 받을수록, 모든 커리큘럼(명시적, 암묵적, 무익한)이 더 빨리 융합될 가능성이 커진다.

결국, 트라이어들의 트리오는 다음과 같이 정의될 수 있다.

① 주 요소들: 상황, 사람들, 목적
② 학습 영역: 인지적, 정서적, 정신 운동적
③ 커리큘럼 유형: 명시적, 암묵적, 무익한

이러한 렌즈들 각각은 우리가 기독교 고등 교육에서 직면하는 일부 도전들을 강조하는 데 도움을 준다.

지금까지 기독교 고등 교육을 향한 두 가지 중요한 도전들에 대해 간략하게 언급했다. 이제 그 도전들에 대해 자세히 살펴보겠다.

2. 타자들을 통해 생각하기

두 가지 도전 중에서 첫 번째는 가르치고 배울 때 우리가 본질적으로 '문화를 가로질러' 일하고 있는 방식들과 관련된다. 이 도전에 대해 다양하게 말할 수 있고, 많은 사람이 그렇게 해 왔다. 이번 장에서 나는 그러한 비교-문화적 연구 중 한 가지만 다룰 것이다. 그 연구는 인쇄-기반 학교의 분할과 그 밖에 있는 대중 매체 대중 문화 환경에 주목한다.

나는 다른 곳에서 이러한 분할에 대해 길게 서술했었다. 그러나 나는 이 분할과 관련하여 내가 사용했던 틀(framework)인 리처드 슈웨더(Richard Shweder)의 틀은 다시 설명될 가치가 있다고 생각한다.[14]

문화인류학자인 슈웨더는 인류학자들이 '타자들을 통해 생각하는' 방식들에 대한 네 부분으로 구성된 유형 분류 체계(four-part typology)를 만들었다. 그의 체계는 인류학자들이 타자들의 도움으로 생각하고, 타자들을 분명히 알고, 타자들을 해체하여 넘어서고, 타자들과 관계하는 상황에서 목격하는 것을 통해 생각한다고 말한다.

각각의 전략들은 타자들을 동반한다. 그래서 그 전략들을 하나씩 이해하는 것은 가치가 있다. '타자들의 도움으로 생각하기'는 '타자'들의 일부 양면을 우리 자신에 대해 더 많은 것을 배우는 수단으로 사용한다.

---

[14] 예를 들어, 다음을 보라. Mary Hess, "Media Literacy as a Support for the Development of a Responsible Imagination in Religious Community," in *Religion and Popular Culture: Studies on the Interaction of Worldviews*, ed. Daniel Stout and Judith Buddenbaum (Ames: Iowa State University Press, 2001), 289-311; Mary Hess, "The Bible and Popular Culture: Engaging Sacred Text in a World of Others," in *New Paradigms for Bible Study* (NY: ABS, forthcoming).

타자들을 통해 생각하기는 첫 번째 의미로 타자들을 인간 경험의 일부 측면에 대한 전공자나 전문가로 인정하는 것이다. 인간 경험의 반성적 의식과 표현과 담화 시스템은 우리 자아의 숨겨진 차원들을 드러내는 데 사용될 수 있다.[15]

첫째, 슈웨더는 '타자'가 사실상 어떤 면에서 전문가가 될 수 있다는 사실을 솔직하게 인정하는 것을 요구한다. 여기서 나는 대붕 매체 대중 문화와 관련하여 학술 문화(academic culture)를 '타자'로 제안하고 있다. 신학대학원의 교수들은 사상과 실재의 숨겨진 차원들을 드러낼 수 있는 여러 유형의 담론과 연구에 대한 '전문가들'로서 자신들을 생각하는 데 익숙하다. 그러나 우리는 대중적인 대붕 매체 문화 역시 이러한 연구로 가져올 수 있는 자원들을 가지고 있을지 모른다는 사실을 얼마나 자주 인정하고 있는가?

분명히 우리 학생들은 우리의 전문적인 지식과 권위를 인정할 것이라고 기대된다.

그렇다면 우리는 학생들이 대중 문화의 담론에 대해 잘 알고 있다는 사실을 얼마나 자주 인정하는가?

예를 들어, 중에는 그들을 위해 웹페이지를 제작하거나 청년 문화에 대한 민족지적인(ethnographic) 보고에 참여관찰자로서 일하도록 학생들을 고용하는 이들은 거의 없다. 그러나 여기에서도 우리 교수들은 정의하고 통

---

[15] Richard Shweder, *Thinking through Others: Expeditions in Cultural Psychology* (Cambridge: Harvard University Press, 1991), 108.

제하는 전문 지식을 붙잡고 있다.

그러나 신앙에 대한 가장 적절한 질문들이 논의되고 있는 곳은 바로 미디어 문화로, 2001년 9월 11일 이후의 몇 달이 이를 가장 분명하게 보여줬다. 공동체가 매우 중요하게 여기는 질문에 대한 결정들이 (텔레비전, 영화, 라디오, 인터넷을 포함하는 범주인) 디지털 미디어 내에서 내려지고 있다. 학술적인 종교 문화와 디지털 매체 문화의 분할은 9월 11일 후에 있었던 슬픔과 치유에 대한 세 개의 주요 의례들에서 가장 잘 나타났던 것 같다.

그중 두 의례는 미국 국립대성당에서 열렸던 예식과 여러 텔레비전 채널에서 방영된, 톰 행크스(Tom Hanks)를 비롯한 많은 할리우드 슈퍼스타들이 참여했던 기금 모음 행사였다. 대부분이 아니었다면 많은 미국인이 봤고, 이야기했고, 감정적으로 공감했던 것은 두 번째 행사였다.

우리의 디지털 미디어는 분명히 국민으로서 우리가 누구이고 누가 되기를 원하는지에 대한 지금까지 감춰졌던 차원을 드러내는 전문 지식과 같은 것을 갖고 있다. 마지막 의례는 양키 스타디움에서 열렸던 추도 예식으로, 오늘날 우리 미디어 문화의 대제사장이 틀림없는 오프라 윈프리(Oprah Winfrey)가 주재했다.

둘째, 슈웨더가 '타자들을 분명히 알기'라고 칭한 것이다. 그에게 이 방식은 '타자들에 의해 만들어진 의도적인 세계의 내적 논리에 대한 체계적인 설명을 제공하는 것'을 의미한다. 목표는 토착적인 신앙과 욕망, 실천을 이성적으로 재구성하는 것이다.[16] 이러한 탐구 방식은 역사-비평적 성

---

[16] Richard Shweder, *Thinking through Others: Expeditions in Cultural Psychology*, 109.

경 해석과 매우 유사하기 때문에 여기에서 따로 설명하지는 않겠다. 그러나 많은 학생에게 가장 도전적인 것은 바로 이러한 공통성(commonality), 그리고 역사-비평적인 해석의 도구들을 별도로 사용해서 성경적 '타자성'에 대한 암묵적인 메시지를 전달하는 경향이다. 왜냐하면, 그들은 역사-비평적 도구들을 통해서 성경은 우리 것과는 매우 다른 사고체계로 전문화된 도구들을 사용할 때만 접근할 수 있다는 결론을 도출했기 때문이다. 본문에 대한 정확한 해석을 주장하는 숙련된 목사와 평신도들이 함께 하는 성경 공부 소그룹은 이와 같은 메시지를 의도치 않게 보내곤 한다.

이 방식에 대한 또 다른 예는 이 경우에 있어서 '타자'가 아니라, 오히려 공동체에서 우리에 의해 '의도적으로 건설된 세계에 대해 체계적으로 설명'하기 위해 예배를 가르칠 때 우리가 찾는 방법일 수도 있다. 미디어-연구(media-studies) 학자들은 지난 20년간 미디어가 어떻게 작용하는지에 대한 이해를 바꾸어왔다. 즉, '도구적'이라고 불릴 수 있는 모델로 이해하다가 미디어의 표현적인 수용력에 대해 훨씬 더 열린 마음을 갖게 되었다. 사람들은 더 이상 디지털 미디어를 통해 전달되는 '텍스트들'의 의미들을 미디어 제작자들이 단독으로 결정한다고 여기지 않는다. 의미를 만드는 복합적인 춤을 함께 추는 하나의 파트너로만 여겨진다.

우리의 미디어를 다루는 방식을 묘사할 때 학자들이 사용하는 비유 중 하나는 의례의 비유이다. 이 비유에서 사람들은 다양한 디지털 미디어를 사용하는 시간과 장소를 일련의 실행들을 통해 구체화하고자 노력하면서, 의미를 만드는 데 있어 디지털 미디어를 자원으로서 사용한다. 예를 들어, 우리는 웹상에서 수 시간을 보내면서도 시간이 지났다는 것을 느끼지 못한 채 '길을 잃을 수' 있다. 우리는 저녁 식사를 만들거나 퇴근을 하면서,

다른 사람들이 그 날의 사건들을 이해하는 것을 듣고자 하면서 라디오를 배경 음악처럼 듣는다.

예배학 교수들은 얼마나 자주 학생들에게 그들의 미디어 관행들의 의례적 의미들에 대해 생각해 보라고 질문하는가?

이것은 예배학 교수들이 예배 내에서의 디지털 미디어 사용에 대해 고찰하도록 요구받을 때, 가장 중요한 질문이다.

학생들의 미디어 문화 내에서의 사회화는 어떤 방식들로 우리가 예배에서 활용하고자 하는 관례의 담론들과 패턴들을 형성하는가?

우리가 디지털 문화에 의해 '의도적으로 건설된 세계에 대해 체계적으로 설명'할 수 있게 되는 것은 우리 학생들이 예배를 통해 제시하고 선포하고자 하는 세상에 관해 설명할 수 있게 하는 것만큼 중요하다.

셋째, 적어도 인류학적인 관점에서 보면, '타자들을 넘어서는 것'을 포함하는 방식이다. 많은 교육가는 이 방식을 '비평적 고찰'과 동일시한다. 비평적 고찰은 슈웨더의 묘사와 많은 공통점을 갖고 있다.

> 그것은 아마도 타자들의 의도된 세계가 강력하게 드러내고 조명한 것을 이미 이해한 후에 오는 것이기 때문에 세 번째이다. '타자들을 통해 생각하기'는 전체적으로 볼 때 발견일 뿐 아니라 비평과 해방이다.[17]

---

17 Richard Shweder, *Thinking through Others: Expeditions in Cultural Psychology,* 109-10.

나는 세 번째 방식이 우리가 선생으로서 학생들이 '얻을 수 있도록' 돕고자 강하게 열망하는 것이라고 여긴다. 그러나 이 방식은 먼저 '타자들의 도움으로 생각하기'를 통해서 움직이고 '타자들을 분명히 아는 것' 이후에만 제대로 성취되리라는 것은 슈웨더의 주장일 뿐 아니라 나의 주장이기도 하다. 나는 앞에서 선생들이 학습의 정서적 및 정신 운동적 요소들을 무시할 때, 또는 우리가 우리의 가르침에 박혀있는 암묵적이거나 무익한 커리큘럼에 대해 고찰하는 것을 거부할 때 일어날 수 있는 일부 문제들을 지적했다.

이러한 문제들은 선생들이 '타자들을 넘어서기'로 너무 빨리 움직일 때 나타나는 딜레마와 동일하다. 만일 우리가 우리 앞에 나타나는 문제들, 즉 학생들이 우리에게 가져오는 질문들에 관해 분석적이고 창의적으로 생각할 수 있다면, 우리는 포스트모던 상황 속에서 엄청난 기회를 얻게 된다. 그러나 예를 들어, 우리가 혹 디지털 미디어가 갖는 의미의 틀 안에서 디지털 미디어를 먼저 고찰하지 않은 채 디지털 미디어에 대한 비평으로 너무 빨리 나아가게 된다면,

이 기회는 그 안에 어려움의 심연을 포함한다. 유사하게 우리는 공유되는 의례 리더십으로 학생들을 초대할 수 있다. 아니면 우리는 그들 자신의 학습이나 상황을 존중하지 않고 단순히 우리 자신의 이해를 그들에게 전달하고자 애쓸 수 있다. 후자의 자세는 사람들을 교회로 초대하기보다는 교회 밖으로 내몰 수 있다.

그러나 여기에는 슈웨더가 인정하듯이 중요한 단계, 깊이 존중될 수 있는 단계, 디지털 문화 너머를 생각하는 것으로 움직이는 단계이다. 이 단계는 우리에게 제도적인 종교 문화 너머로, 그리고 통해서 생각할 것도 요

구한다. 사회학자들은 X-세대 공동체의 구성원들이 제도들을 향해 갖고 있는 깊은 회의적인 태도를 지적한다. 그 회의적인 태도는 미디어 기관들보다는 종교 기관들을 향해 주로 표현되곤 한다. 아마도 우리는 X-세대에 속하는 젊은 리더들을 종교 기관들로 정중하게 초대할 수 있을 것이다. 그렇게 함으로써 어떤 식으로든 그들의 비평을 '안으로' 가져올 수 있고, 동시에 그들의 비평적인 렌즈를 미디어 기관들을 향해 돌리도록 그들을 격려할 수 있다.

넷째, '타자들과 관계를 맺는 상황 속에서 입증하기'이다.

> '타자들을 통해 생각하기'의 네 번째 방식에서 타자를 나타내는 과정은 타자를 나타내는 과정의 일부로 자기 자신의 자아를 보여 주는 과정과 함께 진행된다. 이를 통해 개방된 자기-성찰적 대화의 사고방식을 갖도록 장려한다.[18]

'타자'를 사용하는 이 마지막 방식은 종교 기관들에 있는 우리가 가장 적게 경험하는 방식이다. 우리는 모든 차이들 속에서 – 에큐메니즘적으로 하든 아니면 종파를 초월해서 하든 – 대화를 할 때, 세상 속에서 성령이 늘 일하고 계신다고 고백하는 겸손한 자세로 하기보다는, 우리가 진리를 갖고 있다는 오만한 태도로 할 때가 너무 많다.

만일 2001년 9월 11일 이후의 몇 개월이 우리에게 무언가를 가르쳤다고 한다면, 나는 우리가 다음을 배우길 시작했으면 좋겠다. 즉, 너무 경직된 종

---

[18] Richard Shweder, *Thinking through Others: Expeditions in Cultural Psychology*, 110.

교적인 정체성 형성을 옹호하는 것은 우리로 하나님께서 우리 가운데서 창조하셨던 모든 것에 대해 겸손히 경외심을 갖게 만들기보다는 테러리스트들을 만드는 결과를 낳는다.

우리가 신학 교육가들로서 '타자들과 관계를 맺는 상황 속에서 입증하는' 방식에 대한 가장 분명한 예는, 우리가 선생들로서 배움에 이끌렸기 때문에 가르침에 이끌린 선생의 깊은 겸손을 구현하는 방식들 속에서 찾아볼 수 있다. 마틴 루터는 성경에 관해서 비평적 추론(critical reason)을 고수하고자 했던 것만큼, 성경을 엘리트 교육을 받은 해석자들의 폭정으로부터 가장 많이 해방시켰다.

공개적으로 탐구하고, 역사에 근거한 전통의 평가 기준에 영향을 받아 형성되지만, 현대 독자들의 최근 질문들과 삶의 경험들에 관해 개방적인 성경연구들은 이러한 '개방된, 자기-성찰적 대화의 사고방식'의 전형적인 예이다.

3. 교육의 목적

이번 장의 처음 부분에서 사용했던 예들 속에 깊이 박혀있다고 내가 발견한 마지막 도전은 첫 번째 트라이어드의 세 번째 요소인 목적이다. 대학원 신학 교육의 '목적'은 무엇인가?

1994년까지 루터신학교의 사명 선언문은 다음과 같았다.

> 루터노스웨스턴신학교(Luther Northwestern Theological Seminary)는 예수 그리

스도의 복음 사명을 위해 일하도록 남성들과 여성들을 교육한다. 교회의 모든 회중과 사역들은 충분한 자격을 갖추고 헌신된 목사들, 교사들, 리더들을 위해 이 신학교가 필요하다. 교회와 일반인들은 루터노스웨스턴신학교를 루터의 신학 연구의 중심지로 바라본다.

현재의 사명 선언문은 다음과 같다.

루터노스웨스턴신학교는 예수 그리스도를 통한 구원에 대해 증언하고, 하나님이 만드신 세상에서 섬기도록 성령에 의해 부르심과 보냄을 받은 기독교 공동체들을 위한 리더들을 교육한다.

여기에는 교수들과 학생들, 직원들의 협업에 대한 분명한 함축을 위시하여 점진적인 변화가 있다. 이런 변화는 우리의 제도적인 소명(institutional vocation)을 의도적으로 확대하고 교회의 공적 리더십이 지난 수십 년간 했던 것보다 지금 더 많은 형태를 취하고 있다는 우리의 지각을 반영한다.

하난 알렉산더(Hanan Alexander)는 말한다.

교육은 단순히 어떤 지식을 획득하는 것에 대한 것은 아니지만, 그것도 가치는 있다. 그리고 무언가의 가치에 관한 판단은 선에 대한 비전을 요구한다.[19]

---

[19] Hanan Alexander, *Reclaiming Goodness: Education and te Spiritual Quest* (Notre Dame, IN: University of Notre Dame Press, 2001), 173.

오늘날 상황에서 대학교 신학 교육에 대해 지속할 수 있고 흥미진진한 것의 일부는 우리가 선에 대한 비전을 갖고 있다는 것이다. 간략하게 말해 이 비전은 '하나님의 통치'일 것이다. 그러나 우리는 이 비전을 번역할 필요가 있다. 아니면 최소한 신학 교육에 대한 우리의 비전과 관련하여 '선'에 대한 우리의 이해 안에 그 비전을 깊이 새겨둘 필요가 있다.

수십 년간 대학원 신학 교육은 학술적인 협회들의 역학에 따라, 더욱 폭넓은 의미의 고등 교육 형태와 구조에 의해서, 그리고 어느 정도는 더욱 넓은 문화적 공간에 떠다니는 '과학적 실증주의'의 범주들의 영향을 받아 강력하게 형성되어 왔다. 그러한 영향들 내에서 충분한 명료성과 활력을 가지고 움직일 방법을 찾기는 어렵다.

'부름과 보냄을 받은… 리더들에 대한 교육'을 염두에 두는 커리큘럼은 어때야 하는가?

알렉산더는 '학습의 목적은 개인의 물질적 가치를 늘리는 것이 아니라 도덕적 통찰력을 확장하는 것이다. 그리고 생계를 유지하는*(earning a living)* 것이 아니라 잘 삶*(living well)*거나 중요한 기술을 행하는*(practicing a valued craft)*데 더 나아지는 것이다. 교육 기관들에서 졸업하는 전문가들은 단순히 실제적인 기술뿐 아니라 실행해야 할 목적들을 필요로 한다.'[20] 우리가 대학원 신학 교육에서 직면하는 딜레마들의 핵심은 '실천해야 할 목적들,' 즉 디지털 미디어 문화에서 사회화된 학생들에게 아주 흥미진진하고 적절해야 하는 목적들을 분명하게 표현하는 것이다.[21]

---

[20] Hanan Alexander, *Reclaiming Goodness: Education and te Spiritual Quest*, 184.
[21] "실천"(practice)에 관해서, 필자는 우리의 소명의 결과에 대한 신학적 주장을 하려는 것이 아니다. 오히려 필자는 실행적인 사안들(logistic issues)을 암시하고 있다. 우리의 구

나는 루터신학교의 현 사명 선언문보다 강력한 교육적 '목적'을 상상할 수 없을 것 같다. 그러나 나는 많은 학생이, 특히 지역 교회의 벽 너머로 확장되는 '하나님의 세상에서,' '구원에 대해 증언하는 것'이 무슨 뜻인지 이해하기 어려워한다는 것도 안다. 소수의 열성적인 근본주의자들만 명시적인 신학적 언어를 가진 것처럼 자주 표현하는 대중 매체 대중 문화 안에서 사회화된 세대의 사람들은 이제, 그들 자신의 경험에 부합하고 그들 자신의 상황들 안에서 말하는 명시적인 신학적 언어를 개발할 방법들을 찾기 위해 노력해야 한다.

여기에서 기회는 방대하고, 동네 대형서점의 책장에 캐슬린 노리스(Kathleen Norris)의 『놀라운 은혜』(Amazing Grace)나 로베르타 본디(Roberta Bondi)의 『하나님의 기억들』(Memories of God) 같은 책들을 꽂아놓는 상업적인 성공에서도 인식될 정도이다. 사람들은 전통적인 종교 공동체들 속에 깊이 뿌리내린 언어와 경험들, 신앙들과 약속들을 갈망한다. 그러나 그러한 갈망을 채우기 위해서 사람들은 자신들의 입장에 대한 존중을 제대로 받고자 한다. 그리고 그것이 내가 이번 장을 시작할 때 사용했던 통계로 우리를 다시 돌려보낸다.

현재 미국에는 300개가 넘는 전문 가톨릭 평신도 사역 형성 프로그램이 있는데 총등록자 수는 35,000이 넘는다. 대학원 과정에 있는 신학생 수의 10배 정도이고, 부제 교육 프로그램에 있는 남성 수의 13배 되는 숫자이다.[22]

원으로부터 매일 흘러나오는 것은 무엇인가? 이 상황에서 성령의 열매들은 무엇인가?

[22] 'News' in *America* (10 September 2001).

제8장 질그릇에 담긴 보배 283

나는 또한 내 동료의 일화적인 고찰을 언급했다.

비신학교, 비법인 경로를 통해 미국 복음주의 루터교회의 공적 리더십으로 들어오는 사람들은, 매해 미국 복음주의 루터교회의 8개 신학교로부터 들어오는 사람들을 모든 합친 것만큼 많습니다.

이러한 통계들은 다음의 두 가지를 모두 지적한다. 사람들은 그들의 신앙 공동체들의 공적 리더십에 들어가는 것을 꺼리지 않는다. 그리고 그들은 그들을 있는 그대로 존중하지 않고 그들이 처한 상황들도 존중하지 않는 대학원프로그램들에 참여하는 것을 거부한다.

우리는 어떻게 앞에서 언급된 '트라이어드들의 트리오'의 각 요소를 진지하게 받아들일 수 있을까?

구체적으로는 신학교들, 일반적으로는 기독교 고등 교육은 어떻게 우리의 엄청난 자원들을 기독교 공동체들의 리더들을 갖추고 파송하는 일에 활용할 수 있을까?

알렉산더는 '영적인 교육자들'이 필요로 하는 리 슐만(Lee Shulman)의 핵심역량에 대해 논한다.

학문과 전통을 초월하는 주제-중립적인 비판적 사고기술, 그들 자신의 윤리적 전통과 적절한 인지적 전통에 대한 주제-특정적인 사고, 결과의 오류를 가르치는 적어도 한 개의 실증적인 학문에 대한 친숙도, 그리고 창의성과 소망을 경축하는 미학적인 표현 형태에 대한 감사. 그들은 슐만이 '교수학적 내용 지식'(pedagogic content knowledge)이라고 칭한 것, 즉 질문하는 능력 뿐 아니라 다른 사람들이 질문할 수 있도록 하는 것에 대한 경험에서 배우는 직관들도 필요로 한다.[23]

우리는 몇 해 전에 루터신학교의 커리큘럼을 대대적으로 개정하기 시작했다. 우리 주위의 상황들이 변하고 있고 학교로 들어오는 학생들이 변하고 있다는 것을 점점 더 인식했기 때문이었다. 나는 우리의 노력을 다른 모든 기관을 위한 처방책으로서가 아니라, 그러한 역량들을 갖추기 위해 한 기관이 노력했던 방식의 예로서 묘사하고자 한다. 우리가 일상에서 다양한 헌신의 정도로 우리의 이상을 실천하고자 했던 모습을 묘사하면서 시작하겠다.

우선 우리는 특정한 학문에 집중한 '학과들'(departments)을 없앴다. 대신에 성경, 역사와 신학, 리더십의 세 '부서들'(divisions)만을 만들었다. 이 부서들은 또한 어떤 면에서 우리 커리큘럼의 삼중적인 활동, 즉 이야기를 배우는 것, 해석하고 고백하는 것, 사명에 앞장서는 것과 병행한다.

각 부서가 이러한 활동 중 하나에 대해 책임을 진다고 말하는 것 – 예를 들어, 성경은 이야기를 배우기 위한 것이다 – 은 너무 단순하다. 왜냐하면, 모든 세 부서에는 각 활동의 요소들이 포함되어 있기 때문이다. 그러나 성경 부서가 거룩한 텍스트를 깊이 다루는 것을 가장 강조하고, 역사와 신학 부서는 우리 공동체들이 신앙을 어떻게 해석하고 고백해왔는지를 학생들이 찾아낼 수 있도록 돕는 일에 많은 시간과 노력을 쏟는다는 것은 틀림없는 사실이다.

---

[23] Alexander, *Reclaiming Goodness*, 186.

과거에 '사역 방법'(arts of ministry) 분과들(종교교육, 설교학, 목회학, 예배 등)로 여겨졌던 것으로 구성되는 리더십 부서는 이제 신앙 공동체에서 '리더십'이 의미하는 것이 무엇인지를 놓고 활발한 대화에 참여한다.

예를 들어, 우리는 공동 리더십에 대해 어떻게 말할 수 있는가?

구체적이고 수행적인 실천에 대해 생각하면서 일한다는 것은 무엇을 뜻하는가?

슐만이 말한 역량들을 하나씩 살펴보겠다.

첫째, 학문과 전통을 초월하는 주제-중립적인 비판적 사고 기술이다. 슈웨더가 언급하듯이, '타자들을 넘어서서 생각하기'를 할 수 있기 전에 우리는 먼저 타자들의 입장에 대해 알고, 그 입장의 핵심논리들을 이해하고, 그 입장의 중심적인 감정을 경험하고, 그 입장의 약속대로 살아야 한다. 우리는 루터신학교에서 조만간 즉흥적으로 다루게 될 전통의 기초적인 '척도들'(scales)을 배우는 학생들이 비판적 사고기술을 발전시킬 수 있도록 함께 노력하고 지원한다.

예를 들어, 우리는 여전히 목회학석사 과정 학생들에게 성경 헬라어와 히브리어를 택하도록 요구한다. 이 언어들은 다양한 성경, 신학, 리더십 과목들에서 사용되면서 학생들이 우리 전통의 중요한 문법들을 분석할 수 있도록 돕는다. 이를 통해 학생들은 성경의 여백을 여러모로 활용하고 번역을 확장할 수 있게 된다. 이런 방식으로 학생들이 배우는 기술들은 기독교 고등 교육 내의 여러 학문에 영향을 끼친다.

우리는 또한 인지적인 것보다 더 많은 것을 가지고 일한다. 특히 우리는 학생들에게 제자도(Discipleship), 즉 그들의 일상적인 경험을 신학적으로 숙고할 수 있게 하는 하나의 방식으로 소그룹 성경공부를 제공하는 일련의 핵심적인 과목들에 참여할 것을 요구한다. 우리는 모든 학생에게 간-문화적인 '몰입 경험'(cross-cultural immersion experiences)에 참여하도록 요구한다. 이 후자의 요건은 비평적 사고는 자신이 처한 상황보다 더 큰 상황에 대한 파악을 필요로 한다는 이해에서 나온 것이다.

우리는 루터신학교에서 이슬람학 석사 프로그램을 만들기 위해 지난 10년 동안 일해 왔다. 이 과정은 그 분야에 집중하기를 원하는 학생들을 지원한다. 그 과정은 또한 학생들이 전통들을 넘어서 사고할 수 있게 돕는 보다 폭넓은 커리큘럼에서 자원을 제공한다.

지금 나는 모든 신학교가 똑같이 해야 한다고 주장하는 것이 아니다. 나는 다원적인 세상에서 신앙의 공동체들로부터 부름을 받았고 파송될 학생들이 교회 전통들과 종교들을 초월한 대화들에 정중하게 참여하는 데 익숙해져야 한다고 제안하고 있다.

둘째, 학생들에게 필요하다고 슐만이 말한 역량은 '그들 자신의 윤리적 전통과 적절한 인지적 전통에 대한 주제-특정적인 사고'이다. 현재 루터신학교의 교육 전략의 전체적인 움직임 중 하나는 '해석하고 고백하는' 요소이다. 우리 커리큘럼의 이러한 요소는 학생들의 심중에서 그들 전통의 핵심적인 신앙에 대한 증언에 대해 깊이 감사하는 마음과 그에 수반되는 고백을 할 수 있는 능력을 발전시키기 위한 것이다. 이 요소에 속하는 많은 과목은 다른 학교들의 윤리와 역사 과목들과 비슷하다.

그러나 루터신학교에서는 여기에 예배 과목도 포함되어 있다. 그리고 우리의 성경 신학 심화 과정은 해석하고 고백하는 과정이다. 이 과목들은 학생들에게 사상의 수준에서 뿐만이 아니라 감정과 행동의 수준에서도 공부하도록 요구한다. 또한, 그 과목들은 정기적으로 커리큘럼 밖에 있는 리더들을 선생들로서, 아니면 적어도 특정한 주제에 대한 특별 강사로 활용한다.

셋째, 슐만의 역량은 '결과의 오류를 가르치는 적어도 한 개의 실증적인 학문에 대한 친숙도'이다. 이것은 아마도 우리가 가장 고심해 왔던 목표 중 하나일 것이다. 현재 우리의 커리큘럼은 각 학생이 자신의 교과과정을 시작할 때 수강하는 '청중 읽기'라는 제목의 과목을 포함한다.

이 과목은 사회학 이론들, 특히 인구통계학과 문화 연구 분야의 이론들을 회중에 대해 연구하는 데 활용한다. 학생들은 엑셀을 비롯한 여러 양적 소프트웨어들을 활용하는 발표용 도표들을 가지고 특정한 교회가 소재한 지역을 수치로 묘사하는 과제를 요구받는다.

많은 학생은 이 과목이 매우 도전적이라는 것을 알고, 이러한 실증적인 과제가 하나님의 말씀을 선포하는 일과 관련될 수 있다는 생각에 반대한다. 그러나 통계학과 인구학을 비롯한 다른 실증적 학문들에 대한 이해 속에서 가장 중요한 문제는 무언의 가정들을 비평하고 수정하는 법을 배우는 것이다. 그러한 공부는 슐만이 언급하듯이 '결과의 오류'를 가르치고, 그렇기 때문에 기독교의 모든 고백적 태도의 중심에 항상 있어야 하는 진정한 겸손을 키우는 데 중요하다.

넷째, '창의성과 소망을 경축하는 미학적인 표현 형태에 대한 감사'는 슐만의 역량이다. 이 역량은 건축을 연구하는 예배 과목들, 해석의 도구로 이미지를 활용하는 성경 과목들, 시와 다른 문학 형태들을 사용하는 설교와 수사법 과목들을 통한 루터신학교의 명시적 커리큘럼에 철저하게 스며들어 있다.

그러나 이것은 우리의 '암묵적' 커리큘럼 안에도 있다. 예를 들어, 매일 드리는 채플은 루터신학교의 커리큘럼에서 중요하다. 그리고 우리는 여러 미적 형태와 틀을 활용하여 이처럼 중요한 예배를 경험하기 위해 노력해 왔다. 사용되는 음악은 오르간에 의해 반주되는 우아한 바흐의 합창곡에서부터 보다 여유 있으면서 형식에 얽매이지 않은 찬양 밴드에 이르기까지 다양하다.

십자가는 학교의 작은 예배당에 영구적으로 설치되어 있는 커다란 청동 십자가상에서부터 큰 예배당에 일시적으로 있었던 '테제'(Communaute de Taize) 십자가상과 다른 많은 미디어로 표현된 십자가에 이르기까지, 다양한 방식으로 표현되었다. 우리는 또한 디지털 미디어와 전자적 표현(electronic representation)을 보다 직접적으로 사용하는 실험을 시작하고 있다.

다섯째, 슐만의 마지막 역량은 '교수학적 내용 지식'이다. 즉, 질문하는 능력뿐 아니라 다른 사람들이 질문할 수 있도록 하는 것에 대한 경험으로부터 배우는 직관들이다. 이 역량은 우리가 세운 목적 중에서 가장 힘든 것이다.

우리는 어떻게 학생들이 그들의 탐구 패턴에 대해 의식적으로 그리고 의도적으로 고찰할 수 있도록 지원하는가?

우리는 어떻게 그들이 그들 자신의 자기-지식을 넘어 다른 이들을 지원하는 경험으로부터 배우도록 돕는가?

이러한 질문들에 대한 완전한 해답들이 있지 않다. 그러나 우리의 가장 중요한 직관은 이런 종류의 일이 신학교의 강의실 너머로 뻗어 나갈 수 있고 뻗어 나가야 한다는 것이다. 이미 우리는 종교적 리더십이 꽃피고 있는 교회들과 선교 단체들, 다른 종류의 공동체 기관들과의 관계를 쌓기 시작하고 있다. 우리는 이미 커리큘럼에 '상황적 교육' 요소를 갖고 있었다. 그러나 최근에 우리는 전체 커리큘럼이 '상황 속에서 회중적 리더십을 학습하는 것'을 분명하게 반영할 수 있도록 작업하고 있는 중이다.

앞에서 언급했던 것처럼 우리 주위의 상황이 지속적이고 빠르게 변화할 때, 우리의 교육적 리더십은 반드시 유연하고, 외부 지향적이고, 학생들이 부름을 받고 앞으로 보내질 공동체들과 깊이 연관되어야 한다.

하난 알렉산더는 다음과 같이 서술한다.

> 우리의 삶들과 공동체들의 삶은 여름 캠프가 상징하는 집중적인 영적 온실이 되어야 한다. 나는 이것을 유기적 공동체라고 부른다. 왜냐하면, 서로 보완적이고 상호적으로 강화시키는 사상들과 이상들, 학습과 실천이 집에서 이웃으로, 학교에서 회당으로, 청소년 단체와 여름캠프에서 문화 센터와 사회복지단체로 자연스럽게 흐르기 때문이다. 공동체의 기준들은 선에 대한 학습과 실천, 경축이 부모들과 조부모들, 고모들과 이모들, 삼촌들, 이웃들에 의해 매우 중요하게 여겨지고, 그들의 자녀들에 의해서도 중요하게 여겨질 것이 기대될 때에만 전달될 수 있다.[24]

---

[24] Alexander, *Reclaiming Goodness*, 205.

알렉산더는 유대인적 상황에서 서술하고 있기는 하지만, 나는 그의 말이 기독교적 상황에서도 동일하게 적용될 수 있다고 생각한다. 우리는 기독교의 여름 수련회가 사람들에게 끼치는 강력한 영향력을 알고 있다. 우리는 대학원 신학 교육을 지원하는 유사한 유기적 공동체가 되기 위해 일할 수 있다.

왜 이것이 중요한가?

보다 넓은 문화적 환경 속에서 우리는 철학적 논쟁보다 '공감적 동일화에 의한 추론'과 실천에 내재된 학습이 훨씬 더 흔한 상황에 직면하고 있기 때문이다.

이제 복음주의는 예수 그리스도가 왜 우리의 구세주인가에 관한 논리-정연한 주장처럼 보이지 않는다. 오늘날의 복음주의는 많은 다른 것들, 예를 들어 U2의 음악, 네트워크 텔레비전의 드라마인 (웨스트 윙[West Wing]), WWJD(What would Jesus do, 예수라면 어떻게 하셨을까?) 팔찌, 텔레비전에 나오는 빌 모이어스(Bill Moyers)처럼 보인다. 이러한 예 중 어느 것도 전통적이고 제도적으로 형성된 신앙 공동체들에 의해 감독되지 않고, 심지어는 장려되지도 않는다.

지난 5년 동안에 사람들은 신앙에 대해 소통하기 위해 인터넷을 엄청나게 사용했다. 수십 만 개의 사이트들이 종교에 대한 정확하기도 하지만, 매우 잘못되거나 심지어는 거짓된 모든 정보를 가지고 등장했다. 우리가 고등교육이 될 수 있는(브루피[Bruffee]의 표현을 사용하여[25]) '이행 공동체'를 세우

---

[25] Kenneth Bruffee, *Collaborative Learning: Higher Education, Interdependence, and the Authority of Knowledge* (Baltimore: Johns Hopkins University Press, 1993).

고자 추구할 때, 우리는 학생들이 이미 접해오고 있는 사회화를 반드시 유념해야 한다. 만일 그들에게 다른 언어들을 가르치고자 소망한다면, 우리는 반드시 그들에게 가장 익숙한 언어를 가지고 말해야 한다. 우리는 또한 공동체가 신학교의 벽에서 끝나지 않는다는 것과 우리가 가르치고 있는 리더들은 우리를 계속해서 가르친다는 것을 분명히 알아야 한다.

바울은 이렇게 기록했었다.

> 우리가 이 보배를 질그릇에 가졌으니 이는 심히 큰 능력은 하나님께 있고 우리에게 있지 아니함을 알게 하려 함이라(고후 4:7).[26]

포스트모던 상황 속에서 대학원 신학 교육을 돌보는 우리는 최소한 우리의 벽 저편에서 진행되고 있는 의미 만들기를 깊이 존중해야 한다. 그리고 우리 안에서, 그리고 우리 가운데서 지속으로 일하시는 성령의 모든 방법에 대해 열린 마음을 계속해서 가져야 한다. 그렇게 할 때 우리는 '예수 그리스도를 통한 구원에 대해 증언하고, 하나님이 만드신 세상에서 섬기도록 성령에 의해 부르심과 보냄을 받은' 모든 이들을 지원할 수 있을 것이다.

---

[26] 나는 최근에 기독교 록밴드의 가장 인기 있는 크로스오버가 Jars of Clay(질그릇)이라는 그룹의 곡이라는 것이 우연이라고 생각하지 않는다.

제9장

다민족 교회의 약속과 과제

캐시 블랙(Kathy Black)

다민족 교회들은 전국의 도시들과 마을에서 그 모습을 드러내고 있다. 다민족 교회들은 기독교의 구조에 흥미진진하고 도전적인 요소들을 덧붙인다. 상이한 민족적 배경을 가진 사람들로 구성된 교회들은 다양한 형태와 크기를 갖는다.[1] 다민족 교회의 모델에는 세 가지가있다.

첫 번째 다민족 교회의 모델은 둘 이상의 민족 회중들이 동일한 교회 시설을 공유하는 경우이다.

대개 한 회중이 시설을 소유하고 다른 회중(들)은 '그 안에 둥지를 틀고 있다.' 예를 들어, 베트남 교회가 유럽계-미국인 교회로부터 장소를 빌리

---

1 다민족 기독교 회중들을 연구하는 (릴리 재단[Lily Endowment]의 지원을 받고 라이스 대학교[Rice University]에서 장소를 제공받는) 회중 프로젝트(The Congregations Project)는 '혼합된 교회' 또는 다민족 교회를 '적어도 교인들의 20%가 인종적 또는 민족적 다양성을 제시하는' 교회라고 밝힌다.

거나 받는다. 아니면 스페인어를 사용하는 회중이 아프리카계-미국인 교회로부터 장소를 빌리거나 받는다.

이 모델에서 두 교회는 분리되어 있다. 공간을 공유할 뿐이다. 두 교회는 때때로 예배를 함께 드리고 특별한 경우 공동으로 교제 활동을 할 수도 있다. 그러나 서로 상이한 사람들로 구성된 두 공동체들 사이의 상호 작용은 매우 적다. 이것을 결정짓는 것은 각 공동체에게 적절한(다고 여겨지는) 문화 및 언어적 요소들이다.

두 번째 다민족 교회 모델은 위의 모델과 비슷하다. 한 가지 다른 점은 목회 리더십과 행정 업무가 한 우산 아래 있다는 것이다. 모든 사역을 위한 하나의 예산을 세운다. 이 모델은 설립된 한 교회 내에서 여러 언어를 사용하는 사역들을 하고 있는 다민족 회중을 말한다. 한 회중 내에서 특정한 민족적 배경의 교인들을 책임지는 둘 이상의 목사나 리더들과 함께하는 교회가 있다.

예를 들어, 시내에 있는 한 대형 교회에는 한국인 목사, 필리핀인 목사, 히스패닉계 목사, 유럽계-미국인 목사가 있을 수 있다. 하나의 교회이지만 다양한 민족들은 그들만의 예배를 드리고 교육 프로그램을 갖고 있고 교제 활동을 한다. 이따금 전체 회중이 함께 모여 예배하고 봉사 활동을 하고 교제한다. 이 모델은 보다 많이 소통하고 함께 계획을 짤 수 있게 한다. 또한, 하나의 회중을 관리할 수 있도록 한다. 그러나 다양한 교인들의 문화 및 언어적 요구를 존중한다.

세 번째 다민족 교회의 모델은 다양한 민족적 배경을 가진 사람들이 교회 생활과 사역의 모든 영역에서 일부분을 이루는 교회들로 대표된다. 서로 다른 민족적 배경을 가진 사람들이 예배나 교제, 교육을 위해 나뉘지 않는다. 교회 공동체는 다민족적이다. 역사적으로 유럽계-미국인 교회의 교인 중 삼분의 일이 필리핀인이다. 또는 흑인계-미국인 교회의 교인 중 사분의 일이 아프리카와 카리브해 지역에서 온 사람들로 구성된다.

다민족적인 특징을 의도적으로 추구한 교회들도 있다. 교회 리더들이 다양한 주민들을 위한 봉사 활동과 전도를 촉진하는 결정을 내렸다. 그러나 많은 예에서 볼 수 있듯이, 이러한 다민족 교회들은 시간이 흐르면서 자연스럽게 '생겨났다.' 교회 주위에 사는 주민들의 민족적 배경들이 바뀌었고, 한 가정이 교회에 출석하기 시작했다. 그다음에 그들의 친구와 친지들을 초대했다. 시간이 흐르면서 그 교회는 다민족적이 되었다.

이러한 다민족 교회 모델에서는 다양한 접근법들이 취해질 수 있다. 동화와 동화 정책이 일반적인 반응들이다. 동화는 '한 개인이나 개인들이 한 집단의 사회적 및 심리적 특성들을 획득하는 과정'으로 정의된다.[2] 특정한 집단에서 적극적으로 활동하는 구성원이 되고자 하는 사람은 어느 정도의 동화가 필요하다. 다른 문화들이나 국가들에서 미국으로 온 사람들은 생존을 위해 최소한 어느 정도는 동화될 필요가 있다. 예를 들어, 이민자들은 영어를 습득하기 위해서 영어를 사용하는 사역에 참여하기로 한다. 변화하는 주민들을 상대하는 데 어려운 시기를 보내고 있는 교회들에게 동화는, 그들이 '다른 이들'로 여기는 사람들이 교회로 유입될 때 즉각적으로 보이는 반

---

[2] *The Dictionary of Cultural Literacy,* ed. E. D. Hirsh, Jr., Joseph F. Kett, and James Trefil. 2nd ed. (Boston: Houghton Mifflin: 1993), 412

응일 때가 많다. 그때는 암묵적인 메시지가 전달되곤 한다.

당신을 환영합니다. 그러나 우리는 당신 때문에 우리의 존재 방식과 행동 방식을 바꾸진 않을 겁니다.

다른 한편으로 동화 정책은 지배 집단의 핵심 원리들과 행위들에 충실하도록 사람들에게 그들의 민족의식을 거부하라고 강요하는 사고방식이다. 다민족 교회들에서 동화 정책주의자들은 새로 온 사람들에게 다음과 같은 메시지를 보낼 수 있다.

어느 누구라도 교회 생활로 들어올 수 있습니다. 그러나 조건이 있습니다. 이 교회 안에서의 존재방식에 적응하거나 적응하는 법을 배우고 받아들여야 합니다. 당신의 모습을 버리고 우리처럼 되십시오. 그러면 모든 것이 괜찮을 것입니다.

이 말은 교회 예배에서의 음악과 설교와 기도 스타일, 아이들을 교육하고 훈련하는 데 있어서 용납될 수 있는 방법, 재정을 마련하는 전통적인 방식, 서로 좋게 지내고 권위를 가진 사람인 목사와도 잘 지내는 데 있어 허용되는 방식 등에 동화되는 것을 의미하곤 한다.

그러나 또 다른 접근법도 있다. 각 민족이 신앙 공동체에 가져오는 것들을 귀하게 여기는 접근법이다. 상호 동화 모델을 말한다. 이 모델이 말하는 메시지는 이렇다.

그렇습니다. 우리는 당신이 우리의 존재방식과 행동방식과 기도방식을 배우길 원합니다. 그러나 우리 역시 당신의 존재 방식과 행동방식과 기도방식을 배우고자 합니다. 그러면 우리는 다양한 문화들로부터 온 요소들을 통합하는 교회로서 존재하는 새로운 방식을 창조할 수 있습니다.

나는 이것을 문화적으로 자각하는 교회, 즉 교회 안에서 나타나는 다양한 민족성과 문화들을 진지하게 다루는 교회라고 부른다. 새로 온 사람들이 회중의 문화에 동화되기보다는 다양한 민족성이 혼합되면서 제3의 문화가 창조된다.

사람들은 서로의 문화 속에서 어떻게 예배하고, 어떻게 기도하고, 무엇을 어떻게 노래하는지를 공유한다. 그리고 그들을 하나의 기독교 공동체로 만드는 교육 경험들과 교제 활동들이 무엇인지를 공유한다. 많은 교회 생활과 사역 형태들은 그 안에 존재하는 다양성에 따라 재개념화된다. 상호 동화 모델이 내가 이번 장에서 중점을 두고자 하는 다민족 교회 모델이다.

1. 다민족 교회의 약속

1) 오순절의 비전으로 살아가기

다민족 교회 안에는 흥미진진한 가능성이 많다. 우리에게 주어진 오순절의 비전, 즉 여러 나라로부터 온 다양한 언어로 말하는 사람들 모두가 예수의 삶을 통해 나타난 하나님의 우리를 위한 사랑의 좋은 소식 안에서 공유하는 그 비전은 우리의 삶 속에서 실행될 가능성이 있다.

사도행전 2장의 마지막 부분은 다음과 같이 기록한다.

> 믿는 사람이 다 함께 있어 모든 물건을 서로 통용하고 또 재산과 소유를 팔아 각 사람의 필요를 따라 나눠 주고 날마다 마음을 같이 하여 성전에 모이기를 힘쓰고 집에서 떡을 떼며 기쁨과 순전한 마음으로 음식을 먹고 하나님을 찬미하며 또 온 백성에게 칭송을 받으니 주께서 구원받는 사람을 날마다 더하게 하시니라(행 2:44-47).

기독교 공동체의 이 비전이 일부 사람들에게는 여전히 이상적으로 보일 수 있다. 그러나 많은 다민족 교회에서 이 본문은 다양한 신자들의 공동체로서 그들이 누구인지를 이해하는 근간이 된다. 그 사람들은 다양한 언어로 말하지만, 예수 그리스도의 좋은 소식을 서로 소통하기 위해 노력한다.

그들은 또한 은사와 소유를 서로 공유하기 위해 노력한다. 그들은 '기쁨과 순전한 마음으로' 사람들의 몸과 영혼을 기르는 여러 문화의 음식들을 먹고 함께 하나님을 찬양한다. '온 백성에게 칭송받는' 것을 염두에 둘 때 회중들은 다양성이 존중되고 경축되기까지 하는 신앙 공동체를 함께 만들어가기 위해 노력하게 된다.

그렇다고 이러한 종류의 공동체를 만드는 것이 쉽다는 말은 아니다. 절대 쉽지 않다. 그러나 성경의 증언과 오순절의 비전은 이 이미지를 달성하고자 애쓰는 목표로 붙잡도록 회중을 격려한다.

2) 다민족적인 소세계 만들기

다민족 교회들은 또한 우리가 사는 다문화 사회와 세상의 축소판을 제공한다.

만일 교회라는 작은 세계에서 다문화적 공동체가 만들어질 수 없다면, 세속 세계의 다양한 환경 속에서 사람들이 함께 어울리는 것을 어떻게 기대할 수 있겠는가?

어떤 사람들은 다민족 교회에 다니는데 그 이유는 그들이 다민족적인 환경에서 일하고, 다민족적인 헬스클럽에서 운동하고, 자녀들이 다민족적인 학교에 다니고, 딸들이 다민족적인 축구팀에 소속되어 있고, 아들들이 다민족적인 가라데 도장에 다니기 때문이다. 다민족 교회에서 예배하기 원하는 사람들도 많다.

최근에 미국에 이민 온 사람 중에는 기독교적인 환경을 통해서 이 나라의 방식들을 (그들이 필요하다고 여기는 정도까지) 학습하여 동화되는 것을 좋게 여긴다.[3] 그들은 이 나라에서 그리스도인들이 중요하게 여기는 가치들과 태도들과 행위들을 배우고자 한다. 지배 문화에 속한 사람 중에도 여러 세속적인 상황 속에서 항해하는 데 필요한 기술들을 기독교적 환경에서 배우는 게 더 안전하다고 느끼는 이들이 많다.

만일, 한 기독교 공동체의 다양한 구성원들이 할 수 없다면, 사회 전반에서 차이를 존중하고 심지어 경축하는 걸 어떻게 기대하는가?

만일, 다민족 교회에서 되지 않는다면, 세속 세계의 사람들이 인도적이

---

[3] Kathy Black, *Culturally Conscious Worship* (St. Louis: Chalice, 2000).

고 비폭력적인 방식으로 문화 차이를 협상하고 중재할 것을 어떻게 기대하는가?

다민족 교회는 아이들과 청년들, 성인들이 다민족, 다문화 사회에서 살아가는 방식을 배우는 훈련장이 된다.

3) 서로의 신앙을 상호적으로 공유하기

다민족 교회는 사람들에게 서로로부터 배우고 신앙의 깊은 자산을 공유하는 귀한 기회들을 제공한다. 새로운 방식으로 기도하고, 새 노래로 노래하고, 영성을 새로운 방법으로 실천하고, 새로운 의례로 통과의례를 나타내고, 신앙의 새로운 상징을 배우면서 영적 성장을 위한 수많은 기회를 얻게 된다.

다른 이를 위해 우리의 신앙을 분명히 표현하는 것은 위대하고 때로는 힘겨운 인생을 살아가는데 우리를 지탱해주는 영성의 원천을 깊이 탐구하도록 만든다. 우리는 우리 자신과 문화에 대해 더 많이 배울 뿐 아니라 신앙의 다른 표현들과 다른 문화들과 언어들에 대해서도 배운다. 이러한 학습은 그 자체로 자연스럽게 매우 흥미로운 여정이 될 수 있다.[4]

---

[4] Kathy Black, *Culturally Conscious Worship*.

4) 차이를 존중하기

다민족 교회들은 사람들에게 다르게 생각하고 다르게 행동하고 심지어 다르게 믿는 이들을 존중하는 법을 배우는 기회를 제공한다. 우리는 동의하지 않는 것에 동의하면서 한 공동체 안에서 서로 잘 지내는 법을 배울 수 있다. 우리는 삶의 환경이 우리의 환경과는 거의 겹치지 않는 사람과 결속하는 것이 어떤 의미인지를 직접 경험한다.

예를 들어 우리는 두고 온 조국에서 일어난 전쟁과 사랑하는 이들과 연락할 수 없어서 힘들어하는 믿음의 형제들과 자매들을 돕는다. 한 지체가 고통받을 때 우리가 모두 고통받는다. 한 사람이 기뻐할 때 모두가 기뻐한다.

그러나 다른 사람과 결속한다는 것은 우리의 마음을 깊이 어루만지는 노래를 노래하고 심지어는 다른 사람의 심중에 말하는 언어로도 노래하는 것을 의미한다. 그 노래나 언어가 처음엔 우리에게 개인적으론 큰 의미로 다가오지 않을지라도 말이다.

차이를 존중한다는 것은 변화에 열려있다는 뜻이다. 다른 이들을 끌어안는다는 것은 그들이 교회 프로그램의 구조와 내용, 예배 생활, 교육사역, 교제활동에 기여하는 것을 기꺼이 받아들인다는 뜻이다. 차이를 존중하는 것은, 권력이 우리 중에 있는 소외된 자들을 계속해서 억압하지 않도록 하기 위해, 절충은 반드시 필요하다는 사실을 인정하는 것을 뜻한다. 그리고 차이들이 신중하게 다뤄져야 한다는 것을 의미한다. 다민족 교회는 우리와 다른 사람들을 존중하고 사랑하는 방법에 대한 기회와 지침을 제공한다.

5) 동음보다는 불협화음

다민족 교회들은 꾸민 동음보다는 불협화음을 내는 목소리와 관습과 음악과 함께 살아가는 법을 배우도록 우리를 돕는다. 다민족 교회에서 스페인어로 노래를 부르는 이들이 있고 영어로 노래를 부르는 이들도 있을 수 있다. 동남아시아에서 온 아이들은 서서 기도할 때 다른 아이들은 앉아서 할 수 있다.

어떤 사람들은 설교 중에 목사가 말하는 것에 대해 말로써 동의한다고 (아니면 경우에 따라 동의하지 않는다고) 표현할 수 있다. 그러나 어떤 사람들은 조용히 앉아 듣기만 할 수도 있다. 회중 노래의 리듬에 맞춰 손을 흔들거나 몸을 움직이는 사람들이 있을 수 있고, 움직이지 않은 채 노래하는 사람들도 있을 수 있다.

우리는 다민족 교회에서 동음보다는 모호성과 불협화음을 감수하는 법을 배운다. 혼돈처럼 들릴 수 있다. 그러나 그렇지 않다. 동음이라는 개념이 불협화음으로 대체되었지만 다양한 공동체 안에서 그리고 통해서 표현되는 통일성이 있다.

불협화음은 자신과 다른 사람의 영성과 신앙 여정을 존중하고 중요시한다. 그리고 사람들에게 예배 공동체라는 환경 안에서 하나님과의 관계를 깊게 만드는 방식들로 신앙을 표현할 수 있는 자유를 준다.[5]

---

[5] Kathy Black, *Culturally Conscious Worship*, 83-115.

2. 다민족 교회의 과제

1) 공유된 이야기의 결여

다민족 교회가 풀어야 할 과제 중 한 가지는 '공유된 이야기'가 모자랐을 가능성이 농후하다는 것이다. 로마 가톨릭과 성공회 같은 예전 전통에서 기도서나 예전은 모든 문화에서 사용되고 거행되면서 다양한 회중에게 공유된 이야기를 제공한다. 그러나 많은 개신교 전통들에서는 공유된 문화 이야기, 공유된 국가 이야기, 공유된 교단 이야기, 공유된 예전 이야기가 존재하지 않는다.

성경 이야기도 상이한 언어들을 통해서뿐만 아니라 다양한 문화 및 신학 렌즈를 통해 해석되어 왔다. 요한복음의 도입부가 스페인어로 '라 팔라보라'(*la palabra*, 태초에 말씀)이 아니라 '태초에 동사'(*el verbo*)로 번역되었을 때, 예수님이 어떤 분이시고 무엇을 하셨는지에 대한 이해에 엄청난 영향을 끼쳤다.

마찬가지로 어휘에 부활이라는 단어가 없는 언어들도 있다. 그래서 부활은 해당 언어가 가진 단어들로 번역된다. 즉, 부활의 한 측면 이상을 전달할 수는 있지만, 영어에 없는 뉘앙스를 풍기거나, 아니면 그리스어 원문에는 존재하지 않는 단어들로 번역되기도 한다.

공유된 이야기의 결여는 회중에게 그들이 공통으로 갖는 종교 어휘, 신학 개념, 예전 예식을 발견하라고 도전한다. 사람들이 서로에게 배우고 다민족 회중이 가진 이야기들로부터 새로운 공유된 이야기를 만들기 위해

서로 다른 관점들을 공유하는 것은 중요하다.

예배의 행위에서 공유된 이야기의 결여가 공개적으로 가장 잘 드러난다. 어떤 사람들은 몸을 하나님의 임재의 수단으로 여기는 문화들을 갖고 있다. 예배는 경축하고 춤추고 움직이는 시간이다. 음악에는 래틀이나 셰이커와 드럼이 동반되면서 공동체의 핵심 정서를 표현한다. 기도는 사람들이 성령에 이끌려 느끼는 대로 그들의 존재 깊은 곳으로부터 나온다.

그러나 다른 문화들의 사람들은 경외감과 신비감으로 예배 공간에 접근할 수도 있다. 예배는 조용히 성찰하고 묵상하는 시간이다. 오랜 시간을 통해 우리에게 전해진 인쇄된 기도문들이나 최근에 작성된 기도문들이 예배하는 공동체에 의해 동음으로 읽힌다. 일어서서 기도하는 전통에서 온 사람들이 있고, 앉아서 기도하는 전통에서 온 사람들도 있다. 무릎을 꿇고 기도하는 사람들도 있다.

일부 문화들에서 예배는 시편에 기록된 '예배로의 부름'이 있기 전까진 시작되지 않는다. 다른 문화들에서는 개회 기도나 입당송, 화답 인사가 회중을 예배로 부른다. 여전히 장황한 노래들과 성가대의 노래로 예배를 시작하는 이들도 있다. 어떤 문화에서는 사람들이 30분에서 45분 길이의 설교를 기대하고, 다른 문화의 사람들은 15분에서 20분을 예상한다.

공유된 예전 이야기가 부족하기 때문에 다민족적인 맥락에서 차이를 절충하고 타협하면서 대화를 많이 해야 한다. 회중은 다른 이들의 경험을 존중하고, 다른 이로부터 배우고, 다양한 사람들로 구성된 특정한 공동체만의 독특한 예배 스타일을 갖도록 일하는 방법을 반드시 학습해야 한다. 공통된 이야기의 결여가 장기적인 장벽이 될 필요는 없다.

다민족 교회에 있는 사람들은 자신들의 신앙 공동체만의 독특하고 새로운 공유된 이야기를 만들 수 있다.

2) 권위에 대한 문제들

오늘날 유럽계 미국 문화에서 권위에 도전하는 많은 요인이 여러 영역에서 작용해왔다. 예를 들어, 목사의 권위, 성경의 권위, 설교의 권위가 도전받고 있다. 민주사회는 (적어도 이론적으로는) 공동체에 속한 모든 이들의 참여를 중요시한다. 지난 3-40년 동안에 위계적이고 주어진 권위들로부터 멀어지고자 하는 움직임이 있었다. 많은 목사는 회중의 한 사람으로 여겨지길 원했다. 그들만이 책임져야 하는 직무들이 있지만 어떤 특별한 영적 자질 때문은 아니다. 부분적으로 이러한 움직임은 페미니스트운동과 안수를 받는 여성이 많아지면서 나타났다.

여성들은 계급제와 '다른 사람들' 위에 있는 것을 중요하게 여기지 않았다. 그리고 여성들은 교육과 안수를 받았다는 이유로 권위를 자동으로 부여받지 못해왔다. 권위는 회중과의 진정성 있는 관계를 통해 얻게 되는 것이었다. 이에 더해 최근 수십 년 사이에 등장한 포스트모더니즘 철학들은 보편적이지만 아직 경험적으로는 실증되지 않은 가설들과 한 사람의 교육이나 지위 때문에 부여되는 외적인 권위에 대해 지속해서 도전했다. 진리의 문제를 다루는 데 있어서 질문은 더 이상 '무엇이 진짜인가?'가 아니라 '누구의 진리인가?'이다.

우리는 다원주의가 당연하게 여겨지는 포스트모던 세계에 살고 있다. 사회에서 백인들, 서구 남성들은 모든 사람에게 무엇이 보편적인 진리인지를 더 이상 결정할 수 없다. 사람들은 다른 민족들, 문화들, 성, 세대들과의 관계로부터 파생되는 '진리들'을 더욱더 중요시한다.

유럽계-미국인 교회에서 권위에 대한 이러한 도전은 다양한 방식으로 나타난다.

첫째, 설교는 전통적인 '전령' 모델에서 목회자, 이야기꾼, 증인 모델로 옮겨졌다. 목사는 더 이상 공동체를 위한 전령, 즉 하나님의 음성이 되길 원치 않는다. 목사는 인간이고 그런 설교의 '권위'를 포기했다. 설교자가 자신의 신앙 여정과 경험에 대해 증언할 수는 있다.

그러나 이것이 모든 이들을 위한 진리라고 전제할 필요는 없다. 아니면 사역자의 권위는 회중을 위한 목사와 상담자-치유하는 자와 위로하는 자-가 될 때 온다. 아니면, 목사는 이야기꾼이다. 성경의 이야기, 신앙 공동체의 이야기, 교회의 상징에 관한 이야기로 사람들을 끌어들인다.[6]

둘째, 설교에서 응답시간이 대중화되었다. 이 시간에 사람들은 목사의 설교에 대해 비평할 수 있다(할 것이다). 목사는 더 이상 '하나님의 음성'이 아니기 때문에 설교는 비평받을 수 있다. 그리고 목사는 더 이상 성경에 관한 유일한 권위자가 아니기 때문에 평신도들도 성경 본문을 해석하고 신앙 공동체를 위해 적용하는 일부가 될 수 있다.

---

6 Thomas Long, *The Witness of Preaching* (Louisville: Westminster/John Knox, 1989)을 보라.

셋째, 더 이상 설교단에서 설교하지 않기로 결정한 목사들이 많아졌다. 설교자의 권위를 상징하는 설교단은 사람들이 설교자를 통해 하나님의 말씀을 만나게 되는 통로로 여겨지기보다는 목사와 사람들 사이를 가로막는 장벽이 되었다. 설교단이 사람들에게 장벽으로 여겨질 때 설교자들은 설교단으로부터 나와 회중 안으로 들어가 그들과 좀 더 함께한다. 이를 통해 목사도 그들 중 하나라는 인식을 만들거나 강화한다. 그러면 설교는 하나님의 '말씀'의 선포라기보다는 사람들과의 대화에 좀 더 가깝게 된다.

넷째, 목사와 협의하면서 예배를 고안하는(그리고 작성도 하는) 평신도들이 많아지고 있다. 예배의 구조와 내용, 디자인은 더 이상 목사의 재량에 달려있지 않다. 예배의 디자인은 예배를 계획하는 과정과 인도하는 가운데 평신도들의 참여를 포함하면서(예를 들어, 평신도 예배인도자) 보다 민주적이고 협력적인 과정이 되어가고 있다.

그러나 미국에 있는 다른 많은 문화에서 목사의 권위는 여전히 아무런 의심 없이 받아들여진다. 목사는 전령, '하나님의 음성'이고 사람들은 목사가 말하는 내용과 회중에게 요구하는 것들을 매우 진지하게 받아들인다. 설교의 응답시간은 적절치 않다. 사람들이 거룩한 발화행위로 여겨지는 설교를 비평하지 않기 때문이다. 설교단은 여전히 거룩한 장소이다. 설교자라는 존재를 통해서 하나님의 말씀이 세상과 만나게 되는 장소이다. 대화가 아니라 선포가 일어나길 기대된다. 그리고 예배의 구조와 내용, 디자인을 결정하는 것은 목사의 일이다.

이처럼 권위의 문제와 예배에서 설교자의 역할에 관한 상반된 기대들은 긴장은 물론 갈등까지 야기할 수 있다. 사람들이 서로에 대해 그리고 왜 그들이 그 신앙을 붙잡고 있는지에 대해 이해할 수 있도록 이러한 기대들은 공개적으로 다뤄질 필요가 있다.

3) 시간에 대한 이해

긴장을 조성하는 다민족 교회의 또 다른 측면은 시간에 대한 사람들의 이해이다. 문화들은 시간을 다양하게 이해한다. 그러나 대부분은 두 범주, 즉 단일시간(monochronic time)과 복합시간(polychronic time) 중 하나에 속한다. 대부분이 유럽계-미국인들은 단일적으로 시간을 이해한다. 시간은 직선적이다. 우리는 하나의 약속이나 업무에서 또 다른 약속이나 업무로 움직이도록 스케줄을 짠다. 시간은 낭비되고 소멸하고 사용되고 상실되고 만들어지고 구해질 수 있는 독립체다.

그리고 '시간은 돈이다.' 우리는 시간을 매우 귀하게 여긴다. 그래서 다른 사람의 시간을 이용하거나 방해하면 무례하다고 여긴다. 시간은 직선적이다. 우리는 한 번에 한 사람이나 집단에게 말하기 때문에 말을 끊는 것을 무례하게 여긴다. 당신의 (직선적인) 차례는 올 것이다. 예배가 오전 11시에 시작할 때, 또는 회의가 오후 7시 30분에 시작할 때, 대부분의 유럽계-미국인들은 최소한 '정각'에 오려고 노력한다.

그러나 다른 문화들에서는 복합적으로 시간이 작용한다. 시간을 좀 더 순환적으로 이해한다. 시간은 독립체가 아니다. 사람은 시간을 잃거나 얻을 수 없다. 시간은 값이 매겨진 물품이 아니다. 관계들과 공동체가 스케줄이나 약속보다 중요하다. 사무실에 앉아 문을 닫은 채 하나의 약속을 처리하고 그다음 약속을 처리하는 것보다, 사람들은 한 번에 여러 사람과 함께 여러 가지 일을 한다. 다른 사람의 시간에 끼어들거나 가로막는 것이 용납된다. 이러한 행동들에 대한 가치 판단이 없기 때문이다. 시간은 직선적이 아니다. 공동체의 관계들을 조성하는 것이 가장 중요하다.

따라서, 예배는 공동체가 함께 모이고 서로에게 인사하고 서로가 함께 할 '준비'가 되었을 때 시작한다. 예배는 사람들이 찬양하고 감사하고 탄원하는 데 온 힘을 다 쓰고 성령에 충만해졌을 때 끝난다. 예배의 시작과 끝은 시곗바늘과 아무런 상관이 없다.

그러나 원래 유럽계-미국인 교회였던 다민족 교회에서는 공동체가 있든지 없든지 상관없이 종이 시간을 알리면 예배가 시작된다. 다른 사람들은 10분, 20분, 심지어는 30분 늦게 도착할 수 있다. 단일적인 관점으로 시간을 사용하는 사람들은 이렇게 늦게 오는 사람들이 무례를 범한다고 판단하곤 한다. 시간과 관련된 문화적 차이를 이해하기 위해서는 대화가 필요하다.[7]

4) 개인적인 상호 작용 행동

우리가 서로 관계를 맺기 위해 배우는 방법들은 문화적으로 결정된다. 그래서 이러한 행위들은 우리 안에 깊숙이 박혀 있다. 우리는 그 행위들에 대해 생각하거나 질문하지 않는다. 우리는 그것들을 기준으로 여길 뿐 아

---

[7] Edward Hall, *Understanding Cultural Differences* (Yarmouth, ME: Intercultural, 1990), 43-50.

니라 보편적이라고 믿는다. 그러나 그 행위들이 모든 문화에서 보편적으로 받아들여지는 진리는 아니다.

(1) 인사

예를 들어, 한 사람이 다른 사람에게 인사하는 방법은 문화마다 다르다. 어떤 방식이 적절한가?

포옹, 머리 숙이기, 악수, 한쪽 볼에 하는 입맞춤, 양쪽 볼에 하는 입맞춤?

그 인사는 두 여성 사이에서만 적절한가?

아니면 두 남성 사이에서?

아니면 남성과 여성 사이에서?

만약 그 인사가 서로 다른 연령대나 지위의 사람들 사이에서 교환된다면 의미가 바뀌는가?

이러한 경우엔 다른 인사가 요구되는가?

한국이나 일본, 중국 문화에 속해 있는 사람들은 목사에게 허리를 굽혀 인사할 수도 있다. 그러나 목사가 평신도에게 허리를 굽혀(최소한 너무 굽혀) 인사하는 것은 적절하지 않을 수 있다. 권위와 지위 면에서 목사와 평신도는 다르다고 인식되기 때문이다. 캄보디아인들은 손을 '기도하는 손' 자세로 해서 엄지손가락을 코나 이마에 붙인 다음 고개를 살짝 끄덕하면서 인사한다. 필리핀인들은 **마노 파**(mano pa)로 목사에게 인사할지도 모른다. 마노 파는 목사의 손을 잡고 그의 손등을 자신의 이마에 닿도록 하는 존중의 몸짓이다.

어떤 방식이 적절한지 잘 모르기 때문에 다른 문화권의 사람들에게 인사하는 것을 어색해할 수도 있다. 그러나 세계의 이곳저곳에서 사용되는 인사법을 배우는 것은 재밌고 흥미진진한 과정이 될 수 있다. 다양한 인사법을 배우기 위해선 우리 교회 안에 다른 문화들을 향한 열린 마음이 만들어지고 커지고 확장돼야 한다.

(2) 이름 부르기

우리가 다른 이의 이름을 부르는 방식도 문화적으로 결정된다. 유럽계 미국 문화에서 (성이 아닌) 이름으로 서로를 부르는 것이 점점 더 일반화되고 있다. 이러한 방식은 계층과 권위에 대한 문제들을 깨뜨리는 또 다른 시도이다. 직함으로 부르는 것은 너무 형식을 갖춘 것처럼 보인다. 그뿐 아니라 이름으로 부르는 것은 관계를 맺고자 하는 이와 좀 더 가까워지고 더 잘 알도록 만든다는 믿음이 있다. 성인들이 서로를 직함으로 부르면 관계 속에서 거리감이 생긴다.

그러나 다른 문화들에서 성이 아닌 이름을 부르면 상대에게 무례를 범하는 게 된다. 많은 문화에서 이러한 관행은 사회구조 안에서 지위와 계급에 관련된다. 나보다 나이가 많거나 지위가 높은 사람은 이름으로 부르지 않는다. 그러나 다민족 교회에서 상대를 더 알고자 하는 열망에 그 사람을 직함이나 성으로 불렀는데 오히려 상대는 거리감을 둔 것으로 받아들일 때 긴장감이 조성될 수 있다. 그리고 이름으로 상대를 부르는 것이 무례한 행동으로 받아들여질 수도 있다. 다양한 사람들로 구성된 공동체가 하나가 되기 위해선 이러한 차이들이 논의되고 다뤄질 필요가 있다.

(3) 시선 맞추기

똑바로 눈을 맞추는 것과 열린 신체 언어는 유럽계 미국 문화에서 중요하게 여겨진다. 우리는 무의식적으로 다른 사람의 신체 언어를 '읽고' 어떤 추정을 하거나 판단을 할 때가 많다. 그러한 추정과 판단은 직접적인 시선 맞추기와 간접적인 시선 맞추기, 열린 신체 언어와 닫힌 신체 언어에 대한 우리의 뿌리 깊은 문화적 정의들에 근거한다. 누군가가 우리 눈을 똑바로 바라보지 못하면 우리는 그 사람이 우유부단하거나 회피적이거나 심지어는 교활하고 정직하지 못하다고 판단할 수 있다. 누군가가 '진실을 말하고 있는지' 알고자 할 때 우리는 종종 이렇게 말한다.

"내 눈을 똑바로 보십시오."

우리는 눈을 똑바로 맞추는 것이 다른 사람과의 관계를 조성하면서 그 사람에 대한 지식을 줄 수 있다고 믿는다.

그러나 다른 문화들에서는 눈을 똑바로 마주치면 무례하다고 여겨지곤 한다. 똑바로 눈을 마주치지 않는 것은 다른 이들에 대한 존중, 관계를 세우는 존중을 표현한다. 교회 안에서 나타나는 각각의 문화에 무엇이 적절하고 적절하지 않은지를 아는 것과 이러한 문제들을 다루는 것은 공동체를 만들어나가는 데 도움이 된다.

(4) 개인 공간

다른 사람과 대화를 할 때 얼마나 가깝게 서 있는가는 우리가 생각하는 안전한 개인 공간의 문화적 정의에 따라 달라진다. 유럽계 미국 문화에서 사람들은 대화할 때 상대방과 대개 60-90Cm정도 거리를 둔다. 상대방이 너무 바짝 다가서면 우리는 긴장되거나 심지어 겁도 난다. 우리의 개인 공간이 침입당하고 있는 것 같아 무서워질 수도 있다. 우리는 대개 두세 걸음 뒤로 물러서면서 우리에게 편안하고 안전한 개인 공간을 확보한다. 다른 한편으로 누군가가 우리로부터 멀리 떨어져서 서 있으면 우리는 그 사람이 정말로 대화를 원하는 것인지, 또는 관계에 거리를 두고자 하는 것은 아닌지 궁금해진다.

그러나 어떤 문화들에서 안전한 개인 공간은 단지 60센티미터 정도 떨어지면 되고, 다른 문화들에서는 150센티미터 정도 떨어지면 된다. 누군가가 60센티미터 정도 떨어져서 우리에게 말을 걸고자 한다면, 우리는 그 사람이 너무 밀어붙이거나 간섭한다고 생각할 수 있다. 아니면 우리 자신의 안전에 대해 걱정하게 될 수도 있다.

누군가가 150센티미터 정도 떨어져서 우리에게 말을 걸고자 한다면, 우리는 그 사람에게 좀 더 가까이 다가갈 수 있다. 그로 인해 그 사람은 뒤로 물러날 수도 있다. 우리는 안전한 개인 공간에 대한 우리의 정의를 따르지 않는 사람들을 가치 판단한다. 개인 공간에 대한 문화의 차이를 이해하면 한 문화의 사람이 다른 문화의 사람과 관계를 맺고자 할 때 일어날 수 있는 혼란을 줄일 수 있다.

(5) 간접 화법

간접 화법이나 때때로 '관계적 긍정'이라고 불리는 것은 유럽계 미국 문화의 사람들이 다른 문화의 상황에서 겪는 개인적 상호 작용 행동들에서 가장 어려워하는 것 중 하나이다. 유럽계-미국인들은 대체로 직접 화법을 선호한다. 있는 그대로 솔직하고 정직하게 진실을 말한다. 그러나 간접 화법을 '선의의 거짓말'로 여기는 것도 유럽계 미국 문화의 일부이다. 노골적인 거짓말은 무언가 개인적인 이득을 취하기 위해서 한다.

그러나 작은 선의의 거짓말은 다른 이의 감정을 상하지 않게 하거나 관계를 지키기 위해 한다. 당신이 사랑하는 누군가가 머리를 자르고 집에 온다. 자신의 새로운 머리 모양에 한껏 들떠 있다. 그녀가 묻는다.

'내 머리 어때?'

사실 당신은 별로 마음에 들지 않는다. 하지만, '너무 예쁘다'라고 말한다. 그녀의 감정을 상하지 않게 하고 궁극적으론 관계 자체를 지키기 위해 선의의 거짓말을 하는 것이다. 동일한 문화권 안에 있는 사람들은 '선의의 거짓말'을 많은 경우 인식할 수 있다.

다른 문화들에서 간접 화법은 관계를 지키기 위해서도 사용된다. 예를 들어, 다른 문화에서 온 사람에게 목사가 다음 주에 있을 위원회에 참석할 것인지를 물었다. 그 사람은 다음 주에 타지역으로 출장을 갈 것이지만 참석할 것이라고 말한다. 그 사람은 목사와의 관계가 너무 중요하기 때문에 목사를 실망하게 해 감정을 상하게 하고 싶지 않다.

아니면, 관계 속에서 어떤 긴장을 만들길 원치 않는다. 그래서 목사가 물어볼 때 관계를 지키고 싶어서 그렇게 하겠다고 답한다. 그리고 이 행동은 두 사람이 물리적으로 함께 만날 미래의 시간보다 우선한다. 목사가 마주 보면서 요청을 할 때 목사에게 실망감을 안겨주지 않는 것이 나중에 회의에 참석하지 않아 실망을 줄 수도 있는 것보다 중요하기 때문이다. 동일한 문화에 있는 사람들은 이러한 형태의 간접 화법을 '읽을' 수 있고, 간접 화법으로 인해 상처받지 않는다. 그러나 다른 문화에 있는 사람들이 간접 화법을 배우긴 쉽지 않다. 교회 안에서 어떤 사람들이 이러한 '관계적 긍정'을 사용하여 오해를 받을 때, 교회는 그 사람들에게 위원회에서 봉사하거나 참여해달라는 요구를 더 이상 안 할 수 있게 된다.[8]

3. 축원

다민족 교회들이 반드시 다뤄져야 하는 도전들과 과제들을 제기하는 것은 당연하다. 그러나 나는 문화적인 자각이 있는 다민족 교회는 이 땅에 하나님 나라, 즉 계급에 따른 왕권이 아니라 다른 이들을 하나님의 친족, 자녀로 여기는 것에 기초한 공동체의 비전을 제시한다고 분명히 믿는다.[9]

우리는 우리 민족이 중심인 세계 안에서만 살면서 하나님이 다른 문화들의 사람들 안에서 그리고 그들을 통해서 일하시는 방법들에 대해 알지 못할 때가 너무나도 많다. 우리는 하나님에 대한 우리의 이해에 제한적이 되고, 하나님에 대한 우리의 경험에 제한적이 되고, 하나님이 세상에서 우리를 사용하실 수 있는 방법들에 제한적이 된다.

다민족 교회들은 오늘을 사는 우리를 위해 오순절의 비전을 강화한다. 그리고 우리 사회에 세계를 위한 소망을 준다. 다민족 교회들은 다양한 배경과 문화를 가진 사람들이 서로 다르지만, 함께 존재할 수 있을 뿐 아니

---

[8] 이러한 개념들에 대한 더 상세한 연구는 Duane Elmer, *Cross-Cultural Conflict* (Downers Grove, IL: InterVisity Press, 1995)와 Hall, *Understanding Cultural Differences*를 보라.

[9] Ada Maria Isasi-Diaz는 'Solidarity: Love of Neighbor in the 1980s," *in Lift Every Voice and Sing*, ed. Susan Brooks (Thislethwaite and San Francisco: Harper and Row, 1990)에서 'kin-dom"이라는 용어를 만들었다.

라 사랑과 믿음으로 충만한 신실한 사회로 성장할 수 있다는 것을 우리에게 보여 준다.

다민족 교회들은 모든 문화의 사람들이 조장된 증오와 의심으로 야기된 긴장으로 공동체를 분열시키고 정복하기보다는 공동체 건설이라는 공동의 목표를 향해 일할 수 있는 능력을 부여한다. 다민족 교회들은 서로 공유하고, 서로로부터 사람들이 하나님을 경험하고 경배하고 찬양하는 다양한 방법들을 배우라고 우리를 격려한다. 문화적인 자각이 있는 다민족 교회들이 전체 기독교 교회에 복과 소망의 근원이 될 수 있도록 그들에게 하나님의 복이 함께 하기를 축원한다.

제10장

21세기 교단들

길슨 A. C. 월트쾨니그(Gilson A. C. Waldkoenig)

그리스도의 몸이라는 가정에서 교단들은 둘째(중간) 자녀들이다. 새로운 운동들과 신흥교회들, 분파들은 더 어린 자녀들이다. 그들은 미래를 위한 약속을 붙들고 황혼기가 오지 않도록 하고 제도화의 중압감에 저항한다. 반면에 교회 전통들은 기독교 가정에서 첫째 자녀들이다. 로마 가톨릭 교회와 정교회들은 전통을 계속 이어가고 젊은 시절의 유흥과 오락에 빠지지 않을 것처럼 보인다. 그들은 혁신적이지 못한 것을 오랜 적법성으로 보완한다.

둘째 자녀들로서 교단들은 교회 전통들과 교회의 분파적인 형태들 사이에 있는 현대적인 절충물이라고 할 수 있는데, 오래된 교회의 전통들이 갖는 신뢰성뿐 아니라 청년의 활기 넘치는 신선미도 부족하다. 교단들은 어느 사람도 원하지 않았던 교회의 형태이다. 교회 전통들은 하나님이 만드신 것처럼 여겨지고, 새로운 운동들은 과단성과 적절성을 풍기지만, 다음과 같이 말하는 이들은 없었다.

"우리는 신학적 권위나 사회적 권위, 우선권, 의미가 부족하기는 하지만, 무능력하고 관료적인 형태의 교회가 정말로 필요합니다."

아무도 원치 않았던 교단들은 그들의 종말을 끊임없이 예측하고 반복적으로 불평하는 말을 들으면서 살아왔다. 식민지 국가에 이식된 국가교회들과, 법적 구속력과 박해로부터 자유롭게 된 새로운 분파운동들로서 시작된 교단들은 자신들이 많은 교회 중 하나라는 사실을 좀처럼 인정하지 않았다.

반박할 수 없는 증거가 바로 눈앞에 있었음에도 불구하고 대부분 교단은 그들이 단 하나뿐인 진정한 교회라는 잘못된 인식을 갖고 있었다. 교단들이 미국 자원 봉사제의 강력한 힘, 조직화한 추진력, 근대화의 열의를 발산한 주요한 원천이기는 했지만, 모든 사람은 교단들이 최대한 빨리 없어지기를 원했다. 일부 개신교 집단들은 놀라운 속도로 교단의 형태를 탈피했다.[1]

그러나 교단들은 이를테면 좋은 집안 출신들이었다. 그래서 원치 않는 존재였음에도 불구하고 일반적으로 부족함 없이 컸다. 무엇보다 '교단'은 문자적으로 그리스도인이라는 큰 이름 아래에 있는 이름이다. 더 좋은 것으로 진화하는 중에 하나의 단계로서 지속시킬 가치가 있을지는 모르겠다. 적어도 그것이 바로 그들이 20세기 초에 진보주의자들이 되었던 이유이다. 개신교도들은 교단들을 만들고 유지하는 데 엄청난 에너지와 자원

---

[1] 루터교 내의 다양한 형태들은 이를 잘 보여 주는 좋은 예이다. E. Clifford Nelson, *Lutheranism in North America, 1914-1970* (Minneapolis MN: Augsburg, 1972)의 앞표지의 안쪽에 있는 도표를 보라.

을 쏟았던 것처럼, 오래된 교단들을 합병하고 닫는 데도 상당한 양의 에너지와 자원을 사용했다. 교단들은 전형적인 '둘째 아들들'이다. 가업을 물려받지 못하는 운명이었고 동생들의 엄청난 자유와 약속은 부족했다. 그러나 기독교 집안의 일부라는 꼬리표는 붙어 있었다.

세 번째 천년이 시작될 때, 교단들은 이곳저곳에서 발흥하고 쇠퇴하고 있었다. 그러나 교단주의는 그 어느 때보다 강력하다. 성장하는 교회는 자신이 '비교단적'이기 때문에 성공하고 있다고 생각한다. 그러나 그렇게 생각하는 바로 그때 조직적인 존재가 밟을 수밖에 없는 절차는 그 교회가 교단적인 형태를 보이도록 만든다.

역사가 오래된 교단이 분파주의를 극복하여 더욱 폭넓은 종파에 들어간다. 그러나 바로 그즈음에 고위층의 불화 때문에 최근에 하나였던 교단에 두 개의 교단이 만들어질 것 같은 조짐이 보인다. 그 상황은 역설적이고 사역자들과 신자들이 모인 공동체들의 진정성에 도전한다.

나는 이번 장에서 미국의 모던과 포스트모던 종교 조직의 한 형태로서 교단 현상을 묘사할 것이다. 그다음에 교단들 속에서 자신들의 전통에 신실하게 살고자 노력하는 사역자들과 믿음의 공동체들을 위한 실제적인 방안을 제시하겠다.

1. 붕괴의 경향들

미국 역사를 보면 조직적인 네트워크로 연합하고자 하는 그리스도인들을 방해하는 보이지 않는 힘이 있는 것 같다. 예전에 미국인들은 자원 봉사 단체에 기꺼이 가입하는 사람들로 알려져 있었다. 그러나 종교에 관한 그러한 자원 봉사는 교회에서만 강력하게 표현되었다. 교회에는 자원봉사가 넘쳐났다. 미국인들을 더 큰 네트워크에 가입시키려는 노력은 중단되고 거의 성공하지 못했다.

18세기 니콜라스 폰 친첸도르프(Nicholas von Zinzendorf) 공작의 노력을 예로 들 수 있다. 그는 모라비아에서 망명한 후스파 사람들을 돕던 독일인 후원자였다. 루터교도로 훈련받고 고백했던 친첸도르프는 최초의 개신교도들과 그의 루터교 경건주의 사이에서 작은 분열이 일어나는 것을 봤다. 친첸도르프의 고향인 작센의 루터교 관리들은 그와 의견이 달랐다. 그들은 친첸도르프를 견책했다. 그러나 공작은 독일어로 말하는 모든 개신교인으로 하나의 경건한 교회로 연합시키겠다는 비전을 품고 작센 관리들로부터 멀리 떨어진 북미로 왔다.

친첸도르프는 헨리 멜초르 뮬렌버그(Henry Melchior Muhlenberg)와의 관할구 분쟁으로 인해 물러나기 전까지 루터교 목사로서뿐만 아니라 모라비아 교회의 주교로도 봉직했다.

뮬렌버그는 장로교도인 길버트 테넌트(Gilbert Tennant)와 영어권 부흥사인 조지 휫필드(George Whitefield)를 비롯한 경건한 개신교도들에게 우호적이었다. 그러나 그의 교회에 대한 비전은 실제적인 측면에서 그의 독일 고향에 있는 관할구적이고 고백적인 교회를 복제한 것이었다. 그는 할레(Halle)에 있는 자신의 훈련학교에 친첸도르프와 모라비아교도들에 맞서는 당파심을 심었다. 그리고 자신을 지지하는 관리들에게 필라델피아의 루터교회에서 친첸도르프를 성공적으로 축출한 후 그 교회를 자신이 감독하고 있다고 보고했다.

그 후 뮬렌버그는 펜실베이니아의 지역 목사단(ministerium)을 구성하고자 애썼다. 이 지역 목사단은 미국 루터교단의 원형이 되었다. 그는 독일 개혁교회들을 도왔다. 그러나 친첸도르프가 했던 것처럼 독일어권 동포들이 하나의 교회로 섞이도록 노력하지 않았다. 대신 리더를 파송해달라고 유럽의 교회회의에게 간청했다. 친첸도르프와 뮬렌버그가 경험한 일은 미국 종교 집단들 사이에서 지속적으로 나타날 분화의 전조로,[2] 앞으로 '교단'이라고 불릴 교회의 한 형태의 원인이 될 것이다.

2. 모더니티와 포스트모더니티의 기능

2-3세기 전인 모던 세계 이전에는 교단들이 존재하지 않았다. 기독교는 지역 교회와 수도원, 교회들과 수도원들을 초월하여 연결하는 네트워크라는 세 개의 기본적인 사회학적인 형태로 존재했다. 네트워크들은 먼저는 지역적, 그다음에 정치적 패턴을 따랐다. 교회는 제국과 연합하게 되었고 나중에는 유럽의 민족-국가(nation-state)들과 연합하게 되었다. '국교 승인'(establishment)이라는 용어는 법과 문화에서 교회의 거의 패권적인 위치를 가리킨다.

국교교회들은 식민지를 만드는 세력과 함께 북미로 왔다. 그러나 수많은 식민지 교회들과 국가와 교회의 점진적인 분리는 지금은 규범적인 국교

---

[2] Gilson A. C. Waldkoenig, "Henry Melchior Muhlenberg: Friend of Revivalism," *Lutheran Theological Seminary Bulletin* 72, no. 4 (fall 1992).

폐지(*disestablishment*)의 원인이 되었다. 교단주의의 뿌리는 식민지의 다원성에 있다. 예를 들어, 펜실베이니아 주의 퀘이커는 모든 기독교 종파가 자유롭게 종교 활동을 하는 것을 기꺼이 받아들였다.

그러나 매사추세츠 주와 코네티컷 주에서는 19세기 초까지 청교도 국교가 지속되었다. 분파주의자들과 자유교회들로부터 추방된 민족교회들에 이르는 유럽에서 온 상이한 전통들은 지역적, 민족적, 또는 사회 경제적 핵심 그룹이 지지할 수 있는 동안에는 유럽 형태와의 연속성을 알아볼 수 있을 정도로 계속해서 유지했다.

그래서 독일어권 메노나이트들은 기독교의 독특한 하위집단으로 살아가기 위해 수 세기 동안 의도적으로 시골 농장에서 살았다. 그리고 장로교도들은 북부의 형제 같은 청교도들로부터 떨어진 대서양 연안 지역에서 상당히 차별화된 생활방식을 유지할 수 있었다.

미국의 종교학자들은 북미라는 환경 속에서 유럽과는 다른 전통들을 유지하도록 했던 보이지 않은 사회적인 골격을 인지했다. 예를 들어, 제럴드 브라우어(Gerald Brauer)는 종교적 차이들에 관해 글을 썼고, 마틴 마티(Martin Marty)는 민족성을 '미국 종교의 뼈대'로 여겼다. 사람들의 공동체가 종교나 부족으로 인식할 수 있게 구분되는 동안은 특색 있는 종교 전통이 지속할 것이다.[3]

시드니 미드(Sydney Mead)는 유럽에서 이동한 국가교회들에 대해 통찰력 있게 해석했다. 미드는 특정 종파와 분파의 그리스도인들을 토마스 제퍼

---

[3] Martin E. Marty, "Ethnicity: The Skeleton of Religion in America," *Church History* 41, no. 1 (March 1972); Gerald Brauer, "Regionalism and Religion in America," *Church History* 54, no. 3 (September 1985).

슨(Thomas Jefferson)과 같은 이들이 믿던 계몽주의 이신론에 속하는 미국 종교와는 달리 적응하지 않은 유럽의 유물들로 여겼다. 그는 국교 형태들을 소화가 잘 안 되는 풀을 뜯어 삼키는 소들에 비유했다. 소들은 그 풀을 배설할 수도 없고 토할 수도 없다. 그래서 죽는다. 따라서, 미드는 옛 전통들이 국교를 폐지하는 환경에서 국교로 살고자 애쓴다고 주장했다.

오래된 전통들은 그들의 뒤를 봐주는 국가의 권력이 없고, 동화와 현대화에 직면하고 있기 때문에 새로운 미국 기독교로 융합되거나 사라져야 한다.[4]

최초의 미국교회사 학자인 필립 샤프(Phillip Schaff)도 전통들이 점진적으로 하나의 미국 개신교 교회로 융합될 것이라고 예견했다. 그러나 그는 미국 개신교 교회가 합리주의적이라기보다는 정통적일 것이라고 상상했다. 그러나 지금까지 융합은 일어나지 않았다. 비정통적이든 정통적이든, 전통적이든 계몽되었든 상관없다. 미국의 그리스도인들은 조직화된 네트워크를 만드는 데 어려움을 겪는다. 사회적 차이들이 가장 주된 이유였다.

1929년에 H. 리처드 니버(H. Richard Niebuhr)는 『교단주의의 사회적 근원』(The Social Sources of Denominationalism)이라는 고전 작품에서 북미의 각 교단은 독특한 신학적 입장뿐 아니라 사회 경제적 및 민족적, 인종적 차이 덕분에 독립적으로 존재하게 되었다고 지적한다.[5]

니버는 에른스트 트뢸치(Ernst Troeltsch)의 사회학적 관점을 기반으로 했다. 트뢸치는 유럽 개신교와 가톨릭의 신앙과 행위의 역설적인 점들을 설

---

[4] Sidney Mead, *The Lively Experiment* (Harper and Row, 1963).
[5] H. Richard Niebuhr, *The Social Source of Denominationalism* (NY: Harper and Row, 1921).

명하는 데 도움을 주는 교회와 분파의 유형 분류 체계를 발전시켰다.⁶ 니버는 분파들이 제의적인 정체성과 에너지를 유지하지 못하도록 막는 것은 사회적 결정요인이라고 분명히 확인하면서 교회와 분파 사이에 교단을 위치시켰다.

니버는 『교단주의의 사회적 근원』 이후에 미국 종교운동의 발흥과 쇠퇴에 대한 해석을 썼다. 종교운동의 사회적 결정에 기저가 되었던 것은 역사를 통한 하나님의 섭리였다. 『미국의 하나님 나라』(*The Kingdom of God in America*)는 하나님께서 미국 기독교의 지속적인 갱신을 위해서 교단들의 한계를 도구로 사용하신다고 여겼다.⁷ 하나의 운동이 조직의 짐으로 뒤덮이게 될 때, 새로운 운동이 성령의 새로운 역사를 표현하기 위해 일어날 것이다.

따라서, 니버는 하나님의 뜻이 사회적 결정요인보다 중요하다는 것을 보여 줬다. 그러나 『미국의 하나님 나라』의 역사-신학적 관점은 교단들이 새로운 사명을 활기 넘치게 감당하는 단계들을 지나서도 지속될 때, 그들은 더 이상 미국에서 하나님 나라가 전파되는 선봉에 서 있는 것이 아니라는 점을 암시했다. 사실 니버의 책이 말하는 취지에 따르면 교단들은 선교의 진전에 방해되는 무거운 짐일지도 모른다.

---

6   Ernst Troeltsch, *The Social Teaching of the Christian Churches*, trans. Olive Wyon (Chicago: University of Chicago Press, 1976 and 1981).

7   H. Richard Niebuhr, *The Kingdom of God in America* (NY: Harper and Row, 1937).

3. 선택과 갈등

　다른 학자들은 교단들의 발전이나 곤경에 초점을 맞추지 않았다. 대신 미국 종교역사에서 계속되는 갈등과 선택을 단순히 연대순으로 정리했다. 위에서 언급된 학자들이 국교 폐지로 인해 만들어진 진공 상태에서 '복음주의적 국교'의 그림자에 주목했던 반면에, 존 버틀러(Jon Butler)는 유사 국교(quasi establishment) 이론들이 암시하듯 북미의 사람들이 '교회에 속해 있던' 적은 결코 없었다는 것에 대한 증거를 모았다. 버틀러는 18세기와 19세기의 종교 활동을 기본적으로 이단적이고 종교적으로 체계적이지 못한 사람들을 '기독교화'시키려는 시도라고 불렀다.[8]

　관점은 다르지만, 자유 선택을 동일하게 강조하는 사회학자 로저 핑크(Roger Finke)와 로드니 스타크(Rodney Stark)는 『미국 종교 시장에서의 승자와 패자』(*The Churching of America*)에서 종교를 선택하는 '자유 시장'이 지속적으로 더 많은 교회를 생산했다고 말한다. 물론, 특정한 유형의 교회들과 교단들은 쇠하고 있지만 말이다.[9]

　핑크와 스타크에게 가장 중요한 것은 지역 종교 공동체들이 계속해서 탄생하고 있다는 사실이다. 반면에 교단들은 부차적인 현상이다. 이 분석가들은 모던과 포스트모던 환경 속에서 초회중적인 네트워크들이 지속적으로 갖는 약점이 미칠 보다 폭넓은 교회론적 또는 신학적 영향들을 고려

---

[8] Jon Butler, *Awash in a Sea of Faith: Christianizing the American People* (Cambridge: Harvard University Press, 1990).

[9] Roger Finke and Rodney Stark, *The Churching of America, 1776-1990* (New Brunswick, NJ: Rutgers University Press, 1992).

하지 않는다. 그들은 자신들의 연구에서 니버의 섭리는 물론 미드의 계몽된 종교를 탐구하지 않는다.

자유-선택 세계에는 위험이 도사린다. 서서히 스며드는 개인주의는 궁극적으로 지역 모임들을 약화시킬 수 있다. 지역 모임들은 초회중적인 네트워크를 갖고 있기 때문이다. 로버트 퍼트넘(Robert Putnam)은 『나 홀로 볼링』(Bowling Alone)에서 국가교회들이 모더니티의 초기에 영향력을 잃었듯이 지역 교회들은 현재 서서히 약화하고 있다는 논지를 펼친다.[10]

낸시 아머만(Nancy Ammerman)은 포스트모던 시대의 사람들이 어떻게 지금도 여전히 모이는지에 대한 몇 가지 대항적인 증거를 제시했다. 그들은 일요일 오전 11시에 성가대석과 회중석에서 모이기보다는 수요일 밤에 커피를 마시면서 모인다.[11] 그런데도 퍼트넘이 제시한 증거는 로버트 벨라(Robert Bellah)와 아미타이 에치오니(Amitai Etzioni)를 비롯한 다른 공동체주의자들이 내린 중요한 평가들과 함께 교단주의는 보다 지역적으로 조직된 집단의 모임들과 함께 쇠퇴할 것이라고 말하는 것 같다.[12]

미국 종교의 끊임없는 갈등과 변화는 선택과 마찬가지로 교단주의에 반대한다. 지역적인 관점에서 모든 교구 목사는 교구민이 언제라도 '사라질 수' 있다는 것을 안다. 그리고 몇몇은 자주 그런다. 교단들과의 계대 관계는 더 느슨해져서 사라지는 것이 더 쉬워진다. 공공연한 갈등뿐 아니라 전

---

[10] Putnam, *Bowling Alone*.

[11] Nancy Ammerman, "Bowling Together: Congregations and the American Civil Order," 1996. <http://www.asu.edu/clas/religious_studies/home/1996lec.html>에 강의안이 올라와 있다.

[12] Robert Bellah et al., *Habits of the Heart*, anniversary ed. (Berkeley: University of California Press, 1996); Amitai Etzioni, *The Spirit of Community* (NY: Crown, 1993).

통들과 세계관들의 가벼운 충돌들도 신자들이 한 교단에서 다른 교단으로 자주 옮겨가는 원인이 된다.

결혼이나 이혼, 새로운 동네로의 이사는 개인이나 핵가족을 오래된 전통에서 새로 시작한 독립교회로 이동시킬 수 있다. 반대의 경우도 마찬가지다. 민족성이나 지역주의가 쇠퇴하는 시점에서, 그리고 이동성과 향상되는 사회적 지위로 인해서, 교단들의 결합력이 위협받고 있다.

4. 교단적인 성향들

개인의 자율성, 갈등, 변화가 끼치는 엄청난 영향력에도 불구하고, 독립교회들과 선택-지향적인 교회들 가운데 원시 형태의 교단주의(protodenominationalsim)를 보여 주는 예들이 있다. 캘리포니아 주의 코스타메사에 소재한 갈보리 채플은 1970년대의 '예수쟁이'(Jesus Freak) 시절에 개인주의자들에게 맞춘 반-제도적 운동으로 시작되었다. 현재 갈보리채플은 몇몇 도시에 위성교회들을 가지고 있다. 위성교회의 목사들은 갈보리채플에 보고하고 지도를 구한다. 이는 원시 형태의 교단주의적인 행위로, 그 안에는 명령계통과 자원의 흐름, 제도적 책임이 놓여있다.[13]

비교단적인 교회 중에서 교단주의가 나타나고 있는 또 다른 예들이 있다. 윌로우크릭커뮤니티교회는 1990년대의 전형적인 초대형 교회이다.

---

[13] Randall Balmer and Jesse T. Todd Jr., "Calvary Chapel, Costa Mesa, California," in *American Congregations*, vol. 1, ed., James P. Wind and James W. Lewis (Chicago: University of Chicago Press, 1994).

윌로우크릭은 제일 좋은 신학교들의 프로그램에 필적하는 리더십학교를 매해 여름마다 연다. 신학교같은 활동을 하면서 새로운 리더들을 양성하는 것은 교단들이 일반적으로 하는 활동들이다. 다른 별개의 사역들은 미디어제국이 될 정도로 성장했다.

그러한 종교 기관들은 현대 기업의 구조로 되어있다. 그러나 카리스마적인 권위에 물든 독립적인 작은 교단들이다. 원시 형태의 교단적인 움직임은 분파로부터 교회로 서서히 바뀌는 것에 관한 오랜 이론에 잘 들어맞는다. 자유-교회 운동이 어느 정도의 제도화를 경험할 때마다 분파 유형에서 벗어나 교회 유형으로 마지못해 나아가는 움직임이 있다.

미국 종교와 사회의 상반되는 미사여구에서도 상이한 집단들 간의 비교적 평화적인 공존과 공동의 목적을 위한 흥미로운 연합이 존재한다. 마틴 마티는 모던과 포스트모던 사회에서 수사적인 적들 사이에는 실용적인 결합의 망(web of convergences)이 복잡하게 연결되었다는 것을 지적하곤 했다.[14]

예를 들어, 반-가톨릭 복음주의자들이 자신들의 신조를 한쪽으로 치워 놓고 가톨릭교도들의 낙태반대 집회에 참여한다. 반-유대주의는 미국이 이스라엘을 지지해야 한다고 그리스도인들과 유대 시온주의자들이 힘을 합쳐 주장할 때 잠잠해진다. 그러한 결합들이 근본적으로 다른 전통들을 아우르는 교단들을 만들지는 않을 것이다. 그러나 어떤 쟁점들의 성패가 달려 있을 때는 새로운 네트워크가 등장할 수 있다.

---

[14] Marty는 *The Noise of Conflict*, vol 2 of *Modern American Religion* (Chicago: University of Chicago Press, 1997)을 포함한 여러 책에서 이 주장을 펼친다.

미래에는 과거에 그랬던 것처럼, 주요 공공 사안들에 관한 관점에 따라 새로운 교단적 노선들이 형성될 것 같다. 로버트 우스노우(Robert Wuthnow)는 『미국 종교의 재구성』(The Restructuring of American Religion)에서 전쟁 후에 교단적 노선들 전역에 걸쳐 나타난 진보와 진보, 보수와 보수의 결합에 대한 연대기를 자세하게 다루었다.[15] 학교에서 하는 기도, 공공장소에 있는 상징들, 낙태 정책, 성적 성향, 생태계를 비롯한 다른 여러 공공 사안들은 교단을 분열시키거나 개혁시킬 가능성이 있다.

교단들의 성장은 종교적이거나 신학적 이유만큼 정치적 사건들과도 관련됐다. 영국 왕에 대항한 혁명은 교권 개입을 강력하게 반대하는 원인이 되었다. 감리교와 침례교는 영국 성공회와 기타 유사한 국교 전통들을 훼손시키면서 성장했다. 남북전쟁은 남부에 있는 장로교와 북부에 있는 장로교가 나뉘도록 했다.

다른 여러 교단도 나뉘도록 만들었다. 20세기의 사회 혁명들, 특히 인권과 성역할(gender roles), 환경 보호와 같은 영역에서 가장 현저한 혁명들은 주류 교단들로부터 탈퇴한 분파들이나 특색 있는 소수파가 생기도록 했다. 대부분은 종이 한 장 차이의 성경 및 신학적 차이로 인해 다양한 '문화 전쟁들'을 벌이고 있다.

1970년대에 루터교회의 미주리 시노드(synod)가 두 개의 교단으로 나뉘었을 때가 바로 그런 경우였다. 성경 문자주의와 17세기 신학들의 복귀는 보수주의자들이 진보주의자들로 인식된 이들을 몰아낼 때의 기치였다. 그러나 민족적 및 사회 경제적으로 동질적인 교단들을 분열시킨 진짜 원인

---

[15] Wuthnow, *Restructuring of American Religion*.

은 미국 사회의 엄청난 사회적 변화들이었다. 니버가 『교단주의의 사회적 근원』에서 말하듯이 루터교도들이 시골을 떠나 교외 거주자들이 되었을 때, 그들은 미묘하게 다른 의미와 해석의 닫집들(canopies)을 발전시켰다. 보수적인 태도는 진보적인 태도와 마찬가지로 현대화되었다. 새로운 사회적 근원들은 두 개의 새로운 루터교 교단을 만들었다. 그중 한 교단은 이전 교단의 이름을 유지했지만 말이다. 약 20년 후에 남침례교도 미국 남부가 교외화되고 인구가 늘어나고 부가 증가하는 가운데 분열되었다.[16]

20세기 초 주류 개신교도 중에서 진보주의자들은 교단을 합병하고 효율적인 개신교 기관을 만드는 꿈을 꿨다. 개신교 신자들은 공유된 세계 선교 경험으로부터 자극을 받고, 존 록펠러(John Rockefeller)를 비롯한 여러 자선가로부터 재정적인 후원을 받아 기독교청년회(Young Men's Christian Association), 교회간세계운동(Interchurch World Movement), 미국교회연합회(Federal Council of Churches in Christ), 그리고 이후의 '그리스도국가 교회연합회'(National Council of Churches in Christ) 같은 협력 기관들에서 일을 착수했다.

그러나 20세기에 주류 교단들 가운데서 일어난 유기적인 합병은 한 차례뿐이었다. 1950년대에 연합그리스도교회(United Church of Christ)는 회중(Congregational) 교단들과 독일 개혁(German Reformed) 교단들을 합병했다. 다른 곳에서는 여러 전통이 내부적으로 합병했다. 많은 감리교 집단들과 웨슬리 집단들이 통합했고, 장로교도들이 통합했고, 루터교도들은 두 개의 큰 교단과 여러 개의 작은 교단들로 나뉘었다.

---

[16] 이 분열에 대해서는 Bryan Hillis, *Can Two Walk Together Unless They Be Agreed?* (Brooklyn, NY: Carlson, 1991)로 시작하라.

20세기가 끝날 무렵에 주류 개신교들 사이에서는 교회 연합을 위한 범-개신교 위원회가 지속되었다. 그러나 유기적인 합병은 없었다. 가장 근접했던 것들 중에는 '완전한 친교'(full communion)에 대한 일련의 합의들이 포함된다. 이 합의들은 교회 연합을 위해 아무런 시도를 하지 않았던 서로의 사역들을 완전히 받아들인다는 선언이었다.

미국 복음주의 루터교회(Evangelical Lutheran Church in America)는 그러한 합의들의 망 가운데 있었다. 20세기 말에 미국 복음주의 루터교회는 미국 장로교회(Presbyterian Church in the United States), 미국 개혁교회(Reformed Church in America), 그리스도연합교회(United Church of Christ), 모라비아교회(친첸도르프와 뮬렌버그가 화해했다!), 미국 성공회와 완전한 친교에 들어갔다.

다른 개신교 교단들은 성공회와의 완전한 친교로 받아들여지지 않았다. 그러나 루터교의 중재를 통해 좀 더 가까워졌다. 그동안에 미국 복음주의 루터교회는 이신칭의 교리에 대해 로마 가톨릭교회와 합의하여 세계 루터주의에 동참했다. 로마로 되돌아간 루터교도들은 거의 없었지만 가톨릭교와 루터교가 강조하는 것들이 공유된 신앙의 토대 위에서 공존할 수 있도록 종교개혁운동의 핵심 교리는 이제 다원적인 방식으로 이해되었다.

완전한 친교에 대한 합의들은 에큐메니즘의 공식적이고 신학적인 측면이다. 에큐메니즘의 협의회 스타일도 공동의 아웃리치 운동(common outreach causes)을 위한 협력에 근거하여 미국 그리스도인들 사이에서 오랫동안 뿌리를 내리고 있다. 개신교도들은 사회적인 사역들, 정치적인 주장, 캠퍼스 사역들, 등에서 협조했다.

많은 지역에서 여러 교단이 함께 하는 사역들은 효과적이었다. 협력하는 지역 교회들, 예를 들어, 서로 다른 전통들에 속한 교회들이 참여한 지역 선교 전략들은 시골과 도시 환경에서 꽤 효과적이었다. 완전한 친교 협의들은 교단들의 사역자들과 성례 예식들이 서로 교환될 수 있다는 것을 시사했다. 이러한 단계들은 협력적인 전략들을 방해하는 마지막 장벽을 제거할 것이다.

5. 성직자와 종교 리더들을 위한 제안들

1960년대 초에 「타임」(Times)은 미국 루터교회(Lutheran Church in America) 리더의 사진을 표지에 실었다. 미국 루터주의의 다소 자유주의적이면서 다소 보수적인 분파는 에큐메니즘적인 많은 관계 가운데에 있었다. 사람들은 이것이 개신교도들을 하나로 묶고 개신교도들과 가톨릭교도들의 관계를 개선할 것으로 생각했다. 루터교는 가톨릭교와 개신교를 결합한 특성들을 갖고 있기 때문이었다.

종교사회학자들은 20세기 중반의 에큐메니컬 운동에서 분파적인(sectarian) 방식과 교회에 충실한(churchly) 방식 간의 화해를 관찰했다. 그리고 미국 루터교회 신자들은 궁극적인 종교 통합에 대한 상징처럼 여겨졌다.

약 30년 후에 미국 루터교회를 계승한 교단인 미국 복음주의 루터교회(Evangelical Lutheran Church in America)는 20세기 중반에 했었던 예상을 일부만 실현했다. 미국 복음주의 루터교회는 몇몇 교단들과 완전한 친교에 들어갔고 로마 가톨릭주의와 교리적 휴전을 했다.

그러나 역설적이게도 미국에서 루터교 형제와 같은 루터교회의 미주리 시노드와는 그 어느 때보다도 더욱 멀어지게 되었다. 미국 복음주의 루터교회는 성적 성향의 다원성과 같은 주요한 사회적 현상에 대한 의견을 놓고 분열되기 직전이었다. 지역적으로는 협력 선교를 위해 다른 그리스도인들과 연합했지만, 마음으로는 대부분 지역 목사들과 교회들이 그러한 관계를 좋아하든 불평하든 교단본부들과 입장을 같이 했다.

그러나 신학교에 있는 사람들은 다른 이야기를 한다. 신학교협의회(ATS)에 따르면, 21세기 초 현재, 그 어느 때보다도 많은 신학교가 그들 자신의 교단이 아닌 다른 교단들을 위한 후보생들을 많이 훈련시키고 있다. 루터교 신학교와 성공회 신학교들만이 두드러지게 동질적으로 남아있다. 따라서, 사역으로 들어가는 사람들은 지난 40년간 미국교회에서 생활한 일반적인 사람들의 특성을 보여 준다.

1960년대부터 1990년대까지의 동일한 30년 동안에 전체적인 미국 종교계에서 다원성은 증가했을 뿐 아니라 주류 학자들과 종교 리더들로부터 인정을 받았다. 기독교의 에큐메니즘적인 통합은 여전히 느리지만 루터교의 예처럼 세간의 이목을 끄는 결합들이 있었다. 그러나 교회 성장은 오랜 분열을 극복하기 위해 노력하는 전통적인 조직들보다는 독립교회들이나 새로운 교단들 가운데서 가장 많이 이뤄졌다. 전통적인 교단들 내에서 분명한 합의가 이뤄졌던 바로 그때, 강력한 이념적인 균열들은 그들을 갈라 놓겠다고 위협했다.

21세기 초 현재, 특정 교단들의 미래는 불투명하다. 그러나 교단들이 매우 빈약하지만, 발달한다는 사실들은 우리가 교단주의라고 부르는 현상의 힘이 지속된다는 것을 확인한다. 따라서, 특정한 교단들이 태어나고 죽어가는 동안에 교단주의는 미국 생활에서 종교의 기본적인 조건으로서 완전하고 건강한 성인기를 지나고 있다.

앞에서 언급된 완전한 친교 협의들에서 중요한 요소는 미국 복음주의 루터교회의 성직자들이 협력교회들의 성직자들과 교환될 수 있다는 것이다. 이 말은 오늘 미국 복음주의 루터교회의 신학교 졸업반 학생들은 그들이 사역하는 어느 시점에 하나 장로교회, 개혁교회, 연합그리스도교회, 모라비아교회, 또는 성공회 전통에 속한 교회로부터 청빙을 받을 가능성이 한 차례 이상 있을 수 있다는 뜻이다. 또한, 전임 목회자를 청빙할 여력이 없는 매우 작은 교회에서 '부업'(side gig)으로 설교를 해 줄 수 있다는 것을 의미한다.

그러한 일은 이미 많은 교단 사이에서 행해지고 있는 일반적인 관행이었다. 그러나 이제는 루터교회 성직자가 개혁주의 교회나 성공회 예배에서 설교와 기도 인도는 물론 성찬식도 집전할 것이다.

그러나 새로운 협의는 그 이상을 의미할 수 있다. 협력 교단 중 한 곳에서 위임을 받거나, 루터교회와 완전한-친교-협력교회에서 동시에 사역할 수 있다. 성직자 상호 교환이 가져오는 실질적인 결과는 신학과 예전의 다양한 전통들이 갖는 상징적인 세계로 옮겨가는 것 그 이상이다. 특정한 전통에 속한 특정한 협력교회와 관련된 미묘한 역할들의 광대한 네트워크를 고려할 때, 예를 들어 루터교 신자는 장로교회의 회중을 인도하는 데 있어 매우 불리한 입장에 있다.

반대의 경우도 마찬가지다. 신학과 교회 전통들의 중요성을 우습게 여기는 사람들은 그러한 전통들을 무시하는 것이 그 전통들에서 형성된 특정한 공동체들과 협력하는 데 야기할 수 있는 엄청난 결과를 간과한다. 이와 동시에 지역 교회 생활, 예배 관행들, 기독교 교육, 섬김과 봉사 활동

방식들은 크게 변하고 있다. 일반적인 신학교 졸업생들은 지난 세대의 목회자들과는 매우 다른 일상을 보내는 자신들을 발견하게 될 것이다.

모든 것이 논쟁 중이고 모든 것이 바뀌고 있다. 예를 들어, 이메일과 음성 메일을 사용하는 세상에서 목사들은 심방의 가치에 대해 논쟁한다. 위생적이고 경제적인 장례업체들의 한 가운데서 목사는 가족이 요구하는 것보다 하루 늦게 장례식 날짜를 잡음으로써 '쉬는 날'을 보존할 수 있게 되었다. 외래환자 수술과 의료산업의 묘기로 인해, 오랜 관습인 침상 고백과 기도를 위한 장소와 시간이 부족해졌다.

미래에 직면해 있는 사역자 개개인과 변화 중인 사회 환경에 적응하도록 강요받는 지역 종교 공동체는 특정한 모던 형태, 지금은 포스트모던 형태의 종교 기관으로서 미국 교단주의의 역사적 배경에서 사려 깊은 교훈을 얻을지도 모른다. 교회는 이전에도 이곳에 있었다. 다시 말해 교회는 분파 유형과 교회 유형 사이의 중간 지대에서 다양한 표현들을 경험하면서 살아왔다. 따라서, 제일 먼저 실질적인 측면에서 제안하고 싶은 것은 교회와 사역들에 대한 완전한 실패나 혁신적인 갱신을 두려워하지도, 과장되게 예측하지도 말라는 것이다.

오늘날 공공 교회의 전반적인 목표는, 사회학적 용어로 표현하면, 보다 교회적인 동시에 더욱 분파적이 되는 것이다. 교회 유형의 독립적인 적법성에 분파 유형의 에너지와 적절성을 불어넣는 것이다. 개인들과 지역 공동체들은 교회적이면서 복음적인 자세의 방향으로 나아가는 다음의 실제적인 단계들을 밟아갈 수 있다.

첫째, 특정한 전통 안에서 준비하라.

그러나 조정하고 변화될 준비를 해라. 과거의 교훈들은 일반적으로 사람은 비교단적이 될 수 없고 포스트모던 사회의 나머지와의 관계 속에서 자신의 사역이나 공동체, 운동에 대한 필연적인 정의를 피할 수 없다는 사실을 보여 준다. 다른 한편으로, 만일 사람이 특정한 전통에 속해 있지만 다른 사람들과 사회에게 스스럼없이 접근한다면, 그 사람은 에큐메니즘적인 관계들을 맺기 시작할 수 있고, 공유된 관심과 필요에 근거한 보다 광범위하고 에큐메니즘적인 관계를 점진적으로 알 수 있게 된다.

역사적인 전통에 근거할 때, 사람은 살아있는 전통 안에서 자기 자신의 정체성을 자유롭게 진화시킬 뿐 아니라 이웃들의 풍부한 전통들을 탐구한다. 전통 안에서의 유기적인 성장과 전통들의 대화들은 사회적 근원에 사로잡혀 있는 것과 또 하나의 교단이 되어가는 상대주의적인 과정에 대한 하나의 해결책이다.

둘째, 교단주의의 사회적 근원에 순응하지 말라.

사회적 근원을 피할 수 없고 모든 사람은 어떤 문화적 환경으로부터 나와야 하지만, 교회가 사회에서 민족적, 인종적, 사회 경제적 기원에 전적으로 수동적이 되도록 할 필요는 없다. 그러한 장벽들을 넘고 인간의 사회적 근원에 제한받지 않으시는 하나님의 창조적인 성령 안에서 성장할 수 있도록 조치를 취하라. 비교-문화적인 조치는 교회적인 적법성과 기독교 분파의 에너지를 강화한다.

셋째, 교단주의의 정치적 근원에 순응하지 말라.

교회가 국내 정치 정권이나 세계 정치 정권의 소속 목사(chaplain)가 되지 않도록 하라. 정치적인 장벽들을 넘을 수 있는 조치를 취하라. 규정된 적들을 친구로 삼고 가난한 자들과 억압된 자들을 위해 정의를 외쳐라. 이러한 노력은 교회적인 적법성과 기독교 분파의 에너지를 강화하고 2단계에서 요구되었던 유사한 비교-문화적인 조치를 보완할 것이다.

넷째, 교리를 가르치고, 가르치고, 가르쳐라.

포스트모던 세계에서는 무지보다 오해가 적다. 많은 사람이 종교 전통들에 대한 지식과 흥미와 존중을 갖고 있지만, 문화와 종교의 전통들에 대한 오해가 만연하다. 심도 있는 연구와 교육이 필요하다. 모든 연령대를 위한 통과의례들과 학습 단계에 관심을 기울이라. 많은 것들에 대한 엄청난 양의 피상적인 정보를 흘려보내는 포스트모던 파도에 의식적으로 대항하라. 그리고 역사적인 전통들에서 심도 있는 정보를 얻고 형성되도록 하라.

다섯째, 예배하고, 노래하고, 기도하라.

기독교에서 예배와 기도와 노래의 전통들은 풍성하고 강력하다. 그 전통들은 많고 다양한 사회적 근원에서 비롯된다. 따라서, 종교의 사회적 근원에 사로잡혀 있지 않기를 원하는 우리의 노력에 큰 도움을 준다. 새로운 예배 형태들과 기도들, 노래들은 자연스러운 것들이지만, 그것들의 사회적 근원에 결코 사로잡혀 있지 않을 것이라는 보장은 없다.

기독교의 다양한 여러 사회적 환경들로부터 나온 다양한 근원들만이 현재의 사회적 근원의 지배력을 깨뜨릴 수 있다. 따라서, 예배와 기도, 노래의 전통적인 형태들은 기독교의 사회학적인 건강과 비평적이고 예언자적인 날카로움을 위해 반드시 필요하다.

명시적인 조직의 사회학적인 형태로서 교단들은 가까운 포스트모던 미래에 그리스도인들(그리고 다른 신앙을 가진 사람들)과 함께할 것이다. 교단적인 형태에 대한 신학적인 평가가 무엇이든 간에, 전통들을 보존하거나 심지어는 성장까지 시키면서 많은 유익과 기회를 얻는 것은 가능하다. 실제적으로는 교단적이면서도 교회적인 측면과 분파의 열정을 유지하는 것이 가능하다.

모더니티의 교단들과 교단주의의 역사는 많은 것을 보여 준다. 그리고 포스트모더니티의 가까운 미래가 기독교가 명시적인 조직으로 살아갈 수 있는 유사한 단계를 복음주의, 주류, 가톨릭 형태로 제시할 거라고 기대하는 것은 타당하다.

제11장

시각적 기독교

즐거움의 위험과 경험의 가치

로버트 K. 존스톤(Robert K. Johnston)

우리 문화는 시각적 문화이다. 이미지-중심의 문화이다. 또한, 우리 문화는 갈수록 더욱 탈-기독교 문화로 되어간다. 우리 사회에서 '칼빈주의'(Calvinism)는 많은 사람에게 더 이상 하나의 신학 체계로 인식되지 않는다. 「뉴욕」(*NY*)에 따르면 칼빈주의는 의류 디자이너인 칼빈 클라인(Calvin Klein)에 의해 시작된 패션 트렌드에 붙여진 이름이다. 우리가 헌신한 로고들(logos)은 요한복음 1장 1절의 로고스(*logos*)가 아니라 나이키의 상표(Nike)와 랄프 로렌(Ralph Lauren)의 폴로 선수다.[1]

---

1 Andrew Delbanco, *The Real American Dream: A Meditation on Hope* (Cambridge: Harvard

기독교 로고스가 대중 문화의 다양한 아이콘들로 대체되고 있는 데에는 많은 이유들이 있다. 어떤 이들은 우리가 사회와 교회로서 지적으로 게을러졌다고 비난할 것이다. 그러나 이것은 너무 간단한 설명이다(그리고 크게 잘못된 것이다). 이 설명은 우리의 커뮤니케이션 패러다임이 '말'에서 '이미지'로 바뀐 사회적 변화와 우리의 지성이 점점 더 실재에 관심을 두는 새로운 방식을 고려하지 않고 있다.

개신교 교회(특히, 종교개혁 동안에 칼빈 자신이 도와 세운 교회들)가 표현하는 로고스는 주로 보이기보다는 들려지는 이지적인 선포, 본능적(visceral)이라기보다는 '논리적인'(logical) 것이 되었다. 다시 말해, 신적 로고스는 "육신으로서"(요 1:14) 더 이상 시각적으로 이해되지 않는다. 기독교 로고스의 합리성은 담론과 신조를 통해 분명하게 이해될 수 있다.

그러나 갈수록 더 시각적으로 되어가는 문화에서 사람들은 그러나 꾸밈없는 명제주의가 설득력이 없고 심지어는 지루하다고 생각한다. 우리 교회들로부터의 탈출은 비록, 통탄스럽기는 하지만, 예측 가능한 일이다.

시인인 에드윈 뮤어(Edwin Muir)는 다음과 같이 썼다.

> 육신이 된 말씀이 여기에서 다시 말이 되고,
> The Word made flesh is here made word again,
> 한마디의 말은 과장되고 오만한 사기꾼의 말이 되었다.
> A word made word in flourish and arrogant crook.
> 철필을 들고 있는 칼빈 왕을 보라,

University Press, 1999), 5, 24.

See there King Calvin with his iron pen,
그리고 하나님은 책에 분노에 찬 세 통의 편지를 쓰셨다.
And God three angry letters in a book,
그리고 논리적인 갈고리가 있다.
And there the logical hook.
신비가 그 갈고리에 찔려 꼼짝 못 하게 되었고
On which the mystery is impaled and bent
이념적인 논쟁으로 만들어졌다.
Into an ideological argument.[2]

    시적 허용을 인정하면, 여기에는 오늘날 아주 많은 외부인들에게(그리고 점점 더 많은 내부자에게) 아주 많은 개신교 교회들이 어떻게 보이는지에 대한 생생한 묘사, 이미지가 있다. 우리는 이념에 빠져있고 이념으로 만든 신비가 있다.

    우리는 요한이 쓴 "말씀이 육신이 되어 우리 가운데 거하시고" 우리는 그의 영광, 은혜와 진리가 충만한 영광을 보았다(요 1:14)가 의미하는 바를 완전히 알지 못했다. 눈이 봤던 것은 귀가 들을 수 있는 것으로 축소되었고, 우리 문화에서 많은 사람, 특히 젊은 사람들은 하품하면서 반응했다. 만일 이것을 미심쩍게 여긴다면, 당신으로 X-세대에 속한 누군가(아니면 50세 미만의 누군가)와 마지막으로 토론하게 했던 것이 당신이 봤던 영화였는지 아니면 당신이 들었던 설교였는지를 자문해보라.

---

2   Edward Muir, "The Incarnate One," in *Collected Poems* (London: Faber, 1960), 228.

인쇄 문화에서 이미지 문화로의 이동은 매우 놀라운 속도록 빨라지고 있다. 1975년 이래로 우리는 개인용 컴퓨터, CD, 비디오 대여점, 가정용 비디오 게임, 인터넷, 비디오카메라, CD-ROM을 갖고 있다. 그리고 그 목록은 계속 늘어간다. 우리의 거실은 이제 '엔터테인먼트 센터'이다. 우리는 친구들이 당황하지 않도록 그들에게 어떤 책들을 읽었냐고 더 이상 물어보지 않는다. 대신 우리는 어떤 영화들을 봤냐고 물어본다. 우리는 집에서 하루에 8시간 TV를 본다(일하고 자는 시간을 빼면 거의 온종일이다). 4-6세의 아이들에게 TV와 아빠 중 무엇(누구)을 더 좋아하느냐고 물었을 때, 54%의 아이들이 TV를 선택했다는 것을 보여 주는 연구도 있다.[3]

미첼 스티븐스(Mitchell Stephens)는 그의 책 『이미지의 발흥, 말의 몰락』(*The Rise of the Image, the Fall of the Word*, 1998)에서 이러한 변화를 연대순으로 기록한다. 그리고 동시에 우리는 이러한 커뮤니케이션 혁명이 시작되는 때에 살고 있다고 말한다.[4] 그 변화는 오래전에 구술 문화에서 문자 문화, 문자 문화에서 인쇄 문화로 변했을 때처럼 지대한 영향을 끼칠 것이다.

교회에 있는 우리는 이러한 혁명이 일어나고 있다는 사실을 안다. 그러나 우리는 이 혁명에 적응해야 하는지, 그렇다면 어떻게 적응해야 하는지를 놓고 고민한다. 우리의 종교적인 표현들은 여전히 영지주의적이다. 우리는 우리가 물질을 원하는지를 확신하지 못한다. 적어도 우리의 예배에서는 원하지 않는다. 우리가 현대적으로 되고자 할 때 모을 수 있는 것은

---

[3] Douglas Gomery, "As the Dial Turns," *Wilson Quarterly* (autumn 1993). Mitchell Stephens, *The Rise of the Image, the Fall of the Word* (NY: Oxford University Press, 1998), 6에서 인용.

[4] Douglas Gomery, Douglas Gomery, "As the Dial Turns," 6에서 인용.

기껏해야 기타이다. 음악은 왠지 더 안전해 보인다.

톰 보두앵(Tom Beaudoin)은 그의 책, 『가상의 신앙: X 세대의 불손한 영적 추구』(Virtual Faith: The Irreverent Spiritual Quest of Generation X)에서 X 세대로서 경험했던 교회에 관해 서술한다.

> …교회들은 우스울 정도로 뒤떨어진 것처럼 보였다. 교회들은 절망스러울 정도로 우스꽝스러운 음악, 아주 오래된 기술, 역행하는 사회 교육, 대중 문화에 대해 적대적이거나 무관심한 태도를 보였다.[5]

개신교도들은 '영,' '호흡,' '소리,' '말' 사이에는 관련성이 있다고 생각한다.

성령의 임재를 우리에게 가능하게 하는 것은 물건들이 아니란 말들이 아닌가?

칼빈주의자로 태어나고 자란 시나리오 작가이자 감독인 폴 슈레이더(Paul Schrader)는 엘모어 레너드(Elmore Leonard)의 이야기인 『터치』(Touch)를 영화로 각색했다. 그 영화는 프란체스코회의 남아메리카 선교사였다가 성흔(그리스도의 상처 자국들)의 선물을 받은 어떤 사람의 이야기를 들려준다. 비록, 그는 교회를 떠났지만, 사람들을 만짐으로써 치유할 수 있었다. 영화의 한 시점에서 한 여성 친구가 주인공의 빨래를 해 주겠다고 제안하면서 성흔의 피가 묻은 것을 빨아도 괜찮은지 궁금해 한다.[6] 여기 사실적인

---

[5] Beaudoin, *Virtual Faith*, 13.
[6] Roger Ebert가 쓴, Albert J. Bergesen and Andrew M. Greeley, *God in the Movies* (New Brunswick: Transition, 2000)의 서문, viii.

비유에 많은 칼빈주의자들(그리고 대부분의 다른 개신교도들)이 현재 직면한 싸움이 있다.

말(말씀)과 이미지를 구분했고, '성령'을 말들과 연결했다면, 이제 우리는 거룩한 것을 변화시키고 삶의 물건들과 직접적으로 닿도록 할 수 있는가?

오늘날 우리가 직면한 질문은 시각 예술이 교육적일 뿐 아니라 재미를 주는 것인지 그렇지 않은 것인지가 아니다. 우리는 시각 예술이 그렇다는 것을 알고 있다. 시각 예술이 원기왕성하게 호흡되기 때문이다. 오히려 질문은 우리가 초월적인 하나님, 우리에게 성경의 말씀을 주신 하나님, 그러나 창조와 구속에서 자신을 계시하신 하나님을 예배할 때 시각 예술이 사용되어야 하는지 그렇지 아닌지이다.

1. 과거의 교훈

밥 웨버를 기리려고 쓰여 진 글이 역사로부터 배우려고 하지 않았다면, 그 글은 그를 충분히 기리지 못할 것이다. 웨버를 비롯한 몇몇 사람들은 나와 같은 복음주의자들이 우리의 선배 성도들의 지혜를 진지하게 받아들일 수 있도록 도움을 준 것에 대해 마땅히 감사를 받아야 한다. 100여 년 전에 움직이는 이미지가 만들어졌던 것을 고려하면, 우리의 시각 예술의 형태는 변화되어 왔다. 그러나 이미지 사용과 관련하여 교회가 과거에 직면했던 문제들은 오늘 우리가 직면한 문제들과 매우 동일하다. 그리고 주어지는 답들이 동일할 때가 많지만, 우리는 그 답들의 원 출처를 알아채지 못한다.

내가 어거스틴의 『고백록』(Confessions)에 나오는 한 구절을 사용하여 이번 장의 부제를 붙인 것이 바로 이 때문이다.

"나는 즐거움의 위험과 경험의 가치 사이에서 망설인다."[7]

어거스틴은 대중적인 멜로디를 교회 음악에 사용하는 것을 언급하고 있다. 그러나 만일 비디오와 같은 매체가 당시에 있었다면, 그는 비디오 사용에 대해 언급했을 수 있다. 교회는 예배에서 예술을 사용하는 것에 궁금해 하면서 그 당혹스런 문제를 놓고 여전히 씨름하고 있다.

제프리 퓨(Jeffrey Pugh)는 이렇게 제안했다.

> 기독교 문화에 속한 아무에게나 하나님, 악, 죄, 심지어는 성에 대해 어떻게 이해하는지 물어보라. 그러면 그 사람은 거의 틀림없이 어거스틴이 만든 범주들과 언어로 대답할 것이다.[8]

나는 퓨의 말이 적어도 개신교도들에게는 대체로 옳다고 생각한다. 그러나 이것에 대해서는 밥 웨버의 판단을 따르고자 한다. 예배에서 감각적인 것들을 사용하는 데 있어서, 퓨의 평가는 확실히 옳다.

어거스틴은 자신의 회심 이후의 삶에 대해 생각하면서 '육신의 욕망'이 자신을 어떻게 유혹했는지를 숙고했다. 그는 자신이 여인의 몸에 닿는 느낌, 음식과 음료의 맛, (그가 구체적으로 표현할 수 없는) 향기, 음악 소리, 아

---

[7] Augustine, *The Confession of St. Augustine*, F. J. Sheed, trans. (NY: Sheed and Ward, 1942), 198.

[8] Jeffrey C. Pugh, *The Matrix of Faith: Reclaiming a Christian Vision* (NY: Crossroad, 2001), 40.

름다운 것들의 모습과 같은 오감에 의해 끊임없이 유혹받고 있다고 느꼈다. 이 모든 것들은 하나님을 삶의 중심에서 옮기도록 위협했다. 어거스틴은 창조된 것과 창조자를 동시에 사랑할 수 있는 법을 놓고 고심했다.⁹

내가 사용한 인용문은 『고백록』 10권에서 가져온 것들이다. 거기서 어거스틴은 (암브로스가 밀란에 있는 그의 교회에서 사용했던 것처럼) 대중적인 곡조를 사용한 찬송가의 승인과 그러한 감각적인 즐거움이 영혼을 유혹하고 하나님을 진정으로 인정하는 것을 막는다는 두려움 사이에서 망설인다. 노래의 가사들은 어거스틴에게 가장 중요했다. 그리고 그는 자신이 음악을 통한 단순한 '육신의 쾌감'을 두려워했다고 말한다.

그러나 그는 예배에서 음악이 주는 커다란 유익을 인정했다. 그는 "나는 신앙의 초기에 교회의 노래에 의해 감동받아 눈물을 쏟아냈던 때를 기억한다. 그리고 부드러운 목소리와 적절한 가락으로 불러지더라도 노래에 감동받기 보다는 노래되는 내용에 감동받는 나를 볼 때, 다른 이러한 관습이 유익하다는 것을 새삼 인정하게 된다"라고 썼다.¹⁰

어거스틴의 주장은 다음과 같이 요약될 수 있다.

① 그는 예배에서 대중적이고 이교적인 문화를 사용하는 것에 대해 두려워한다.
② 그는 하나님의 초월성을 반드시 강조해야 한다는 것을 알고 있다.

---

9   Gilbert Meilaender는 Carl Braaten and Robert Jenson, eds., *Sin, Death, and the Devil* (Grand Rapids MI: Eerdmans, 2000), 76-93에 실린 탁월한 논문인 "I Renounce the Devil and All His Ways"에서 거기엔 바나나뿐만이 아니라 바나나 스플릿을 위한 자리도 있지만, 어거스틴은 그것을 보지 않는다고 언급한다.
10 Augustine, *The Confessions of St. Augustine*, 198.

③ 그는 말씀과 말이 제일 탁월하다고 여긴다.
④ 그러나 그는 젊은 그리스도인으로서 예술(이 경우에 있어서 음악)의 관능성이 그가 예배하는 것을 도와줬다고 인정한다.
⑤ 예술은 그가 말씀을 보다 풍성하게 이해하도록 돕는다.
⑥ 그러나 그는 감각적인 것 그 자체의 즐거움에 빠지는 것을 두려워한다.

그래서 어거스틴은 얼버무렸다. 그는 자신이 "변경할 수 없는 입장을 옹호하지 않으면서" 대중적인 찬송가의 관습을 좀 더 지지하는 쪽으로 이끌렸다고 결론지었다.

그 후 몇 세기 동안 어거스틴을 좇았던 모든 사람이 신성한 것과 감각적인 것 사이의 긴장을 양쪽에서 다 느끼거나 그 사이에서 망설였던 것은 아니다. 성상 파괴 논쟁은 교회의 역사에서 가장 논란이 많았던 것 중 일부를 입증했다. 그러나 기본적인 사안들은 그대로 남아있다.

우리는 우리와는 다르지만, 우리의 일부가 되기로 선택하신 하나님을 어떻게 예배하는가?

다른 신학적 논쟁들처럼, 그 문제에 대한 다양한 입장이 없었다면, 그 쟁점은 오래전에 침묵 되었을 것이다.

그렇다면 이러한 오랜 논쟁으로부터 우리가 배울 수 있는 것은 무엇인가?

2. 시각 예술의 교육학적인 기능

종교 예술을 비블리아 파우페룸(*Biblia pauperum*), 즉 가난한 자들을 위한 성경이라고 불렀던 이는 대 그레고리(Gregory the Great, 604년 사망)였다. 예술은 문맹자를 위한 그림책이 될 수 있었다. 교부들은 일반적으로 그림을 보는 것이 평신도들의 신앙심에 도움이 된다고 생각했다.

이미지를 가장 노골적으로 비난했던 사람 중의 하나인 12세기의 저술가 클레르보의 버나드(Bernard of Clairvaux)로, 그리스도를 위해서 세상의 모든 아름다운 것들을 저버린 수도사들이 모였던 수도원들에는 이미지들이 있으면 안 된다고 했지만, 무지한 자들을 가르치기에는 이미지가 유용하다는 것을 인정했다.

확실히 수도사들은 그들의 이해를 높이고 그들의 내적 신앙심을 촉발하기 위해 이미지가 필요하지 않았다. 그러나 교부 중 다른 이들은 동의하지 않았다. 닛사의 그레고리(Gregory of Nyssa, 386년 사망)는 그로 신앙심을 갖도록 했던 종교적인 그림에 대해 깊은 감정을 담아 썼다.

토마스 아퀴나스(Thomas Aquinas) 역시 적절한 이미지 사용을 주장했다. 다른 이들은 이미지를 사용하면 기억하는 데 도움이 된다고 주장했다. 그래서 교회는 기준선을 만들었다. 이미지들이 영혼을 혼란시킬 수 있고 감각적인 것들이 예배에서 영적인 것을 방해할 수 있다는 두려움에도 불구하고, 시각적인 것은 신자들이 배우는 데 도움을 주는 교육학적인 도구가 될 수 있다는 인식이 있다. 시각적인 것은 감정과 기억을 촉진하면서 더 잘 이해할 수 있도록 도울 수 있다.

종교개혁 때 많은 종교개혁자는 시각적인 것들의 남용으로 인해서 예배에서 모든 시각적인 표현들을 사용하는 데 반대했지만, 마틴 루터는 그러한 성상 파괴를 반대했다. 그리고 시각 예술에 대한 실용주의적인 입장을 계속해서 고수했다. 루터는 사람들이 이미지를 만드는 존재, 즉 우리는 그림으로 생각하고 그림이 필요한 존재로 만들어졌다는 것을 인정하면서, 자기 자신도 예수의 수난 이야기를 "마음속에 그것에 대한 심상을 떠올리지 않으면서" 들을 수는 없었다고 고백했다.

그다음에 그는 이렇게 결론지었다.

> 만일 내 마음에 그리스도의 이미지가 있는 것이 죄가 아니고 좋은 것이라면, 왜 내 눈으로 그 이미지를 보는 것이 죄가 되어야 하는가?[11]

그리고 루터는 자신이 설교했던 것을 실천하기 위해 때때로 개인적인 기도를 위해 십자가상을 사용했다.

루터의 신학에서 시각적인 것의 교육학적인 중요성을 가장 잘 보여 주는 예는 그가 자신의 독일어판 성경에 종교 예술을 사용하여 삽화를 넣었다는 것이다. 루터는 시각화(visualization)가 본질적으로 사람에게만 주어졌다고 생각하지 않았다. 성경 자체는 성경의 교훈, 특히 예수의 비유들을 강화시키기 위해 시각적인 예들을 사용했다. 그래서 루터는 그의 독일어판 성경에 삽화를 넣는데 이용했던 목판화를 위한 주제들을 직접 엄선했다. 그는 독일어판 성경을 인쇄하는 사람들에게 그 판화들은 단순한 장식

---

[11] Martin Luther, *Luther's Works, American Edition, 40* (Philadelphia, 1958), 99-100. Carl C. Christensen, "Luther's Theology and the Use of Religions Art," *Lutheran Quarterly* 22, no. 2 (MAy 1970), 148-49에서 인용.

이 아니라는 것을 강조했다. 그리고 그는 독자들이 성경의 메시지에 대한 이해를 높일 수 있도록 신학적으로 중요한 장면들을 선택했다. 루터는 그렇게 하면서 **비블리아 파우페룸**의 전통을 긍정하고 있었다. 심지어 그 전통을 자기 자신과 동일시했다. 루터의 성경이 나오기 전에 적어도 15가지의 삽화를 넣은 독일어 성경이 있었다. 그는 여기에 또 하나를 추가하려고 했다.

루터는 아이들과 평범한 사람들이 "단지 말이나 교리를 통해서보다는 그림과 비유들을 통해서 하나님의 역사를 보다 효과적으로 기억할 수 있게 된다고" 여러 차례 주장했다.[12]

심지어 그는 "만일 누군가가 성경 전체에서 가장 중요한 이야기들을 그림으로 차례차례 묘사한 평신도 성경이라고 불릴 작은 책을 갖고 있다고 해도 그것이 무슨 해를 끼치겠는가?"

이런 견해를 밝히기까지 했다[13](여기서 어떤 사람은 영화 [아미스타드]에 나온 흑인 노예들을 상기할지도 모르겠다. 그들은 받은 성경을 읽을 줄 몰랐지만 성경 안에 있는 삽화들을 통해 성경 메시지의 핵심을 깨달았다).

많은 이들은 루터가 당연한 것을 주장하고 있다고 말할 것이다. 분명히 그는 오랫동안 실천되어왔던 교회의 전통을 이어가는 것을 선택하고 있다. 그러나 우리가 앞으로 보겠지만 시각적인 표현을 인정하는 것은 루터 당시의 많은 사람들에게 당연한 것이 결코 아니었다. 그럼에도 불구하고 루터는 "외부 이미지들과 비유들, 표지들은 선하고 유용하다. 그것들은

---

[12] Martin Luther, *D. Martin Luthers Werke, Kritische Gesamtausgabe*, 10ii, 458. Christensen, "Luther's Theology," 158에서 인용.
[13] Martin Luther. Christensen, 'Luther's Theology,' 158에서 인용.

어떤 것을 이해하고 기억할 수 있도록 분명하게 보여 준다"¹⁴라고 인식했다. 더 나아가 루터는 이렇게 주장했다.

> 보통 사람의 관심은 심오한 논쟁들보다는 삽화들과 예화들에 의해 더욱 자극된다… 보통 사람은 잘 쓰인 책보다는 그려진 그림을 더 좋아한다¹⁵

이러한 결론이 루터의 시대에는 논란의 여지가 있었더라도, 오늘날의 시각적 문화에서는 거의 도전받지 않을 것이다.

가톨릭 사회학자인 앤드류 그릴리(Andrew Greeley)는 르네상스 시대의 예술에서는 성모 마리아가 구경꾼들에게 아기 예수의 성기와 고환을 노출시키는 있는 경우가 많다는 것을 관찰했다. 마찬가지로 그는 동방박사들에게 거의 언제나 알몸으로 보여진다. 이것은 예술가들이 외설스럽게 표현하고자 했던 것이 아니다. 하나님의 아들이시긴 하지만, 완전한 인간이셨던 그리스도를 표현하고자 했다. 그다음에 그릴리는 우리가 여기서 다루는 주제, 즉 보통 사람에게는 교리와 신조보다 이야기와 이미지가 상대적으로 더 중요하다는 것을 제기한다. 그릴리는 다음과 같이 서술한다.

> 크리스마스 구유는 대중적인 가톨릭주의이다. 칼케돈 신조는 고 가톨릭주의이다… 일반 사람들에게 성모 마리아와 그녀의 [발가벗은] 아이보다 호모이오시오스(*homoiosios*)가 더 중요하다고 생각하는 사람은 너무나도 따

---

14 Martin Luther. Christensen, 'Luther's Theology,' 157에서 인용.
15 Martin Luther, Christensen, 'Luther's Theology,' 156에서 인용.

분하다. 게다가 잘못되었다!¹⁶

그릴리는 두 가지 형태의 가톨릭주의는 모두 각자의 자리를 차지하고 있다고 계속해서 말한다. 그(와 나)는 말의 포기를 주장하는 것이 아니다. 이미지도 비슷하게 인정해야 한다고 주장하는 것이다. 수대에 걸쳐 로마 가톨릭교도들에게 기독론을 가르쳐왔던 것은 켈케돈이 아니라 성모 마리아와 그녀의 아이였다.

개신교의 예를 들면, 니콜라스 폰 친첸도르프(Nicholas von Zinzendorf)는 유럽을 여행하고 있었다. 18세기 상류층 청년의 관례였다. 뒤셀도르프의 한 박물관에서 그는 채찍을 맞고, 묶여 있고, 가시 면류관을 쓴 그리스도의 이미지를 보고 얼어붙었다. 그 그림의 제목은 에케 호모(Ecce Homo, 보라 이 사람이로다)였다. 그 그림을 그린 도메니코 페티(Domenico Feti)는 다음과 같은 글을 더했다.

"나는 너를 위해서 이 일을 했다. 너는 나를 위해 무엇을 했느냐?"

친첸도르프는 자신이 그리스도 사건의 의미를 처음으로 이해했다고 말했다. 그 결과, 친첸도르프는 경건주의 운동인 모라비아 운동을 창설했다. 선교와 봉사, 개인의 영성을 강조하는 그 운동은 계속해서 전 세계적으로 영향을 끼치고 있다. 그것은 이미지와 분리된 말이 아니었다. 윤리적인 것에 반대되는 심미적인 것도 아니었고, 물리적인 것에 반대되는 영적인 것도 아니었다. 진리를 살아있게 하는 복음은 전인적인 복음이다.

16　Andrew Greeley, *The Catholic Imagination* (Berkeley: University of California Press, 2000), 77-78.

만일 시각적 이미지의 교육학적인 유용성이 문서로 쉽게 기록되어 질 수 있다면, 루터교 전통 밖에 있는 개신교도들은 왜 시각적 이미지를 사용하려고 하지 않았는가?

많은 요인이 있겠지만 세 가지만 추려보면 다음과 같다.

첫째, 성경보다 그리스 사상에 더 많이 빚진 인간에 대한 충분치 않은 신학적 이해

첫 번째 이유는 인간의 본성에 대한 종교개혁 당시의 지배적인 이해와 관련된다. 다시, 어거스틴은 육과 영 사이를 갈라놓는 신플라톤주의적인 출발점을 제공한다. 당신을 끌어내리려고 위협하는 것은 육이다. 당신이 하나님께로 올라갈 수 있도록 하는 것은 영이다. 초월하신 하나님의 고립성이 이러한 그리스 인류학에 접목될 때, 시각적인 것은 예배에서 자리를 찾기 힘들어질 것이다. 확실히 감각적인 것은 사용되지 않을 것이다.

기껏해야 시각 예술은 문맹자들을 교육하기 위해 어쩔 수 없이 사용되는 것으로 여겨질 것이다(아니면 동방교회에서처럼 감각적이 아니라 천상적이 되도록 양식화될 것이다). 시각적인 것은 칼빈의 예를 빌려 말하면 교사들이 아이들을 이끌 듯이 손을 잡고 인도할 수 있다. 그러나 시각적인 것 또한 사람들이 더욱 발전시켜야 할 미성숙한 지식을 제공하는 것이라고 여겨지기도 했다.

개혁주의 신학자들은 르네상스 시대의 인본주의자인 에라스무스와 같은 사람들로부터 이원론적인 인류학과 함께 이미지들에 대한 불신을 배웠다. 에라스무스는 종교적인 삶은 주로 영적인데 반해 이미지들은 물리적인 것들을 높이는 경향이 있다고 생각했다.

그는 이렇게 말했다.

영은 육으로부터 아무것도 필요로 하지 않는다.

그리고 다시 말했다.

당신은 바위나 나무로 투박하게 만들어졌거나 서투르게 그려진 그리스도의 얼굴을 닮은 것을 공경한다. 그러나 성령의 역사하심으로 복음서들에 묘사된 그분의 마음을 닮은 것을 훨씬 더 공경해야 한다

에라스무스는 요한복음 4장 24절까지도 인용했다.

예배하는 자가 영과 진리로 예배할지니라(요 4:24).[17]

요한복음 4장 24절은 모든 종교개혁자가 예배에 대한 논의에서 언급했던 구절이다. 이 구절을 문자적으로(직역조로) 읽으면 분명하고 실제적인 명령을 하는 것처럼 보인다. 이 구절을 가장 강하게 사용했던 사람은 츠빙글리였는데, 그는 에라스무스를 읽었고 그의 주장들을 되풀이했다.[18] 사도

---

[17] Desiderius Erasmus, *The Enchiridion* (Bloomington: Iniana University Press, 1963), 112, 109. Herry Boonstra, "Of Images and Image Breakers," *Calvin Theological Journal* 32 (Novermber 1997), 425에서 인용.

[18] 츠빙글리는 그가 편집한 에라스무스의 *Luchbrationes* 여백에 이렇게 썼다. 그러나 하나 님조차도 육체가 아니라 영과 정신이기 때문에, 비슷한 것이 비슷한 것을 기뻐하는 것은 당연하다. 의심의 여지없이 그분은 무엇보다도 순수한 정신으로 예배를 받으셔야 한

요한의 말을 해석하면서, 츠빙글리는 "그[요한]는 하나님이 영이시라고 말한다. 그리고 하나님을 예배할 사람들은 그분께 그들의 마음을 바치는 방법 이상으로는 예배할 수 없고 해서도 안 된다"라고 주장했다.[19]

츠빙글리는 신앙은 "감각을 포함하는 것들과는 전혀 관계없다"라고 생각했다. 침묵하시는 성령은 사람의 내면에서 움직이시고 음악(소리), 향(냄새), 의례(극장), 이미지(시각)의 도움을 받지 않으신다. 따라서, 취리히의 중심에 있는 교회의 모든 예술을 파괴한 후 그 교회로 들어갔을 때, 츠빙글리는 백색 도료를 새로이 바른 벽들이 "분명하게 빛을 발한다"라고 선포할 수 있었다.[20]

둘째, 시각적인 것이 교회의 예배를 압도하고자 위협했던 교회적 상황

시각적인 것이 종교개혁자들에게 자주 반대되었던 두 번째 이유는 종교개혁 운동의 서곡이 되었던 당시의 교회들이 종교적 이미지들을 오용했던 것과 관련이 있었다. 다시 말해, 예배에서의 시각 예술이라는 주제에 대해 우리가 읽는 종교개혁자들의 신학은 논쟁적인 관심사에 의해 주장된다. 당시의 종교 예술은 때때로 사실과 허구가 뒤섞인, 출처가 불분명한 주제

다… 아버지는 그분을 영으로 예배할 예배자들을 찾으신다. 그분은 영이시기 때문이다.' P. Auksi, "Simplicity and Silence: The Influence of Scripture on the Aesthetic Thought of the Major Reformers," *Journal of Religious History* 10 (December 1979), 345, note 8에서 인용.

[19] Ulrich Zwingli (III.853). Auksi, "Simplicity and Silence," 345에서 인용.

[20] Ulrich Zwingli, Charles Garside Jr., *Zwingli and the Arts* (New Haven: Yale University Press, 1966), 159-60에서 인용. John Dillenberger, "The Seductive Power of the Visual Arts: Shall the Response Be Iconoclasm or Baptism?" *Andover Newton Quarterly* 17 (March 1977), 305을 참조하라.

들을 묘사했다.

다른 예술은 삼위일체를 표현한 많은 그림처럼 교리에 상반되었다. 그리고 다른 종교 예술은 메디치(Medici)가의 사람들이 동방박사가 되었을 때처럼 성과 속을 혼동했다.[21] 게다가 미술품은 '선한 일,' 즉 하나님의 비위를 맞추는 수단으로 교회의 후원자들에 의해 기부되었던 경우가 많았다.

그리고 교회신학자들은 평신도들이 그리스도와 성인들의 그림들을 사용하는 데 있어서 '공경'(veneration, *dulia*, 성인 공경)과 '숭배'(adoration, *latria*, 하나님께만 드리는 예배)를 구별하고자 노력했을지 몰라도, 사실상 공경은 우상 숭배의 관습으로 이어지고 있었다.

우상 숭배자들조차도 그들의 우상을 "보이지 않는 하나님에 대한 보이는 표상"으로 여긴다고 칼빈은 말했다. 그들에게 하나님은 '나무나 돌과는 다른 존재였다.' 그러나 그들은 이미지들을 의존하게 되었고 그것들 없이는 더 이상 하나님의 임재를 상상할 수 없게 되었다. 칼빈이 인지했듯이, 이것이 바로 당시의 교회들에서 일어나고 있던 일이었다.[22]

셋째 성경, 특히 십계명에 대한 특정한(잘못된) 이해

마지막으로 철학적 및 상황적 주장들에 성경적 주장이 추가되어야 한다 (사실 종교개혁자들은 그들이 성경을 읽는 관점에 플라톤 사상과 시각적 관행이 얼마나

---

[21] Karl Plank, "Of Unity and Distinction," *Calvin Theological Journal* 13, no. 1 (April 1978), 19.

[22] John Calvin, OS 1.43. David C. Steinmetz, *Calvin in Context* (NY: Oxford University Press, 1995), 60에서 인용.

많은 영향을 끼쳤다는 것을 이해하지 못한 채 성경적 주장을 우선시했을 것이다). 종교개혁자들은 예배에서의 시각적 이미지 사용을 반대하는 자신들의 주장을 뒷받침하기 위해 성경 자체, 특히 우상(새겨진 이미지)을 금하는 계명에 의지했다. 로마 가톨릭교회(와 이 부분에 있어서 다른 종교개혁 신학자들의 의견을 따르지 않았던 루터)는 출애굽기 20장 4절의 우상을 금하는 것에 대한 계명을 "너는 나 외에는 다른 신을 네게 두지 말라"(출 20:3)는 도입 진술의 동격, 반복으로 이해했다. 이 구절들은 함께 첫 번째 계명을 구성했다.

그러나 츠빙글리와 칼빈은 예배에서의 이미지 사용 금지를 강조하기 위해 "너를 위하여 새긴 우상을 만들지 말라"(4절)는 금지 조항을 독립된 명령, 두 번째 계명으로 만들면서 두 구절을 나누었다.[23] 이교도적인 우상 사용만 반대되었던 것이 아니다(첫 번째 계명). 교회가 이미지들을 잘못 사용하는 것도 반대되었다(두 번째 계명). 몇 세기 후에 찰스 하지(Charles Hodge)가 말했다.

> 우상 숭배는 거짓 신들을 예배하는 것뿐만 아니라 참된 하나님을 이미지로 예배하는 것으로 이루어진다.[24]

하나님은 **이마고 데이**([*Imago Dei*] 더 나아가 이미지들)이 아니라, 말씀(그리고 더 나아가 말들)을 통해 그분 자신을 인간의 능력에 맞추셨다. 예배에서

---

[23] 이 새로운 계명을 고려하면서 수를 10개(!)로 유지하기 위해서 종교개혁자들은 물질적 및 개인적 소유물을 탐내는 것과 관련이 있는, 전에는 9번째 계명과 10번째 계명이었던 것들을 합쳤다.

[24] Charles Hodge. James I. Packer, *Knowing God* (Downers Grove, IL: InterVarsity Press, 1973), 39에서 인용.

모든 이미지를 금하는 성경의 명령은 창세기 1장과 2장의 창조된 질서를 암시하기까지 한다. 이미지를 만드는 것은 창조물이 아니라 창조주가 되려는 것이었다. 그것은 우리의 이마고를 잘못 사용하는 것이었다. 성경에 기록된 금송아지와 장대 위에 달린 놋뱀을 부순 히스기야의 이야기를 기억하기만 하면, 우리는 예배에서 이미지들이 금해졌다는 것을 알 수 있다.

그러나 오늘날 개신교 예배의 많은 부분을 여전히 형성하고 있는 이러한 주장들에 대해 뭐라고 할 수 있을까?

영적인 것은 비물질적이고 물질적인 것은 유혹적이지 않은가?

이미지의 오용이 여전히 위험을 야기하고 있지는 않은가?

성경은 모든 우상 숭배를 비난하고 있지 않은가?

종교개혁자들의 주장은 (아래의 이유들 때문에) 오늘날 많은 힘을 잃었다. 그러한 주장들이 강력하게 보일 때, 제임스 패커(James Packer)의 베스트셀러인 『하나님을 아는 지식』(*Knowing God*, CLC 刊)에서 설명하듯이, 그 주장들은 통찰력보다는 독자들에게 더 많은 질문과 당혹감을 야기한다. 그러나 교회에서 시각적 이미지들을 사용하지 않는 것에 대한 엄격한 신학적 정당화가 더 이상 강조되지 않지만, 종교개혁자들의 수사법의 영향력은 우리에게 여전히 남아있다. 우리는 개신교도들로서 우리 예배에서 시각적인 것을 계속해서 꺼리고 있다.

이제 나는 내가 내렸던 동일한 비평 - 즉 나는 내가 처한 상황과 인간을 구성하는 것에 대한 이해라는 렌즈를 통해 성경을 읽는다 - 을 감수하면서 예배에서의 시각적인 것에 대한 종교개혁자의 신학에 성경을 토대로 응답하도록 하겠다. 여기에 개신교들, 적어도 복음주의 개신교도들을 위한 초석이 있다.

성경의 주장은 논쟁의 열기를 느끼지 못할 정도로 단순하다. 있는 그대로 말하면, 우상들을 금하는 두 번째 계명(너를 위하여 우상을 만들지 말라…너는 그것들에게 절하지 말며, 그것들을 섬기지 말라[출 20:4-5])은 **우상 숭배**에 관한 것이지 시각적인 것 자체에 관한 것이 아니다. 교회에 있는 현수막이나 비디오 영사기, 얕은 양각(bas relief)이나 그림들, 또는 조각품 자체(십자가 말고 뭐가 있는가?)가 두 번째 계명이 지칭하고 있는 것들이고, 따라서, 우상 숭배의 한 형태라고 주장하는 것은 자기해석(eisegesis), 즉 잘못된 해석이다. 또한, 상식적이지 않다. 성경의 명령은 우상을 반대하는 것이다. 이미지가 아니다.

히스기야는 모세가 만든 놋뱀을 부셨다(왕하 18:4). 이스라엘 사람들이 어떤 마법적인 일이 일어날 것이라고 믿으면서 그 놋뱀에 제물(offerings)을 바쳤기 때문이다. 히스기야가 반대했던 것은 잘못된 우상 숭배 관습이었다. 우리의 현대적인 상황을 생각하면, 오늘날 개신교 예배에서 시각 예술이 갖는 위험은 거의 없다. 현수막을 제작하거나 비디오를 빌리는 비용을 지불하는 것은 전혀 다른 유형의 제물(offering)이다.

요한복음 4장의 말씀은 육과 영의 이원론에 관해 설명하려는 것이 아니다. 예수는 대신 자연적인 것과 초자연적인 것, 우물물과 그분이 주시는 생수를 대비시키고 계신다. 사실 예수는 사마리아 여인에게 자신이 메시아임을 나타내시면서 그녀와의 대화를 끝내신다. 말 그대로, 영적인 것은 육적인 것을 통해 이해될 것이다. 육과 영을 통합시키는 성경적 패러다임은 예수의 육체적인 부활에 대한 묘사에서 가장 분명하게 보인다 예수께서 도마에게 이르시되 네 손가락을 이리 내밀어 내 손을 보고 네 손을 내밀어 내 옆구리에 넣어보라(요 20:27).

그러나 인간이 되는 것이 무엇인지에 대한 전체적인 그림은 창세기에서 시작한다.

창세기에서 우리는 흙과 생기로 묘사된다(창 2:7). 노래에서 말하는 것처럼, 둘 중 하나만 가질 수는 없다. 어거스틴이 발견했던, 대중음악이 예배에서 말해지는 내용을 더 잘 이해하도록 했다는 사실은 인간의 전인적인 본질과 관련된다. 우리는 육과 영으로 완전히 참여할 때 가장 잘 배운다.

그리고 마지막으로 종교적 이미지의 걷잡을 수 없는 오용과 그에 따른 신학적 혼동이 일어날 수 있을지는 모르지만, 이것이 오늘날 서구 개신교 교회만의 상황은 아니다. 비록, 우리는 이미지-중심의 문화가 되어가고 있지만, 개신교 기독교의 예배에는 이미지가 여전히 빈약하다. 개신교도들은 예배 밖에서 (자동차 뒤쪽에 붙이는 물고기 상징에서부터 어린이들을 위한 WWJD 팔찌에 이르기까지) 신앙에 관련된 물건들을 만드는 조그만 산업을 발전시켰다. 아마도 이것들은 우리의 예배에서 시각적 이미지가 없다는 것에 대한 보상이었을 것이다.

그러나 교회에서 개신교도들은 찬양 밴드와 교육적 설교를 넘어서는 모험을 거의 하지 않았다. 그 결과 교회의 예식은 (음악을 제외하고) 여전히 지적인 사업으로 남아있다. 복음주의 교회의 예식에서 우리의 노래에 '예배'(worship)라고 이름을 붙이는 일반적인 관행은 이를 암시적으로 보여 준다. 마치 나머지 부분은 예배가 아닌 다른 것이라고 말하는 것 같다(설교에는 때때로 '선포'가 아니라 '가르침'이라는 이름이 붙여진다).

오늘날 개신교 교회가 직면하고 있는 사안은 예배에서 말과 음악에서만이 아니라 생명력이 넘치는 시각 예술을 통해 전인적인 인간을 사로잡음으로써 우리의 폭넓은 이미지 중심 문화에 기꺼이 반응할 것인지 아닌지에 관한 것이다.

아니면 감각적인 경험의 힘을 고려해 볼 때, 신앙에 여전히 위협이 된다고 생각해서 교회는 받아들이려고 하지 않는 것인가?

우리의 신앙은 성육신적이고 삶의 활력 속에서 표현되고 그에 대해 정통해야 되는 것이 아닌가?

우리 중에는 필요해서 아니면 실망해서 교회들 안에서 실험을 시작한 이들이 있다. 그러나 우리의 예배에 대한 암묵적인 신학은 여전히 16세기의 논쟁 속에 머물러 있을 때가 너무 많다. 그래서 우리의 노력은 하찮고 보잘것없는 것으로 판명된다. 어거스틴과 마찬가지로 우리는 복음을 어떤 식으로든 모독할 것이라는 두려움 때문에 망설이고 있고 시각적 문화가 표현하는 삶의 활력을 우리의 예배 속에서 받아들이지 못하고 있다.

3. 시각 예술의 성례전적 기능

우리가 교육학적인 질문을 했을 때처럼 이미지가 우리의 예배에서 복음을 이해하도록 도울 수 있는 예시적, 예술적, 그리고 또는 경험적 의미가 있을 수 있는지에 대해 질문하는 것은 중요하다. 그러나 이 질문은 교회가 지금까지 씨름해 온 두 번째이자 필연적인 관심사로부터 분리될 수 없다.

예배에서 시각적인 이미지는 성례전적인 의미도 갖고 있는가?

예배에서 종교 예술은 담론적이고 교훈적인 것 이상으로 나아갈 수 있는가?

만약 그렇다면 어떻게 그 일이 성취될 수 있는가?

만일 교육학적인 질문이 개신교도들의 특별한 관심을 끌어왔다면, 이러한 성례전적인 관심사는 정교회와 로마 가톨릭교회가 좀 더 집중해왔던 것이다.

1) 동방교회

성상 파괴의 쟁점을 다루기 위해 제7차 세계교회 공의회가 787년 9월에 니케아에서 열렸다. 제2차 니케아 공의회로 불리게 될 이 회의는 부분적으로는 국가의 정치적 압력에 대한 반응이었다. 당시 황제들이 권력과 명성때문에 다투고 있었기 때문이다. 그 공의회는 또한 미신과 우상 숭배라는 실질적인 위험에 대한 반응이었다.

성상들(icons)에 대한 실제적인 신앙심은 신학자들이 신중하게 구별한 것과는 부합하지 않았기 때문이다.

그리고 세 번째로, 교회는 754년에 히아리아(Hieria)에서 열린 공의회에서 우상 파괴의 입장이 선언되었음에도 불구하고 예배에서 성상을 계속해서 '적절하게' 사용했던 수도사들과 다른 순교자들에 대한 박해에 반응할 필요가 있었다. 다마스쿠스의 요한(John of Damascus, 대략 626-750년)의 신학을 토대로 삼은 주교들은 예배를 촉진하기 위해 그린 이미지들을 사용하는 교회의 전통을 유지하기로 가결했다.

주교들은 그들의 신학적 판단의 근거를 성육신에 대한 이해에 두었다.

다마스쿠스의 요한은 "하나님은 이제 육으로 보이시고 우리 인간들 사이에서 받아들여지셨기 때문에 나는 하나님 안에서 보이는 것을 나타낸다"라고 썼다.²⁵ 즉, 성상들은 보이지 않는 하나님의 이미지, 구약성경의 율법이 금하는 것을 표현하고자 시도하지 않았다. 성상들은 보이지 않는 하나님이 성육신에서 취하시는 형태의 한 가지 유형이다. 게다가 그리스도인들이 성상들을 공경할 때, 그들은 이러한 이차원적인 이미지들을 예배하지 않는다.

오히려 이미지들은 그들에게 성상들의 원형들을 생각나게 하고, 따라서, 개인의 하나님에 대한 사랑과 헌신을 촉진한다. 심지어는 예배자들이 성상들에 입을 맞추면서 신앙심을 표현하는 것처럼 보일 때조차도 "이미지에 주어진 영광은 그것의 원형으로 간다. 그리고 그 성상을 공경하는 사람은 그것에 의해 표현되는 존재를 공경하는 것이다"라고 공의회는 주장했다.²⁶

어떤 사람은 좋은 성상은 보는 사람에게 그것을 무시하고 마음을 통해 그 너머에 있는 실재를 상상하라고, 그것이 나타내는 것을 '보라고' 요구한다고 말할지도 모른다. 성상은 땅과 하늘 사이의 영적인 창문으로 여겨진다. 예배자는 그 창문을 통해서 하늘의 존재들을 생각하고 그 존재들과의 관계를 형성한다.²⁷ 그러한 성상들은 초상화의 자연주의를 추구하지 않

---

25 John of Damascus. Gennadios Limouris, "The Microcosm and Macrocosm of the Icon: Theology, Spirituality and Worship in Colour, in Gennadios Limouris, ed., *Icons: Windows on Eternity* (Geneva: WCC, 1990), 106에서 인용.

26 "The Doctrine (Horos) of the Veneration of Icons as Formulated by the Seventh Ecumenical Council (787)," in Limouris, *Icons,* 1.

27 Dan-Ilie Ciobotea and William H. Lazareth, "The Triune God: The Supreme Source of

는다. 그리고 물리적인 유사성을 지향하지도 않는다.

예술가가 성상에서 표현하고자 하는 인간성은 하늘의 영광으로 변형되고 변모된 것이다(그래서 신자들만 성상을 그리기에 적합하다고 여겨졌고 가장 탁월한 성상 화가 중에 몇몇은 성인으로까지 추앙을 받았다). 화가는 수 세기에 걸쳐 물려받은 이미지들, 몸짓들, 상징들을 사용하여 종말론적인 실재를 객관적으로 표현하고자 한다. 보는 사람의 묵상을 돕기 위해서 그림은 빛이 이 세상의 것이 아닌 것처럼 보이게 하는 방식으로 표현된다. 그 빛은 마치 뒤쪽에서부터 그림을 통해 들어오는 것처럼 그 그림 전체를 가득 채운다. 그리고 성상의 황금빛 배경은 하늘의 기운을 연상시킨다.

성상은 물리적으로 존재해야 하지만, 항상 다른 것으로 향한다. 보는 사람들은 그들의 공경을 표현하면서 깨달음을 찾는다. 그리고 하나님의 인격적인 임재와 교제로 들어가게 된다. 그 교제 속에서 그들은 자신들이 하나님을 닮은 존재로 변화되는 것을 발견한다. 계속 진행되는 깨달음과 교제, 변화의 과정은 정교회에 의해 데오시스(theosis) 또는 신화(deification)로 묘사된다.

우리는 이것을 범신론에 대한 서투른 수정으로 이해해서는 안 된다. 창조주 하나님과의 신비로운 연합으로 이해해야 한다. 우리는 하나님과 다름에도 불구하고 하나님과 하나가 되기 때문이다. 이 과정에는 강한 합리적인 요소가 있다. 성상은 '메시지의 내용을 엄격하게 따르는 예술'이기 때문이다.[28](사실, 성상을 만드는 과정은 '그리는 것'이 아니라, '쓰는 것'으로 이해된

Life. Thought Inspired by Rublev's Icon of the Trinity," in Limouris, *Icons*, 202-4을 참조하라.

[28] Emilio Castro, "The Ecumenical Significance of Icons," in Limouris, *Icons*, 5.

다). 상징들은 연구되어야 하는 텍스트들이다. 성상을 보는 경험은 본능적인 것이 아니라 정신에, 그리고 정신을 통해 마음에 관여하도록 하는 것이다. 성상학은 궁극적으로 경건을 실천하는 것이다.

암브로스 주교는 성상 그림을 말씀과 비교하는 것에 대한 증거를 그의 전통에서 찾는다. 그는 "대 바실에 따르면, 말은 소리로 의사소통하고, 그림은 묘사로 조용히 보여 준다"라고 서술한다.[29] 하나님의 말씀과 성상의 연관성은 알랭 블란시(Alain Blancy)가 인정하듯이 개신교 교회에 속한 우리에게 유익하다.

> 성상은… 개신교에 어울리는 역학을 갖고 있다. 그것은 기능을, 거의 사역을 이행한다. 그것은 말을 드러내 보인다. 그것은 메시지의 효과적인 수단이다…. 그것은 이미지라기보다 담론에 더욱 가깝다…. 말씀은 선포되고 성례전이 집전될 때만 존재하기 때문에, 복음은 그것들을 통해서 나타나고 유효해질 수 있다. 성상 역시 그 목적을 달성하기 위해서만, 즉 신자들이 그들의 주와 의사소통하고 교제할 수 있도록 만들기 위해서만 존재한다.[30]

이 묘사는 비록, 짧지만 우리가 정교회의 성상을 가지고 시각 예술의 매우 좁지만 암시적인 표현, 다른 실재를 추구하는 표현을 다루고 있다는 것

---

[29] Bishop Ambrosius of Joensuu, "Jesus Christ – the Life of the World' in Orthodox Iconography," in Limouris, *Icons*, 205.
[30] Alain Blancy, "Protestantism and the Ecumenical Council: Toward a Reformed Theology of the Icon," in Limouris, *Icons*, 42-43.

을 충분히 말하고 있다. 정교회의 주장에는 개혁주의 신학자들의 성상에 대한 논의에서 보았던 것과 유사한 한계를 보인다. 둘 모두에서 우리는 어거스틴까지 거슬러 올라갈 수 있는 플라톤주의의 이원론적 영향력을 발견한다. 어거스틴은 육과 영, 흙과 생기, 물리적인 것과 영적인 것을 둘로 잘못 나눈다. 성상에 대한 정교회의 논의에는 육적인 것에 대한 의구심이 깔려 있다. 예배자들은 하늘의 것을 향해 올라가도록 격려된다.

성상의 규정된 이차원성은 우리가 살고 있는 시공 연속체의 물질성(physicality)에 대한 반대를 내비친다. 성상은 변모된 인간을 묘사해야 한다. 성도들조차도 '성인들,' 즉 그들의 영적인 상태로 인해 인정을 받은 이들로 묘사된다.

이러한 시각적 한계들에도 불구하고, 정교회가 의도적으로 창조한 성례전적인 예술 형태는 개혁자들이 집중한 교육학적인 측면을 넘어서는 창의적인 방식들로 우리의 논의를 확장한다. 에밀리오 카스트로(Emilio Castro)는 제2차 니케아 공의회의 1200주년 기념식에서 다음과 같이 인정했다.

> 성상 자체는 아무런 주장을 하지 않는다. 좋은 성상은 우리가 성상을 잊고 그 너머에 있는 실재를 볼 수 있도록 우리를 초대하거나 돕는다.

카스트로는 세계교회협의회의 사무총장으로서 글을 쓰면서, 우리는 교훈적이거나 마법적인 것이 아니라 영적인 것을 목표로 하는 예술 형태인 성상을 갖고 있다고 말했다.[31] 카스트로가 남아메리카의 감리교도가 아니

---

[31] Castro, "Ecumenical Significance," 4–9.

라 가톨릭교도였다면, 그는 성례전에 대해서도 말했을지도 모른다.

2) 서방교회

우리가 숙고해야 하는 또 다른 사안은 시각적인 것이 제공하는 성례전성이 동방 정교회의 고도로 양식화되고 지적인 성상학보다 더욱 광범위하게 표현될 수 있을까 하는 것이다.

여기서 로마 가톨릭교회는 어려움이 없었던 것은 아니었지만 긍정적으로 답했다. 2001년 아카데미 시상식에서 최우수 작품상 후보로 올랐던 "초콜릿"(Chocolate)과 같은 영화는 그러한 어려움을 우화 형태로 표현한다.

초콜릿조차도 성례전적이 될 수 있는가?

즉 초콜릿 너머로 그것이 담고 있는 초자연적인 은혜를 볼 수 있도록 도울 수 있는가?

아니면 사순절의 절제가 성인이 되는 길인가?

로마 가톨릭에게는 **비아 네가티바**(via negativa, 부정의 길) 뿐만이 아니라 **비아 포지티바**(via positiva, 긍정의 길)도 있다는 것이 답이다. 사순절의 금욕 생활은 부활절의 새 생명 축전, **초콜릿**까지도 포함할 수 있는 축전으로 이어진다.

앤드류 그릴리는 그가 쓴 도발적인 책『가톨릭의 상상』(The Catholic Imagination)에서 시카고대학교 동료인 데이비드 트레이시(David Tracy)가『유비적 상상』(Analogical Imagination)을 통해 펼친 논의에 대해 감사의 뜻을 표한다. 그릴리는 트레이시의 주장을 다음과 같이 요약한다.

트레이시는 개신교 신학자들의 고전 작품들은 세상에서 하나님의 부재를 강조하는 경향이 있는 반면에 가톨릭 신학자들과 예술가들의 고전 작품들은 세상에서의 하나님의 임재를 강조하는 경향이 있다고 언급했다. 가톨릭 작가들은 자신의 창조물에 가까이 계시는 하나님을 강조했다. 개신교 작가들은 하나님과 그분의 창조물 사이의 거리감을 강조했다. 개신교도들은 미신과 우상 숭배의 위험을 강조하고, 가톨릭교도들은 하나님이 주변부에서만 임재하시는 창조물의 위험을 강조한다. 다르게 말하면, 가톨릭교도들은 하나님의 내재성을 강조하는 경향이 있고, 개신교도들은 하나님의 초월성을 강조하는 경향이 있다.[32]

그릴리와 트레이스는 하나님이 초월적이신 동시에 내재적이시라는 것을 바로 강조한다. 따라서, 두 성향은 모두 타당하고 서로를 필요로 한다. 여기에 가톨릭의 헤게모니(hegemony)를 위한 시도는 없다.

하나님의 초월성을 강조하는 신학적인 중요성을 부인하지 않고, 말을 말씀을 위한 적합한 도구로서 계속해서 이해한다. 즉 개신교의 상상의 입장을 부인하지 않는다. 그럼에도 불구하고 개신교 예배의 시각적 갱신을 특별히 기대케 하는 것은 가톨릭의 상상이다. 여기에 하나님의 내재성에 근거한 신학적 관점이 있다. 그 관점은 우리의 현대적인 감각들과 연결될 가능성이 있는 강력한 시각적 기독교의 표현을 허용한다.

리처드 맥브라이언(Richard McBrien)은 그의 기념비적 연구인 『가톨릭주

---

[32] Andrew Greeley, *The Catholic Imagination* (Berkeley: University of California Press, 2000), 5. David Tracy, *The Analogical Imagination* (NY: Crossroad, 1982)을 참조하라.

의』(*Catholicism*)에서 성례전성의 원리만큼 가톨릭이나 가톨릭의 정체성을 특징짓고 중요한 것은 없다고 말한다.³³ 보다 좋은 형태에서 이 원리는 한 사람의 죄 사함과 하나님과의 화해를 표시할 뿐만 아니라 인생에서 중요한 이정표를 표시하는 일곱 성사(성례전)를 가리킨다.

그러나 가톨릭 전통 내에는 항상 양초, 성수, 그림, 조각품과 같은 다른 물질적 대상들인 다양한 '준성사들'도 있었다. 그것들을 통해 신자들은 하나님의 임재를 느낀다. 개신교들에게 그러한 물질들을 사용하는 것은 미신과 거의 같은 의미이다(그리고 그것들은 그럴 수 있다. 나는 지금 이 글을 스페인의 말라가에서 쓰고 있는데, 이곳에서 '세마나 산타'[*Semana Santa*, 성주간]를 둘러싸고 있는 대중적인 경건 행위[popular piety]는 스페인 사람들에게조차도 마술과 미신을 섞은 것처럼 보인다). 그러나 우리가 이미 들었던 성상에 대한 매우 상이한 논의에서, 예수회 출신인 리처드 블레이크(Richard Blake)는 이렇게 말한다.

> 가톨릭교도들은 물체나 몸짓의 이면에서 그것이 나타내는 초자연적인 실재를 보는 경향이 있다.³⁴

정교회가 그들의 성례전적 표현들을 보는 사람들이 하늘을 향하도록 만들려는 의도로 이차원적이고, 양식화되고, 지적이고, 비감각적인 그림들로 제한해 왔던 데 반해, 가톨릭은 하나님이 삶에 속한 것들 안에 계시다고 이해하고 우리에게 그분을 여기 이곳으로 모시라고 요구한다. 예를 들

---

[33] Richard P. McBrien, *Catholicism*, study ed. (Minneapolis MN: Winston), 1180.
[34] Richard A. Blake, *Afterimage: The Indelible Catholic Imagination of Six American Filmmakers* (Chicago: Loyola, 2000), 17.

어, 바로크 시대에 전형적인 개신교 예술 형태는 여전히 바흐의 칸타타였던 반면에, 가톨릭교회는 성단소들을 예술과 건축의 모든 형태로 채웠다는 사실은 놀랄 일이 아니다.

그러나 이러한 성례전성의 개념을 교회의 예술적인 표현이나 교회 생활의 준성사들보다 훨씬 더 넓게 확장할 필요가 있다. 완전히 세속적인 실재 역시 우리에게 영적인 실재를 중재해 줄지도 모른다.

가톨릭교회에서 우리는 성례전에서 우리를 만나주시는 그리스도 안에서/통해서, 또는 교회와 교회의 예전들, 준성사들, 관례들을 통해서도 하나님과 조우한다. 뿐만 아니라 교회 밖과 너머에서 존재하는 것을 통해서도 하나님을 만난다. 이러한 성례전성은 '모든 곳에 계시고, 보이는 곳에서 보이지 않게 계시고, 우리 안에, 그리고 모든 창조 질서 안에 계시는' 하나님으로서 묘사된다.[35]

"초콜릿"이라는 영화가 우리를 상기시켰듯이 가톨릭 전통 역시 **비아 네가티바**를 갖고 있지 않았다는 것은 아니다. 수도원은 분명히 츠빙글리의 백색 도료를 바른 벽과 같았다. 가톨릭 전통은 **비아 포지티바**, 즉 물질적인 세상에 임재하시고 활동하시는 하나님을 기꺼이 보고자 하는 마음도 갖고 있었다.

창조물과 우주만물 안에서/을 통해서 창조주가 거하신다는 놀랍도록 포괄적인 개념으로부터 우리는 두 가지를 관찰할 수 있다. 하나는 이론적인 것이고 다른 하나는 실천적인 것이다.

먼저, '성례전적인 것'은 데이비드 트레이시가 '유비적인 것'이라고 이

---

[35] McBrien, *Catholicism*, 1183.

름을 붙인 것과 앤드류 그릴리가 '비유적인 것'(metaphorical)이라고 칭한 것과 동일시 될 수 있다. 따라서, 슈레이더의 영화 "터치"(touch)에서 그 여인이 성흔의 피가 묻은 것을 빤 것은 괜찮았다. 우주 만물 전체가 비유적으로 하나님의 명소(showplace)이기 때문이다. 평범한 삶에 포함된 물체들과 사건들, 사람들은 유비로써 하나님이 우리에게 임재하시도록 할 수 있다. 아니면 좀 더 정확히 말해, 하나님이 자신을 우리에게 나타내시도록 하는 원인이 될 수 있다.

그러한 비유적인 가능성을 배제하는 것은 우리와 함께하시는 초월적인 하나님을 배제하는 것이다. 그분의 방법은 우리의 방법이 아니고 그분의 생각은 우리의 생각이 아니기 때문이다. 창조물과 우주만물에 속한 모든 것은 하나님의 비유적인 임재를 중재할 수 있다. 앤드류 그릴리는 가톨릭의 상상이 "성령과 은혜의 임재에 사로잡힌 세상과 그 안에 있는 것들을 본다"라고 말한다.[36]

실제로 삶의 물질성에서 성령을 통해 하나님의 임재에 이렇게 전념하는 것은 개신교도들보다는 가톨릭교도들이 이교도적인 관습들과 비유들을 기독교적인 의미로 정화해서 기꺼이 사용하고자 하는 마음이 더 컸다는 것을 의미했다. 캔터베리의 어거스틴(또 다른 어거스틴!)에게 그가 영국 제도에서 전도하고 있었던 앵글로(Anglos) 사람들의 성전들을 파괴하지 말라고 오래전에 지시했던 이는 그레고리 교황이었다. 어거스틴은 앵글로 사람들의 이교도적인 관습들을 사용하는 것에 대해 두려워했다.

---

[36] Greeley, *Catholic Imagination*, 184.

그레고리 교황은 그들의 우상들만 없애라는 지시를 담은 편지를 썼다. 그는 사당들이 참된 하나님을 섬기는 곳으로 다시 성별 되어야 한다고 말했다. 마찬가지로 그는 어거스틴에게 앵글로 사람들이 그들의 관습대로 동물을 도살하게 놔두라고 지시했다. 그러나 이제부터는 그들 자신의 음식을 위해서, 그리고 하나님을 찬양하기 위해서 그렇게 하도록 하라고 명령했다.

캔터베리의 어거스틴은 교황의 지시에 따랐다. 그래서 오늘날 우리는 앵글로-색슨인의 새벽과 새로운 생명, 봄의 여신인 에오스트레(Eostre)의 축제에서 유래한 '이스터'(Easter, 부활절)를 기념한다. 그 여신의 풍요에 대한 상징들은 백합과 토끼, 달걀이었다![37] 여기에 구속할 가치가 있는 시각 문화, 예수의 부활까지도 상징할 수 문화가 있었다.

4. 과거 교훈의 적용

예배에서 물질을 사용하는 것에 대해 숙고하고, 따라서, 기독교가 더욱 시각적이 될 수 있다는 것은 우리로 교회의 예배상황에서 시각 예술이 갖

---

[37] Greeley, *Catholic Imagination*, 12. 그릴리의 의견은 기독교와 문화의 관계에 대한 통찰력을 보이기는 하지만, 역사적으로는 정확하지 않을 수 있다. 역사가들은 그러한 여신이 정말로 숭배되었던 적이 있었는지에 대한 유의미한 의구심을 제기했다. 대신에 학자들은 Easter의 기원들은 일반적으로 부활의 상징으로 이해되는 "East"(동쪽)라는 용어의 어원에 뿌리를 두고 있다는 쪽으로 생각한다. 다른 학자들은 그 용어가 부활을 의미하는 '"Urstand"에서 왔을 수 있다고 말한다. Adolf Adam, *The Liturgical Year* (NY: Pueblo, 1981), 62-63.

고 있는 교육학적 및 성례전적인 기능들을 고찰하게 한다. 결론으로서 나는 과거에서 현재로 돌아와 시각적인 것이 우리의 현대적 예배에서 이러한 기능들을 실제로 실행하고 있다는 몇 가지 실제적인 예들을 제시하고자 한다.

1) 소품으로서의 시각 자료

나와 아내가 시카고 외곽에 있는 윌로우크릭커뮤니티교회를 처음으로 방문했을 때, 그들은 세례 예식을 거행하고 있었다. 빌 하이벨스 목사는 세례의 의미에 대해 말했다. 그 후 세례 예식이 거행되는 20-30분 동안에 200명에 가까운 새로운 그리스도인들이 교회 앞쪽에 있는 네 군데의 세례소로 나아왔다. 그들은 그리스도에 대한 믿음과 기독교 세례에 대한 열망과 관련된 간단한 질문들에 답했다. 그리고 성호를 긋는 것처럼 보이는 방식으로 이마에 물세례를 받은 다음에 무대 뒤쪽에 있는 이중무대로 옮겼다. 거기서 그들은 한 몸으로서 서 있었다.

세례를 받은 대부분 사람은 20대와 30대였다. 하지만, 마지막으로 (하이벨스에 의해서) 세례를 받은 사람은 자그맣고 나이가 많은 여인이었다. 그녀가 목사에게 다가갔을 때, 하나님 나라에 자신과 같은 "늙은 여인"을 위한 방이 있다고 생각하는지 하이벨스 목사에게 묻는 그녀의 질문을 우리가 모두 들을 수 있도록 마이크가 제때에 소리가 났다. 그리고 그곳에 자신을 위한 방이 있다는 것을 확신하게 된 그녀는 신앙을 고백하고 세례를 받았다. 그 후 우리는 많은 교회들에게 '중형'교회일 수 있는 것이 새롭게 탄생했음을 축하했다.

조금도 과장하지 않고 인상적이었다. 여기에 그리스도와 그분의 영에 매우 민감한 회중이 있었다. 거의 200명에 달하는 새로운 신자들은 그들의 새로운 신앙을 이러한 신앙의 행위를 통해 기념하고자 했다. 그러나 숫자나 (그 자체로 시각적 도구였던) 이중무대보다 더욱 인상적이었던 것이 있었다. 바로 윌로우크릭의 성소, 즉 장식되지 않은 거대한 강당 내부의 무대 중앙에 놓여있던 시각적 '소품'이었다. 그것은 거대한 십자가였다. 그들의 세례가 그들에게 의미하는 바를 상징적으로 제정하기 위해서 각각의 입회자들은 그들이 고백한 내용을 적은 종이들을 차례대로 꺼내 십자가에 붙였다.

그곳엔 예수께서 그분의 피로 그들의 죄를 깨끗이 씻으셨을 때 그들이 십자가에 두고 갔던 '옛' 사람이 있었다. 200명에 가까운 사람들이 속죄의 현대적인 의미를 시각적인 방식으로 보여 주는 엄숙한 반복은 설교의 말만으로는 할 수 없었던 일을 해냈다. 이러한 시각적 신학은 윌로우크릭의 세례의 성례전에 대한 이해, 입회자들이 그리스도께서 그들을 대신하여 십자가에서 성취하신 것을 믿는 믿음에 대한 공적인 증언으로서 공동체 안에서 행한 중요한 것을 '가르쳤다.'

스튜어트 후버(Stewart Hoover)는 '윌로우크릭의 십자가'에 대한 글에서 윌로우크릭 자체가 십자가의 사용을 '소품'이라고 불렀다고 지적한다.[38] 어떤 이들은 이것이 기독교 신앙의 가장 중요한 상징을 하찮게 보이게 했다고 생각할지도 모른다. 그러나 이것은 그들의 의도가 아니었고, 내가 예배자로서 경험한 것도 그렇지 않았다.

---

[38] Hoover, "The Cross at Willow Creek," 145-59.

오히려 윌로우크릭은 예배자들이 의미를 생각해내도록 돕기 위해, 문자 그대로 속죄의 신학을 '머리를 짜내' 생각해 내도록 돕기 위해 십자가를 시각적 보조물로 사용했다. 그렇게 함으로써 그렇지 않았다면 그들의 교회 벽에 너무 쉽고 단순하게 장식되었을지도 모르는 상징에 새로운 생명을 불어넣고 있었다. 십자가의 시각적인 표현이 제도적인 교회와 그 상징들에 부정적인 반응을 보이는 사람들을 불쾌하게 하는 위험을 감수하기보다는, 윌로우크릭은 능력과 의미를 가진 '시각적 행사'인 제정된 의례를 위해 십자가를 사용했다.

여기에는 지적인 것 이상을 포함했던 경험적 학습, 쉽게 잊히지 않을 학습이 있었다. 루터는 행복했을 것이다. 그러나 나에게 그 경험은 교육학적인 것 이상이었다. 왜냐하면, 이 행사에서 그리스도는 나에게 다시 임재하셨기 때문이다. 다시 말해, 시각적 보조물은 성례전적임이 드러났다. 물론, 그 행사는 세례의 성례전이었다. 그러나 그리스도께서 임재하셨던 것은 세례 자체나 심지어는 물의 상징화를 통해서가 아니었다. 그리스도는 실물 크기의 십자가에 붙여진 그 종이들을 통해서 나에게 임재하셨다.

2) 대화 상대로서의 시각 자료

예배에서 두 번째이면서 다른 시각적 경험은 설교의 대화 상대로서 비디오를 사용하는 것과 관련된다. 어느 일요일에 하나님을 향한 게으름의 죄인 '나태'에 대한 설교를 하면서 나는 시편 19편을 본문으로 삼았다. 시편 저자는 '의에 주리고 목마른' 자, 자연과 성령을 통해 자신을 드러내시는 하나님의 넘치는 복에 대해 충분히 말할 수 없는 자이다(교회의 고대 관습이 일곱 가지 치명적인 죄를 일곱 가지의 기본적인 덕목이 아니라 팔복과 대비시켰다는 것은 흥미로운 사실이다).

회중이 하나님의 임재 안에 있고자 한 시편 저자의 열망과 나태를 향한 우리 자신의 성향 사이의 차이를 느낄 수 있도록 돕기 위해, 나는 설교의 일부로 '제이 레노'(Jay Leon) 쇼에서 잘라낸 5분짜리 동영상을 보여 줬다. 그 동영상의 제목은 "나는 어떻게 압니까? 성경이 나에게 그렇다고 말합니다"이다.

레노는 시청자들에게 로스앤젤레스의 비벌리 센터에서 진행되었던 인터뷰들을 편집한 테이프를 보여 줬다. 거기서 그는 사람들에게 그들의 성경 지식에 대해 질문했다. 한 남자는 고래가 삼킨 사람이 피노키오였다고 생각했다.

다른 사람은 비틀즈의 네 명이 누구인지는 알았지만, 네 복음서의 저자 중 한 명의 이름은 댈 수 없었다. 한 여인은 십계명 중 하나를 말해보라는 질문을 받았다. 그녀는 기독교 학교에 다니는 자신의 딸이 그 질문에 답해야 한다고 말했다. 그런 다음에 그 어머니는 마침내 내뱉었다.

"너는 네가 하고 싶은 어떤 것도 할 수 없다."

그 동영상이 마치자 레노는 청중을 향해 다음과 같이 말했다.

"신사숙녀 여러분! 우리는 모두 지옥에서 불탈 것입니다."

여기에 재미있는 반전의 예시에 의한 교수법이 있다. 보이는 것은 우리의 현대 문화가 제공하는 것만큼 시편 19편 10절의 묘사와 대조된다.

> [주님의 말씀은] 금 곧 많은 순금보다 더 사모할 것이며 꿀과 송이꿀보다 더 달도다(시 19:10).

그 비디오는 또한 비공식적 '신학자'인 제이 레로의 유익한 진술을 우리에게 제공한다. 그의 마지막 즉흥적인 대응은 많은 설교자의 미사여구가 하지 않을 방식으로 우리의 방어물을 뚫고 들어온다. 평생에 걸친 그러한 나태는 실제로 한 사람의 영혼에 치명적이라는 것을 증명할 것이다. 그러한 영혼의 게으름은 실제로 우리가 '지옥에서 불탈' 결과를 초래할 것이다.

회중은 계속되는 어리석은 모습들을 비웃으면서 그들 자신에 대한 풍자였다는 것도 깨달았다. 말씀과 세상 속에서 우리를 향해 계속해서 자신을 계시하시는 하나님의 경이를 향한 우리 자신의 나태함도, 만약 그것이 치명적이지 않다면, 우스꽝스러워질 것이다. 영상에 나온 인터뷰들은 말씀을 위한 대화 상대가 되었다. 그 결과, 교인들은 시편 저자의 좋은 소식을 새롭게 들을 수 있게 되었다. 웃음소리, 화면의 이미지들, 심야토크쇼 진행자의 말은 모두 성경의 말씀과 어우러져 우리의 마음을 연다.

3) 성례전으로서의 시각 자료

앞의 두 예시에서 성례전적인 것과 교육학적인 것의 차이는 애매하다고 증명된다. 그 이유는 성례전적인 것은 언제나 선물, 즉 우리 너머에서 우리에게 오신 하나님과의 만남이기 때문이다.

알렉산더 솔제니친(Alexander Solzhenitsyn)은 이렇게 말한다.

예술을 통해서 우리는 때때로 이성적인 사고로는 이뤄질 수 없는 계시를 희미하게, 잠시나마 받는다.[39]

이것이 시각적 기독교의 요점이다. 시각 자료를 통해 우리는 말씀과 말 속에서 자신을 계시하셨던 하나님에 대한 새로운 무언가를 배운다. 우리는 또한 우리의 주님을 새롭게 만나는 기회를 제공받는다. 하나님이 삶의 물건들을 그분의 영광과 은혜를 잠시지만 잊을 수 없게 나타내는 준성사로서 변화시키시기 때문이다.[40]

나의 아내인 캐서린 바르소티(Catherine Barsotti)는 고린도후서 4장을 본문으로 설교했다. 거기서 바울은 "그리스도의 영광의 복음의 광채"(4절)를 "심히 큰 능력은 하나님께 있고 우리에게 있지 아니함을 알게 하는, 질그릇에 있는 보배"(7절)로 묘사했다. 예배자들이 그들 안에 계시는 그리스도의 경이를 이해하고 경험하도록 돕기 위해서, 그녀는 성소의 앞쪽을 모든 종류의 도자기(질그릇)로 덮는다. 어떤 것들은 길고 어떤 것들은 땅딸막하고, 어떤 것들은 유광이고 어떤 것들은 무광이고, 어떤 것들은 아름답고 어떤 것들은 여러 조각으로 부서져 있다. 각각의 도자기에 그녀는 꽃, 초콜릿, 또는 작은 선물과 같은 보배를 넣어두었다.

캐서린은 참석한 사람들에게 앞으로 나와서 그들이 가장 동질감을 느끼는 도자기를 기도하는 마음으로 선택하라고 초청한다. 그다음에 그들은

---

[39] Alexander Solzhenitsyn, *Our Word of Truth*. Alister McGrath, *The Unknown God* (Grand Rapids MI: Eerdmans, 1999), 10에서 인용.
[40] 이번 장과 관련된 자료들을 찾기 위해 교회 전통을 샅샅이 뒤진 필자의 연구 조교에게 감사를 표하고자 한다.

'그들의' 도자기에서 발견된 보배 중 일부를 갖는다. 그리고 이런 방식으로 그들 속에 거하시는 그리스도의 경이를 새롭게 경험한다.

어떤 사람들에게 꽃과 초콜릿은 영적인 메시지를 강화하도록 돕는 소품, 교육학적인 장치의 역할을 했다. 그러나 다른 사람들에게, 그것들은 더 많은 것을 의미했다. 눈물을 흘리면서 부서진 도자기 쪽으로 온 한 예배자는 그 안에 있던 초콜릿 한쪽을 성례전적으로 받았다. 그 안에서 그들은 그들이 가치 없음에도 불구하고 하나님의 영이 그들 안에 거하신다고 그들에게 말씀하시는 그리스도의 영을 만났다. 시각적인 강화는 변혁적인 예전을 가능케 한다. 교육학적인 것은 자신의 신적인 임재로 그것을 채우시는 그리스도의 영의 은혜로우신 임재를 통해 성례전적인 것이 된다.

제12장

복음으로 세상을 뚫고 들어가기

세 가지 접근법

도널드 G. 블러쉬(Donald G. Bloesch)

초대교회 시대부터 그리스도인들은 복음을 들고 세상에 들어가는 방법이라는 중대한 문제에 큰 관심을 가져왔다. 그리스도인들은 우리 주 예수 그리스도의 전령과 대사가 되는 것을 그들에게 내려진 명령으로 본다. 그러나 그 명령을 완수하는 방법에 관한 문제에서는 근본적으로 다르다. 기독교 신앙의 신빙성을 입증하고자 할 때, 지식인들이 받아들일 수 있는 기준에 호소하는 유혹을 이기기 힘들다.

복음주의 신학자인 칼 헨리(Carl Henry)는 "복음을 지키기 위해 타격을 주라!"고 말할 때 이러한 관심을 표현했다. 헨리에게 이 말은 복음에서 가장 중요한 부분을 주장할 때 합리적인 논거를 내세우라는 뜻이다.

내가 이번 장에서 다룰 유사한 질문은 어떻게 그리스도인이 되는가이다. 레인홀드 니버(Reinhold Niebuhr)는 하나의 가능성 있는 답을 제시했다.

"나는 그리스도인이다. 왜냐하면, 기독교가 내가 아는 다른 사고방식보다 더 많은 사실을 더 많이 이해시켰기 때문이다."[1]

복음주의적 경건주의 전통에 속한 이들은 다르게 표현할 것이다. 우리는 그리스도인이다. 왜냐하면, 성령께서 우리의 죄를 입증하셨고 우리의 구속과 구원을 위해 그리스도를 믿는 믿음으로 우리를 인도하셨기 때문이다.[2]

1. 변증신학

기독교의 주요 사상 중 하나는 '변증신학'(Apologetic theology)이다. 변증신학은 선교의 명령을 지키려는 노력에 뿌리를 둔다. 여기서 가장 중요한 관심사는 공개 토론장에서 신앙을 옹호하는 일이다. 우리는 신앙의 반대자들과 공유하는 기준에 근거하여 신앙에 대한 논거의 정당함을 입증한다. 우리의 목표는 외부인들에게 기독교 신앙의 신뢰성을 이해시키는 것이다. 우리는 신앙의 진실성(integrity)을 손상하지 않으면서 신앙을 '멸시하는 교양인들'(cultured despisers)[3]이 신앙을 마음에 들어 하도록 노력한다.

---

[1] Richard Neuhaus, "While We're At It," *First Things*, no. 108, (December 2000), 74에서 인용.

[2] 니버 역시 경건파 전통에서 나왔다. 그러나 그는 경건주의의 내세적인 강조와 함께 사회의 구조들을 바꾸기 위한 노력 속에서 창의적인 절충을 채택하는 '기독교 현실주의'의 윤리를 받아들임으로써 경건주의를 초월하려고 노력했다.

[3] Friedrich Schleiermacher, *On Religion: Speeches to Its Cultured Despisers*, trans. John Oman

변증신학은 중재의 신학이다. 비기독교 문화에 이해의 다리를 놓고자 애쓰는 신학이다. 우리의 근거는 신앙을 희석하는 것이 아니다. 비신자들의 열망과 질문에 대해 말하면서 신앙을 설명할 기회를 얻는 것이다. 변증신학은 모든 문화와 종교들의 오랜 탐구 대상이었던 삶의 의미와 목적에 대해 언급하고자 한다. 이런 종류의 신학은 기독교 신앙이 주장하는 바가 불합리하지 않고 진지하게 고려할 만하다는 것을 보여 준다.

변증신학 전통에는 알렉산드리아의 클리멘트(Clement of Alexandria), 오리겐(Origen), 순교자 저스틴(Justin Martyr), 어거스틴(Augustine),[4] 토마스 아퀴나스(Thomas Aquinas), 조셉 버틀러(Joseph Butler), 프리드리히 슐라이어마허(Friedrich Schleiermacher), 레인홀드 니버, 볼프하르크 판넨베르크(Wolfhart Pannenberg), 에밀 브루너(Emil Brunner), C. S. 루이스(C. S. Lewis), 프란시스 쉐퍼(Francis Schaeffer), 한스 큉(Hans Küng), 칼 헨리(Carl Henry), 폴 틸리히(Paul Tillich) 등 많은 유명한 인물들이 포함되어 있다. 이 명단은 변증학이 다양한 신학 체계들 – 일부는 진보적이고 일부는 보수적인 – 에서 활용될 수 있다는 것을 분명하게 보여 준다. 공통된 접근법이 공통된 결론을 전제로 하지는 않는다.

이 부분에서 나는 특별히 폴 틸리히를 다루도록 하겠다. 니버는 틸리히를 우리 시대의 오리겐으로 통찰력 있게 묘사했다. 오리겐처럼 틸리히는 문화의 의미 탐구에 대해 긍정적으로 설명하고 기독교 신앙이 그러한 탐구에 얼마나 적절한지를 보여 주고자 애썼다. 틸리히는 성경적 신학자라기보다는 철학적 신학자였다. 그는 신학이 철학적 관심을 전제하기 때문

(NY: Harper and Row, 1958)을 보라.

[4] 각주 17을 보라.

에 철학은 신학으로 이어진다고 보았다. 다른 여러 변증자처럼 틸리히는 철학을 신학의 선구자이자 시녀로 이해했다. 그리고 신학의 목표 – 신앙과 실재에 대한 포괄적 이해 – 로도 봤다.

틸리히는 선생과 작가로 독일에서, 그 후엔 미국에서 크게 유명해졌다.[5] 독일의 프랑크푸르트에서 가르쳤던 그는 1933년에 미국으로 왔다. 그는 먼저 뉴욕시에 있는 유니온신학대학원에서 신학 교수로 봉직했다. 그다음에는 하버드대학교의 신학대학에서, 마지막으로는 시카고대학교의 신학대학에서 신학 교수로 봉직했다. 그는 독일에서 교사의 직위를 포기하도록 강요받았다. 국가 사회주의에 대해 노골적으로 반대했기 때문이었다. 그러나 그는 고백교회(Confession Church)와 입장을 같이하지 않았다. 고백교회가 권위적이고 배타적으로 보였기 때문이다.

틸리히는 루터교의 유산을 계속 존속하면서 모던 문화의 관심사를 다루고자 노력했다. 그는 심오한 종교적 경험들에 대해 기록한 성경의 가치를 보았다. 그러나 성경을 신앙과 실천에 관한 적확한 규율로 보지는 않았다. 그는 성경을 문화의 사고방식에 각인시키려면 성경의 신화가 존재론으로 반드시 바뀌어야 한다고 믿었다.

틸리히는 자신의 신학을 선포적(kerygmatic)이라기보다는 변증적으로 묘사했다.[6] 그의 신학은 사도적 선포(케리그마)가 아니라 의미와 지복(beatitude)에 대한 문화 및 철학적 탐구를 중심에 두었다. 틸리히에게 변증신학

---

[5] Wilhelm and Marion Pauck, *Paul Tillich: His Life and Thought* (NY: Harper and Row, 1976)을 보라.

[6] Paul Tillich, *Systematic Theology* (Chicago: University of Chicago Press, 1951), 1:30-31, 59-68.

은 대답하는 신학이다. 변증신학은 문화의 창의적인 질문들로 시작한다. 그런 다음 기독교 신앙이 이러한 질문들에 어떻게 새로운 빛을 비췄는지를 보여 주는 것으로 진행된다.

변증신학의 방법은 상관 방법으로, 문화적 질문들과 기독교적 대답-예수 그리스도 안에서의 '새로운 존재'-사이의 상관관계를 보여 주는 걸 목표로 한다. 모든 변증학은 외부인들과의 공통 기반을 전제로 한다. 틸리히의 관점에 공통 기반은 선험적인 신비, 즉 모든 것을 아우르는 신적 임재와의 일체감이다. 이 신비적인 자각은 그리스도와 문화, 계시와 이성 사이의 접촉점으로서 기능한다. 다른 접촉점들은 죄책감과 무의미함에 대한 염려로, 모든 문화에서 사람들을 괴롭힌다. 우리의 변증적인 노력들은 우리가 깨어진 관계들의 치료자로서 그리스도를 소개하듯이 인간의 실존을 손상하는 소외감에 호소할 수 있다.

틸리히와 변증적인 과업에 관여했던 다른 몇몇 신학 권위자들을 비교하는 것은 흥미롭다. 칼 헨리에게 불신앙과 공통 기반은 논리적 사고다.[7] 그의 관점에 모든 사고는 비모순의 법칙 아래에 있다. 우리는 기독교 신앙이 어떤 경쟁상대보다 논리적으로 모순이 없다는 것을 보여 주면서 그 주장하는 바를 논증할 수 있다. 헨리에게 논리적 정합성은 진리에 대한 소극적인 시험이고, 일관성은 부차적인 시험이다. 경건주의에 반대하는 것처럼 보이는 헨리는 두 유형의 사고가 갱생되고(regenerate) 갱생되지 않은(unregenerate)이 아니라 타당하고(valid) 타당하지 않은(invalid) 이라고 주장한다. 자연적 이성(natural reason)은 그 자체로 신앙의 주장들을 인식하고 표명할 수 있다. 물론,

---

[7] Bob E. Patterson, *Carl F. H. Henry* (Waco: Word, 1983)을 보라.

그 주장들이 삶의 규범이 되려면 신앙이 필요하지만, 말이다.

틸리히는 이성이 신앙을 위한 길을 예비할 수 있다는 헨리의 주장에 동의한다. 그러나 틸리히는 또한 이성이 실존주의적 붕괴의 위협 아래 있다고 보았다. 그리고 올바른 추론을 영적 치유의 문제로 보았다.

에밀 브루너(Emil Brunner)는 틸리히의 오른쪽에 있는 신학자이다. 그는 세속적인 세상에서 비신앙의 요새를 뚫고 들어가는 방법으로 변증학을 수용했다.[8] 브루너는 자신의 변증학을 논쟁술(eristics), 공격 방법이라고 칭했다. 브루너는 칼 헨리와 코넬리우스 반 틸(Cornelius Van Til)과 비슷하게 우리의 과업은 불신자의 전제들을 약화시켜서 절망의 상태에 이르게 하는 일이라고 믿었다. 그러면 그 사람은 믿음의 결정을 내릴 수 있는 준비가 될 것이다.

논쟁술적인 요소도 절망이 신앙의 전제 조건이라고 여겼던 틸리히의 초기 저작물에서 매우 분명하게 드러난다. 그가 다음과 같이 말한 바와 같다.

> 개신교 교회의 메시지는… 한계 상황의 급진적인 경험을 강력히 요구해야 한다. 그리고 현대인이 은밀히 품고 있는 인간 존재의 한계를 분명하게 받아들이지 못하게 하는 거리낌을 없애야 한다.[9]

틸리히는 그의 신학이 진화됨에 따라 대립 관계와는 대비되는 상관관계를 위한 공간을 더 많이 만들었고, 인간 문화를 보다 긍정적인 시각으로 보려고

---

[8] Peter Vogelsanger, "Brunner as Apologist," in Charles W. Kegley, ed., *The Theology of Emil Brunner* (NY: Macmillan, 1962), 289-301; Emil Brunner, *The Christian Doctrine of God*, trans. Olive Wyon (Philadelphia: Westminster, 1950), 98-103을 보라.

[9] Paul Tillich, *The Protestant Era*, trans. James Luther Adams (Chicago: University of Chicago Press, 1948), 203.

노력했다. 브루너와 틸리히는 모두 인간이 복음선포에 반응하는 도덕적 능력을 갖고 있다고 추정했다. 그렇지 않았다면 변증적인 시도 자체에 의문이 제기되었을 것이다. 헨리와는 달리, 두 실존주의적인 신학자들은 모두 신앙에서 역설의 역할과 신앙의 진리를 이해하는 이성의 한계를 인정했다.

틸리히는 철학 및 문화적 통찰력을 신학에 통합시키면서 기독교 정신으로부터 점점 더 멀어진 세상에 들어가기 위해 신앙의 주장들을 재해석할 수밖에 없었다. 틸리히는 칼 바르트(Karl Barth)의 신학에 매우 비판적이었다. 바르트의 신학은 성령의 활동이 가장 중요한 매개체라는 것을 근거로 한 기독교 메시지의 직통 선포를 옹호했다. 틸리히에 따르면 "개신교 메시지는 성경과 전통의 경우와는 달리 직통 선포가 될 수 없다. 오늘날 현대인은 그 모든 메시지와 개신교 교회 자체를 의심하는 환경 속에서 살고 있기 때문이다."[10]

문화의 진리 탐구에서 출발한 틸리히는 기독교 신앙이 원래 주장하는 바가 타협되도록 하거나 수정했다. 신앙을 새로운 방식으로 설명하고자 했던 틸리히는 플라톤주의와 신플라톤주의 같은 옛 자료들에 의존했다. 그는 또한 헤겔의 합리주의와 니체의 실존주의에 크게 의존했다. 틸리히의 신학에서 하나님은 더 이상 살아있는 인격적인 존재가 아니다. 하나님은 이제 인격적인 존재 그 이상으로 모든 존재의 무한한 근거이다. 틸리히는 '하나님 위에 있는 하나님'(God above God), 즉 모든 것을 정확하게 개념화할 수 없는 실재를 주장했다.

예수 그리스도는 더 이상 인간의 몸을 입은 선재하셨던 로고스가 아니다.

---

[10] Paul Tillich, *The Protestant Era*, 202.

그리스도는 이제 신-인간 일체성(divine-human unity)의 패러다임이다. 구원은 화해와 구속의 행위보다는 치유의 과정이 된다. 더 나아가 구원은 대속을 통한 칭의가 아니라 영원과의 재결합으로 새롭게 이해된다. 죄는 거룩한 하나님에 대한 반항 대신에 존재의 근거로부터의 분리로 이해된다. 인류의 타락은 역사적인 타락이 아니라 존재론적인 타락으로 재해석된다. 따라서, 인간 존재의 근본적인 문제는 죄라기보다는 유한성이다. 그러나 틸리히는 그의 입장이 이런 식으로 표현되는 것을 불편하게 여겼을 것이다.

성경은 기록된 하나님의 말씀이라기보다는 자기-이해를 위한 보조도구가 된다. 교회는 순례하는 믿음의 단체라기보다는 공유된 경험들의 공동체가 된다.

틸리히의 전통적인 신앙에서의 일탈은 그가 큰 관심을 기울였던 분야인 영성에서 특히 두드러진다. 그는 사랑을 재개념화 하면서 아가페, 즉 다른 이를 섬기는 성경적 신앙의 사랑을 위한 자리를 만들고자 노력했다. 그러나 아가페는 플라톤과 플로티노스 및 다른 기독교 신비주의자들이 널리 알렸던 자기-열망적인 사랑, 즉 에로스보다 경시되었다.

틸리히에게 그리스도인의 삶의 동기는 자기-실현이었다. 사랑은 분리된 것의 일치를 위한 동인으로 재정의된다. 이를 잘 나타내는 상징은 하늘 위로 날아오르는 새 떼이다. 기독교 신앙의 정점은 자기희생이 아니라 자기성취이다. 틸리히는 인본주의적인 전통들이 이해하는 사랑과 성경의 가르침 사이의 상관관계를 보여 주고자 노력했다. 그러나 그는 성경적인 윤리보다는 인본주의적인 윤리를 옹호하면서 끝냈다.

틸리히의 신학에서 기도는 간청이 아니라 흠모(adoration)와 묵상(meditation)이 된다. 그리고 그는 하나님께 애원하고 불평하는 기도보다는 말없이 침묵하는 기도를 옹호하면서 신비주의 전통을 따랐다. 그러나 그는 '혼자만의 혼자로의 도피'(flight of the alone to the alone)라는 신플라톤주의적인 이상으로부터 떨어져 있으려고 노력했다. 그는 모든 인간 실존을 위한 공동체의 필요성을 절실하게 알고 있었다. 그리고 유토피아주의(utopianism)의 위험들을 충분히 알고 있었음에도 불구하고 공동 실험에 대한 두드러진 개방성을 보여 줬다.[11]

현대 세계의 다원성을 경축하는 포스트모던 종교신학이 발흥하면서 틸리히는 신학계에서 영향력을 회복하고 있는 중이다. 그는 전통적이고 경험적인 기독교의 편협성을 대신할 '구체화된 정신적 종교'(Religion of the Concrete Spirit)를 기대했다.[12] 예수 그리스도를 유일하지는 않아도 최종적인 계시로 인정했음에도 불구하고 틸리히는 새로운 계시들에 열려 있을 종교를 이상적으로 여겼다.

틸리히는 슐라이어마허를 영적인 아버지로 생각했다. 슐라이어마허는 『종교론: 종교를 멸시하는 교양인을 위한 강연』(On Religion: Speeches to Its Cultured Despisers)에서 역사적인 기독교의 쇠퇴와 다른 문화들과 종교들의 종교적 열망을 고려할 포괄적인 종교의 부상을 예견했다.[13]

틸리히에 따르면, 외부 세계를 뚫고 들어가는 방법은 전도보다는 대화를 통한 방법이다. 모든 사람은 신적 임재와 접촉하고 있기 때문에 잃어버린 영혼은 없다. 잠복기에 있는 영혼만 있을 뿐이다. 절대적인 회심은 없다. 상대적인 회심만 있을 뿐이다. 신앙 공동체의 일원으로서 우리가 감당

---

[11] Paul Tillich, *Systematic Theology* 3:354-55; 258-60.
[12] Paul Tillich, *The Future of Religions* (NY: Harper and Row, 1966), 87.
[13] Friedrich Schleiermacher, *On Religion: Speeches to Its Cultured Despisers,* 251-53.

해야 할 과제는 이해의 폭을 넓히고 경쟁하는 신앙 시스템들 사이에 다리를 놓는 것이다. 우리는 사람들에게 신앙을 바꾸도록 강요해서는 절대로 안 된다. 우리는 그 대신에 모든 신앙들에 대해 보다 많이 이해하고 가능하면 깊이 감사하도록 격려해야 한다.

그에 반해서 J. 에드워드 카넬(J. Edward Carnell), 칼 헨리, R. C. 스프로울(R. C. Sproul), 초기의 클락 피녹(Clark Pinnock), 노먼 가이슬러(Norman Geisler), 코렐리우스 반틸, 프란시스 쉐퍼 등, 변증법을 사용해 왔던 보수적인 기독교 신앙의 옹호자들은 전통적인 신앙을 계속해서 붙잡고 있다.[14] 그러나 설교의 미련한 것보다 세상의 지혜에 호소하는 그들의 신학적 방법 역시 성경적 모범에서 현저하게 벗어났다고 보여 질 수 있다(고전 1:18-25를 보라).

2. 복음선포신학

복음선포신학(kerygmatic theology)은 변증신학과 극명한 대조를 이룬다. 복음선포신학의 지지자들은 변증적인 전략들보다는 사도적 선포나 케리그마를 신뢰한다. 이 두 유형의 신학을 처음으로 구분한 사람 중 하나가 틸리히였다.[15]

---

[14] 보다 보수적인 복음주의 신학의 변증적인 특성들에 관해서는, Stanley J. Grenz, *Renewing the Center: Evangelical Theology in a Post-Theological Era* (Grand Rapids MI: Baker, 2000), 85-150을 보라.

[15] Paul Tillich, *Systematic Theology,* 1:6-8을 보라.

틸리히에 따르면, 복음선포 접근법에서 우리는 마치 돌을 던지는 것처럼 청자들에게 복음을 던진다.[16] 변증신학에서는 청자들의 실존적 상황으로 들어가 그들의 가치와 세계관과 접촉하고자 한다. 우리는 청자들이 복음을 이해하고 받아들이도록 그들과 공유하는 것을 기반으로 삼으려고 노력한다.

교회의 역사 속에서 복음선포적 방법론을 사용했던 이들 중에는 이레나이우스(Irenaeus), 마틴 루터(Martin Luther), 존 칼빈(John Calvin), 존 웨슬리(John Wesley), P. T. 포사이스(P. T. Forsyth), 디트리히 본회퍼(Dietrich Bonhoeffer), 칼 바르트(Kart Barth)가 있다. 어거스틴 같은 신학자는 두 접근법을 결합시켰는데, 기본적으로 어거스틴은 철학적 관점으로 시작한 다음에 신학적 관점으로 나아갔다.[17] 그의 좌우명은 "이해하기 위해 믿는다"였다. 그러나 이것은 "믿기 위해 이해한다"도 포함했던 변증법의 일부만을 의미했다.

이번 장에서 나는 칼 바르트를 복음선포신학의 모델로 살펴볼 것이다. 그는 유명한 개혁주의 목사이자 선생이었고 바르멘 선언(1934년)의 기안자였다.[18] 틸리히의 관심사는 문화의 갱신이었지만 바르트의 관심사는 교회의 개혁이었다. 종교개혁자들처럼, 바르트는 보는 것보다 들리는 것을 강조했다. 그는 루터와 의견을 같이했다.

---

[16] Paul Tillich, *Systematic Theology*, 7. 틸리히는 우리가 칼 바르트의 접근법과 같은 복음선포(kerygmatic) 접근법을 사용할 때, 신학적 접촉점들이 아닐지라도, 외부인들과의 사회학적 및 심리학적 접촉점들을 찾는다는 것을 인식하지 못한다.
[17] 철학이 신학을 준비한다는 어거스틴신학의 변증적 요지에 대해서는, Augustine, *Confessions*, trans. J. G. Pilkington, in *Basic Writings of Saint Augustine*, ed. Whitney J. Oates (NY: Random House, 1948), 1:3-256을 보라.
[18] Eberhard Busch, *Karl Barth: His Life from Letters and Autobiographical Texts*, trans. John Bowden (Philadelphia: Fortress, 1976)을 보라.

우리는 눈을 귀에 넣는 법을 배워야 한다.

믿음은 들음에서 온다. 그리고 들음은 하나님의 말씀을 설교하는 것으로부터 온다 (롬 10:17).

바르트는 우리는 본질적으로, 우리의 능력으로 하나님의 말씀을 전달할 수 없다는 것에 단호했다.

첫째, 유한은 무한을 결코 담을 수 없기 때문이다 (*finitum non capax infiniti*).
둘째, 죄악 된 인간은 거룩함의 신비를 가늠할 수 없기 때문이다.

타락한 인간은 하나님을 좇지 않고 하나님으로부터 도망가기 때문에 신앙의 메시지를 종교 탐구에 결합하려고 애쓰는 것은 소용없다. 우리는 왕국의 공의가 아니라 우리 자신의 영광을 추구한다. 우리는 계몽되는 것이 아니라 구속되는 것이 필요한데 이것은 우리가 복음을 듣고 믿을 때 일어난다.

종교개혁자들처럼, 바르트는 복음 설교를 성례전적 표징, 즉 구속의 통로로 이해했다. 그는 복음의 능력이 격식을 차린 표현에 있지 않고, 우리가 행동하고 말할 때 행동하고 말하시는 성령에 있다고 믿었다. 자연인이나 구속받지 못한 사람과의 접촉점은 (틸리히가 주장하는 것처럼) 소외감이나 소원감이 아니다. 우리에게 믿음뿐 만이 아니라 믿음을 받을 수 있는 조건까지도 주시는 성령이시다.

바르트에 따르면, 신앙은 인간의 능력이 아니라 하나님의 은혜의 선물이다. 우리는 믿음을 획득할 수도 만들 수도 없다. 그러나 하나님께 영광을 돌리는 삶 속에서 믿음을 나타낼 수 있다. 우리는 복음을 알기 쉽게 할 수는 있지만, 알게 할 수는 없다. 오직 성령만이 예수 그리스도의 선포를 통해 일하시면서 하실 수 있다.

바르트에게 전도는 다른 입장에 있는 믿지 않는 사람들과 대화하는 것이 아니다. 예수 그리스도 안에서 하나님이 우리를 위해 무엇을 하셨는지를 사람들에게 알려주는 것이다. 대화를 위한 장소는 있다. 그러나 회심을 위한 설교를 대체하지는 않는다. 우리의 믿음이 세상과 소통할 때 우리는 그 믿음을 이해하려고 반드시 노력해야 하지만, 그것을 마치 우리의 소유물인 것처럼 전달할 수는 없다. 우리는 사람들에게 믿음을 가리킬 수 있다.

그러나 오직 성령만이 그들에게 믿음을 주실 수 있다. 틸리히의 신학에 적절한 상징이 다리인 반면에, 바르트의 신학을 잘 묘사하는 상징은 요새이다. 바르트에게 있어 우리가 받은 명령은 요새를 떠나 적들의 진영에서 그들과 싸우는 것이 아니다. 적이 아닌 잠재적인 개종자로서 그들을 요새로 초청하는 것이다. 틸리히가 신앙과 불신앙 사이의 상관관계를 추구했다면, 바르트의 접근법은 대립 관계가 되도록 한다. 그러나 그 뿌리는 논쟁적인 공격이 아니라 유대인에게는 거리끼는 것이고 이방인에게는 미련한 것인 복음 자체에 둔다(고전 1:21-23).

당연히 바르트와 틸리히는 계시에 관해 상이한 관점을 갖는다. 틸리히는 계시를 하나님과의 신비한 결합으로 우리 자신을 초월하는 몰아의 경험으로 본다. 바르트는 성경에 반영된 거룩한 역사 속에서 일어난 하나의 사건이나 일련의 사건들로 본다. 틸리히에게 계시는 존재-자체에 의해 이해된다. 바르트에게 계시는 살아계신 주님에 의해 말씀 된다.

신학적 방법의 차이는 하나님에 대한 인식의 차이도 설명한다. 틸리히는 깊은 곳의 하나님, 모든 존재의 무한한 근거를 옹호했다. 틸리히는 '몰아적인 자유주의'(ecstatic naturalism)를 표명했고 하나님을 보편적 종교 탐구를 고무하는 편재적인 생명력으로 이해했다. 반면에 바르트는 저 너머로부터 우리 가운데로 오시는 높은 곳의 하나님을 상상했다. 바르트는 초자연주의자로서 하나님을 전적인 타자로 보았다.

틸리히는 영성의 영역에서 기도를 묵상으로 격하시켰다. 바르트에게 기도는 경배나 감사와 같은 다른 형태들을 취하기도 하지만, 기본적으로는 그리고 무엇보다도 간청이다. 그러나 간청의 요소는 이러한 기도의 다른 형태들 안에도 있다. 왜냐하면, 우리는 항상 어려움에 처한 사람들로서 하나님께 나아가기 때문이다. 틸리히의 신학에서 우리는 하나님의 뜻을 받아들인다. 바트르의 신학에서 우리는 하나님의 뜻을 바꾸고자 한다. 역설적이게도 우리는 하나님의 뜻을 바꾸고자 노력하면서 실제로는 하나님의 뜻이 이뤄지고 있는 것을 발견한다.

바르트는 종교 탐구에 중점을 둔 신학에 영원한 의구심을 표했다. 믿음의 메시지는 우리가 하나님을 찾는 것이 아니다. 하나님이 우리를 찾으시는 것이다. 우리가 하나님께 올라가는 것이 아니라 하나님께서 타락한 인간에게 내려오신 것이 진정한 영적인 삶을 특징짓는다. 바르트는 전심으로 제임스 데니(James Denney)의 의견에 동의한다.

> 나는 하나님을 잃게 되기보다는 그리스도 안에서 발견될 것이다.

바르트는 아가페신학을 옹호했다. 아가페신학은 하나님과의 결합으로 이끄는 영적 훈련을 통해 우리의 구원을 확실하게 하려는 에로스신학과는 대조적으로 우리로 다른 사람들을 섬기도록 한다. 그러나 안데르스 니그렌(Anders Nygren)과는 달리 바르트는 아가페와 에로스를 단순히 반대되는 개념으로 이해하고자 하지는 않았다.[19] 에로스는 아가페에 의해 제거되는 것이 아니라 변화된다. 행위가 흘러나오는 은혜를 위해 일하게 될 수 있는 것처럼, 에로스는 아가페를 위해 일하게 될 수 있다.

바르트가 율법보다 복음을 우선시한다는 점은 그가 신비주의 전통과 단절되었다는 것을 추가로 증명한다. 종교개혁운동에도 자국이 남아있는 신비주의에서 율법은 우리의 죄를 입증하고 우리를 절망으로 빠뜨려 믿음의 때에 이르도록 함으로써 우리에게 믿음을 준비시킨다. 바르트에 따르면, 그러한 관점은 신약성경을 매우 잘못 읽은 것이다. 우리를 믿음으로 이끄는 것은 율법 자체가 아니라 복음과 결합된 율법이다.

우리는 사실 우리의 심안이 예수 그리스도 안에서 우리에게 부어진 하나님의 은혜의 실재에 열리기 전까지는 우리의 죄나 율법을 진정으로 알 수 없다. 그러나 이성이 계시를 위해 일하게 될 수 있는 것처럼, 율법도 복음을 위해 일하게 될 수 있고, 따라서, 진정한 은혜의 수단으로 기능할 수 있다.

바르트를 신앙주의자(fideist)나 비합리주의자라고까지 비난하는 것은 그의 입장에 대한 깊은 오해를 반영한다. 바르트가 초기 저작에서 신앙과 이성 사이의 괴리를 강조했던 것은 사실이다. 그러나 바르트는 1920년대에 안셀름(Anselm)을 다시 읽으면서 안셀름의 방법, 즉 이해를 추구하는 믿음을 수용하게 되었다. 이성은 믿음으로 이끌 수 없다. 그러나 이성은 믿음으

---

[19] Anders Mygren, *Agape and Eros*, trans. Philip S. Watson (1932 and 1938; rev. ed., Philadelphia: Westminster, 1953)을 보라.

로 알 수 있다. 더 나아가 믿음은 초월적인 실제 안에서 이성의 분명한 기반이 될 수 있고, 따라서, 이성에게 믿음을 알기 쉽게 입증할 수 있게 한다.

비록, 바르트가 변증학을 교리학에 대한 예비 학과로 무시하기는 했지만, 믿음의 변증법적인 차원을 항상 인정했다. 그는 우리가 우리 안에 있는 소망에 관한 이유를 설명할 준비가 되어있어야 하지만,(벧전 3:15), 이 이유는 세상이 이해할 수 있는 증거가 아니라 믿음의 모임 안에서만 진정으로 이해될 수 있는 고백이라고 믿었다. 바르트에게 가장 효과적인 변증법은 좋은 교의이다. 우리는 신앙에 대한 공격에 대응할 수 있도록 반드시 준비되어야 한다. 그러나 우리 주장의 타당성이 믿음으로 헌신한 사람들을 강화시킬 수는 있지만, 그것 자체가 사람들로 그러한 헌신을 갖도록 하지는 않을 것이라는 점을 우리는 늘 인식하고 있어야 한다.

내 생각에 바르트는 구원을 과거, 즉 예수 그리스도의 삶과 죽음, 부활 안에서 완전하게 일어났던 것으로 보는 그의 객관주의적인 성향으로 인해 당연히 비난받을 수 있다고 본다. 바르트의 관점에서 구원은 아직 실현되지 않은 것이라기보다는 성취된 것이다. 그럼에도 불구하고, 그는 성령의 갱생시키시는 사역을 위한 공간도 마련했다. 성령은 그리스도의 희생의 열매가 우리의 삶 속에서 열리도록 하신다. 이 점은 특히 『교회교의학』(Church Dogmatics)의 마지막 권에서 분명하게 나타난다.[20]

바르트는 슐라이어마허의 경험주의에 대해 반발하면서 신앙의 삶에서 종교적인 경험의 역할을 경시하는 경향을 보였다. 그러나 신앙 자체는 경

---

[20] Karl Barth, *Church Dogmatics*, trans. G. W. Bromiley (Edinburgh: T and T Clark, 1969), 4:4.

험, 즉 역설적이지만 우리의 경험으로부터 절대로 속이지 않는 그리스도의 약속으로 우리를 데리고 가는 경험이라는 사실을 인식할 필요가 있다(루터). 믿음의 헌신 속에서 우리는 성령 안에서의 기쁨과 평화를 실감하게 된다. 우리는 구원의 진리를 알 뿐 아니라 구원의 능력을 느끼게 된다.

바르트는 경건주의에 대해 저항했는데 경건주의가 많은 경우 주관주의와 내향성으로 바뀌어 간다는 사실을 통렬하게 알고 있었기 때문이다. 그러나 그는 말씀과 성령의 신학을 옹호하는 자신의 경건주의적인 유산을 사용하는데 주저하지 않았다.[21]

바르트는 해방신학과 내러티브신학을 포함하는 새로운 신학 운동들에게 영향력을 끼쳤다. 그러나 그는 이러한 운동들을 심하게 비판할 것이다. 그는 인간의 손으로 하나님 나라를 건설할 수 없다고 주장하면서 해방신학을 반대할 것이다. 하나님 나라는 역사 안으로 침입하여 새로운 사회 질서를 세우는 종말론적인 것이다. 그럼에도 불구하고 우리는 다가오는 왕국의 표징들과 비유들을 만들 수 있다. 하나님 나라가 정의로운 사회와 혼동되어서는 절대로 안 된다. 그러나 인간의 정의는 하나님 나라의 공의에 대한 표징이거나 증거일 수 있다.

바르트는 계시가 성경적인 내러티브로 축소될 수 없다는 것을 근거로 내러티브신학에도 반대할 것이다. 계시는 항상 초월적인 하나님의 말씀이기 때문이다. 그럼에도 불구하고 하나님의 말씀은 다른 형태들은 물론 내러티브 형태를 통해서도 스스로를 알릴 수 있다.

---

21 Eberhard Busch, *Kar Barth und die Pietisten* (Munich: Char. Kaiser Verlag, 1978)을 보라. 또한 Karl Barth, *Protestant Theology in the Nineteenth Century* (Valley Forge, PA: Judson, 1973), 508-18, 643-53도 보라.

3. 은사주의 신학

우리는 변증신학과 복음선포신학 외에도 다른 선택들이 있다는 사실을 명심해야 한다.[22] 은사주의 신학(charismatic theology)은 영적 은사의 능력을 통해 세상에 영향력을 끼치고자 노력한다. 영적 은사들은 사역을 위해 성도들을 구비시킨다. 고린도전서 12-14장, 로마서 12장 4-8절, 에베소서 4장 11-12절에 영적 은사들이 일부 열거되어 있다. 영적 은사들에는 지혜, 지식, 예언, 고난, 사랑, 설교, 가르침, 낮은 섬김, 전도, 환대, 끈기 있는 기도, 치유, 리더십이 포함된다.

우리는 이러한 은사들을 통해 복음을 가지고 비기독교 문화에 침투할 수 있다. 이러한 은사들의 행사가 변증적이거나 복음선포적인 태도를 배제할 필요는 없다. 그러나 은사들이 논쟁과 복음선포적인 설교와는 별개로 실행될 수는 있다.

변증신학과 복음선포신학이 기독교 전통의 주류에 뿌리를 두고 있듯이, 성령의 오순절 은사들은 몬타누스파, 신비주의, 재침례파, 청교도주의, 경건주의, 그리고 오늘날의 오순절주의를 포함하는 비국교도와 관련된 전통들에서 기리어왔다. 가톨릭 전통과 동방 정교 전통에서 성령의 은사들은 위대한 성인이나 거룩한 인물들로 존경받는 이들에게서 두드러진다.

개신교에서 영적 은사들은 치유와 축귀 사역으로 유명했던 독일인 목사인 요한 크리스토프 불름하르트(Johann Christoph Blumhardt, 1880년 사망),

---

[22] 은사주의 신학 외에 다른 신학적 선택들은 교회 전통과의 연속성 유지를 강조하는 고백신학(confessional theology)과 교회신학(ecclesiastical theology)이다.

그리스도의 증인으로서 고행자(sadhu), 성자의 삶을 살았던 선다 싱(Sundar Singh, 1929년 사망),[23] 여러 나라에서 십자가를 지고 다니면서 그리스도를 위해 많은 영혼을 구원하는데 기여했던 아서 블레시트(Arthur Blessitt)와 같은 선교사들과 부흥사들에게서 흔히 나타난다.

나는 이번 장의 목적을 위해서 프랭크 부크만(Frank Buchman, 1878-1961년)에 특별히 집중하고자 한다. 그는 은사주의적인 루터교 목사로서 개인전도의 사역을 탁월하게 감당했다.[24] 그의 사역은, 구세군이 가난하고 소외된 자들을 돕기 위해 노력했던 것처럼, 부유하지만, 소외된 자들을 위해 맞춰졌던 것처럼 보인다.

부크만은 필라델피아에 소재한 마운트에어리루터신학교(Mount Airy Lutheran Seminary)를 졸업했다(1902년). 그리고 미국에서 최초의 루터교 사회복지관을 세웠다. 그는 이 사역의 초기 단계에서부터 이미 뛰어난 사람으로 인정받았다. 그러나 사회복지관 이사회와의 갈등으로 사역을 그만뒀다. 그는 자신의 참된 소명을 찾기 위해 유럽으로 여행을 떠났다. 하나님은 부크만이 영국 북부에서 열린 케직(Keswick) 사경회에 참석하도록 섭리하셨다.

그곳에서 부크만은 한 여성 평신도 설교자가 했던 십자가의 기적에 대한 설교를 들었다. 그의 사회복지관 이사회를 향한 원한이 사라졌다. 그는 자신의 삶 속에서 작용하고 있는 새로운 능력을 감지했다. 그는 즉시 그가 경험한 회심에 대해 다른 이들에게 말했다. 그리고 이사회의 이사들 한 사

---

[23] Kim Comer, ed., *Wisdom of the Sadhu: Teachings of Sundar Singh* (Farmington, PA: Plough, 2000); Cyril J. Davey, *The Story of Sadhu Sundar Singh* (1950; reprint, Chicago: Moody Press, 1963)을 보라.

[24] Garth Lean, *Frank Buchman: A Life* (London: Constable, 1985)를 보라.

람 한 사람에게 용서를 바라는 편지를 썼다. 아무도 응답하지 않았지만, 이것이 새롭고 독특한 사역을 시작하려는 부크만을 단념시키지는 못했다.

그는 다른 이들의 필요에 더욱 민감하게 반응할 수 있도록 해 달라고 기도했고, 가톨릭 영성에서 '마음 읽기'(reading of hearts), 개신교에서 '지식의 말'(word of knowledge)이라고 불리는 것을 받았다. 그는 다른 사람들과 공감하고 사람들이 그들 안에 있는 악마를 인식할 수 없도록 하는 속임수를 간파하는 능력을 받았다. 부크만은 그와 비교되었던 아시시의 프란시스(Francis of Assisi)처럼 의존할만한 수입원 없이 순회하는 전도자로서의 사역을 시작했다. 또한, 프란시스를 비롯한 다른 여러 신비주의자들처럼 부크만은 결혼을 늘 높게 평가했지만, 부분적으로는 사역의 부담 때문에, 독신의 삶을 받아들였다. 부크만이 새로이 감행한 사역은 그를 여러 대학교로 데려갔다. 그중에는 영국의 옥스퍼드도 포함되어 있었는데, 그곳에서 시작된 운동의 이름이 옥스퍼드그룹(Oxford Group)이었다.

부크만이 놀라운 성공을 거둘 수 있었던 비결은 무엇이었는가?

그는 곤경에 처한 사람들의 영적 상태를 분별할 수 있는 이상한 능력을 갖추고 있었다. 그리고 대부분의 경우 그가 제시하는 해답은 죄에 대한 공개적인 고백과 하나님의 명령에 대한 순종이었다. 하나님의 말씀을 전달하는 부크만의 놀라운 능력은 셔우드 에디(Sherwood Eddy)와 동행했던 세계 전도 여행 중에 분명하게 나타났다.

한 번은 전도 집회가 끝날 무렵에 자칭 무신론자가 하나님이 있다는 것을 증명해보라고 선교팀에게 도전했다. 선교팀은 그 사람의 이의에 답을 제시하고자 했지만 아무 소용이 없었다. 그때까지 아무 말도 하지 않았던 부크만이 일어섰다. 그리고 그 질문자를 진단하듯이 뚫어지게 쳐다봤다.

> 당신을 하나님에게서 멀어지게 한 것은 불신앙이 아닙니다. 당신은 간음했습니다. 먼저 그것을 깨끗이 정리하십시오. 그다음에 하나님에 대해서 생각해 봅시다.[25]

질문을 퍼붓던 그 사람은 자리에 앉았다. 기분이 분명히 상했을 것이다. 그러나 집회가 끝났을 때 그 사람은 놀랍게도 여러 개종자 중 하나가 되어 있었다.

그는 어떻게 회심했는가?

그는 연단에서 설교하는 사람으로부터 복음을 들었다. 그러나 부크만이 그에게 개인적으로 말했던 율법의 메시지를 듣기 전까지는 죄를 깨닫지 못했었다. 이 경우에 율법과 복음이 함께 은혜의 수단이 되었던 것 같다. 그러나 부크만이 이례적으로 회개하라고 추궁했던 것이 촉매제의 역할을 했다.

또 한 번은 옥스퍼드대학교에서 한 젊은 강사가 부크만에게 도전했다. 그 강사는 기독교 신앙의 주장들을 웃음거리로 만들려는 목적으로 주일 오후에 모임을 열던 사람이었다.[26] 부크만이 조만간 대학교에 방문한다는 소식을 들은 그 강사는 이 그리스도의 대사와 종교 문제를 놓고 대화하기

---

[25] Marcus Bach, *They Have Found a Faith* (Indianapolis: Bobbs-Merrill, 1946), 135에서 인용.
[26] Peter Howard, *Frank Buchman's Secret* (London: Heinemann, 1961), 9-10을 보라. 필자가 부크만을 은사주의적이라고 할 때, 그를 오순절주의와 같은 어떤 특정한 종교 운동과 연결시키려는 것은 아님에 주의하라. 부크만은 성령께서 그에게 주신 영적 은사들을 드러내 보이는데 준비되어 있었다는 의미에서만 은사주의적이다.

위해서 자신의 아파트로 그를 초대했다.

부크만은 감사하는 마음으로 그 초대에 응했다. 그 젊은이는 한 시간 동안 무신론적인 주장을 펼쳤다. 그러나 부크만은 자신을 초대한 사람이 제기한 어떤 주장에도 대응하지 않았다. 마침내 그 젊은 강사가 말했다.

"저에 대해 어떻게 생각하는지 말씀해주셨으면 합니다."

부크만은 약간 망설이면서 대답했다.

"우선, 당신은 불행하군요."

그 강사는 맞다고 동의했다. 그러자 부크만이 단호하게 말했다.

"당신의 가정은 매우 불행하군요."

그가 대답했다.

"맞습니다. 전 아버지를 싫어합니다. 어릴 적부터 항상 싫어했습니다."

부크만이 말했다.

"당신은 누구와도 이야기를 나눌 수 없는 불순한 습관에 사로잡혀 있네요."

그 무신론자가 불쑥 내뱉었다.

"거짓말이에요."

그러나 얼마 동안의 침묵 후에 부크만이 말했다.

"이제 전 가야 합니다."

그러자 그 젊은이는 사실 자신이 중독에 사로잡혀 있다고 인정하면서 부크만에게 좀 더 있어 달라고 부탁했다. 두 사람은 허심탄회하게 이야기를 나눴다. 그 날 저녁은 두 사람이 무릎을 꿇고 그 무신론자가 하나님께 삶을 드리는 것으로 끝이 났다. 우리가 이 사건에서 알게 된 것은 변증신학이나 복음선포신학이 아니다. 성령의 도구였다고 입증된 지식의 말이 외부인을 그리스도와 그분의 복음으로 데려왔다는 사실이다.

1930년대 후반에 부크만은 사역을 확대하여 여러 국가의 리더들을 포함했다. 그리고 옥스퍼드그룹은 '도덕재무장운동'(Moral Re-Armament)이 되었다. 옥스퍼드그룹의 분명했던 기독교적인 특징은 모든 사람 안에 거하시는 성령께 항복하면서 도덕적 쇄신을 중점적으로 다루는 사역에 모든 종교의 리더들을 참여시킴에 따라 약해지기 시작했다.

부크만은 사회 개혁과 세계 평화의 비결은 개인의 변화라는 사실에 전념했다. 그러나 이 새로운 모험에서는 내적인 변화가 예수 그리스도에 대한 명시적 신앙에 달려 있다는 것이 그리 분명하게 드러나지 않았다. 그러나 부크만은 생을 마감할 무렵에 '도덕재무장운동'을 '옥스퍼드그룹운동'의 사상에 좀 더 일치시키기 위해 노력했다.

1951년에 그는 세상을 변화시키려는 '도덕재무장운동' 전략은 "더 강력한 약…'우리를 모든 죄에서 씻기신 그분의 아들 예수 그리스도의 피'를 필요로 한다. 그것이 모든 사람이 찾고자 했던 것이고, 그것이 바로 답이다"[27]라고 단언했다.

옥스퍼드그룹과 '도덕재무장운동'은 모두 마치 모든 인간이 부크만이 제기한 4가지 절대적인 것(absolutes), 즉 순수성, 이타심, 정직성, 사랑에 따라 충분히 살 수 있다고 하는 것 같은 완전론(perfectionism)이라는 타당한 혐의를 받아왔다. 그러나 부크만 자신은 독실한 신앙인들조차도 도덕적인 이상에는 다다르지 못하고, 그리스도만이 구원하실 수 있다는 것을 알았다. 그가 한 팬에게 썼던 편지의 글에서 잘 드러내고 있다.

---

27 Garth Lean, *Frank Buchman: A Life*, 388.

당신의 이름만이 공의롭고 거룩합니다.

나는 전적으로 불의합니다.

나는 거짓되고 죄로 가득 차 있습니다.

당신은 진리와 은혜로 가득 차 계십니다.[28]

틸리히와 바르트와는 달리, 부크만은 전문적인 신학자는 아니었다. 그의 삶은 실천적 기독교를 보여 줬다. 그러나 바르트나 탈리히도 신앙의 이러한 차원을 부인하지 않았다. 사실 두 학자는 폭넓은 기독교 선교를 위해 사용하려고 했던 것이긴 하지만, 영적 은사들을 위한 자리를 만들었다.

대부분의 변증신학들과 복음선포신학들과는 달리, 은사주의 신학은 믿음의 수단일 뿐 아니라 조건이기도 한 성령을 직접적으로 경험하는 것에 초점을 맞춘다.

부크만은 비합리주의자가 아니었다. 그러나 바르크와는 달리 역사의 십자가보다는 경험의 십자가를 강조했다. 그는 모든 사람이 "사람들에게 십자가를 지적으로 줘여 줄 수 있게 십자가를 경험"하길 바랐다.[29] 요점은 우리는 전도 사역에서 우리 개개인을 구원하셨을 뿐 아니라 온 세상을 구원하신 그리스도, 또는 성경에 나온 그리스도에 대한 우리의 경험을 최소한 원칙적으로라도 *(de jure)* 보이고 있느냐이다.

은사주의 신학을 전통적인 개혁주의 신학과 구분하는 것은 표적과 기사를 은혜의 수단으로 포함시키는 것이다. 로마서 15:17-21에 기록된 바울

---

[28] Garth Lean, *Frank Buchman: A Life*, 318.

[29] Garth Lean, *Frank Buchman: A Life*, 449.

의 말은 은사주의의 입장을 뒷받침한다. 바울 사도는 "말과 행위로"만이 아니라 "표적과 기사의 능력으로"도 이방인들을 순종케 하고자 했다고 고백한다(참고. 막 16:20; 히 2:4).

그러나 성경의 전반적인 그림은 (로마서에서도 나타나듯이) 하나님의 말씀이 설교된 다음에 표적과 기사가 뒤따른다는 것을 보여 준다. 대부분의 경우 표적과 기사는 믿음을 주지 않는다. 표적과 기사는 믿음의 능력이 사람들의 삶 속에서 작용하고 있다는 사실을 드러낸다. 바울은 복음이 표적을 구하는 유대인들에게는 꺼리는 것이고 지혜를 구하는 헬라인들에게는 미련한 것이라고 선언한다(고전 1:22-23). 기적을 열광적으로 추구하는 것은 신앙을 포기하는 것을 나타낼 수도 있다(참고. 마 12:39). 반면에 기적을 부인하는 것은 인생을 바꾸는 믿음의 능력에 의심을 품는 것이다.

성경은 믿음을 강하게 만드는 기적의 역할을 인정한다. 신앙을 지키기 위한 논쟁처럼, 기적은 사람들이 믿음의 신비를 이해하게 도울 수 있다. 그러나 기적 자체로는, 그리고 기적만으로는 사람들로 믿게 할 수는 없다. 오직 성령만이 말씀의 설교를 통해 일하시듯이 그 일을 하실 수 있다. 그러나 성령은 표적과 기사가 하나의 위대한 기적, 즉 그리스도의 성육신의 신비, 그분의 대속적인 희생, 그분의 영광스러운 부활의 관점으로 이해될 때, 그것들을 통해서도 일하실 수도 있다.

그러나 이런 신비는 결단과 믿음의 행위 속에서 그 위엄과 능력을 경험하기 전까지는 믿음이 생기게 할 수 없다. 만일 우리가 실제적이고 구원받을 수 있는 유익을 얻으려면, 전도의 경험을 통해 십자가의 메시지가 우리 삶의 일부가 되어야 한다. 이것이 옥스퍼드그룹 운동과 일반적인 경건주의의 실체이다.

4. 앞으로의 길

우리는 상대주의와 포스트모더니즘, 다원주의의 풍조 속에서 살고 있다. 방어전략(변증학)을 채택하는 대신에 새로운 세계 질서, 하나님 나라의 도래를 알리는 것이 우리의 의무이다. 복음을 설교하는 일은 선봉의 역할을 한다. 모든 그리스도인은 하나님 나라에 대한 표징과 증인이 되는 부름을 받았다. 모든 신자는 하나님의 성령이 주신 영적 은사들이 기능하도록 하는 명령을 받았다.

우리 모두가 전도 사역에서 프랭크 부크만이나 선다 싱이 걸어갔던 길을 걸을 수 있는 특권을 가진 것은 아니다. 우리가 모두 폴 틸리히나 칼 바르트 같은 선생이나 신학자들이 되는 부름을 받은 것도 아니다. 그러나 우리 모두는 그리스도가 그분의 나라를 죄와 죽음의 이 세상에서 전진시키는데 사용하실 수 있는 어떤 은사들을 가진 신자들이다.

사회정의신학과 어떤 방식으로든 결합하게 될 세계 전도신학은 앞으로 몇 년 안에 절실히 필요하게 될 것이다. 그러한 신학은 모든 종교의 가치들을 동화시키려고 노력하는 포괄적인 신학(global theology)과 반대되는 입장을 취해야만 한다. 또한, '도덕재무장운동'과 같은 종교적 공론을 포함한 모든 관념과 신학을 구별 짓도록 고심해야 한다. 신학은 사회를 개조하기 위해 고안된 일련의 사상이나 원리에 기반을 두려해서는 절대로 안 된다. 그러나 신학은 개인의 변화가 평화와 정의를 열망하는 인류와 이야기하는 새로운 사회의 비전을 가져다 줄 것이라는 소망을 포기해서는 절대로 안 된다.

기독교 신앙은 새로운 사회 질서가 임박했음을 알리기 때문에 반문화적이 될 필요가 있다. 기독교 신앙의 목표는 세속 문화와의 통합이 아니다. 복음으로 문화를 뚫고 들어가는 것이다. 교회는 (신-개신교에서처럼) 문화의 기둥이 아니라 비평가가 될 것이다. 진정으로 성경적인 신학은 (틸리히가 그랬던 것처럼) 기독교 신앙을 문화와 이어지는 가교로 여기지 않을 것이다. 또한 (바르트가 그랬던 것처럼) 문화에 저항하는 요새로도 생각하지 않을 것이다. 그보다도 성경적 관점과 가장 가깝게 공명하는 은유는 습격이다.

우리는 문화의 우상 숭배에 공격을 감행한다. 그러나 우리의 본거지(하나님의 말씀) 가까이에 늘 머무른다. 요새의 개념이 파기되지 않으면서 요새 사고방식이 초월된다. 우리의 목표는 요새에서 나가 세상으로 들어가는 것이기 때문이다. 이것은 사실 바르트의 후기 작품과 일치한다.

세계 전도신학은 세속의 힘을 통해서가 아니라 거룩한 성경에 기록된 복음의 선포를 통해 세상이 예수 그리스도께 복종하도록 노력할 것이다. 또한, 성령의 열매들인 자비의 행위들로 복음을 위해 세상을 얻고자 할 것이다. 표적과 기사도 이와 비슷하게 이 세상에서 하나님 나라가 전진하는 데서 역할을 할 것이지만 항상 그것들 너머에 있는 초월적인 하나님의 말씀을 가리킬 것이다.

표적과 기사는 우리가 선포하는 것의 내용을 구성하기보다는 복음이 설교 된 후에 나온다. 우리는 표적과 기사를 믿어서는 안 된다. 그러나 우리는 성령께서 말씀이 설교되고 복종되는 모든 곳에서 놀라운 방식으로 일하실 것이라고 기대하며 사역해야 한다.

우리는 기독교 선교에 도움이 되는 신학을 만들 때 믿음의 순종을 인간의 전략으로 대신하는 여러 유혹에 빠지지 않도록 조심해야 한다. 그러한 유혹 중 하나는 도덕주의나 율법주의로 규정된 규칙들이나 영적 훈련들에 달린 구원을 만든다. 또 다른 실책은 완벽주의이다. 이미 믿음의 의를 실현했기 때문에 이제는 구속이 필요한 죄인이 아니라는 환상을 말한다. 이와 밀접한 유토피아주의는 우리가 삶의 모호성을 정복한 역사의 단계로 접어들었다고 주장한다.[30]

분파주의도 또 다른 위험이다. 분파주의는 우리가 다니는 교회를 보편 교회나 하나님 나라와 동일시한다. 우리는 성경주의도 경계해야 한다. 성경주의에서 성경은 신앙의 메시지를 선포하기 위해 성령께서 사용하셨던 선교적인 방식이라기보다는 신앙의 실천을 규정하는 율법서가 된다. 마지막으로 우리는 복고주의를 가까이하지 않아야 한다. 복고주의는 우리가 사는 오늘날의 실존적 상황에 맞게 과거의 보배를 적용하도록 우리를 인도하시는 성령의 음성을 듣기보다는 단순히 성경적 및 사도적 전통들의 계율과 관습으로 되돌아가는 것을 의미한다.

세계 전도신학은 (복음을 중심으로 하는) 복음주의적일 뿐 아니라 (세계의 모든 교회를 포용하는) 에큐메니즘적이다. 그리스도인들이 사상과 실천에서 일치되었을 때에만 세상은 예수 그리스도에 대한 그리스도인들의 증언을 신뢰할 것이다. 그러나 우리는 진리만을 기반으로 해서 일치를 추구해야 한다. 이 말이 하나의 세계 교회를 뜻하지는 않는다. 그러나 교회들 사이의 성찬대와 설교대의 공유를 전제한다.

우리는 다른 그리스도인들의 신학 체계가 불완전할지라도 그들을 변절자로 보는 것을 되도록 삼가야 한다. 물론, 이단과는 싸워야 한다. 그러나 그 일을 완수하는 데 있어 이단에 대한 우리 자신의 취약성을 경계해야 한다. 우리는 다른 이들을 추격하기 전에 우리 안에 있는 이단성을 먼저 제

---

[30] 틸리히의 유토피아주의에 대한 비판과 관련해선 각주 11을 보라.

거하도록 노력해야 한다.

성령에 의해 활기를 띠는 개신교는 기록된 하나님의 말씀 아래에 있으면서 교회의 전통을 존중할 것이다. 개신교는 메시지에 있어서 복음주의적이고, 하나님의 모든 백성을 포용하는 일에서는 보편적일 것이다. 개신교는 종교개혁운동에 진 빚을 망설임 없이 인정할 것이다. 그러나 교부들과 중세교회의 박사들과 신비주의자들에게 배우는 것에 대해서도 열린 마음을 가질 것이다. 개신교는 개신교 정통주의의 전통뿐 아니라 종교개혁 이후에 일어난 영적 정화 운동들인 경건주의, 청교도주의, 복음주의에도 의존하고자 할 것이다. 개신교는 종교적인 열정도 유지할 것이지만 복음의 보배를 효과적으로 전하려면 성령께서 생기를 불어넣으셔야 한다는 사실도 알게 될 것이다.

성령으로 충만한 교회는 체계(structure)와 몰아(ecstasy)의 결합을 위해 애쓸 것이다.[31] 성령으로 충만한 교회는 오직 자기 자신들에게만 책임을 지는 주교들이나 다른 성직자들의 치하에 있는 소위 군주제나 계급제적이지 않을 것이다. 그러나 이 말이 도래하는 위대한 교회로부터 주교의 직무가 배제된다는 뜻은 아니다. 하나님의 말씀에 기초한 교회에서 주교들과 감독들은 말씀의 종이 될 뿐 아니라 하나님 백성의 종도 된다.

내가 상상하는 미래를 위한 교회는 과거를 존중하지만, 성령의 조명 아래서 새로운 방향을 적극적으로 계획할 것이다. 그 교회는 거룩한 성경과 성스러운 전통의 진리에 의해 알게 되는 혁신에 대해 열린 마음을 갖고 있다.

그 교회는 신앙을 합리적으로 방어하는 자리를 마련할 것이다. 그러나

---

[31] Paul Tillich, *Systematic Theology*, 3:114-20을 보라.

그 방어는 외부인들에게 신앙의 진리를 증명하기 위해서라기보다는 주로 신자들의 믿음을 강화하기 위해 의도된 것이다. 그 교회는 말씀의 설교를 강조하는 데 있어서 분명히 선포적일 것이다. 그러나 그리스도인들이 세상에서 신앙대로 살 수 있도록 하나님의 율법도 설교할 것이다. 그 교회는 교회 성장은 아마도 성령으로 말미암아 나타난 기적에 달려있다는 환상을 품지 않고 영적 은사들에 대한 열린 마음을 가질 것이다. 그 교회는 칼빈이 학습 훈련(discipline of study)이라고 칭했던 열심 있는 신학적 사고의 가치를 알게 될 것이다. 우리가 이교도와 세속 문화와 신앙을 효과적으로 소통하려면, 그 신앙은 선포되어야 할 뿐 아니라 이해되어야 할 필요가 있다.

나는 세속주의의 도전에 신학적으로 다르게 대응한 세 명의 대표적인 기독교 인물들 – 폴 틸리히, 칼 바르트, 프랭크 부크만 – 에 대해 논의했다. 부크만은 학문적인 신학자라기보다는 목회적인 신학자였다. 나는 내 논의에 위르겐 몰트만(Jürgen Moltmann)도 포함시켜야 했을지도 모른다. 그의 신학은 기독교 세계 선교에서 영적 은사들이 중요한 역할을 한다는 사실을 제대로 인정했기 때문이다.[32] 부크만 역시 해석가였다.

그러나 그는 몰트만보다 믿음의 해석보다 믿음의 실천을 더욱 강조하면서 경건주의의 유산을 보다 전형적으로 보여 준다. 바르크와 틸리히, 부크만은 모두 경건주의 전통에 있거나 영향을 받았다는 사실을 명심해야 한다.

---

[32] Jürgen Moltmann, *The Spirit of Life*, trans. Margaret Kohl (Minneapolis MN: Fortress, 1992)을 보라. 몰트만의 신학은 전체적으로 변증적인 성향을 뚜렷하게 보인다. 그러나 그는 신앙의 예비지식이라는 전통적인 의미에서의 자연신학을 반대한다. 그는 기독교신학이 인간 존재의 분투에서 비롯된 질문들에 대해 이야기함으로써 그 진리를 증명할 수 있다고 주장한다. Moltmann, *Theology of Hope*, trans. James W. Leitch (NY: Harper and Row, 1967)를 보라.

경건주의를 공공연하게 비난했던 칼 바르트조차도 자신의 관심사가 요한 크리스토프 블룸하르트(Johann Christoph Blumhardt), 크리스토프 블룸하르트(Christoph Blumhardt), 니콜라스 폰 친첸도르프(Nicholas von Zinzendorf), J. A. 벵겔(Bengel), 쇠렌 키르케고르(Søren Kierkegaard)와 같은 경건주의 권위자들의 관심사와 유사하다는 사실을 인정했다. 오늘날 학문의 중심지에서 영적 형성에 대해 관심을 갖는다는 것은 신경건주의나 경건주의의 새로운 모험이 시작되었음을 증명한다.[33]

그러나 우리가 명심해야 할 사실이 있다. 경건주의는 정통 신앙과 손을 잡을 때에만 갱신의 원천이 될 수 있다. 신앙의 진리와 신앙의 실천은 함께 가야 한다. 신앙이란 순종을 위한 자유라고 새롭게 이해될 때, 교회는 전진하는 하나님 나라의 선봉에 서서 사회를 변화시키는 동인이 될 수 있다.

---

[33] 경건신학 또는 영성 생활의 신학은 하나님의 말씀의 신학과 결합될 때만 실행 가능하다. 경건신학은 종교적 경험 그 자체보다는 하나님의 계시의 진리에 근거해야만 한다.

제13장

로버트 웨버

데니스 오크홀름(Dennis Okholm)

'복음주의의 요새'로부터 입학을 허가받은 필자는 17살에 캘리포니아를 떠나 두 명의 휘튼대학(Wheaton College) 학생들과 함께 형편없는 임대 지하층에서 여름을 지냈다. 룸메이트 중 한 명은 휘튼대학 학생이 1970년대에 할 수 있을 정도의 히피처럼 보였다. 어깨까지 머리를 길렀고 금속테 안경을 썼다. 우리가 처음으로 서로를 소개했을 때, 그는 여름 동안에 탐닉하고 있던 많은 현대 철학자들과 신학자 중 하나인 어떤 실존주의자가 쓴 책을 들고 있었다.

그는 곧 그의 독서 목록이 휘튼대학에 부임한지 얼마 되지 않은 밥 웨버라는 이름의 교수로부터 영감을 받아 작성된 것임을 분명하게 보여 줬다. 그는 확신에 찬 열정으로 내가 휘튼대학 교육에 관해서 받아들일 첫 번째 충고를 해 줬다.

"웨버 교수의 과목은 꼭 들어야 해!"

필자는 그의 말을 따랐다. 필자는 80여 명의 다른 신입생들도 분명히 알고 있었던 내부 정보를 가지고 "그리스도와 문화"라는 제목의 1학년 필수 과목에서 밥 웨버가 가르치는 반에 등록했다. 우리는 일반적인 강의실에서 모이지 않았다.

우리는 1학년 기숙사의 아래층 라운지에서 만났고, 수업 시간의 절반은 카펫이 깔린 바닥에 책상 다리를 하고 앉아있었다. 우리는 다른 반들이 했던 것처럼 어거스틴의 『신국론』(City of God)을 읽지 않았다(현재 10년이 넘게 밥의 동료로 있으면서, 필자는 그가 중세의 크레스텐덤의 전조를 약간 경멸한다는 것을 알게 되었다).

우리는 쉐퍼(Schaeffer)와 도예베르트(Dooyeweerd)와 니버(Niebuhr)와 실존주의를 읽었다. 그리고 우리는 잉그마르 베르히만(Ingmar Bergman)의 영화들을 관람해야 했다. 우리 교수는 다른 교수들처럼 넥타이를 매고 머리를 짧게 자르지 않았다. 그는 '유행을 따른' 옷을 입고 애스콧(ascot) 타이를 맸다. 그리고 곱슬곱슬한 머리를 목까지 길렀다.

그러나 강의들은 우리의 마음을 사로잡았다. 그리고 우리가 교육받아온 근본주의적인 기독교의 신념들을 재고해보라고 매주 했던 도전은 짜릿하고 위협적이었다. 휘튼대학에서 웨버의 전설들이 시작되고 있었다. 아니, 웨버는 이미 전설이 되어 있었다.[1]

---

[1] 휘튼대학의 기록 보관소에 있는 한 학생의 1988년 역사 프로젝트는 이렇게 서술한다. "『더 레코드』(The Record, 학생 신문)를 훑어보고 있을 때, 필자는 한 가지 추세를 알게 되었다. 논쟁적인 쟁점이 일어난 곳에는 웨버 박사가 거의 항상 있었다." 실제로 그 학생의 인식은, 적어도 웨버가 총장으로부터 더 이상 학교를 끌어들일 논쟁적인 사안들에 대해 공적인 진술을 하지 말라는 명령을 받았던, 이 학생의 과제물이 제출되고 1-2년이 지난 시점까지는 정확했다.

필자와 '존 레논(John Lennon)을 흉내 내던' 여름 룸메이트와 같은 학생들은 밥이 말하는 것에 왜 그토록 매혹되었을까?

부분적인 이유는 그가 우리와 비슷한 순례자이기 때문이었다. 그는 대부분 그의 학생들처럼 근본주의 안에서 양육되었고 우리의 부모들이 전혀 몰랐던 세계인 1960년대에 만들어진 문화 속에서 순수한 복음주의자가 되는 법을 알아내고자 노력했던 솔직한 기독교 구도자였다.

1. 하나님의 침묵

웨버는 내가 대학교에 입학하기 1년 전에 이미 솔직한 기독교 구도자로 특징지어져 있었다. 휘튼대학에서 가르친 지 2년째가 되던 해였다. 1969년 11월 5일에 웨버는 악명 높은 "하나님의 침묵"을 채플에서 설교했다. 설사 하나님께서는 침묵하셨을지라도, 웨버의 설교가 끝난 후의 캠퍼스는 그렇지 않았다. 오후에 강의들은 취소되었다. 아머딩(Armerding) 총장은 그 다음날 아침에 (웨버의 설교를) 바로잡는 특별 채플을 열었다. 대학 신문은 그 후 3주 동안 기사들과 편지들로 반향을 불러일으켰다. 그중에서 정치학 부교수인 프랭크 벨링거(Frank Bellinger)가 쓴 편지는 필자의 여름 룸메이트의 열정에 공감한다.

> 로버트 웨버 박사의 채플 메시지는 내가 학생과 교수로 휘튼대학에 30년 넘게 있으면서 들었던 것 중에서 성숙한 기독교 신앙에 대한 가장 용감하고 솔직하고 심오한 주장이었다… 오늘날의 세속화된 세계에서 복음주

의 입장에 대해 갈수록 더 불안해하는 많은 이들의 무언의 두려움과 희망을 있는 그대로 말하고 표현하는 오늘날의 아모스 선지자였다.[2]

그럼에도 불구하고 모두가 칭찬을 했던 것은 아니었다. 소문에 의하면 아머딩과 웨버는 그의 사임을 논했다. 그러나 결국 웨버는 해임되지도 사임하지도 않았다. 대신 웨버는 복음주의가 처한 어려운 상황에서 교회의 공통된 역사적 신앙과 그것이 각 시대와 장소에서 반드시 취해야 하는 다양한 문화적 형태들을 이해하는 일에 함께하자고 우리를 고무시켰다.

복음주의에 대한 이러한 새 접근법은 '질책과 갱신'을 요구할 것이다. 모더니즘 문화가 복음주의자들을 역사적 기독교는 물론이고 성경적 기독교로부터까지 멀어지게 했기 때문에 질책이고, 역사적 기독교의 회복은 복음주의가 현대 문화에서 기독교를 보다 더 신실하게 증언하도록 할 것이기 때문에 갱신이다. 웨버는 채플 연설 10년 후에 다음과 같이 썼다.

> 20세기 복음주의는 사실상 르네상스, 계몽주의, 낭만 시대, 산업 시대, 모던 기술에 의해 형성된 모던 문화를 반영한다.… 만일 복음주의가 하나의 운동으로서 역사적 신앙을 대표하려면, 복음주의는 자기 신앙의 문화적 형태 뿐 아니라 대조의 방법으로 잊어버린 역사적 기독교 신앙의 측면들도 좀 더 자각하게 되어야 한다. … 복음주의자들을 위한 과제들은 반드시 두 방향으로 동시에 나가야 한다. 한편으로 우리는 모더니티를 극복하는 부정적인 과제에 임할 필요가 있다. 동시에 다른 한편으로는 우리의

---

[2] 1969년 11월판 *Wheaton Record*에서.

신앙을 보다 성숙하고 역사적으로 표현하도록 성장해야 할 필요가 있다. 만일 우리가 '복음주의 정신'과 기독교의 '역사적 본질'을 성공적으로 통합시키면, 모든 과제들은 '복음주의 특색'을 잃지 않고 완수될 것이다.³

이것은 웨버의 의제가 되었다. 웨버는 바로 이 열정, 즉 그의 채플 메시지의 간절한 외침 속에서 처음으로 표현되었던 바로 그 열정을 가지고 복음주의를 기독교의 뿌리로 돌아가게 함으로써 모더니티의 나태로부터 구출하려 했다. 그를 오해한 사람들에게 대답하면서 비롯된 연습을 통해서 그는 나중에 다음과 같이 설명했다.

> 나의 열망은 복음주의 기독교를 현대화하려는 것이 아니고, 세속화하려는 것이 아니다. 희석시키거나 어떤 식으로든 약화시키려는 것도 아니다. 나의 열망은 복음주의 기독교를 성경과 역사에 정통한 성인으로 성장시키려는 것이다. 만일 우리가 모더니티를 극복하고, 복음주의 정신을 간직하고, 기독교의 역사적인 본질을 회복할 수 있다면, 우리는 우리의 전통을 다시 세우고 활성화시킬 방법을 찾게 될 것이다. 그리고 그 결과로 교회와 세상에 중요한 리더십을 제공하게 될 것이다.⁴

비록, 웨버가 1969년에는 그 열정을 알지 못했지만, 복음주의를 초대교회의 뿌리로 되돌리고 현대 문화의 관심을 효과적으로 끌려는 전략들을

---

[3] Robert Webber, *Common Roots: A Call to Evangelical Maturity* (Grand Rapids MI: Zondervan, 1978), 16-17.

[4] Robert Webber, *Common Roots*, 23.

찾고자 하는 웨버의 싹이 커가던 열망은 그가 지난 20년 동안 쏟았던 열정-교회 예배의 활성화-으로 성숙되어 갈 것이다. 사실 "하나님의 침묵" 설교에 대해 25년 후에 웨버가 고찰한 말을 듣는 것은 그의 학문과 삶에 대한 웨버 자신의 평가를 좀 더 잘 이해할 뿐 아니라 그가 어떻게 오늘날 그가 있는 곳으로 도달하게 되었는지를 이해하는 데도 유익하다. 그 채플 설교가 그 시점부터 웨버의 인생의 방향을 결정했기 때문에, 그의 고찰은 길게 인용될 가치가 있다.

> 1969년 11월은 내 인생의 전환점으로, 내가 늘 기억할 것이고 지금도 해석하고 이해하고자 노력하는 시간이다.
> 박사 과정을 막 마친 나는 기독교 신앙이 지적으로 타당했던 시대의 학생들을 설득할 준비가 되어 있었다. 아니면 그렇게 생각했다.
> 나는 나의 지적인 답들에 진실성이 결여되어 있다는 것을 알았다. 왜냐하면, 내 자신도 나의 경험과 믿음을 연결시킬 수 없었기 때문이었다. 그 사실은 삶 속에서 하나님의 실재를 갈망하는 학생들에게 내가 받은 인문 교육의 합리적인 답들을 제공해서는 안 된다고 나를 확신시켰다.
> 설교를 준비할 때, 마음에 하나님이 부재에 대한 느낌이 계속 들었고 내 자신의 경험에 의해 입증되었다. 하나님은 나에게, 나의 내적인 인격과 나의 정서적, 감정적 측면에 부재하셨다. 물론, 나는 하나님의 존재를 추론하고 지적으로 신학적인 문제들을 논의할 수 있었다. 그러나 나는 아무것도 느끼지 못했다.
> 이 시간 동안에 성령은 하나님의 침묵을 기꺼이 경험하고자 하는 마음을 선물로 주셨다. 그리고 그것은 귀가 먹먹한 침묵, 나의 삶에 제발 오시라

고 나의 전적인 자아가 하나님께 부르짖을 정도의 실제적인 부재였다. 나는 말했다.

"하나님, 나는 당신에 대한 더 많은 정보를 원하지 않습니다. 나는 당신을 원합니다!"

나는 그때 하나님이 무엇을 하셨는지 거의 알지 못했다. 하나님의 침묵에 대한 설교를 통해서 그분은 그분의 임재를 경험하는 새로운 방법, 아니면 내가 '옛' 것이라고 칭해야 할 것으로 나를 이끄셨다. 하나님은 명제나 분석에 근거한 전적인 지적 이해로부터 예배에서의 그분에 대한 실제적인 경험으로 나를 옮기고 계셨다….

나에게 일어났던 일의 중요성을 깨닫기까지는 수년이 걸렸다. 나의 경험과 삶 속에서 하나님의 부재를 느꼈던 다른 이들의 경험이 오늘날 세상에서 일어나고 있는 광대한 문화 및 영적 변화와 밀접하게 연관되어 있다는 것을 깨닫기까지는 더 오랜 세월이 걸렸다….

간략하게 말해서, 교회가 할 수 있는 가장 중요한 한 가지 일은 예배다. 활기가 넘치는 예배 생활은 하나님이 부재하다는 느낌을 타개하고 세상에서 의미를 찾고 있는 사람들에게 이를 것이다.[5]

---

[5] Robert Webber, *Signs of Wonder: The Phenomenon of Convergence in Modern Liturgical and Charismatic Churches* (Nashville: Abbot Martyn, 1992), 14-16.

2. 고전 기독교 – 공통 핵심

채플 설교에서 예비적 방식으로 표현되기는 했지만, 웨버가 편협한 근본주의로부터 그가 후에 '고전 기독교'(classical Christianity)[6]라고 칭할 것(교회의 첫 6세기의 공통 기독교 핵심)으로 움직인 일은 1969년의 설교만큼 전형적이고 형성적으로 보이는 사건에 의해 촉발되었다. 이를 자세히 살펴보기 위해서는 웨버가 어린 시절에 '집안 내력인 믿음'(familial faith)이라고 칭한 것으로 거슬러 올라가야 한다.[7]

밥은 7살이 되기 전까지 선교사인 부모와 누나(엘리너), 남동생(켄)과 함께 당시 벨기에령 콩고(지금의 자이로)였던 곳에서 살았다.

> 그곳은 대단한 마을은 아니었다. 그러나 나의 선교사 부모님의 집이었다. 거기엔 우리가 살던 진흙집 말고도 교회, 우리가 돼지들과 양들을 길렀던 헛간이 있었다. 그리고 약 천 명의 원주민들이 사는 작은 진흙집들이 줄지어 있었다. 그리고 이 모든 것들 뒤에는 바위가 많은 작은 산이 있었는데 덤불과 형형색색의 야생화들이 산재해 있었다.[8]

웨버 가족은 콩고를 떠난 후에 펜실베이니아의 몽고메리빌(필라델피아에서 서쪽으로 약 39킬로미터 떨어진 곳)로 이사했다. 그곳에서 밥의 부친은 미

---

[6] Robert Webber, *Ancient-Future Faith* (Grand Rapids MI: Baker, 1999)를 보라.

[7] 그 이후의 내용들은 Robert Webber and Donald Bloesch, *The Orthodox Evangelicals: Who They Are and What They Are Saying* (Nashville: Nelson, 1978)과 Webber, *Evangelicals on the Canterbury Trail* (Waco, Word, 1985)에서 볼 수 있다.

[8] Robert Webber, *Worship is a Verb* (Waco: Word, 1985), 27.

국침례교(American Baptists)에서 보수침례교회협회(Conservative Baptist Association)로 소속을 옮긴 한 근본주의 침례교회에서 목회를 했다.

밥은 후에 모든 신비는 이성적으로 설명되고, 성경은 암기되어야 하는 책이고, 신학은 하나님의 뜻을 나타내는 하나님의 명제적인 계시라고 여겨지는 서구로 오기 위해 콩고의 신비를 떠났던 것을 생각했다.

그러나 그가 말했다.

> 하나님의 존재를 주장하고 그분의 성품을 설명하는 나의 능력에 대해 더욱 확신하게 될수록 그분은 나에게 덜 실제적으로 여겨졌다.[9]

절망과 무의함에 빠져있던 베트남 세대의 젊은이들에게 더 이상 효과가 없고, 그가 1968년에 와서 가르쳤던 '답들'에 대한 좌절감에서 비롯된 채플 설교에서 표현되었던 것이 바로 이러한 정서였다.

그러나 그가 자신이 물려받은 지적 시스템에서 하나님을 발견할 수 없다면, 그는 어디서 하나님을 만나야 하는가?

그는 10년 후에 '캔터베리 도상'에서 하나님을 만나게 될 것이다. 그러나 밥은 채플에서 불만을 표출하기 수년 전에 그 길의 수장을 소개받았다. 그 사건은 밥이 박사 과정 중에 있을 때 일어났던 일이었는데 다른 전형적인 경험에 의해 마무리되었다.

밥은 밥존스대학교(Bob Jones University)를 졸업한 후에 근본주의적인 침례교의 직선적이고 편협한 양육 방식에서 벗어났다.

---

9   Robert Webber, *Evangelicals on the Canterbury Trail*, 25.

시간이 꽤 흐른 후에 그가 말했다.

> 나는 편견의 씨앗들을 키우는 대신에 근본주의 교육의 범위를 넘어서 성공회신학교, 그다음에는 장로교신학교, 마지막으로는 루터교신학교로 가는 여정을 택했다.¹⁰

마침내 웨버는 그가 1965년부터 1968년까지 다녔던, 그러한 학교 중 마지막 학교인 콘코디아신학교(Concordia Theological Seminary)에서 신앙에 대한 편협한 신념에서 벗어나게 되었다. 시작은 교부들에 대한 과목이었다. 그는 신약학으로 박사 과정을 시작했다. 그러나 신약성경으로 충분하다는 그의 믿음이 흔들렸다.

만일 하나님이 역사의 하나님이시라면, 하나님은 교회의 삶을 통해서도 말씀하시고 행동하시지 않겠는가?

연속성에 관한 질문도 제기되었다. 아마도 그가 알았던 복음주의는 환원주의적이었던 것 같다. 사도적은 분명히 아니었다.¹¹

웨버의 선입견에 대한 도전은 그가 청교도주의 창시자인 윌리엄 퍼킨스(William Perkins)에 대한 박사 논문에서 고조되었다. 퍼킨스는 종교개혁은 혁신이 아니라 초대교회로 회귀한 것이라고 믿었던 복음주의적 신앙의 창시자였다. 웨버는 종교개혁 이후의 문화적 변화가 개신교를 종교개혁의

---

10 Robert Webber, *Signs of Wonder: The Phenomenon of Convergence in Modern Liturgical and Charismatic Churches*, 7. 그가 말하는 학교들은 필라델피아에 소재한 리폼드성공회신학교(Reformed Episcopal Seminary), 세인트루이스에 소재한 커비넌트신학교(Covenant Theological Seminary)와 콘코디아신학교(Concordia Theological Seminary)이다.
11 Robert Webber, *Orthodox Evangelicals*, 21을 보라.

정신과 본질로부터, 결국에는 초대교회로부터 점점 더 멀어지게 했다고 결론지었다.¹²

웨버는 이 모든 연구의 요점이 그가 콘코디아에서 가입했던 찬양과 기도 그룹과 연관된 사건에 담겨 있다고 생각한다. 가톨릭교도들, 루터교도들, 장로교도들, 복음주의자들의 에큐메니즘적인 이 그룹은 성경을 논하고 기도하고 이야기하고 재미있게 놀기 위해 매달 모였다.

> 우리 중 많은 이들이 졸업하고 새로운 곳으로 움직일 때가 되었을 때, 우리는 주말에 근처 가톨릭 컨퍼런스 센터에서 수련회를 하면서 지난 2년간의 모임을 마무리하기로 결정했다. 그곳에서 우리는 전혀 논의되지 않았던 문제에 직면했다.
> 우리는 성찬식을 함께 할 수 있을까?
> [교회에서의 삶의] 기억들은 말했다.
> "물론이지. 무엇보다도 한 분의 주님, 하나의 교회, 하나의 신앙, 하나의 세례, 하나의 성찬만이 있잖아."
> 그 순간에 하나님은 다른 교단들에 속해 있는 나의 형제들과 자매들로부터 나를 분리하도록 했던 벽들을 무너뜨리셨다…. 하나님께서 나의 벽들을 무너뜨리셨을 때, 그분은 내가 세계 곳곳에 있는 그리스도의 몸과 더욱 풍성한 교제에 들어갈 수 있도록 하셨다. 나는 우리가 붙잡고 있는 편견들과 우리와 다른 그리스도인들의 공동체들 사이에 쌓는 벽들이 우리 삶에 임재하시는 하나님에 대한 경험을 실제로 막고 있다고 확신한다. 내

---

12 Robert Webber, *Ancient-Future Faith*, 25을 보라.

가 작지만 느낌이 좋은 작은 예배당으로 들어갔을 때, 나는 예전적인 것을 처음으로 경험하게 되었다.[13]

마치 아티초그의 속(대)을 얻으려고 잎들을 벗기는 것처럼, 밥은 기독교 교회 전체에게 공통될 뿐 아니라 (그가 양육을 받았던 합리주의적인 기독교에서는 경험할 수 없었던) 신비, (주정주의와 주지주의의 이분법을 넘어섰던) 예배, (하나님이 일하시기 위해 사용하시는 가시적이고 실체적인 상징들로서의) 성례전, 그리고 (내적인 것과 외적인 것, 영적인 것과 물리적인 것을 나누지 않는) 전인적인 영성을 수용하는 신앙을 '소유'하게 되었다. 웨버 자신은 (비록, 개혁주의 장로교 교단에서 목사 안수를 받았지만) 이러한 특성들을 갖고 있는 교회론적인 고향과 역사적인 정체성을 성공회에서 찾게 될 것이다.[14]

교회론적인 편견을 깨드리는 일은 결국 밥에게 복음주의자들 사이에서 매우 중요한 사건인 '시카고 선언'(Chicago Call)을 발표하도록 만들었다. 이 선언은 밥이 (결국엔 안티오키아 정교회로 옮긴) 피터 길퀴스트(Peter Gillquist)와 했던 전화 통화에서 촉발되었다. 웨버는 복음주의자들은 역사적 기독교로 되돌아가야 한다고 선언하기 위해 1977년 5월에 45명의 복음주의자를 모으는 과정을 착수했다.

그 그룹에는 도널드 블러쉬(donald Bloesch), (나중에 로마 가톨릭교회로 들어가게 될) 도널드 데이톤(Donald Dayton), 톰 하워드(Tom Howard), 버질 크루즈(Virgil Cruz), 리처드 러브레이스(Richard Lovelace), 로저 니콜(Roger Nicole), 루

---

[13] Robert Webber, *Signs of Wonder: The Phenomenon of Convergence in Modern Liturgical and Charismatic Churches*, 3-4.
[14] Robert Webber, *Evangelicals on the Canterbury Trail*, 15-16.

시 쇼(Luci Shaw), 도널드 틴더(Donald Tinder)가 포함되었다. 그들은 진정으로 보편적인 신앙을 위해 복음주의적 범위의 "경계선 너머"에 있는 "보다 포괄적이고 궁극적으로 보다 역사적인 기독교"를 바라보고자 했다.[15] 그들은 종교개혁이 담고 있는 진정한 정신은 보편적이고 진정한 보편성으로부터 멀어진 이유는 무엇보다도 계몽주의 때문이라는 가정하에서 일했다.

복음주의자들은 역사적 신앙과 실천을 환원시키는 것에 반대하고 기독교 교회가 갖고 있는 풍성한 유산을 회복하면서 그들의 '두 가지 기초적인 실패'에 대응할 수 있었다.

첫 번째 실패는 성육신의 함의에 대한 충분치 않은 인식, 즉 창조에 대한 일종의 영지주의적인 거부를 포함했다. 대신에 복음주의자들은 가시적인 것들도 구원의 은혜 속에서 자신을 인간에게 알리시기 위해 사용하시는 수단이라는 것을 확인할 필요가 있었다. 다시 말해, 그 모임은 신학의 성육신적인 관점을 회복하자는 선언을 발표했다.

두 번째 실패는 복음주의의 '기억 상실'이었다. 즉 교회가 역사 속에서 연속되고 있다는 인식이 결핍되어 있었다. 이러한 결핍은 복음주의자들이 종교개혁 이전의 교회 역사와 전통들에 대해 무관심했다는 사실에서 분명하게 드러났다.

---

15 Robert Webber, *Orthodox Evangelicals*, 19. 이 책에 시카고 선언에 대한 이야기가 자세히 실려 있다.

그러한 실패들을 바로잡는 내용이 "시카고 선언: 복음주의자들을 향한 호소"라는 문서에 명시되었다. 처방 방안은 여덟 영역, 즉 (복음주의적 기독교가 직면한 주요 사안인) 교회의 역사적 뿌리와 연속성 회복,[16] 성경적 정확도(biblical fidelity), 교리적 정체성(creedal identity), 전인적 구원(holistic salvation), 성례적 진실성(sacramental integrity), 영성, 교회의 권위, 교회의 일치를 포함했다.

시카고 선언은 웨버의 필생의 연구에서 공통된 주제가 될 것을 보여 줬다. 공통된 주제는 벽을 쌓지 못하게 하고, 기독교의 공통된 기반을 찾고, 다양성 안에서 일치성을 추구하는 것이다.

앞에서 언급되었듯이 웨버는 이러한 일치성과 공통된 기반을 그가 "고전 기독교"라고 칭했던 것에서 찾았다. 웨버에 따르면, 좋은 소식은 프리모던(사실상, 원시) 기독교는 복음주의(와 자유주의)가 성장했던 모더니즘보다는 우리의 포스트모던 문화와 공통된 부분이 더 많다는 것이다. 사실 웨버는 포스트모던 세계가 교회와 교회의 메시지의 고전적인 관점을 회복하는 '풍성한 문화적 환경'이라고 확신한다.[17] 포스트모던 세계를 향해 의미심장하게 말할 수 있는 기독교를 어디에서 찾을 수 있느냐는 질문에 웨버는 다음과 같이 대답한다.

> 고전적 전통이 가장 생산적일 것 같다. 고전적 전통은 신비성, 전체론(holism), 해석된 사실들, 공동체, 언어와 상징 형태를 결합한 커뮤니케이션에

---

[16] Robert Webber, *Common Roots*, 15을 보라.
[17] Robert Webber, *Ancient-Future Faith*, 91. 고전 기독교와 포스트모더니즘을 병치하는 것이 이 책의 전체적인 요지이다. 웨버는 콘스탄틴-이전 기독교의 다양성이 오늘날 다원적인 포스트모던 문화에 있는 교회를 위한 기준점으로 유익하다는 것을 발견한다.

의해 형성되었다. 따라서, 우리의 과제는 기독교를 재발명하는 것이 아니라 회복하는 것이고, 고전적 기독교를 포스트모던 문화의 상황에 맞게 맞추는 것이다.[18]

어떤 의미에서 기독교를 재발명한 것은 모더니즘이었다. 모더니즘의 패러다임은 개인주의, 합리주의, 사실절대주의를 받아들인다. (후자에 대해서 웨버는 개인들이 이성을 통해 객관적인 진리에 도달할 수 있다는 확신에 대해 언급한다.) 이러한 것들은 기본주의, 구조주의, 거대담론의 개념에 대한 '확신들'을 토대로 만들어졌다.[19] 그리고 모더니즘은 우리가 갖고 있는 그리스도, 교회, 예배, 영성, 선교, 권위에 대한 개념들을 재구성했다.

모더니즘의 혁신을 설명하기 위해서 웨버는 성경에 대한 합리주의적 접근법을 예로 들었다. 성경은 교회에서 성령의 역사라는 맥락에서 들어내어져서 합리적 비판의 대상이 되었다. 성경의 정당한 권위는 교회의 초기 6세기 동안에 전반적인 기독교 사상이 발전된 위치로 성경을 되돌려 보내고, 성경을 다시 교회법에 따라(canonically) 읽는 것을 배울 때에만 회복될 수 있다.[20]

유사한 방식으로 계몽주의적 접근법은 교회에 대한 개연적인 개념을 낳았는데, 교회에 대한 비신학적인 이해 속에서 실용주의, 교회에 대한 '시대 중심적'(chronocentric)이라고도 불릴 수 있는 비역사적인 이해 속에서 개인주의를 강조했다. 이 개념은 (네 가지 신약성경 이미지들을 강조하는) 성경

---

[18] Robert Webber, *Ancient-Future Faith*, 24.
[19] Robert Webber, *Ancient-Future Faith*, 18-19.
[20] Robert Webber, *Ancient-Future Faith*, 31; 45-46를 참고하라.

에 기초한 교회의 신학과 (사도신경에 열거되어 있는) 네 가지 사도적인 특징들을 회복할 때에만 수정될 수 있다.²¹

모더니즘은 영성의 영역에서도 교회에 도움이 되지 못했다. 모더니즘의 시간과 상관없는 접근법은 교회의 역사를 통해 우리에게 주어진 성령의 자원을 무시하도록 했다. 우리는 마치 그리스도의 사역이 역사와 문화와 관련이 없는 것처럼 행동한다. 세속주의에 의해 만들어진 성/속의 분리 때문이다. 인간 이성을 지나치게 확신하고 의존하면서 우리는 마치 그리스도가 지성을 구원하지 않은 것처럼 움직인다.

우리는 신앙이 (기독교와 서구문화를 동일하게 여기는 것과 같은) 하위 문화의 기준들과 유사하다고 혼동한다. 우리는 삶의 모든 것과 전인적이고 건강한 관계를 맺도록 우리를 성장시키지 못한 규칙들과 도덕주의에 초점을 맞춘다. 그리고 우리는 하나님에 대해 굉장히 많이 알고 있다고 강조한다.²²

웨버는 포스트모던 문화가 자신을 병들게 한 것을 다루도록 명령을 내렸던 것이 바로 고전 기독교, 포스트모던 기독교라고 믿는다. 고전 기독교는 계몽주의의 합리주의보다 신비인 그리스도 사건의 통합적인 중요성, 모더니즘의 개인주의보다 공동체, 담화적 커뮤니케이션뿐만 아니라 상징적인 커뮤니케이션, 단편적인 삶보다는 전인적인 삶을 강조한다. 그러나 무엇보다도 초대교회의 신앙에서 웨버가 발견한 가장 주목할 만한 특징은 승리하신 그리스도에 대한 강조였다. 승리하신 그리스도에 대한 강조

---

21 네 개의 신약성경 이미지들은 하나님의 백성, 새 창조, 믿음의 교제, 그리스도의 몸이다. Webber, *Ancient-Future Faith*, 8-10장, 특히 78-82쪽을 보라.
22 Robert Webber, *Ancient-Future Faith*, 123-35.

는 무엇보다도 악의 문제와 삶의 의미에 대해 포스트모더니즘이 겪고 있는 어려움을 다룬다.

> 악을 이기신 그분의 승리는 초기 기독교의 전통에서뿐만이 아니라 우리 개인의 신앙 갱신과 교회 생활의 갱신에서 가장 중요하다. 나는 기독교 삶의 모든 양면들이 악에 대한 그리스도의 승리와 만물의 궁극적인 갱신과 어떻게 관련되어 있는지 보여 주길 원한다.[23]

3. 성육신하신 말씀과 승리하신 그리스도

현대 복음주의를 위해 초대교회를 회복하고자 하는 웨버의 노력에서 가장 일관되게 나타나는 중요한 주제는 **크리스투스 빅토르**(Christus victor, 승리자 그리스도)에 대한 강조이다. 이것이 성육신의 함의에 대한 올바른 이해와 연결될 때, 교회와 교회의 세상과의 관계에 대한 개념을 이해하는데 반드시 필요한 패턴이 만들어진다. 웨버의 주장에 따르면, 교회가 실패하고 모더니즘에 의존했던 원인은 성육신의 함의에 대한 무지 때문이었다.[24]

하나님이 그리스도 안에 계시고 교회가 그리스도의 몸이기 때문에 교회는 세상 안에 있어야 한다. '교회는 예배, 신학, 선교, 영성에서 그리스도를 가시적인 형태로 체화해야 한다.'[25]

---

[23] Robert Webber, *Ancient-Future Faith*, 66.
[24] Robert Webber, *Ancient-Future Faith*, 125.
[25] Robert Webber, *Common Roots*, 245.

가장 중요한 질문은 '우리는 어떤 종류의 그리스도를 체화했는가?'가 된다. 이 질문이 적용되는 문화적 상황이 바뀌기는 했지만, 웨버는 『복음주의란 무엇인가』(Common Roots)가 출판되었을 때부터 『복음주의 회복』(Ancient-Future Faith)이 출간되었을 때까지의 20년 동안 이 동일한 관심사에 사로잡혀 있었다.

성육신과 크리스투스 빅토르의 융합은 『세상에 있는 교회』(The Church in the World)에서 분명히 나타난다.

그 책에서 가장 중요한 주제는… 교회와 세상에 대한 기독론적인 비전이다. 악의 세력을 이기신 승리자 그리스도는 악에 대한 승리를 완성하실 때 창조된 질서를 회복시키길 것이다. 이 메시지를 선포하도록 위임받은 교회는 창조의 영역을 일그러뜨린 악과 그 세력의 패배를 알리고, 교회가 선포하고 그에 따라 살고자 추구하는 종말론적인 비전 안에서 인류와 세상을 위한 소망을 제공하게 된다.[26]

그래서 교회에 대한 적절한 개념은 교회의 기독론적인 원천, 구원론적인 기능, 종말론적인 기대를 반드시 고려해야 한다. 교회는 성육신, 즉 하나님의 창조와 구속의 역사를 왜곡하기 위해 존재 구조(the structures of existence)를 통해 일하는 악의 세력을 정복하신 분의 주권 아래 있는 세상에서 지속되는 하나님의 임재가 확대된 것이다.[27]

---

[26] Robert Webber, *The Church in the World: Opposition, Tension, or Transformation?* (Grand Rapids MI: Academie, 1986), 8.

[27] Robert Webber, *The Church in the World*, 331, 45을 보라. 264-69쪽에서 웨버는 교회와 세상의 새로운 관계의 '새로운' 모델을 위해 필요한 다섯 가지 신학적 관념들을 분명하게 설명한다. ① 창조질서와 존재 구조는 하나님 아래에 있다. ② 악의 세력은 존재 구조를 통해 일한다. ③ 그리스도는 이러한 악의 세력을 이기셨다. ④ 교회는 악의 세력

교회는 예배와 전도, 사회활동을 통해 악의 세력을 무찌르신 그리스도를 증언해야 한다. 교회는 개인들이 서로와, 세상과, 권세들과 어떻게 관계를 맺어야 하는지를 결정하시는 그리스도께 충성을 다하는 새로운 공동체이다.

사실 웨버는 세상에서 하나님의 능력의 대리자라는 교회의 역할을 널리 알린다. 사탄이 교회와 전쟁할 때, 교회는 악을 드러내고 화해의 대리자로서의 역할을 한다. 교회는 창조물로서 하나님을 배반한 세력들을 이기신 그리스도를 증언한다.[28]

웨버는 크리스투스 빅토르와 세상에서 그리스도의 임재를 지속시키는 교회의 역할을 강조하면서 '증인'이 된다는 것이 얼마나 풍성한 의미를 갖고 있는지 우리에게 자세하게 설명한다. 증인은 (그리스도의 사역은 우주적인 함의를 담고 있기 때문에) 삶의 모든 차원과 (언어적으로만 공유되는 책에서만이 아니라) 모든 활동에서 우리를 참여시키는 역할이다.

4. 문화 참여

웨버는 증인으로서 교회가 갖는 본질에 맞춰서 교회를 '대항' 문화 또는 '대안' 문화로 거듭 언급한다.[29] 외견상으로 우리는 문화에 대한 재세례파

에게 그리스도를 증언한다. ⑤ 교회는 그리스도의 재림에 대한 종말론적인 소망 속에서 살아간다.

[28] Robert Webber, *The Church in the World*, 2-3장을 보라.
[29] 예를 들어, Robert Webber, *The Secular Saint: The Role of the Christian in the Secular World* (Grand Rapids MI: Zondervan, 1981), 5장, 그리고 Webber, *Ancient-Future Faith*, 165-

또는 상반된 접근법이 선호되는 것을 보고 싶어 한다. 그러나 그러한 결론을 내리는 것은 시기상조일 것이다. 웨버는 성육신하신 그리스도를 교회와 세상의 관계에 대한 패러다임으로 줄곧 사용한다. 교회는 세상을 통치하는 이념들로부터 분리되어야 하고, 복음을 전달받아야 하는 세상과 동질감을 가져야 하고, 세상을 **변화**시키려고 노력해야 한다.[30]

평소대로 웨버는 교회가 세상을 향해 취했던 세 가지 역사적이고 지배적인 반응들을 통합하거나 균형을 맞춘다. 그리고 문화가 바뀌고 교회가 인류 역사에서 하나님 나라가 되어야 하는 책임을 완수하고자 할 때, 한 가지 반응이나 다른 반응을 강조한다. 그는 『세속적인 성도』(*The Secular Saint*)에서 세 가지 선택사항을 '분리적'(Separational), '동질적'(Identificational), '변혁적'(Transformational)이라고 한다. 이러한 세 가지 방법으로 교회는 구약성경에서 도래가 예견되었고, 그리스도에 의해 개시되었고, 교회가 참전 중인 전쟁이 개인 및 사회적 차원에서 끝날 때 완성될 하나님 나라를 위해 일한다.[31]

세 가지 모델들을 모두 통합했다고 해서 웨버가 그 모델들의 단점들에 대해 무지했다는 뜻은 아니다. 성과 속을 궁극적으로 분리하고 세상에 있는 교회의 성육신적인 본질을 부인하는 것은 바로 다른 경우라면 도움이 되는 재세례파의 반응이 부족한 부분으로, 웨버는 이러한 잘못을 바로잡고자 했던 존 하워드 요더(John Howard Yoder)를 칭찬했다.

170을 보라.

[30] 교회와 세상의 관계의 세 가지 차원들은 웨버의 많은 저서들에서 발견된다. 예를 들면, *The Moral Majority: Right or Wrong?* (Westchester, IL: Crossway, 1981), 131-40; *Ancient-Future Faith*, 168-69이다.

[31] Robert Webber, *Secular Saint*, 4장을 보라.

웨버는 세상에 있는 교회를 성육신적으로 이해한 루터의 관점을 높이 평가한다. 그러나 루터가 세상을 통치하는 그리스도의 주권은 교회가 아니라 정부와 존재 구조를 통해 행사된다고 말한 것에 대해서는 비난한다. 불완전한 종말론과 함께 루터의 관점은 아쉽게도 문화적 보수주의로 이어진다.

칼빈 역시, 그리스도의 성육신적인 임재는 교회와 존재 구조를 통치하는 그리스도의 주권을 통해 작용한다는 것을 확인된다. 이것은 좋지만 개혁주의의 입장은 루터와는 반대 방향으로 나아가는 경향을 보이면서, 동일하게 나쁜 영향을 끼치고 있다. 다시 말해, 교회가 권세들을 기독교화하고 존재 구조들을 지배하도록 시도하게 만든다.[32]

여기서 웨버가 하는 것은 그가 대부분의 연구에서 하는 것이다. 그는 시대 중심주의(chronocentrism)를 피하고 전체 교회로부터 학습할 수 있도록 우리에게 역사적인 관점을 제공한다. 그가 예배를 다루든, 속죄에 대한 올바른 이해를 다루든, 아니면 이 경우처럼 문화에 대한 복음주의 교회의 반응을 다루든 간에, 이것이 바로 그의 전략이다. 그리고 우리가 살펴보았듯이 그의 역사적 논의는 대개 교육적 모델들이나 패러다임들을 사용한다.

사실 웨버는 1979년에 『세속적인 성도』를 썼는데, 1970년대에 (시카고 선언[33]처럼) 복음주의자들의 사회의식을 일깨웠음에도 불구하고, 다음의 내

---

[32] Robert Webber, *Church in the World*, 94-96, 100, 118, 140을 보라.
[33] 1973년에 50명이 넘는 복음주의자들이 시카고에 모여 시카고 선언의 초안을 작성했다. 시카고 선언은 복음주의자들에게 사회적 병폐에 대해 더욱 큰 관심을 가지라고 촉구했다. 그것은 론 사이더(Ron Sider)에 의해 조정되었고 짐 윌리스(Jim Wallis)와 존 알렉산더(John Alexander), 웨버 같은 리더들을 참여시켰다. Robert Webber, *Secular Saint*, 23-24을 보라.

용을 믿었기 때문이다.

> 많은 복음주의자들은 그들이 어떻게 세상에서 책임감 있는 그리스도인이 될 수 있는지에 대해 여전히 혼란스러워한다. … 적어도 부분적으로는 우리가 이 질문에 대한 역사적인 관점을 갖고 있지 못하기 때문이다. 대부분의 경우 우리는 그리스도인들이 과거에 세상에서 감당했던 다양한 역할에 대한 이해 없이 사회에 관심을 갖도록 요구받고 있다. … 사회신학과 기독교의 사회활동에 대한 역사적인 모델들을 잘 이해하고 있는 복음주자들은 문화 속에서 자신의 책임감을 잘 이해할 수 있는 좋은 위치에 있어야 한다.[34]

궁극적으로 웨버에게 가장 중요한 모델은 죽음과 부활, 재림을 통해 권세들을 이기신 분의 성육신이다. 주로 크리스투스 빅토르와 회복(recapitulation)[35]으로 이해되는 그리스도의 대속 사역을 통한 우주적인 구속은 교회가 세상과 세상의 권세들과 어떻게 관계를 맺어야 하는지를 알려 준다. 그러나 교회의 역할은 성육신적인 것이기 때문에 교회가 세상과 맺는 관계는 역동적이고 반응적이다.

따라서, 웨버는 요더, 벌코프, "디오그네투스에게 보낸 편지" 등의 서로 전혀 다른 관점들을 합치면서, 쉬운 해답들, 공식들, 절대적인 전략들,

---

[34] Robert Webber, *Church in the World*, 13-14.
[35] 회복은 주로 2세기의 이레나이우스(Irenaeus)와 관련된 그리스도의 사역에 대한 이론이다(따라서, 웨버가 좋아하는 구원론적 패러다임들 중의 하나이다). 이레나이우스는 두 번째 아담인 그리스도가 타락한 첫 번째 아담의 행위를 원상태로 돌리신다고 가르쳤다.

또는 최종적인 모델들은 없다는 것을 우리에게 상기시킨다. 교회가 실제적으로 세상과 관계를 맺는 것은 매우 복잡하고 긴장감으로 가득하다.[36]

그럼에도 불구하고 웨버는 일부 전략들을 선호하고 비난한다. 예를 들어, 그는 콘스탄틴적인 교회를 지지하지 않는다. 그는 이렇게 신랄하게 평가한다. '안타깝게도 그것은 기독교가 문명화 된 만큼 기독교화 된 문명이 아니었다. …따라서, 교회는 세상에 대한 성육신적인 접근법으로부터 존재 구조를 통치하는 그리스도의 주권을 전제하는 접근법으로 바꿨다.'[37]

이것은 웨버가 1981년에 제리 폴웰(Jerry Falwell)과 '모랄 매조리티'(Moral Majority, 도덕적 다수파)에 대해 비평적인 평가를 내렸던 이유 중 하나이다.[38] 웨버는 현실에 대해 그들이 갖고 있는 성경적 비전은 인정했다. 그러나 그들의 비전은 전통적인 성경의 범주들이 크게 수정된 세속적 인본주의(이에 대해서 웨버는 『세속적 인본주의, 위협과 도전』 [*Secular Humanism, Threat and Challenge*]이라는 제목의 책을 썼다)에 대한 하나의 반응으로 문화에 너무 동화되어 있었다.

예를 들어, 모랄 매조리티의 비전에서 창조는 창조론이 되었다. 죄의 실체는 비즈니스와 정치에서 '강한 사람들'에 관한한 부인된다. 언약 공동체는 미국을 거의 동일시했다. 하나님의 거룩함은 강조되지만 우주를 구원하시는 하나님의 자비는 그렇지 않다. 구원에는 분명히 정치적인 차원이 있다. 그러나 이 구원론은 우주적이기보다는 국가적이다. 교회는 정치

---

[36] Robert Webber, *Secular Saint*, 188-201를 보라.
[37] Robert Webber, *Church in the World*, 67.
[38] 그 다음의 내용에 대해서는 Webber, *Moral Majority*를 보라. 그리고 Robert Webber, *Church in the World*, 15장도 보라.

적이 되었다. 그리고 종말론은 시간표가 되었다.

결국, 교회와 국가의 관계에 대한 콘스탄틴적인 관점은 미국을 기독교 국가로 잘못 인식하게 하고, 기독교를 보수주의 정치와 결부시키고, 군국화를 지지하고, 다원성의 현실을 무시한다. (웨버가 존 리처드 노이하우스[John Richard Neuhaus]와 비슷하게 비판한) 그러한 시민 종교(civil religion)는 교회와 국가 사이에서 필요한 긴장감을 유지시키지 않는다. 그래서 복음과 교회는 선지자적인 날카로움을 잃고 이 땅에서 권력의 도구가 된다.

웨버는 보수적 종파(Religious Right)가 현대 사회의 '새로운 악마들'과 싸우려 시도하고, 세속주의에 반대하고, 진정어리고 열정적인 모습을 보이는 것에 대해서는 비난하지 않을 것이다. 그러나 보수적 종파는 교회와 세상에 대한 분명한 성경적, 기독론적, 우주적 개념을 지키는데 실패했다. 웨버는 보수적 종파와 결별했을 뿐 아니라 (세계교회협의회[World Council of Churches]와 같은) 좌파의 이념들과도 결별했던 보다 '중도적인' 접근법을 선호했다.[39]

우파와 좌파의 극단적인 입장들에 반대하는 웨버는 악과 그리스도, 교회에 대한 '근본적인 이해'를 통해 유지되는 중도적이고 선지자적인 입장을 제안한다. 이러한 기초 위에서 교회는 개인의 도덕성, 낙태, 가족, 정의, 가난한 자, 인종 차별, 물질주의, 군국주의, 성차별, 에너지 관리와 같

---

[39] Robert Webber, *Moral Majority*, 84-86에서 웨버의 세례교회협의회에 대한 평가를 좀 더 보라. 웨버는 개인과 가정의 생활에 관련된 도덕적인 사안들에 충분히 관여하지 않는 WCC를 심하게 비난한다. WCC가 해방을 성경적 그리스도에, 죄로부터의 해방을 그리스도의 죽음과 부활에 충분히 뿌리를 내리고 있지 않기 때문이다. 그리고 구속받은 자들이 궁극적으로 헌신하는 독특한 초자연적인 사회로서 교회를 바라보는 시각을 충분히 갖고 있지 못하기 때문이다.

은 사안들에 관심을 가져야 한다.[40]

이에 더해, 웨버는 '세속적 인본주의'를 다루면서 교회의 변혁적인 역할에 대해 구체적으로 설명했다. 교회는 정치 및 경제적 연합체들의 타협에 들어가서는 안 된다. 또한, 정치력이나 입법권을 통해 사회에서 과업을 완수하고자 해서도 안 된다. 그러나 교회는 도덕주의나 율법주의가 되지 않으면서 기독교의 가치를 가르치는 데 보다 공격적인 역할을 감당해야 한다.

교회는 기도, 성례전, 설교, 본보기를 통해서 사회 비평가로서 활동할 수 있고 활동해야 한다. 교회는 개인들을 전도하고, 지적으로 경쟁하고, 직업을 통해서 섬기고, 기관으로서 증언하고, 문화에 영향을 끼쳐야 한다 (그러나 조작이나 강압, 검열을 통해서는 아니다).[41]

이러한 것들은 웨버가 1980년대까지 밀어놨던 주제들이 아니다. 웨버는 최근 연구에서 교회의 삼중 사명을 전도와 교육, 세상에 영향을 주는 것으로 정의한다. 이 삼중 사명은 포스트모던 시대의 교회에 대한 추가적인 함축성을 지닌다.

> 전도는 시간이 갈수록 대규모 전도 집회로부터 지역 교회의 전도로 바뀔 것이다. 신자들은 친구와 이웃을 교회로 데려올 것이고, 교회에서 사람들은 대화와 세례를 통해서 교회로 들어오게 될 것이다. 전도의 과정은 예배와 연결될 것이고, 교육은 지혜를 얻는 것에 강조점을 둘 것이다.

---

[40] Robert Webber, *Moral Majority*, 108-15을 보라.
[41] Robert Robert Webber, *Secular Humanism, Threat and Challenge* (Grand Rapids MI: Zondervan, 1982), 109-25.

마지막으로, 포스트모던 세계에서 교회는 사회에서 선지자와 제사장의 사역을 할 것이다. 교회는 복음이 개인적, 도덕적, 국가적 삶의 모든 영역에 적용된다는 것을 믿으면서, 사회 안에서 대안적인 문화가 됨으로써 사회에 영향력을 끼치고자 애쓸 것이다. 많은 교회는 하나님 나라의 정치에 영향을 받은, 현실에 대한 기독교적 비전을 인식하게 될 것이고, 특정한 정치적 의제와 타협하지 않을 것이다. 그래서 교회는 대안적인 공동체로서 전체 사회에게 말하거나 섬길 수 있게 될지도 모른다.[42]

세상에서 교회가 맡은 역할에 대해 심사숙고하면서 웨버는 한때 약간 다른 입장을 취한다. 기초는 동일하다. 교회는 그 신학, 특히 권세들과 그리스도의 승리, 하나님 나라가 지닌 '이미 그러나 아직'의 특성, 그리고 종말론적 공동체로서의 교회의 존재에 대한 이해로 지향되어야 한다.

그러나 내러티브신학과 스탠리 하우어워스(Stanley Hauerwas)와 같은 신학자들의 영향력 아래에서, 웨버는 교회가 어떻게 하면 보다 큰 사회에서 물러나지 않고 비효율적이고 분파적인 집단에 머물러 있지 않으면서 예배와 선교에 집중할 수 있는지를 이해하기 위해 『진리의 백성들』(*The People of the Truth*)에서 로드니 클랍과 씨름한다. 그들의 답은 분명하다.

---

[42] Robert Webber, *Ancient-Future Faith*, 171-72.

(예배에서 배우는 성경 이야기로부터) 독특한 정체성과 비전을 알고 재확인하게 되는 교회는 지금보다 더욱 강력하게 사회적으로, 정치적으로 실재하게 될 수 있다.[43]

가장 중요한 것은, 이것이 궁극적으로는 그 자체가 일종의 정치인 예배를 통해서 영향을 받은 '깊은 정치'(depth politics)를 요구한다는 것이다.

"깊은 정치는 사람들이 사회에서 살아가는 방식에 영향력을 끼치는 신중하고 구조적인 시도를 할 때마다 일어난다."[44]

교회는 극우파와 극좌파가 시도했던 것처럼 정치와 경제, 사회 구조들을 징발하는 것이 아니라, 예수 그리스도를 통해 세상을 창조하시고, 구속하시고, 승리로 재창조하신 하나님의 이야기의 렌즈를 통해 삶을 해석할 그리스도인들을 문화화시킴으로써 문화에 효율적으로 참여한다.

그래서 예배는 '이야기의 기억과 재현'이 된다. 보다 구체적으로 말하면, 예배는 '하나님과의 경험을 확고히 하고, 유지하고, 바로잡는 그리스도 사건의 리허설'이다.[45] 이러한 그리스도 사건의 재현을 통해 우리는 복음을 제정한다.[46] 예배는 현실 세상에서 후퇴시키기보다는 그리스도인들

---

[43] Robert Webber and Rodney Clapp, *People of the Truth: A Christian Challenge to Contemporary Culture* (Harrisburg, PA: Morehouse, 1993), 6.

[44] Robert Webber and Rodney Clapp, *People of the Truth: A Christian Challenge to Contemporary Culture*, 12.

[45] Robert Webber, *Ancient-Future Faith*, 93, 106. Webber, *Worship is a Verb*, 38-46을 참조하라.

[46] Robert Webber, *Ancient-Future Faith*, 106; Webber, *Worship is a Verb*, 67-68. 12쪽도 보라: '그것(예배)은 우리에게 또는 우리를 위해 행하여지는 것이 아니라 우리에 의해 행해지는 것이다.'

에게 세상을 있는 그대로 보고 그 안에서 살 수 있도록 구비시킨다.[47] 다시 말해, 예배는 형성적이다. 예배는 '사람들이 신학적으로 사고하고 송영적으로 행하도록 훈련한다.'[48]

게다가 예배는 정치적인 행위이다. 사람들은 그리스도를 중심으로 하고 인간이 반응해야 하는 우리를 위한 하나님의 행위로 인해 형성되기 때문이다. 예배는 담론적인 커뮤니케이션, 즉 많은 복음주의 교회들이 예배에 대해 생각하는 방식에 영향을 끼친 계몽주의의 강조점 그 이상을 포함한다. 예배는 담론적인 커뮤니케이션을 무시하지 않으면서 '공동체적 또는 문화적 커뮤니케이션'에 의해 방향이 설정된다. '렉스 오란디, 렉스 크레덴디'(*lex credendi, lex credendi*, '기도의 법이 믿음의 법이다').

즉, 예배의 주된 목적은 하나님, 그리스도, 죄, 구원, 교회, 윤리적 행위, 사회적 관심사에 대한 담론적인 교훈을 제공하는 것이 아니다. 예배의 주된 목적은 예배 공동체에서 신앙을 경험하도록 하는 것이다. 기독교 신앙은 단지 지적으로 알게 되는 것이 아니라 현실로서 경험되는 것이다.[49]

어느 날 밥과 아침 식사를 하면서 대화를 하던 중에 웨버는 이것을 '예전적 인식론'(liturgical epistemology)이라고 칭했다.

---

[47] Robert Webber, *Ancient-Future Faith*, 90.
[48] Robert Webber, *Ancient-Future Faith*, 102.
[49] Robert Webber, *Signs of Wonders*, 75.

5. 기독교 예배의 회복

웨버의 지난 20년간의 경력을 유심히 지켜보았던 사람들은 그가 예배를 문화에 대한 교회의 정치적 참여의 영역으로 가져온 것에 놀라지 않았다. 예배는 웨버의 삶과 연구에서 중심을 차지했다. 사실 밥은 예배에 대한 최초의 복음주의적인 대변자가 되었다. 2000년 가을에 밥은 노던침례신학교에서 마이어스 석좌교수로 취임했고 지금도 그 자리에 있다. 그 이전인 1994년에 그는 '예배연구소'(Institute for Worship Studies)를 설립했고, 지금도 감독하고 있다.

학계와 교계에서 예배 권위자로서의 웨버의 명성은 그의 과거에 뿌리를 두고 있는 것 같다. 그러나 다른 의미에서 예배는 밥의 삶에 늘 영향력을 끼쳐왔다. 심지어 침례교에서 모더니즘적이고 근본주의적인 방식으로 양육을 받았을 때도 그랬다. 인생에 대한 성례전적 접근법으로의 여정은 사실 그가 13살 때 받았던 세례와 함께 시작되었고, 성장하면서 참여한 유의미한 성찬식과 함께 지속하였다. 그의 세례에 대해서 웨버는 다음과 같이 서술했다.

> 당시 어렸던 나는 나중에 세례가 내게 얼마나 많은 의미가 있을지 거의 알지 못했다. 나는 이따금 세례의 의미뿐 아니라, 세례가 나에게 주는 중요성에 대해서도 생각해봤다. 세례는 나에게 사소한 사건이 아니었다. 단순히 사춘기 때의 의례도 아니었다. 세례는 내가 지금도 해석하고 삶에

적용하려고 하는, 삶을 변화시키는 사건이었다.[50]

사실, 성례전에 대한 밥의 해석은 우리가 그의 신학을 훑어보는 동안에 보았던 핵심 주제에 속한다. 그것은 웨버가 초기 교회로부터 배운 것으로, 기독교의 성육신적인 본질이다. 성례전은 복음을 '체화한다'(inflesh). 물질세계는 우리의 구원의 수단이기 때문이다. 웨버는 또한 라틴어 성경이 그리스어 단어인 뮈스테리온*(mysterion)*을 번역한 것을 연구하면서 **성례전** *(sacrament)*이라는 단어에 대해 더욱 깊이 이해하게 되었다. 그가 발견했던 것처럼, 그 단어는 문자적으로 '거룩하게 만들다'를 의미한다. 성례전은 우리에게 그리스도를 나타내고, 우리를 변화시키는 하나님과의 만남에 대한 표징이다. 그가 『캔터베리 도상에 있는 복음주의자들』에서 설명했다.

> 나는 더 이상 성례전을 미신적이거나 이교도적인 것으로 여기지 않는다. 오히려 나는 성례전이 예수 그리스도를 통한 하나님의 구원과 치유의 능력을 그분의 백성에게 전달하는 가시적인 수단이라는 것을 믿는다. 물론, 성례전이 우리를 구원하는 것은 아니다. 성례전은 그리스도에 의해 완성된 세상의 구원을 우리에게까지 확장하는 수단이다. 성례전은 그리스도를 우리에게 모셔오고, 그분의 치유 능력으로 우리를 만진다.[51]

모더니즘적인 자극은 이러한 개념을 이해하는데 어려움을 겪는다. 이러

---

[50] Robert Webber, *Signs of Wonders*, 117.
[51] Robert Webber, *Evangelicals on the Canterbury Trail*, 55-56.

한 자극으로 양육되었던 복음주의는 성례전이 단지 인간의 행위라는 관점을 선호한다. 웨버는 이러한 빈곤화를 한탄한다. 우리는 단순히 인간의 행위들에 초점을 맞추기보다, 우리를 향한 **하나님의 신비로운 행위로서** 성례전을 다시금 이해할 필요가 있다.

이러한 성례전적 활동은 세례와 성찬에 국한되지 않는다. 웨버는 성례전이라는 단어의 보다 풍성한 의미를 이해하게 되었을 때, 예수 그리스도가 우리를 거룩하게 만드시는 유일한 성례전이라는 사실도 인식하게 되었다.[52] 뿐만 아니라 삶의 모든 것은 그 중심, 창조주이자 구원자이신 예수 그리스도를 가리킨다. 밥은 이미 이것을 복음주의적인 것으로 믿었다. 그러나 이제 그것은 이름을 갖고 있다. 그리고 이제 그것은 또한 (성육신신학에 근거를 두고 있는) 자연에서부터 예술에 이르는 삶의 모든 것이 성례전적이 될 수 있다는 것을 인정하도록 도왔다.[53]

성례전에 대한 복음주의의 논법을 약화시켰던 동일한 모더니즘적인 자극은 우리에게 보다 신학적이고 역사적으로 정통한 예배신학을 발전시키라고 강요했다. 웨버는 '적당한 종류'의 음악이 무엇인지를 놓고 끊임없이 다투는 스타일 선호 중심의 예배나, 회중은 청중의 역할만을 하면서 목사가 모든 것을 좌우하는 공연 개념 중심의 예배를 구성하지 않았다.

그 대신에 웨버는 예배의 내용과 의미의 핵심은 기독교의 거대담론(악의 권세를 전복시키고 궁극적으로는 하나님 나라를 세우신 그리스도의 사역에서 절정

---

[52] Robert Webber, *Evangelicals on the Canterbury Trail*, 118.
[53] '성례전'의 개념을 세례와 성찬 너머로 확장시키는 것은 데이비드 웰스(David Wells)가 '시카고 선언'에 대응하며 반대하던 사항들 중 하나였다. Robert Webber, *Orthodox Evangelicals*, 218-19를 보라.

을 이루는, 우리를 구원하시기 위해 역사 속에서 행하신 하나님의 이야기)이어야 한다고 올바르게 주장한다. 예배의 순서조차도 기독교의 이야기에 의해 좌우되어야 한다. 이것은 진심에서 우러난 즉흥성 대 죽은 의례라는 잘못된 선택권들을 넘어서도록 교회들을 인도할 것이다. 대신에 예배 순서는 반드시 말씀과 성찬을 중심으로 삼아야 한다. 말씀과 성찬은 그리스도의 사역의 이야기가 선포되고 재연하는 수단들이다.

그리고 말과 인지적 이해에 몰두하는 모더니즘의 성향에 맞서 상징적 커뮤니케이션은 교회의 예배에 반드시 재도입되어야 한다. 이 말은 우리가 공간을 사용하고, 예배 순서에 맞는 음악과 그 위치를 선택하고, 예배의 주제에 맞는 예술을 사용하는 법에 좀 더 주의를 기울이는 것을 의미한다. 또한 우리의 세례와 성찬이 얼마나 성경적으로, 역사적으로 정통한지, 우리가 교회력을 중심으로 삶의 질서를 맞춰 얼마나 복음에 참여하고 있는지에 대해서도 주의하는 것을 뜻한다.[54]

그리고 우리는 출발했던 곳, 즉, 고전 기독교의 예배에 대한 이해를 잘 받아들이는 포스트모더니즘의 성향을 인식하고, 이성이 신비를 지배하거나 언어적 커뮤니케이션이 상징적 커뮤니케이션보다 우위를 차지하는 것을 내켜하지 않는 웨버의 입장으로 돌아온다.

진실로 기독교의 거대담론은 기독교 예배에서 우주에서 유일한 진리의 이야기, 대부분의 포스트모던 사람들에게는 맞지 않는 확언으로서 비변증적으로 시연되고 선포되어야 한다. 그러나 기독교 예배의 능동적인 사건

---

[54] Robert Webber, *Ancient-Future Faith*, 11-13장을 보라.

에서[55] 이 이야기의 커뮤니케이션은, 만일 우리가 고대 교회가 의례의 순서(준비, 말씀 듣기, 성찬에서의 응답, 파송)를 짜고, 종교개혁이 말씀을 강조하고, 자유교회가 그리스도 중심에 초점을 맞추고, 현대적 교회가 성령의 임재와 깊은 친밀성을 지각하는데 기여한 예배의 전체 역사에 의존한다면, 포스트모던 사람들에게 환영받을 것이다. 이것이 바로 웨버가 지지한 '혼합적 예배'이다. 혼합적 예배는 은사주의 운동과 전례 갱신의 '융합'으로 동력을 공급받는다.[56]

혼합과 융합은 삶을 이치에 맞는 주장들과 신중하게 맞춰진 증거들의 직선적인 진행으로 보기보다는 콜라주로 보는 포스트모던 문화에 적합할 것이다. 그러한 예배를 통해서, 웨버는 우리가 권한부여, 전도, 교육, 영성, 사회적 행위를 위한 근원을 발견할 것이라고 주장한다.[57] 만일 웨버가 옳지 않다면 우리는 다른 대안을 반드시 찾아야 한다. 웨버는 한 가지에 대해선 늘 옳았다. '세상에서 활동하시는 하나님이 가장 관심을 갖고 계시는 것은 교회이다.'[58]

---

[55] 웨버는 예배가 사건이라는 것을 강조하는데, 그가 기독교의 본질을 교리적 진술보다 사건으로 이해하는 것을 선호하는 것과 부합한다.
[56] Robert Webber, *Ancient-Future Faith,* 99; Webber, *Worship, Old and New:* Webber, *Blended Worship* (Peabody, MA: Hendrickson, 1996)을 보라.
[57] Robert Webber, *Signs of Wonders*, 10장.
[58] Robert Webber, *Moral Majority*, 129.

6. 후기

이 책의 한 장을 써 달라고 필자를 설득하는 일은 어렵지 않았다. 그러한 요청을 받는 것이 큰 영광이었다. 밥은 필자의 인생에 큰 영향력을 끼친 선생일 뿐 아니라 지난 13년간 큰 존경과 사랑을 받은 동료였기 때문이다. 필자의 동료로 고인이 된 (나와 같은 시기에 휘튼대학을 다녔고 밥으로부터 동일하게 영향을 받은) 팀 필립스(Tim Phillips)는 밥이 우리 학부에서 가장 훌륭한 교수라고 했었는데, 그의 평가는 옳았다. 밥은 자신의 논지를 이해시키기 위해 도표와 그림을 사용하는데 탁월했다(그리고 탁월하다).

'혼합적 예배'에 대한 밥의 칭찬과 모랄 매조리티와 세계교회협의회에 대한 너그러운 비판적 평가는 필자가 직접 경험했던 것을 예시한다. 밥은 모든 것에 공정할 뿐 아니라 너그럽다. 밥이 '기독교는 다이아몬드 같다. 기독교의 완전함과 아름다움을 전부 보려면 모든 측면에서 봐야한다'라고 서술할 때,[59] 그는 단순히 이론적으로만 번지르르하게 말한 것이 아니다. 그가 다른 이들을 대하는 방식은 이것이 뿌리 깊은 확신이라고 착각하게 만든다. 실제로 그는 하나님 나라의 다양성을 기뻐하면서 공통 핵심을 항상 찾는다.

물론, 밥의 너그러움은 다른 이들과 협력하고 그들로부터 배우고자 하는 열정을 드러내 보인다. 이것은 그의 책들에서, 그리고 그가 조정한 중요한 세미나들과 워크숍들에 다른 이들을 참여시킨 것에서 분명하게 나타난다.

---

[59] Robert Webber, *Evangelicals on the Canterbury Trail*, 12.

필자에겐 절대로 잊지 못할 사건이 하나 있다. 휘튼대학에서 밥과 작은 사무실을 함께 사용하고 있을 때 있었던 일이다. 으스스하고 질척거리고 차가운 시카고의 겨울 아침에 나는 사무실로 느릿느릿 들어가면서 비꼬는 투로 말했다.

"밥, 이 날은 여호와께서 정하신 날입니다."

밥이 바로 대답했다.

"맞아요. 그런데 그분은 더 잘 하셨을 수도 있었어요."

휘튼대학을 떠나면서, 밥은 "그들이 밥 웨버에 대해 말했던 열 가지"라는 재밌는 리스트를 포함한 고별 연설을 했는데, 그 리스트는 밥이 심지어 자기 자신을 그 날씨처럼 묘사할 정도로 겸손했다는 비밀을 폭로했다. 하나님은 더 잘 하셨을 지도 모른다. 그러나 하나님이 밥 웨버를 만드는 것이 좋겠다고 여기셨기 때문에 많은 사람은 하나님의 이 선물을 기뻐할 기회를 갖게 되었다. 그로 인해 우리가 즐거워하고 기뻐하리로다.

참고문헌

Books by Robert Webber
(Arranged by date of publication)

Reshaping Evangelical Higher Education. With Larry Richards and Marvin Keene Mayers. Grand Rapids: Zondervan, 1972.

How to Choose a Christian College. Carol Stream, Ill.: Creation House, 1974.

Common Roots: A Call to Evangelical Maturity. Grand Rapids: Zondervan, 1978.

God Still Speaks: A Biblical View of Christian Communication. Nashville: Nelson, 1978.

The Orthodox Evangelicals: Who They Are and What They Are Saying. With Donald Bloesch. Nashville: Nelson, 1978.

The Moral Majority: Right or Wrong? Westchester, Ill.: Crossway, 1981.

The Secular Saint: The Role of the Christian in the Secular World. Grand Rapids: Zondervan, 1981.

Secular Humanism, Threat and Challenge. Grand Rapids: Zondervan, 1982.

Worship, Old and New. With Maureen LeLacheur and Gerard Terpstra. Grand Rapids: Ministry Resources Library, 1982.

In Heart and Home: A Woman's Workshop on Worship, With Helps for Leaders. Grand Rapids: Lamplighter, 1985.

Evangelicals on the Canterbury Trail: Why Evangelicals Are Attracted to the Liturgical Church. Waco: Word, 1985.

Worship Is a Verb. Waco: Word, 1985.

Celebrating Our Faith: Evangelicalism through Worship. San Francisco: Harper and Row, 1986.

The Church in the World: Opposition, Tensions, or Transformation? Grand Rapids: Academie, 1986.

I Believe: A Woman's Workshop on Relational Doctrine. Grand Rapids: Zondervan, 1986.

The Majestic Tapestry. Nashville: Nelson, 1986.

People of the Truth: The Power of the Worshiping Community in the Modern World. With Rodney Clapp. San Francisco: Harper and Row, 1988. (Later published as *People of the Truth: A Christian Challenge to Contemporary Culture.* With Rodney Clapp. Harrisburg, Pa.: Morehouse, 1993.)

Signs of Wonder: The Phenomenon of Convergence in Modern Liturgical and Charismatic Churches. Nashville: Abbott Martyn, 1992.

Liturgical Evangelicalism. Harrisburg, Pa.: Morehouse, 1992.

The Biblical Foundations of Christian Worship (vol. 1 of *The Complete Library of Christian Worship* [CLCW]). Peabody, Mass.: Hendrickson; Nashville: Star Song, 1993.

The Renewal of Sunday Worship (CLCW vol. 3). Peabody, Mass.: Hendrickson, 1993.

The Daily Book of Prayer. Grand Rapids: Eerdmans, 1993.

In This Sanctuary: An Invitation to Worship the Savior. With Twila Paris. Nashville: Star Song, 1993.

The Services of the Christian Year (CLCW vol. 5). Nashville: Star Song ,1993; Peabody, Mass.: Hendrickson, 1996.

What Christians Believe: A Biblical and Historical Summary. With Alan F. Johnson.

Grand Rapids: Academie, 1989; Grand Rapids: Zondervan. 1993.

The Sacred Actions of Christian Worship (CLCW vol. 6). Nashville: Star Song, 1994; Peabody, Mass.: Hendrickson, 1994.

Music and the Arts in Christian Worship (CLCW vol. 4). Nashville: Star Song; Peabody, Mass.: Hendrickson, 1994.

Twenty Centuries of Christian Worship (CLCW vol. 2). Nashville: Star Song; Peabody, Mass.: Hendrickson, 1994.

The Ministries of Christian Worship (CLCW vol. 7). Nashville: Star Song, 1994; Peabody, Mass.: Hendrickson, 1996

Worship Old and New: A Biblical Historical, and Practical Introduction. Rev. ed. Grand Rapids: Zondervan, 1994.

The Worship Phenomenon. Nashville: Star Song, 1994.

Blended Worship: Achieving Substance and Relevance in Worship. Peabody, Mass.: Hendrickson, 1996.

The Book of Family Prayer. Peabody, Mass.: Hendrickson, 1996.

Learning to Worship with Your Heart: A Study in the Biblical Foundations of Christian Worship. Wheaton, Ill.: Institute for Worship Studies, 1994; Peabody, Mass.: Hendrickson, 1996.

Rediscovering the Missing Jewel: A Study of Worship through the Centuries. Peabody, Mass.: Hendrickson, 1996.

Church Music in the Twenty-first Century: A Symposium. With Harold M. Best, Louis Ball, and Mary Charlotte Ball. Jefferson City, Tenn.: Louis and Mary Charlotte Ball Institute of Church Music, The Center for Church Music, Carson-Newman College, 1997.

Enter His Courts with Praise: A Study of the Role of Music and the Arts in Worship. Peabody, Mass.: Hendrickson, 1997.

Renew Your Worship: A Study in the Blending of Traditional and Contemporary Worship. Peabody, Mass.: Hendrickson, 1997.

Empowered by the Holy Spirit: A Study in the Ministries of Worship. Peabody, Mass.: Hendrickson, 1998.

Encountering the Healing Power of God: A Study in the Sacred Actions of Worship. Peabody, Mass.: Hendrickson, 1998.

Planning Blended Worship: The Creative Mixture of Old and New. Nashville: Abingdon, 1998.

Rediscovering the Christian Feasts: A Study in the Services of the Christian Year. Peabody, Mass.: Hendrickson, 1998.

Worship: Journey into His Presence. Mansfield, Pa.: Kingdom, 1999.

Ancient-Future Faith: Rethinking Evangelicalism for a Postmodern World. Grand Rapids: Baker, 1999.

The Prymer: The Prayer Book of the Medieval Era Adapted for Contemporary Use. Brewster, Mass.: Paraclete, 2000.

The Younger Evangelicals: Facing the Challenges of the New World. Grand Rapids: Baker, 2002.

Notable Essays and Articles by Robert Webber
(Arranged by date of publication)

"Living in the World." *Post American* 3 (June/July 1974): 26–28.

"Church Buildings: Shapes of Worship." *Christianity Today* 25 (7 August 1981): 18–20.

"Worship: A Methodology for Evangelical Renewal." *Theological Students Fellowship Bulletin* 7, no. 1 (September/October 1983): 8–10.

"Let's Put Worship into the Worship Service: Let's End Gospel Pep Rallies and Sunday Morning Variety Shows." *Christianity Today* 28, no. 3 (17 February 1984): 52.

"Are Evangelicals Becoming Sacramental?" *Ecumenical Trends* 14, no. 3 (March 1985): 36–38.

"Easter: Reliving the Mystery." *Christianity Today* 30, no. 5 (21 March 1986): 16–18.

"Ethics and Evangelism: Learning from the Third-Century Church." *Christian Century* 103, no. 27 (24 September 1986): 806–8.

"Worship and Spirituality." *Reformed Liturgy and Music* 20, no. 2 (spring 1986): 67–71.

"The Impact of the Liturgical Movement on the Evangelical Church." *Reformed Worship* 21 (spring 1987): 111–14.

"As for Me and My House: Learning from a Jewish Model of Worship." *Reformed Liturgy and Music*, no. 12 (summer 1989): 33–35.

"Ecumenical Influences on Evangelical Worship." *Ecumenical Trends* 19 (May 1990): 73–76.

"Enter His Courts with Praise: A New Style of Worship Is Sweeping the Reformed Church." *Reformed Worship*, no. 20 (June 1991): 9–12.

"Preconditions for Renewal: New Attention to the Biblical and Historical Sources." *Evangelical Journal* 9 (spring 1991): 3–10.

"Bring Them In: Three Models for Evangelism through Worship." *Reformed Worship*, no. 23 (March 1992): 4–6.

"The Future Direction of Christian Worship." *Ex Auditu* 8 (1992): 113–28.

"Worship and Sound." *Cross Point* 9 (spring 1996): 27–35.

"Reducing God to Music? We Experience God in More than Songs and Segues." *Leadership* 20 (spring 1999): 35.

로버트 E. 웨버 시리즈(CLC 출간) 소개

1. 그리스도인의 사회적 역할
로버트 E. 웨버 지음 | 김명호 옮김 | 신국판 | 254면

60년대는 복음주의적 기독교 내에 변화 중 하나는 세상에서 그리스도인의 책임 의식을 깨달은 것이었다. '타계'로부터 벗어나 신앙은 이 세상에 관심을 가져야 한다고 각성한 이 운동은 1973년 '시카고 선언'의 서두에 잘 나타나 있다.

2. 교회력에 따른 예배와 설교
로버트 E. 웨버 지음 | 이승진 옮김 | 신국판 | 272면 | 2쇄

교회력의 각 절기에 맞는 성경적인 교회력에 대한 심층적 이해를 통해 교회 예배를 계획하거나, 영적인 성장을 위해서 고전적이면서도 새로운 길을 모색하는 사역자들에게 유익한 도움이 될 것이다.

3. 기독교 사역론
로버트 E. 웨버 지음 | 안은찬 옮김 | 신국판 | 287면

복음 전도에 초점을 맞춘 이 책은 전도라는 사역을 통해 회심자를 얻을 뿐 아니라, 이들을 제자로 양육하여서 교회의 활동적인 구성원이 되도록 해야할 것을 강조한다.

4. 예배학
로버트 E. 웨버 지음 | 이승진 옮김 | 신국판 | 256면

고대-미래 시리즈를 위한 로버트 웨버의 최종판인 『예배학』은 기독교 예배를 위한 평생의 연구와 성찰의 최고봉이다. 활력이 넘치며 하나님을 영화롭게 하고 변혁적인 예배를 회복하라는 요청의 메시지가 여기에 있다.

5. 복음주의 회복
로버트 E. 웨버 지음 | 이승진 옮김 | 신국판 양장 | 400면

포스트모던 시대로 바뀌는 흐름 속에서 기독교는 정체성과 방향성의 혼돈 가운데 처해 있는 가운데, 기독교 신앙이 변질되지 않고 새로운 문화 속에 통합되는 길은 과연 무엇인가에 대한 답을 모색한다.